미국 소수민족문학

중심에서 주변으로

미 국
소수민족
문 학
중심에서
주변으로

● 정진농 편저 ●

도서출판 동인

목 차

소수자 담론의 정치학과 주변부 타자문학의 윤리학
─소수민족문학에서 일반/세계문학으로

● 정정호

오늘날 미국의 소수민족문학의 '시작'은 1960년대 반문화운동^{Counter-Culture} Movement의 유산이다. 흑인민권운동, 여권운동, 월남전 반대운동, 동성애운동 등은 소수자 권리선언과 소수자담론의 '시작'이다. 주요이론가이며 실천가인 고(故) 에드워드 사이드는 『시작-의도와 방법』(1975)에서 비판적 인문지식인으로서 자신의 글쓰기 작업의 '시작^{beginning}의 의미를 다음과 같이 사유하고 있다.

> 시작은 일종의 행동일 뿐 아니라 마음의 구조이며 일종의 작업이고 하나
> 의 태도이며, 의식이다. . . . 시작은 단순한 선형적 성취라기보다 궁극적
> 으로 회귀와 반복을 의미하는 행동이다. 기원은 신성한 것이지만 시작은
> 역사적이다. 시작은 창조할 뿐 아니라 의도를 가지기 때문에 그 자체의
> 방법이다. 요약하면 시작은 차이를 만들거나 생산하는 것이다. . . . 따라
> 서 시작은 급진적으로 엄밀성을 . . . 확인하고 그리고 적어도 어떤 쇄신

이며 시작하던 것의 증거를 제시하는 것이다. (xi-xii)

　미국에서 앵글로 색슨 주류문화가 '소수자'에 관심을 가지게 되자 흑인 문학, 나아가 유태계 문학, 토착 미국인의 인디언 문학, 라틴계의 치카노 문학 등이 본격적으로 태동되기 시작했다. 그 후 소수자 담론들의 이산(離散)과 더불어 포스트모더니즘(탈근대) 계열의 비판담론인 포스트식민주의가 부상하였다. 복합문화주의Multiculturalism의 확산으로 중국, 일본, 한국, 필리핀, 베트남 등 아시아계 문학도 뒤를 이었다. 오늘날 미국의 소수민족문학은 막다른 골목에 다다른 듯 보이는 주류 백인문학 중심의 미국문학에 새로운 돌파구와 탈주의 선을 마련하고 있다. 소수민족문학은 이미 하나의 징후로 뿌리내렸고, 새로운 보편성을 지니고 미국의 경계를 넘어 세계문학으로까지 부상하고 있다. 이것은 미국 작가 중 유태계 작가 솔 벨로우와 흑인 여류작가인 토니 모리슨의 노벨문학상 수상으로 절정에 달했다.

　문학은 언어예술로 언어의 가능성과 한계 속에서 그 경계선까지 밀고 나가 금지된 경계를 뛰어넘는 탈주와 위반을 실천하는 행위이다. 문학에서 우리는 저항, 위반, 개입, 전복, 쇄신, 차이, 비판, 창조의 통찰력과 전략을 얻을 수 있다. 문학은 이런 의미에서 본질적으로 주변부 타자의 담론이다. 문학의 운명은 이미 언제나 중심부에서건 주변부에서건 문물상황을 비판적으로 풍자적으로 바라보는 것이다. 문학은 본질적으로 부차적인 비주류 담론에 다름 아니다. 문학이 주류에 든다면 문학의 진정성은 사라질 것이다. 다시 말해 문학은 주변부 타자의 (예술적) 담론이다. 타자란 주류에서 벗어난 소수자이다. 타자는 우리를 바라보는 하나의 거울이다. 소수자는 이미 언제나 우리의 또 다른 자아alter ego이다. 서구의 보편주의적인 인본주의는 다양한 소수의 목소리를 배제한 종족적으로 백인우월주의 또는 서구중심사상에서 배태되었다. 우리는 끊임없이 주변부 타자되기(연습)를 통하여 윤리적 주체성을 수립해야 한다. 차이를 인정하는 다성적이고 역동적인 평등한 사회를 구성하는 것이 소수자 담론과 소수민족문학의 궁극적 목표이다.

그러나 미국의 소수민족문학을 논할 때 미국의 주류문학 전통을 결코 무시할 수 없다. 또한 다른 나라가 아닌 바로 다민족 이민국가인 미국에서 소수민족문학이 융성하고 있다는 사실을 결코 잊어서는 안 된다. 필자의 이런 견해는 매우 논쟁적이기는 하지만 소수민족문학은 앞서 지적했듯이 일단 1960년대 반문화운동의 전통에서 '시작'되었으나 본질적으로 북미계층에서 월트 휘트먼이나 랠프 월도 에머슨으로부터 토착화된 미국문학의 전통에서 꽃피웠다고 해도 과언이 아닐 것이다.

필자는 이런 주장의 근거를 프랑스의 철학자 질 들뢰즈의 「영미문학의 우수성에 대하여」(1977)란 글에서 찾아보겠다. 들뢰즈는 이 글에서 영미문학의 특징이 '탈주의 선'과 '탈영토화' 개념의 원용이라고 지적한다. 들뢰즈는 미국문학의 핵심을 논의한 D. H. 로렌스를 언급하며, 문학의 최고목표는 떠나고 탈주하고 가로질러가는 것이라고 주장한다.

> 탈주한다는 것은 하나의 선, 선들, 전체적인 지도를 추적하는 것이다. 우리는 길고, 절단된 탈주를 통해서만 세상을 발견할 수 있다. 영미문학은 끊임없이 이런 절단들을 보여주고 영미작가들은 탈주의 선을 통해 창조하는 탈주의 선을 창출한다. 토마스 하디, 멜빌, 스티븐슨, 버지니아 울프, 토마스 울프, 로렌스, 피츠제럴드, 밀러, 케루악. 이들에게는 모든 것이 출발, 되기, 통과, 도약, 악마, 외부와의 관계이다. 이들은 새로운 대지를 창조한다. 그러나 아마도 대지의 움직임은 탈영토화 자체이다. 미국문학은 지리학적 선들에 따라 작동한다. 서부로의 탈주, 진정한 동부는 서부에 있다는 것을 발견하고 변경지대를 가로질러야 할, 뒤로 밀어붙여야 할 그리고 건너 넘어가야 할 것으로 느낀다. 되기는 지리학적이다. 프랑스에는 이와 같은 것이 없다. (*Dialogues*, 36-37)

들뢰즈는 치유할 수 없는 영미문학의 중독자이다. 들뢰즈 철학의 핵심인 탈주하는 유목적 사유방식은 바로 영미문학 속에 있다고 해도 과언이 아니다. 들뢰즈의 영미문학 특히 미국문학 예찬은 미국의 소수민족 문학이론과 연계시킬 수 있다. 미국문학의 이러한 탈영토화와 탈주의 선의 개념들이 그대로 소수자 담론과 소수민족 문학이론과 맥을 같이 한다고 필자는 생각한다.

1990년에 『소수자 담론의 본질과 맥락』을 편집한 압둘 잔모하메드와 데이빗 로이드는 이 책 서문에서 소수자 담론을 "지배문화에 대한 종속과 대항 속에서 서로 다른 소수민족 문화들을 연결시키는 정치 문화적 구조들에 대한 이론적인 언명"(ix 쪽)이라고 정의 내린다. 소수자들은 각기 다양성과 특수성을 지녔지만 주류문화에 의한 지배와 소외과정에서의 '공동경험'을 공유하게 마련이다. 그렇지만 이 공동경험은 소수자들의 동질화를 시도하기보다는 서로 다른 소수자들 간의 연대를 이끌어낸다. 이런 소수자들 간의 연대와 대화를 통해 '중심을 주변부화'함으로써 '핵심-주변부'core-periphery의 이분법적 논리를 혁파할 수 있을 것이다. 압둘 잔모하메드와 데이빗 로이드의 소수자 담론 논의는 들뢰즈의 미국문학론과 좀 더 구체적으로 접목될 수 있을 것이다.

질 들뢰즈와 펠릭스 가타리가 함께 집필한 프란츠 카프카 론인 『소수집단 문학을 위하여』에서 그들은 "소수집단 문학"의 유용한 정의로 "소수집단의 문학이란 소수집단 언어의 문학을 지칭한다기보다 지배집단의 언어권에서 소수집단이 지탱해나가는 문학"(33쪽)이라고 제시한다. 그들은 소수집단 문학의 특징을 3가지 제시하였는데, 첫째는 탈영토화이다. 흑인들을 비롯한 미국 내의 소수민족들은 억압받는 소수집단으로 "탈영토화된" 미국 시민으로 남는다. 미국 내 소수민족들은 자신들의 출신 언어로 글을 쓸 수 없고 지배권의 언어인 미국영어로만 글을 쓸 수 있다. 미국어로 써야 주류들에게 자신들의 "불확정적인 또는 억압된 민족적 양심"을 드러낼 수 있으며, 미국어는 "낯설게나마 소수집단이 사용하기에 적합하게 탈영토화된 언어"(34)이기 때문이다. 소수민족 담론의 두 번째 특징은 "모든 것이 정치성을 띤다."(34)는 것이다. 지배민족의 문학은 "개인적인 문제"가 배경이나 토대가 될 수 있지만, 소수집단 문학의 "비좁은 문학적 공간은 모든 개인적인 문제가 정치에 직접 연결될 수밖에 없다'(34)는 것이다. 소수민족의 개인적 문제는 결국 정치적인 문제가 된다. 소수민족문학의 세 번째 특징은 "집단적 성격"(35)이다. 그 이유는 소수민족문학이 작가의 개별적 발화가 가능하지 않고 오직 "집단적 발화"로서만이 가능할 뿐이기 때문이다. 문학은 결국 민족의 문제로 부가된다. 소수민족문학은 개인문제가 아니라 자신이 속한 종족 자체의 문제가 될 수밖에 없다.

들뢰즈와 가타리에게 소수집단의 문학이란 다시 말해 "자신이 사용하는 언어를 파헤쳐 언어로 하여금 혁명적이 되어 절제된 방향으로 흘러들게 하는 것이다. 그런 의미에서 자신이 사용하는 언어로부터 소수집단의 문학을 구해내는 것은 우리 모두의 문제이다. 자신이 사용하는 언어의 유목민, 이주민, 보헤미안은 어떻게 가능한가? 카프카는 아이를 요람에서 도둑질해내라고, 팽팽한 밧줄 위에서 춤을 추라고 말한다."(39) 미국의 소수민족 작가들은 지배주류언어인 미국어를 "새로운 각도에서 포착해서 독특하고 외로운 글"(51)로 만들고 미국 안에서 "이방인처럼 존재"하며 "창조적 탈주의 선"을 통해 미국어를 위대한 혁명적인 것으로 만들고 있다. 들뢰즈와 가타리는 소수민족 작가들에게 "언어의 제 3세계 지역"으로서의 변신을 주문한다.

> 얼마나 많은 문체들, 많은 장르들, 또는 미미한 문화운동까지를 포함해서 많은 문학운동들이 단 하나의 꿈을 꾸어왔던가. 그것들의 꿈은 언어의 지배적 기능을 수행하고, 국가 언어, 공식 언어로 봉사하는 일이었다. 그러나 이제 그 반대의 꿈을 꾸어보자. 소수집단으로의 변신을 꾀어보자는 것이다. (54)

소수민족문학은 다수의 주류 속에서 자신을 소수자화/타자화해야 한다. 소수자 문학가가 주류문학에 완전히 동화되어버리면 탈영토적, 정치적, 소수집단적 역설과 기능을 해내지 못할 것이다. 그러나 또한 소수자문학가가 완전히 극단적으로 반문화적이 된다면 주류 속에 쉽게 개입할 수 없을 것이다. 이것은 하나의 딜레마이다. 소수자문학가는 이 지점에서 비둘기처럼 순수하고 뱀처럼 지혜롭게 팽팽한 밧줄 위에서 느린 춤을 출 수 있는 야누스적 비전 또는 대화적 상상력에 치열해야 한다. 담장에 걸터앉아 양쪽을 바라보면서 타고 넘어가는 포월(초월이 결코 아닌)을 해야 한다. 여기에서 윌리엄 셰익스피어의 극『폭풍우』에 나오는 "구출 받은 노예"인 칼리반의 목소리를 들어보자.

> 이 섬은 나의 것이고 사이코락스는 나의 어미이다.
> 당신은 나로부터 이것을 빼앗아갔다. 당신이 처음 왔을 때
> 당신은 나를 쓰다듬어 주고 나를 위해 애썼다. 나에게 주었다.
> 딸기류가 들어있는 물을. 그리고 나에게 가르쳐주었다.
> 더 큰 빛을 이름 부르는 법을, 그 타오름이
> 밤낮으로 어떻게 달라지는가를. 그래서 나는 당신을 사랑했다.
> 그리고 나는 당신에게 이 섬의 모든 것들을 보여주었다.
> 깨끗한 샘물, 소금 구덩이, 메마른 땅, 비옥한 땅을.
> 내가 그렇게 한 것에 저주가 있으라! 사이코락스의 모든 마술들,
> 나는 당신의 모든 신하이지만
> 처음에는 나 자신의 왕이었다. 그리고 여기에 당신은 나를
> 　　　　　가두고 있다.
> 이 견고한 바위 속에. 당신은 나를 가지 못하게 한다.
> 섬의 다른 부분으로. (2막 1장)

자신의 땅에서 주변부 타자(소수자)가 되어버린 칼리반의 저항적이고 혁명적인 탈영토화된 "다른" 목소리는 집단적 소리로 변형될 것이다. 유럽의 백인들이 북미 아메리카 대륙에서 원주민(토착미국인)을 몰아내고 새로운 타자(흑인 이주자)들을 끌어들여 만든 제국인 미합중국에서 살아가는 소수민족작가들은 변장한 칼리반이다. 경계인(境界人) 고 에드워드 사이드는 또 다른 국외자이자 주변화된 타자/소수자였던 폴란드 출신 영국작가 조셉 콘래드에 관한 박사논문을 썼다. 팔

레스타인 출신인 사이드는 같은 유목지식인 작가이며 이민자 출신의 주변부 소수자였던 콘래드와 자신을 정신적으로 동일시했다.

사이드가 말하는 소수민족 작가들의 주변부성, 소수민족성, 타자성, 유목성은 문화의 복합성, 혼종성, 잡종성과 연결된다. 중동 출신의 소수민족 이론가인 사이드는 미국의 중심부에서 정치적 사회적인 세계에 관심을 가지며 '세속적'이 되기 위해 새로운 텍스트 읽는 법을 고안해내었다. 그것이 바로 '대위법적 비평'contrapuntal criticism이다. 이런 읽기방식을 통하여 우리는 중심부 역사와 주변부 역사 모두에서 만들어지는 담론들을 동시에 바라보며 단성적이 아닌 다성적인 방법으로 각종 텍스트를 다양하게 읽을 수 있다. 다양한 주제들이 서로 다투는 서양 고전음악의 대위법처럼, 이것은 여러 주제들의 유기적인 상호작용을 가능케 한다(『문화와 제국주의』 115). 다음에서 사이드의 말을 직접 들어보자.

> 우리는 문화보관소를 되돌아보면서 서술되어진 중심부의 역사와 함께, 지배담론에 의해 억압받거나 통합되어진 주변부 역사들을 동시에 고려하면서 단선적이 아닌 대위법적인 방법으로 문화보관소의 문서들을 다시 읽기 시작한다. . . . 바로 이런 식의 접근을 할 때에야 비로소 대안적이거나 참신한 담론들이 등장하게 되며 나아가 제도화되거나 안정된 실재가 된다. (『문화와 제국주의』 115-116)

이번에 미국의 소수민족문학 연구에 앞장서온 정진농 교수의 주도로 상재된 이 책 출간의 의미는 매우 크다. 이 책에서 여러 필자들은 지난 십 수 년간 이 새로운 분야의 연구업적을 종합적으로 정리하는 값진 노력을 했고, 이론적 논구와 다양한 영역들을 구체적으로 점검하는 하나의 이정표를 세웠다. 앞으로의 남은 과제는 소수민족 문학들과 소위 주류 백인문학과의 관계 재정립과 연구영역의 확산을 통하여, 라틴계의 치카노/치카나 문학은 물론 특히 아시아계에서도 필리핀, 베트남계 등에 관한 논의도 추가시키는 것이다. 각 소수민족문학 간의 상호관계 및 비교연구도 이루어지기를 기대한다.

미국의 소수민족 문학이 미국적 문화배경과 문학적 전통 속에서 시작되었다는 것은 분명하다. 그러나 문학이란 근본적으로 '구체적 보편'concrete universal 이기에 미국의 소수민족 문학 역시 궁극적으로 일반문학 또는 세계문학의 맥락 속에서 논의하는 것이 앞으로의 과제이다. 세계문학이라는 거대한 저수지에 새로운 수원으로 등장한 미국의 소수민족문학은 온 인류의 문학적 자산이자 보고가 되어야 하기 때문이다.

2010. 3

소수민족성과 소수민족문학

● 정진농

아프리카계 미국인, 원주민계 미국인, 히스패닉계 미국인, 그리고 아시아계 미국인
이 글을 쓸 때면, 그들이 무슨 실내운동을 하고 있는 게 아니다. 그들은 자기들의
삶을 위해 글을 쓰고 있다. […] 그것은 자신들의 민족적 유산인 삶이다. 그리고 일
단 이들의 목소리가 들리게 되면, 결코 되돌아서는 일이란 없다. (Reed xi)

이민, 동화주의, 다문화주의, 소수민족성

미국은 이민의 나라이다. 세계 각지에서 모여든 이민들로 구성된 나라인 미국
은 그러니까 다인종, 다민족 국가일 수밖에 없다. 오늘날의 미국땅이 17세기에 들
어 영국을 비롯한 유럽의 이주민들에 의해 식민이 이루어지고, 18세기 후반에 이
르러 식민지가 독립하고, 이어서 신흥국가의 건설과 발전을 이룩하는 데 주역을
담당한 인종이 소위 WASP로 칭해지는 영국계 신교도 앵글로-색슨족이었고, 그들
이 미국의 건설과 그 이후의 국가 발전을 주도해온 주류 미국인이라는 일반적인
가설을 그대로 인정하더라도 그 이후로도 이 광대한 신흥 대륙국가에는 자발적으
로든 비자발적으로든 끊임없이 새로운 이민의 물결이 유입되었다.

유럽에서 백인들이 들어오기 이전부터 본래 이 땅에 살고 있었던 원주민들과

자신들의 의지와는 상관없이 노예로서 이 땅에 강제로 끌려왔던 아프리카계 미국인들을 제외하고, 건국 후 미국땅에 유입된 이민의 역사는 대개 3단계로 구별이 된다. 첫째는 1820년에서 1860년 사이에 들어온 소위 '구 이만'으로, 이들은 영국, 아일랜드, 독일을 포함하여 주로 북서 유럽인들로 구성된 약 350만 명의 인구였다.

두 번째는 1870년에서 1913년까지의 소위 '신 이만' 또는 '대 이만'으로 지칭되는 약 2,500만 명에 이르는 이민들로서 영국계와 독일계를 포함하여 스칸다나비아와 보헤미아계, 동구와 남구 출신의 러시아-폴란드계 유대인, 오스트리아와 루마니아계 유대인, 가톨릭교도 폴란드인, 남부 이탈리아인, 슬로바키아, 세르비아, 크로아티아인들이 여기에 포함된다.

그 외에도 이 시기에는 유럽이 아닌 지역에서도 유입된 인력들이 있었는데, 이들은 미국의 영토 확장과 합병으로 편입된 스페인계 멕시코인, 프랑스계 캐나다인 또는 프랑스계 크레올 후손들, 그리고 23,000여 명의 일본인과 85,000여 명의 중국인들도 이 시기에 태평양을 건너 미국 서부지역에 유입되었다. 그리하여 워너 솔러의 표현에 따르면 "미국은 1차 세계대전의 발발과 함께 '영국계 주도의 3인종 국가'에서 '근대적이고 다민족적이며 점차 도시적인 국가'로 변화했다" (Ferraro 406 재인용). 그러다가 1924년 미국의회는 이민을 급격히 제한하는 일련의 이민법을 통과시켰는데, 이것은 북서 유럽인들 이외는 동남부 지역 유럽인들마저 이민을 제한하며, 중국인들은 전적으로 배제하고, 다른 아시아인들도 극소수 밖에는 이민을 허락하지 않는 조치였다.

미국 이민의 역사에서 세 번째 단계가 1964년 미국 의회가 이민법을 새롭게 개정함으로써 거의 50년 만에 중국인 배제와 그 관련 법령을 폐지하고 중동지역이나 인도 등지뿐만 아니라 동아시아, 멕시코, 카리브 해 연안 지역을 포함한 기타 지역으로부터도 이민을 허용한 조치였다. 이러한 조치와 함께 미국은 명실 공히 전 세계로부터 유입된 이민들로 구성된 다민족, 다인종 국가가 된 것이다.

이와 같이 태생적으로 이질성이 강한 집단을 미국민이라는 하나의 국민적 정체성으로 통합하기 위한 동화^{assimilation}의 논리가 오랫동안 지속되어 왔고, 소위 '멜팅 팟1)이란 용어는 이러한 동화 논리에 대한 적절한 메타포로 사용되어 왔다. 이러한 논리에는 '미국인'^{American}과 '미국성'^{Americanness}이라는 한 가지 동일성과 그 동일성을 주도하는 다수 주류 집단의 문화나 가치를 확산하고 수용해야 한다는 전제가 암암리에 내포되어 있었다. 그러므로 이러한 통합작용은 각개 개별 주체가 원래 가지고 있던 개별적인 정체성이나 특성을 상실하게 되고, 새로운 미국인으로서의 공통적인 정체성으로 변화를 요구받게 된다. 그러는 과정에 이 동화주의 논리나 멜팅 팟 이론은 이질성이 강한 잡다한 여러 인종이나 민족을 미국 국민이라는 동일성을 가진 하나의 거대 집단으로 통합해서 공통의 국가적 목표를 향해 이끌어 가는 데 유용한 이데올로기로 작용해온 것이 또한 사실이다.

그러나 통합에 따른 동일성 이전에 미국을 구성하고 있는 여러 이질적인 소수민족들이 본래부터 지니고 있는 특수한 인종적, 민족적, 문화적 특성과 차이를 나타내는 이른바 소수민족성^{ethnicity}이 있다. 그러므로 소수민족성은 미국사회에서 이미 다수 주류를 형성하고 있는 유럽계 백인들을 제외한 여타 소수민족들이 지니고 있는 특성에 해당되며, 그들 소수민족그룹$^{ethnic group}$은 자신들 고유의 민족적 정체성을 유지하면서 자신들의 민족적 공동체를 형성하고 있는 경우가 많다. 이러한 공동체는 흔히 그들 본래의 전통적 문화의 특징을 유지하고 있는 경우가 많으며, 뒤늦게 그들 본국에서 도착한 이민들은 주로 이러한 공동체에 합류하게 된다.

---

1) '멜팅 팟'(melting pot)은 원래 '쇠를 녹이는 도가니'란 뜻으로, 이 말은 1908년 워싱턴 D. C에서 처음 공연된 이스라엘 장웰의 연극 『멜팅 팟』에서 연원하게 되었다. 그것은 쇠를 녹이는 도가니가 여러 가지 잡다한 성분을 가진 쇠붙이를 넣고 녹여서 단일한 성분의 순도 높은 쇠를 만들어 내듯이 미국이란 나라가 세계 각지에서 여러 다양한 인종적, 문화적, 종교적 배경을 가지고 미국땅에 들어온 이민들을 새로운 미국인으로 만들어 한 가지 국민적 정체성으로 통합하는 작용을 의미한다. 그러므로 이러한 통합작용은 각 소수민족의 개별적 정체성이나 특성 대신에 다수 주류를 형성하는 지배적인 인종 그룹의 문화나 가치에 동화를 요구하게 된다.

소수민족그룹과 종종 혼동을 일으키기 쉬운 것이 소수자 그룹^{minority group}이다. 소수자 그룹이란 한 사회의 전체 인구 중에서 정치적으로 지배적인 다수에 포함되지 않는 소수자 그룹을 의미한다. 그것은 소수민족 그룹을 가리키기도 하지만, 또 다른 소수자, 예컨대 경제적으로 가난한 하위계층이라든지, 무능력자, 장애자, 연령적으로 일할 수 있는 연령에 미달하거나 그것을 넘어서는 청소년이나 노년층, 또는 성적 정향에 있어서 동성애자들과 같은 소수자들을 지칭하기도 한다.

여기서는 그런 일반적인 소수자 그룹 중에서 특히 소수민족그룹에만 논의를 국한한다. 미국 내의 이러한 소수민족그룹이 만드는 소수민족 공동체에는 항상 긴장과 함께 양면가치로 인한 갈등이 있어왔다. 그것은 그들 소수민족 공동체가 미국 사회에서 존립하기 위한 긴장이었으며, 또한 동화에 대한 요구와 소수민족의 정체성^{ethnic identity}이라는 양면가치 사이의 갈등이었다. '동화'의 개념은 각 소수민족 그룹이 가지고 있는 특수한 믿음과 가치관을 하나의 새로운 미국인의 국민적 정체성 속에 포함하여 융합할 수 있다는 논리였다. 그것은 민족적 차이를 부정하면서 하나의 언어가 미국 사회의 사회적 관심과 민주주의라는 공통의 이데올로기를 받쳐주는 지주이듯이 하나의 미국적 정체성 속에 모든 소수민족성의 이질성을 통합하고 용해할 수 있음을 강조한다. 그러므로 동화의 개념은 결국 순응^{conformity}과 동일성^{homogeneity}을 요구하기에 이른다.

유럽계 백인들이 주류가 되는 미국사회에서 여러 소수민족 중에서도 아시아계(중국이나 일본, 한국 등) 이민들은 비교적 이러한 동화 정책에 순응적이어서 모범 소수민족^{model minority}으로 분류되어 온 반면, 인디언으로 불려온 토착 미국인들^{Native Americans}과 아프리카계 흑인 미국인들^{African Americans}은 '미국성'이라는 동일성의 동심원 안으로 수용되기도 쉽지 않았고, 그렇다고 미국사회 밖으로 축출하거나 배제하기도 어려워 백인이 주류가 되는 주류 중심 미국사회에 늘상 커다란 위협으로 여겨져 왔다. 토착 미국인의 경우, 만족스런 동화를 위해서는 그들 부족의 문화와 백인 문화 사이의 간극과 이질성이 너무 크게 여겨져서 소위 '인디언보호구역'이란 제도가 생겨났던 것이다. 또한 미국 사회에서 끊임없이 일어나는 흑 ·

백간의 인종갈등도 주류 백인들에 동화가 쉽지만은 않은 이질성의 표현인 셈이다.

그러나 1960년대에 불붙었던 민권운동과 함께 그 이후 확산되기 시작한 다문화주의multiculturalism의 영향으로 미국사회의 큰 흐름이 억압에서 해방으로, 동화의 논리에서 문화 다원주의cultural pluralism의 논리로 향하게 되었다. 그리하여 미국 내의 다양한 소수민족그룹들이 그들 고유의 전통 문화에 대한 존중과 그들 소수민족 정체성에 대한 자부심을 잃지 않고도 미국인으로서의 공통적인 유대를 함께 할 수 있음을 인정하게 되었다. 이제 미국에서 소수민족의 정체성은 더 이상 부정되어야할 어떤 것이 아니고, 대신에 다양성을 증가시키는 문화적 힘과 주장의 원천이 되고 있다. 이제 많은 미국인들은 소수민족들이 한 가지로 통합되고 동화되기보다 여러 가지 다양하고 이질적인 특성을 띠면서 각기 다른 가치를 보이는 것을 허용함으로써 소수민족이면서 동시에 미국인으로서의 생산적이고 복합적인 정체성을 달성하는데 긍정적인 시선을 보내고 있다. 즉 어떤 한 가지 버전의 정체성에 통합되어 동화되기보다 서로 다른 언어와 관습과 전통과 가치관을 가진 둘 혹은 그 이상의 혼종적hybrid 문화와 정체성을 인정하기에 이른 것이다.

그리하여 과거에 동화의 메타포였던 '멜팅 팟'이란 용어는 이미 다문화주의의 메타포인 '모자이크'mosaic이나 '샐러드 보올'salad bowl로 대치되었고, 그러한 메타포들도 이제는 진부해져서 그것들보다는 더욱 유동적이면서 다의적이고, 진행적인 개념을 함축하고 있는 혼종성의 개념이 보다 더 설득력을 얻고 있는 것 같다. 혼종성은 서로 이질적인 주체가 동일성과 융합을 향해 서로 만나고 끌어당기면서도, 다른 한편으로는 그 융합이 새로운 형식의 창조를 가져온다는 점에서 소수민족성과 깊이 연동되어 있으며, 미국이 새로운 미국적 정체성을 구성해 가는데 하나의 대안이 될 수 있을 것이다. 미국이 앞으로도 더 많은 사람들이 세계 다른 지역에서 계속해서 이주해 오고, 그래서 이들 새 이주자들이 계속해서 미국인이 되어가는 유동적인 과정이 계속되는 한 미국인의 정체성은 확정적이기보다는 항상 유동적이면서 불완전한 정체성일 수밖에 없을 것 같다.

소수민족문학, 소수문학

　미국인의 정체성에 대한 이러한 인식의 변화에 수반하여 미국문학에도 역시 인식의 변화가 나타나는 것은 당연한 일일 것이다. 미국문학에 대한 인식의 변화 가운데서 우리가 가장 주목해야 할 것은 과거의 미국문학이 주로 미국인의 다수를 차지하는 주류 백인 남성작가들에 의해서 주도되어온 데 반해서 근래에 와서는 그들 백인 남성작가들 이외에 소수의 비주류 그룹 작가들의 활약이 두드러지다는 점이다. 뿐만 아니라 과거에 그러한 소수 비주류 그룹에 속했기 때문에 소위 정전^{canon}에서 제외되고, 주류 중심 문학사에서 배제되었던 그룹의 작가 작품들의 가치가 새롭게 조명되고, 권리가 복원됨으로써 정전이 해체되거나 문학사의 영역이 확대되기에 이르렀던 것이다. 과거의 그러한 비주류 그룹 가운데서 대표적인 존재가 여성작가들과 소수민족작가들일 것이다. 그런데 여기서는 여성작가들은 논외로 하고, 소수민족작가와 그들의 문학에만 논의를 국한하고자 한다.

　미국 소수민족문학이란 미국 내의 이러한 민족적 소수자들$^{ethnic\ minorities}$ 또는 소수민족 그룹에 의해서 생산된 문학을 의미한다고 하겠다. 그런데 미국에서 소수민족 그룹에 해당되는 대상 역시 고정적이기보다 항상 유동적이었다고 할 수 있다. 원래는 미국 건국의 핵심이었던 백인 영국계 앵글로-색슨족 신교도^{WASP} 이외의 모든 인종이나 민족이 그 대상에 포함되었다고 볼 수 있겠으나, 다수 주류의 범위와 대상이 변화함에 따라 소수민족의 범위와 대상도 변화할 수밖에 없었다. 그리하여 한때는 영국계를 넘어 북서 유럽계 후손들까지 주류에 포함되었으나, 남부와 동부 유럽인들은 타자로 간주되다가, 이제는 주류의 경계가 더욱 확대되어 유럽인들(신교도, 가톨릭, 유대인)까지 포함하되, 선조가 비유럽인이거나 또는 유대-기독교인의 범주에 들지 않는 사람들은 제외되었다.

　유럽계라 하더라도 이탈리아인들은 미국에서 오랫동안 유럽계 소수민족의 상징처럼 여겨져 왔다. 하지만 그들도 이제는 백인 주류로 인정받으면서 미국 주류

사회에 통합되기에 이르렀다. 그러므로 이렇게 주류 속에 통합된 유럽계 미국인들은 이제 더 이상 미국 내에서 소수민족으로서의 민족적 자의식을 갖지 않게 되었다. 유대인들은 과거 그들의 민족적 수난과 2차 대전 때의 홀로코스트로 인해서 한때 자신들의 희생자로서의 면모를 강조하기도 했으나 지금은 이미 그들 역시 미국 사회의 주류 그룹 속에 편입되어 더 이상 타자로서의 위치나 의식에 머물러 있지 않는 것 같다. 이제 미국사회 내의 소수민족의 판도는 피부색과 출신지역에 의해서 결코 주류그룹에 편입될 수 없는 유색 인종과 비유럽계 출신 그룹이 되고 있다. 그들은 원주민인 인디언과 아프리카계 흑인을 위시하여 카리브 해 지역, 중남미 지역, 그리고 아시아 지역에서 유입된 이민들과 그 후예들이다.

그러므로 오늘날의 기준에서 미국 소수민족문학이란 미국 국민의 다수 주류를 차지하고 있는 유럽계 백인을 제외한 이들 비주류 유색인종들의 문학을 뜻한다고 하겠다. 더 구체적으로 말하면 먼저 유럽계 백인 미국인들과 가장 대척적인 관계에 있는 인디언이라고 불리어온 토착 원주민계 미국인이 있고, 원래 아프리카에서 노예로 유입되었다가 남북전쟁 이후 해방된 아프리카계 미국인이 있다. 다음으로 지리적으로나 역사적으로 미국과 근접해 있거나 특수한 관계에 있는 중남미 지역 출신의 히스패닉계 미국인이 있다. 근래에 와서 아시아계 미국인들도 점차 그 수가 증가하면서 그들의 독특한 민족문화와 정체성을 지닌 소수민족그룹을 형성하고 있지만, 그 범위가 워낙 광범위하고 인종이나 출신 국가나 지역 또한 원체 다양해서 나라와 지역별로 더욱 세분되기도 한다.

미국 소수민족문학이란 이들 소수민족 출신 작가들이 미국에서 생산한 문학을 의미한다고 하겠다. 이러한 문학은 그 분류의 다양성만큼이나 그 양식이나 내용 또한 다양할 수밖에 없기 때문에 그들에게서 어떤 공통적인 특성을 찾아내기는 쉽지 않을 것이다. 그럼에도 불구하고 그들이 미국사회의 중심권에 있는 주류가 아니고 주변부 비주류 출신 작가들의 문학이라는 점에서 주류문학과는 다른 어떤 변별성을 감지하는 것이 전혀 불가능한 일은 아닐 것이다. 앞에서 이 글의 에피그래프로 인용한 이쉬마엘 리드의 말은 이러한 차이를 포착하기 위한 하나의 단서를 제공해 준다. 즉 리드는 미국의 소수민족작가들이 글을 쓴다는 것은 무슨 실내운동을 하는듯한 그런 안이한 태도로써가 아니고, 백인이 다수 주류인 미국 사회에서 소수자로서 살아가야하는 자신의 삶 그 자체를 위한 절실한 글쓰기가 되지 않을 수 없으며, 그것은 또 자신의 민족적 유산에 맥이 닿아 있다는 것이다. 이는 미국 소수민족 작가들이 그들의 작품에서 안이한 미학적 실험 대신에 미국 사회에서 자신과 자신이 속한 소수민족이 주류 중심의 미국사회에서 어떻게 생존과 적응을 위한 처절한 삶의 문제를 다루지 않을 수 없는 지를 암시한다.

한편 마리아 로렛은 미국 소수민족작가들에게 과해진 재현의 역사적 책무에 대해서 다음과 같이 언급한다.

> 무엇보다도 특히 두드러진 것은 소수민족작가들이 다루어야하는 '재현의 역사적 책무'이다. 독자와 비평가들이 이러한 책무를 그들에게 부과했든, 그들이 자진해서 떠맡았든, 소수민족작가들은 흔히 자신들의 문화와 민족들을 폄하하고 비방해온 지배적인 역사적 기록의 논쟁에 참여한다. 역사는 그들을 불가시적인 존재로도, 또는 가시적인 존재로도 만들어 왔는데, 그것도 오직 정복자와 노예 소유주와 유럽중심의 합리주의자와 단일 언어 사용을 주장하는 인류학자의 눈을 통해서였다. 아프리카계 미국문학, 원주민계 미국문학, 치카노 문학과 아시아계 미국문학은 보통 역사에 저항하는, 그리고 인종주의와 인종주의적 특성을 띠는 소수민족 중심주의에 저항하는 글쓰기로 시작한다. 두드러지면서도, 그러나 전적으로 그리 놀랍지만은 않은 것은 역사에 저항하는 이러한 글쓰기가 흔히 자전적인 형식을 띤다는 점이다. (7)

위의 로렛의 진술을 통해서 우리가 유추할 수 있는 미국 소수민족문학의 특성은 그 저항성에서 찾을 수 있을 것 같다. 그것은 다수 주류 중심의 미국 사회에서 주류 중심으로 기록되는 역사와 관념에 저항하는 글쓰기이다. 그리고 그러한 글쓰기의 형식이 흔히 자전적인 형식을 띤다는 점도 수긍할만하다. 왜냐하면 이러한 글쓰기는 다수 주류가 지배하는 미국사회에서 흔히 소수자가 겪는 소외와 고난과 투쟁과 저항의 체험적 기록이 되기 쉽기 때문이다. 따라서 우리는 19세기에 아프리카계 미국문학이 처음 왜 도망 노예의 자전적 기록인 노예서사로부터 시작되었으며, 칼로스 벌로선의 『마음 속의 미국』, 맥신 홍 킹스턴의 『여인무사』, 강용흘의 『동양사람 서양에 가다』 등이 왜 거의 자전적 형식을 띠고 있는가를 이해할 수 있다.

한편 질 들뢰즈와 펠릭스 가타리는 그들의 공동 저서 『카프카』에서 '미국 소수민족문학'이 아닌 '소수문학'minor literature을 정의하고 있는 데, "소수문학은 소수 언어로 된 문학이 아니라, 다수자의 언어 범위 안에서 소수자가 만든 문학"이라고 정의한다(16). 본래 들뢰즈와 가타리는 이를 미국보다는 유럽의 경우에 적용시켜 한 말이지만, 미국 소수민족문학의 경우에도 이 정의에서 벗어나지 않는다. 즉 미국 소수민족문학이란 각 소수민족 고유의 소수언어로 된 문학이 아니라, 미국 내에서 다수자의 언어인 영어로 쓰여진 문학이기 때문이다.

들뢰즈와 가타리는 또한 소수문학의 특징을 (1) 언어의 탈영토화deterritorialization, (2) 정치성, 즉 개인적인 것과 정치적인 것의 직접적 연결, (3) 집단적 가치, 즉 언표행위의 집합적 배치로 규정했다(18). 들뢰즈와 가타리에게 있어서 "탈영토화"는 문화·지리적 이탈 및 소외를 의미한다. 미국 흑인과 같이 소수민족 집단이 철저하게 그들 태생 지역에서 뿌리가 뽑혀 옮겨진 채 어쩔 수 없이 다수 지배집단의 언어를 사용해야 하는 경우가 있으며, 혹은 인도와 아일랜드에서 보듯 다양한 형태의 저항과 언어 민족주의를 실천하면서도 외국어를 채택하지 않을 수 없어 다수집단이 수입된 언어를 사용하는 경우도 있다.

들뢰즈와 가타리는 소수문학의 특징으로서 그것이 또 필연적으로 정치적이며, 집단적일 수밖에 없음을 지적하는데, 이는 소수문학의 생명력이 될 수밖에 없다. 그러므로 성공적인 소수문학은 다수집단의 가치나 지배적인 형태에 도전하거나 그것을 전복시키고자 하는 문화정치의 혁명적 실천으로 작동하게 된다. 그리하여 들뢰즈와 가타리는 "소수문학이 어떤 특수한 문학을 가리키기보다는 소위 위대한(혹은 기성의) 문학의 심장부에 있는 모든 문학을 위한 혁명적 조건에 다름 아니다'(18)라고 말한다. 따라서 소수문학과 소수담론은 다수자의 문학 안에서 예술적・문화적 우수성을 낳는 근본적인, 아마도 유일한 원천들이다. 이런 점에서 소수문학의 전형들로서 일견 '다수'처럼 보이고, 정전화된, 분명히 유럽중심적인 작가들을 찾아보기란 쉬운 일이다. 들뢰즈와 가타리는 모더니즘 문학의 위대한 텍스트들, 즉 오늘날 인문학 분야에서 정전화되어 외경시되는 텍스트들이 실은 소수문학의 범주에 속하며, 또 이러한 소수 혹은 소수자의 신분이 예나 지금이나 그 텍스트들이 지니는 독창성과 우수성의 조건이라는 점을 보여주고자 한다.

들뢰즈와 가타리의 소수문학이론의 핵심은 안으로부터의 전복이라는 개념, 즉 '다수의' 형식이라는 문화지배, 명료화 및 권위의 '탈영토화' 혹은 '해체'이다. 예술적 독창성과 창조성은 저항, 즉 '대항의 희열'로부터 나온다. 이와 유사한 개념은 언어 제국주의 및 저항의 패턴보다는 오히려 사회계급 제도와 관련이 있는데, 그것은 바흐친이 '카니발적인' 것에 대해서 언급할 때 등장한다. 소수문학과 '카니발적'이라는 두 개념은 "소수적인 것 외에는 … 다수적인 것은 … 없다"(Brantlinger 162)는 역설의 또 다른 표현이다. 문화적 창조성은 위로부터가 아니라 아래로부터, 초월적인 것으로부터가 아니라 세속적인 것으로부터, 성직자들이나 학자들이 갖고 있는 보다 고상한 학식이나 가치로 부터가 아니라 노동, 성, 반항 및 '실제 경험'으로부터 나온다.

들뢰즈와 가타리의 이러한 소수문학론은 미국보다 주로 유럽을 적용 대상으로 삼았지만, 그러나 그것은 대부분 미국 소수민족문학의 경우에도 적용된다. 여기서는 미국 내의 여러 소수민족문학 중에서 원주민계 미국문학과 아프리카계 미국문학, 그리고 아시아계 미국문학에 대해서 발생론적이고, 연대기적인 고찰을 간단히 해보고자 한다.

원주민계 미국문학

미국문학의 역사가 콜럼버스가 아메리카 대륙을 발견한 1492년이나, 혹은 미국이 영국으로부터 독립을 선언한 1775년부터 시작한 것이 아니라는 인식이 근래에 와서 어느 정도 확산되어 있다. 오늘날 북미 지역에서 인간이 언어를 사용하여 자신의 사상과 감정을 표현한 것은 그보다 훨씬 오래 전부터의 일이었다. 그들 인간들이 이 땅에 유입된 경로와 시기에 대해서는 여러 가지 이설이 있지만, 어쨌든 유럽인들이 이 땅을 발견하면서부터 그들에 의해서 '인디언'으로 불려져 온 이 지역의 토착 원주민들은 오랜 기간에 걸쳐 그들 선조로부터 전승되어온 소위 구전에 의한 문학적 전통이 있었다. 그러나 그것은 문자에 의해 기록된 문학적 유산이 아니었기 때문에 실체적인 접근이 사실상 어려운 형편이다.

인디언들은 이 지역에서 수많은 여러 부족 공동체로 나뉘어져 있었고, 공통의 통일국가나 문자사용의 단계에 이르기 이전에 유럽 백인들에 의해 정복되었기 때문에 그들의 오랜 문학적 전통에서 기록문학을 거론한다면, 그들이 정복자의 언어와 문자를 빌어서 쓴 기록에서 그 근거를 찾을 수밖에 없고, 그러자니 그 역사가 일천할 수밖에 없다. 원주민계 미국인에 의해서 영어로 글을 쓴 최초의 기록은 1772년 설교집으로 쓰여진 샘슨 오콤의 『모지즈 폴의 처형』이 있고, 그 뒤 논픽션 또는 자서전의 형태로 몇몇 저작들이 이어졌다. 그러다가 인디언 작가에 의해서 쓰여진 최초의 소설이 출판된 것은 1854년 체로키 인디언인 존 롤린 리지가 쓴 『조아퀸 뮤리에타의 삶과 모험』이었다. 여성으로서 소설을 쓴 최초의 원주민계 미국작가는 S. 앨리스 캘러헌인데, 그녀는 1891년에 『와이네마』라는 소설을 출판하였다.

그 뒤를 이어 19세기를 거쳐 20세기 전기까지 사이먼 포카곤, 에밀리 폴린 존슨, 찰스 이스트먼 또는 오이예사, 거트루드 사이먼스 보닌 또는 지트칼라사, 모닝 다브 또는 크리스틴 퀸타스켓, 실베스터 클라크 롱, 존 밀턴 오스키슨, 존 조지

프 매쓔스, 다아시 맥니클, 토드 다우닝 등, 여러 명의 원주민계 작가들이 출현하였고, 그들은 각자 정복자의 언어인 영어를 빌어 작품을 썼는데, 그 작품들은 주로 그들의 주권과 문화, 공동체와 정체성에 관련된 문제를 다루고 있다. 그들은 또 그들 부족들이 백인들과의 접촉과정을 통해서 겪은 온갖 시련과 고난 속에서 어떻게 살아남았으며, 그러는 동안에 그들의 전통적인 생활양식이 어떻게 훼손되고 변화해 왔는가를 통찰력 있게 묘사함으로써 그들의 창조적 능력과 상상력을 증명해 주고 있다.

20세기 후반기에 접어들어 1968년은 푸에블로 원주민 작가 N. 스콧 마마데이가 퓰리처상을 받은 소설 『새벽의 집』의 출판과 함께 소위 '원주민계 미국인 르네상스'가 시작한 해로 여겨진다. 이 용어는 1968년 『새벽의 집』의 출판과 1977년 레슬리 마몬 실코의 『의식』의 출판 사이에 원주민계 미국인 작가들의 작품 출판이 전례 없이 증가되었다는 사실과 함께 그들의 작품에 대한 대중적인 관심도 함께 증가함으로써 그들이 크게 고무되고 용기를 얻기에 이르렀다는 점에서 긍정적으로 받아들여진다.

원주민계 미국문학에 이러한 변화가 나타난 것은 미국사회와 사람들의 인식의 변화와 맞물려 있다. 무엇보다도 1960년대에 활발하게 일어났던 청년운동의 대항문화적인 성격이 독자들로 하여금 소수민족과 미국 주류사회에 의하여 주변화된 사람들의 경험을 탐구하도록 자극했다. 많은 독자들은 미국 주류사회에서 발견할 수 없었던 공동체와 영(靈)과 생태학, 만인평등주의 등에 대한 표현을 그들의 작품 속에서 찾을 수 있었다. 또한 민권운동은 사회정의의 문제에 많은 사람들의 관심을 불러일으키면서, 아울러 원주민계 미국인들의 요구에도 귀를 기울이게 했다. 그리하여 많은 사람들이 주류 사회와 미국적 가치관에 대립되는 원주민계 미국인의 시각과 가치관을 이해하려고 했다. 원주민계 미국인 작가들에게는 이렇게 넓게 확산된 관심이 그들의 매력적인 문학을 창조하기 위한 토대가 되었다.

동시에 국민예술진흥기금이 문학잡지나 소규모 정기 간행물, 개별적인 예술단체를 위한 지원 프로그램을 시작했다. 원주민계 미국인 작가들이 창작활동에 에너지를 집중할 수 있도록 보조금을 지급받게 되었고, 책이나 잡지의 편집인들은 그들에게 관심을 가지면서 그들이 들어설 수 있는 문호를 넓혀 주기도 했다. 이러한 특별한 지원과 관심이 원주민계 미국작가들을 고무하게 되어 과거에 볼 수 없었던 수준으로 작품을 창작하고 출판하는 것이 가능하게 되었다. 그리하여 1968년에서 1977년 사이에 현대 원주민계 미국문학의 토대를 형성한 3편의 걸작 소설이 나오게 되었으니, 그것이 마마데이의 『새벽의 집』과 제임스 웰치의 『피의 겨울』 그리고 실코의 『의식』이었다.

일반적으로 『새벽의 집』은 원주민계 미국문학 전통에 있어서 놀라운 성취로 여겨진다. 그것은 나바호^{Navajo} 부족과 푸에블로^{Pueblo} 부족 인디언의 인생에 대한 비전을 현대소설의 요소와 융합시킨 것이었다. 마마데이는 이 소설에서 아벨^{Abel}이라는 푸에블로족 젊은이를 등장시켜 그가 2차세계대전이라는 백인들의 전쟁에 참전하고 돌아와서 한동안 소외와 고립의 자기 소모적 방황을 겪은 끝에 결국 부족 공동체로 다시 돌아와서 자기 할아버지의 인생 이야기를 들으면서 부족 공동체와 우주 속에서 자기의 위치를 회복하고, 자신의 육체와 정신의 건강을 아울러 회복한다는 내용이다.

웰치의 『피의 겨울』에 나오는 화자 역시 그의 삶에서 의미를 찾지 못하는 또 하나의 소외된 원주민 젊은이이다. 그는 형과 아버지의 죽음을 포함하여 고통스런 과거에서 벗어나서 스스로 자기자신을 격리시킨다. 그러다가 점차 자기 가족과 가족의 역사를 알게 되면서 이전에 파괴되었던 가족간의 유대를 다시 회복하게 된다. 소설이 끝나면서 화자는 가족과 전통과의 유대를 회복하기 위한 몇 가지 시험적인 조치를 취함으로써 그의 피의 겨울을 녹이게 된다.

실코는 『의식』에서 마마데이의 『새벽의 집』에서와 같이 전쟁에서 돌아온 귀환병 청년을 다시 등장시킨다. 즉 푸에블로 부족 출신의 청년 타요^{Tayo}는 2차 세계대전의 경험과 그 후유증으로 황폐화되고, 세상으로부터 소외되어 있다. 그는 아웃사이더로서 자기 경험의 파괴적인 패턴 이면에 있는 힘들을 이해하지 않으면

안 된다. 그러기 위해서 그가 사용하는 것이 인디언의 구전전통과 의식이다. 이를 통해서 이 소설은 독자의 운명을 타요의 운명과 연결시키면서 푸에블로 인디언의 전통을 복원하고 갱신하는 쪽으로 독자를 유도한다. 타요가 그들 부족의 전통과 문화와 신화 속으로 통합되는 것은 전통적인 원주민 사회와 주류 미국사회 양쪽에서 소외되었던 인물이 자신의 전통 속으로 다시 들어감으로써 그것에다 활력을 불어넣는 것은 물론 자신을 회복함을 의미한다고 하겠다.

1970년대는 그 다음 20년 이상 동안이나 계속해서 원주민문학을 발전시키고, 그것에 영향을 미치게 될 두 명의 새로운 목소리와 함께 막을 내린다. 조지프 브루착과 제럴드 비즈너가 그들이다. 브루착은 시인이며, 잡지 발행인이며, 또한『제시 브라운의 꿈』(1978)이라는 소설을 발표하기도 했다. 그의 잡지와 출판사는 많은 원주민 작가들의 작품을 출판했으며, 그 자신 또한 주요 작가요, 이야기꾼으로 부상하기도 했다.

제럴드 비즈너는 시와 저널리즘의 글을 발표했으나, 1978년에『말의 화살』이라는 단편소설집과『성자 루이스 베어하트의 어둠』이라는 장편소설을 발표했다.『말의 화살』에서 인물들은 인종차별과 가난과 오해와 자기망상과 싸우며 생존의 길을 열어간다. 이야기의 우화적 요소들이 비즈너를 독특한 목소리를 가진 작가로 만들었고, 놀랍고도 이국적인 이야기들은 휴머와 위트를 드러내었다.『말의 화살』에서도 트릭스터trickster가 등장하지만,『성자 루이스 베어하트의 어둠』에서는 트릭스터들이 핵심인물이 된다. 이 작품은 환상적인 후기 묵시론적 미국을 배경으로 오대호의 삼림지대에서 미국 남서부 뉴 멕시코 주에 있는 차코 캐년Chaco Canyon으로 가는 한 무리의 트릭스터들과 순례자들을 따라간다. 그러는 가운데 신화와 현실이 융합되고, 또 한편으로는 현대 미국을 입증하는 폭력과 언어조작의 전통을 보여주기도 한다.

원주민계 미국문학 발전에 있어서 그 다음 단계(1978~89)는 1979년 기어리 합슨이 편찬한『잊혀지지 않은 대지: 최근 원주민계 미국문학 선집』이 출간됨으로써 시작되었다. 이것은 최근의 원주민계 미국문학 가운데 시와 소설의 선집으로서 거의 완전하고도 대표적인 선집이었다. 합슨은 이 선집에 광범위한 시인들과 소설가들을 포함시켜 원주민계 미국문학의 폭을 넓히는 데 기여했다. 그리하여 이 선집은 1980년대 원주민계 미국문학이 지속적이면서 다양한 발전을 하는 데 기여한 공로가 크다.

뒤이어 남서부에서 또 하나의 선집이 출간되었는데, 그것은 1983년 사이먼 오티즈가 편찬한 것으로서 최근 원주민계 미국 단편소설집으로 최고의 선집이라고 할만한 『돌아오는 대지의 힘』이었다. 이 선집에서 오티즈는 실코와 루이즈 어드릭의 단편소설을 이전에 시작품으로써 많이 알려진 모리스 키니, 폴라 건 앨런, 카터 리바드, 랠프 샐리스베리, 그리고 린다 호건의 단편소설과 함께 엮었다. 그 외에도 애너 월터스, 엘리자베스 쿡-린, 피터 블루 클라우드 등의 작품들도 수록되었는데, 지금도 이 선집은 여전히 많은 강의실에서 교재로 사용되고 있다.

사이먼 오티즈는 시인으로서 잘 알려져 있지만, 소설가로서도 영향력 있는 작가였다. 그의 단편들은 널리 선집에 수록되었다. 단편작가로서의 그의 명성은 두 권의 그의 단편선집 『하우버 인디언스』(1978)와 『파이틴: 새 단편 선집』(1983)에 주로 의지하고 있다. 앞의 것은 4편의 단편소설을 수록하고 있고, 뒤의 것은 19편을 수록하고 있는 데, 이 두 단편선집을 통해서 오티즈는 이야기꾼으로서의 능숙한 재능을 발휘하면서 미국을 보는 푸에블로족 인디언의 시각으로 독자들을 끌어들인다.

1980년대는 원주민계 미국소설의 성장과 발전의 10년이었다. 앞선 원주민계 미국문학 르네상스 시대에 명성을 얻었던 여러 작가들도 이 시기에 새로운 작품으로 그들의 명성을 이어갔다. 제임스 웰치는 역사소설 『크로우족 바보들』(1986)로 새로운 지평을 열었고, 마마데이는 카이오와[Kiowa] 부족의 구전설화와 역사를 엮은 『레이니 마운틴으로 가는 길』(1969)에 이어 이 시기에 그의 두 번째 장편소설 『태고의 아이』(1989)를 발표했다. 실코는 또 이 시기에 단편소설과 시와 사진을 모은 『이야기꾼』(1981)이라는 책을 발표했는데, 이 책에서 그녀는 특히 러구나[Laguna] 부족의 구전전통과 그녀의 가족과 선조들의 경험을 시와 단편소설들의 맥락 속에 짜맞추어 넣고 있다. 그녀의 단편소설에 나타나는 구전설화와 신화적 현실과 같은 여러 주목할 만한 요소들은 앞서 나온 그녀의 『의식』을 연상시킨다.

1984년에 『사랑의 묘약』이 출판됨으로써 전국도서비평가협회상을 받은 루이즈 어드릭은 또 한 명의 가장 재능 있는 원주민 미국작가의 한 사람으로 부상했다. 어드릭은 다른 원주민계 미국 작가들에게서는 부족했던 휴머를 작품의 전면에 끌어 들였다. 또한 일인칭 화법, 구전전통, 그리고 다채로운 이미지의 혼합은 작품의 배경을 이루는 북부 대평원의 상상적 보호구역에 생기를 불어넣었으며, 또한 1990년대 원주민 작가들에게 유용한 모델이 되었다. 그녀의 작품은 모든 독자에게 공통적인 주제를 보여주기 때문에 원주민계 미국인의 경계를 넘어선 광범위한 독자들에게 호소력을 발휘한다. 『사랑의 묘약』의 성공에 이어 어드릭은 노스다코타 주 한 보호구역에 있는 치페와^{Chippewa} 부족의 삶을 탐구하는 3권의 연작소설로서 『사탕무 여왕』(1986)과 『자취』(1988)를 잇달아 내어 놓았다. 어드릭의 소설은 놀라운 상징적 에피소드와 구전전통의 사용, 독특한 성격묘사 그리고 휴머로 주목을 받고 있다.

마이클 도리스는 그의 아내 루이즈 어드릭과의 공동 저작으로 이름을 알렸는데, 1987년에 자신의 첫 소설 『푸른 물속의 노란 뗏목』을 발표하였다. 이 소설은 시애틀에 살고 있는 몬타나 출신의 원주민 크리스틴^{Christine}과 그녀의 딸 레이요나^{Rayona}를 등장시켜 딸의 흑인과의 짧은 결혼생활을 다룸으로써 인종적 문화적 개인적 가치 사이의 상충하는 관계를 그리고 있다.

1980년대에 등장한 또 한 사람의 흥미 있는 작가 중 하나는 애너 리 월터스인데, 1985년에 발표한 단편소설집 『무자비한 태양』은 그 다음 해 전미도서상을 수상하게 되었다. 8편으로 구성된 이 단편집에서 그녀는 오클라호마에서의 자신의 과거로부터 그려낸 인물들을 선명하고도 상세하게 묘사하고 있다. 그 외에도 시와 비평으로 주목을 받은 폴라 건 앨런은 1983년에 『그림자를 소유했던 여인』이라는 소설을 발표했으며, 재닛 캠벨 헤일도 1983년에 그녀의 두 번째 소설 『세실리아 캡처의 감옥행』을 발표했다.

1990년은 이어서 오게 될 새로운 10년대의 시작으로서 뿐만 아니라 원주민계 미국문학에서 주요한 수확을 거둔 한 해였다. 웰치는 『인디언 변호사』, 린다 호건은 『비천한 영혼』, 탐 킹은 『마법의 강』 그리고 엘리자베스 쿡·린은 『말들의 힘과 기타 단편들』을 각각 이 해에 발표했다. 이 10년대에 마마데이도 여전히 여러 가지 형식의 작품을 발표하고 있었고, 실코도 오랜 공백을 깨고 『죽은 자의 달력』(1991)과 『모래 언덕 속의 정원들』(1999)을 발표했다. 제럴드 비즈너, 루이즈 어드릭, 린다 호건, 엘리자베스 쿡·린 등이 이 시기에 계속해서 작품을 생산해 내었으며, 이 시기에 새롭게 부상한 상당수의 신인 작가들도 각기 자신들의 특징 있는 목소리들을 그들의 작품에 담아내고 있다. 그리고 이러한 양상은 21세기에 접어들어서도 역시 계속되고 있다.

특히 1990년대 이후 원주민계 미국작가들의 작품에는 여러 가지 변화가 감지된다. 그 이전에 비해 보다 더 많은 도시적인 인물들, 더 많은 중산층, 그리고 소설의 배경으로 보호구역에 못지않게 빈번한 도시 배경을 가진 이야기와 함께 전문적인 직업을 가진 원주민계 미국인 인물들이 등장한다. 이는 원주민계 미국인들이 이제는 보호구역보다 도시에 더 많이 살고 있거나, 그들이 대부분 도시에서 대학교육을 받았다는 사실을 반증한다. 이는 또 지배문화와 원주민계 미국인 문화가 함께 변하고 있다는 시각의 변화를 나타내는 징조일 수도 있다.

또한 이러한 변화를 포스트모더니즘의 영향으로 볼 수도 있다. 1990년대 이전에 출판된 많은 작품들은 도시와 보호구역, 백인과 인디언, 공동체와 소외와 같은 불변의 대립항으로서 설정된 모더니스트 패러다임에 토대를 두고 있었다. 많은 주인공들은 현대 세계와 공동체 그리고 자아로부터 벗어나 소외에 빠져 있다. 정체성은 파편화되어 있으며, 균형과 조화와 정체성에 이르는 유일한 길은 보호구역으로 되돌아가는 것이며, 의식과 전통과의 연결을 찾는 것이다. 『새벽의 집』은 이러한 모더니즘의 원주민적 인식을 표현한 대표적인 작품으로 볼 수 있다. 도시는 현대 미국문화의 황무지였다. 도시 사람들은 그들의 환경과 공동체와 문화로부터 소외되어 있다. 보호구역은 자연과 영(靈)과 문화와 공동체와의 연결을 지어

주었다. 모더니스트 주인공들은 자아를 회복하고 소외를 극복하기 위해서 그의 뿌리로 돌아가서 공동체와 전통과의 재통합을 추구하지 않으면 안된다.

하지만 90년대 이후 오늘날의 원주민계 미국작가들은 이전과는 다른 경험의 패러다임으로 세계와 그들 공동체에 접근하는 것 같다. 그들의 작품이 반드시 포스트모던하다고는 할 수 없지만, 그들이 나아가는 방향에서는 오히려 포스트모던의 한계를 넘어서는 움직임을 보여주고 있다. 새리스 ^{Sarris}와 같은 몇몇 작가들은 오늘날의 경험을 경험 그 자체에서 벗어나서 재정의하고자 하고, 실코는 『죽은 자의 달력』에서, 어드릭은 『영양 아내』 같은 작품에서 보다 더 오래된 패턴을 위해 새로운 의미화를 빚어내는 신화적인 구조를 재창조하고자 한다. 한편 비즈너 같은 또 다른 작가들은 『죽은 목소리들』 같은 작품에서 보듯 모든 전제를 의문시하는 극단적인 새로운 방법으로 세계를 다시 상상해 보고자 한다. 변화가 여러 가지 형태로 감지된다.

아프리카계 미국문학

지금의 북미대륙에 아프리카계 미국인이 처음 유입된 것은 1619년으로 거슬러 올라간다. 당시 영국이 이 땅에 최초로 개척한 제임스타운 식민지에 20명의 흑인이 유입되면서 저 악명 높은 노예수입이 시작되는 것이다. 그렇게 해서 아프리카에서 이 북미대륙으로 유입된 흑인들이 무려 100만 명 이상으로 추산된다 (Kinney 4).

아프리카계 미국문학의 기원에 대해서는 여러 가지 논의가 이루어지고 있지만, 여기서는 소설을 중심으로 그 전개와 발전의 역사를 간단히 살펴보고자 한다. 최초의 아프리카계 미국소설로 일컬어지는 윌리엄 웰즈 브라운의 『클로텔』이 출판된 1853년에서부터 1980년까지 미국에서 출판된 아프리카계 미국소설은 1500권이 넘는다. 그러므로 그것을 개관한다는 것도 이런 한정된 짧은 지면으로는 사실상 불가능한 것이기에 여기서는 아프리카계 미국소설의 발전단계를 연대기적으로 간단히 정리해 보는 것으로 그치고자 한다. 시대를 구분하는 기준이나 방식도 논자에 따라서 차이가 있을 수 있겠으나, 여기서는 버나드 벨의 『아프리카계 미국소설과 그 전통』에 따르기로 한다.

먼저 초기 아프리카계 미국소설의 발생과 그 전개과정을 추적하면서 벨은 그 시기를 남북전쟁 이전(1853~65)과 남북전쟁 이후(1865~1902), 그리고 1차 세계대전 이전(1902~17)의 3단계로 구분한다. 이러한 구분은 역사적 의의뿐만 아니라 소설의 주제와 배경에서 드러난 차이도 감안한 것으로 보이는데, 즉 노예제 문제에서 계급의 문제로 그리고 남부 농촌지역에서 북부 도시지역으로의 배경의 이동이 그것이다.

남북전쟁 이전은 아프리카계 미국소설의 발생기로 볼 수 있겠는데, 이 시기에는 모두 4권의 소설이 출판되었다. 이 시기에 이러한 소설들이 나오게 된 사회적 배경에는 1950년에 발효된 도망노예법2)과 1852년에 나온 해리어트 비처 스토우의 『톰 아저씨의 오두막집』의 영향을 빼어놓을 수 없다. 교육과 절제, 여권, 노예제 폐지론, 중상주의 등이 이 시기의 중요한 사회적 화두였다. 흑인들에게 교육을 시키는 것을 법률로 금지하고 있었음에도 불구하고, 교육받은 노예들이 나타나고 있었다. 그것은 이 시기에 흑인 노예들이 쓴 회고록이나 일기 또는 '노예 서사3)

---

2) 남부의 분리를 막기 위한 대타협의 일환으로 1850년에 통과된 법률로서 이 법에 따르면 도망노예를 도와주는 것도 법으로 엄격히 금지되었으며, 도망노예 사냥이 성행해서 캐나다로 도피하는 경우가 많아졌다.

3) 남북전쟁 이전 주로 도망노예들에 의해서 쓰여진 체험적 이야기로 남부에서의 비인간적인 노예생활과 그것으로부터 벗어나 자유를 찾기 위한 고난의 여정에 따른 실제 경험을 기록한 것으로서 노예제의 참상을 고발하고 인간의 양심과 사회정의를 일깨우는 역할을 함으로써 노예제도 폐지에 공헌한 바가 컸다. 아울러 흑인문학, 나아가 미국문학에 독특한 한 가지 서사양식을 확립했다는 점에서도 그 의의가 적지 않다. 대표적인 작품으로서는 프레데릭 더글러스의 『프레데릭 더글러스의 인생 이야기』(1845), 윌리엄 웰즈 브라운의 『도망노예, 윌리엄 웰즈 브라운의 이야기』(1847), 헨리 비브의 『미국 노예, 헨리 비브의 인생과 모험 이야기』(1849) 등이 있다.

등이 나와서 백인들에게 읽혀지고, 유포되고 있었던 사실이 그것을 입증해 주고 있다.

그럼에도 불구하고 글을 안다는 것은 아직도 이 시대 대부분의 미국 흑인들에게는 아주 드문 경우에 불과했고, 흑인들이 책을 출판한다는 것은 더욱 그러했다. 그런 가운데 최초의 두 아프리카계 미국소설인 브라운의『클로텔』과 프랭크 웹의『개리 가족과 그 친구들』(1857)이 영국 런던에서 출판되었다. 이는 아직도 미국 내에서 그러한 소설을 출판할 수 있는 여건이 성숙하지 않았기 때문이다. 그러나 그 다음 두 아프리카계 미국소설로서 마틴 딜러니의『블레이크』(1859)와 해리어트 윌슨의『우리 검둥이』(1859)는 미국에서 출판되어, 이들이 미국에서 출판된 최초의 아프리카계 미국소설이 되었다.

남북전쟁 이전에 나온 이상 4권의 소설은 각각 나름대로의 특징을 보여주었는데,『클로텔』이 가장 역사적, 로맨스적 요소가 강한 데 비해,『개리 가족과 그 친구들』은 보다 사실적이면서 교훈적이다. 또『블레이크』는『톰 아저씨의 오두막집』류의 백인 동화주의에 반대하는 흑인민족주의를 주장한다는 점에서 급진적인 정치성을 보여주는 작품이라면,『우리 검둥이』는 여성에 의해서 쓰여진 최초의 아프리카계 미국인 소설이라는 점과 또한 노예제가 없는 북부 지역에서도 백인들에 의해서 자행되는 가혹한 인종차별과 억압의 아이러니를 보여주고 있다는 점에서 각기 나름대로의 특징을 나타내고 있다고 하겠다.

남북전쟁 이후 세기의 전환기까지는 미국 흑인들에게 있어서 노예해방령으로 인한 짧은 기간의 정치적 자유와 그 이후 더 오랜 기간의 극심한 인종차별과 억압적 법률과 가혹한 노역과 린치로 얼룩진 시기이다. 또한 도금시대라는 이 시대의 명칭이 시사하듯이 표면적으로는 문명의 축복과 진보의 복음을 내세웠지만 이면적으로는 물욕과 타락으로 얼룩진 시대로서 국가적 발전과 산업화를 위해 유색인종에 대한 억압과 노동력의 착취가 더욱 공공연하게 자행된 시기이기도 했다. 이러한 시대에 아프리카계 미국소설은 오히려 전 시대보다 더욱 위축될 수밖에 없었다. 그리하여 남북전쟁이 끝나고 프랜시스 엘렌 워트킨스 하퍼의『아이올라

러로이』(1892)가 나오기까지는 상당한 공백 기간이 있었다.

이 시기의 아프리카계 미국인 소설가들의 주요 딜레마는 리얼리티에 대한 자신들의 비전에 진실하면서도 어떻게 백인 독자들에게 다가가느냐의 문제였다. 따라서 그들은 우세한 입장에 있는 백인 독자들이나 출판사의 비위를 고려하여 타협적이 되지 않을 수 없었다. 위의 하퍼의 소설에서도 그러한 딜레마가 나타난다. 즉 이 소설에서는 백인으로 행세하고자 하는 충동을 억제하고 사회개혁과 동족에 대한 헌신에 자기를 바침으로써 다른 사람들을 고무시키는 혼혈^{mulatto} 여성의 도덕적 의무를 강조하고 있다. 서튼 엘버트 그리그스는 『주권 내의 주권』(1899~1908)이라는 5권의 연작소설을 썼으며, 이는 『블레이크』에 비견될만한 19세기 아프리카계 미국소설 중 가장 급진적인 작품 중의 하나로서 흑인 로맨스와 멜로드라마의 한계를 넘어 사회적 리얼리즘으로 한 걸음 더 나아간 소설이었다.

앞에서 본 윌리엄 웰즈 브라운이 최초의 아프리카계 미국인 소설을 출판했다면, 찰스 워델 체스닛은 상업적으로 성공을 거둔 최초의 주요 아프리카계 미국인 소설가로 간주된다. 그는 먼저 단편소설집 『마법사 여인과 기타 이야기들』(1899), 『그의 젊을 때 아내와 기타 흑백 차별에 관한 이야기들』(1899)의 출판으로 백인 문학계의 갈채를 받았고, 뒤이어 나온 장편소설 『시더나무 뒷집』(1900)과 『전통의 골수』(1901)에서 사회적 리얼리즘으로 한 단계 더 나아감으로써 아프리카계 미국인 소설의 발전에 기여했다.

이 시대 또 한 사람의 아프리카계 미국인 작가로서 폴 로런스 던버는 체스닛의 주된 라이벌로서 흑인 민담을 소설에 섞어 대중화함으로써 국민적 명성을 얻은 인물이며, 『참나무와 아이비』(1893), 『남부 출신 사람들』(1898), 『기디언의 힘과 기타 이야기들』(1900), 『신들의 놀이』(1902) 등의 작품을 남겼다.

다음 1903년에서 1917년까지는 아프리카계 미국인 소설의 전통에서 보면 소위 '보수파'^{Old Guard}의 시기에 해당한다. '보수파'란 다음 시기에 나타날 '신흑인'^{New Negro}에 대응하는 명칭으로서 이 시기에 30세를 넘어선 흑인 제3세대 작가들을 지칭하는 용어이다. 그들과 '신흑인' 그룹과는 연령뿐만 아니라 고급문화와 흑인 민속문화에 대한 태도에 있어서 뚜렷한 차이를 보인다. 즉 전자는 흑인 민속문화를 고급문화로 바꾸는 것을 인간적 성취의 표준으로 본 데 반해서, 후자는 흑인 민속문화 그 자체를 도덕적 권위와 정신적 지혜를 달성하는 수단으로서 정당화했다는 점이 바로 그것이다.

이 시기의 소위 보수파 그룹을 대표하는 인물은 두 보이스이다. 그는 이 시기의 대표적인 흑인 지식인이며, 지도자로서 휴머니스트요, 교육자요, 사회운동가요, 작가였다. 그는 당대 또 한 사람의 가장 영향력 있는 흑인 지도자 부커 T. 워싱턴과는 대립적인 위치에 섰던 인물이었다. 즉 워싱턴이 흑인의 경제적 향상을 통한 점진적인 지위 향상을 주장함으로써 백인체제에 대한 일종의 타협주의 노선인 '수용주의'accommodationism로 기운데 반해, 두 보이스는 서구 백인들의 인종주의와 제국주의 체제에 보다 적극적으로 저항할 것을 주장한 인물이다. 그러기 위하여 그는 1909년 NAACP4)의 창설을 주도했고, 그 기관지인 『위기』의 편집을 맡았으며, 1919년 파리에서 범아프리카 세계대회를 개최하기도 하였다. 특히 그는 백인 주도의 미국 사회에서 미국인이면서 동시에 흑인이어야 하는 이중적 자아의 소산인 이른바 '이중의식'double-consciousness을 지적함으로써 미국 흑인의 사회 심리적 분열현상에 대한 통찰력을 보여 주었다. 그는 시집 한 권과 『은빛 양모의 탐색』(1911), 『검은 공주』(1928) 등을 위시한 5권의 소설을 발표하였는데, 그것들은 미국사회에 대한 그의 비판적 관점뿐만 아니라 아프리카계 미국인 소설에서 자연주의의 시작을 알리는 징후를 보여주기도 한다.

두 보이스가 여러 권의 소설을 발표한 데 반하여 같은 시기의 제임스 웰든 존슨(1871~1938)은 『유색인을 면한 한 사나이의 자서전』(1912)이라는 단 한 권의 소설을 남겼는 데, 이는 너무나 사실적이어서 당대의 독자들에게 자서전으로 받

---

4) 유색인 지위향상을 위한 전국협회의 약칭. 이는 미국에서 모든 인종과 종교를 망라한 50만 명 이상의 회원들로 조직된 주요 민권단체로서 평화적이고 합법적인 수단으로 흑인들이 평등한 민권을 획득하기 위해 노력해 왔다. 1909년 여성개혁운동가 메어리 화이트 오버튼을 중심으로 한 백인들에 의해 설립되었고, 두 보이스가 이끄는 나이아가라 운동(Niagara movement), 니그로 운동(Negro movement)과 제휴했다.

아들여졌으나, 뒤에 이 책의 1927년판 서문에서 백인 작가 칼 밴 벡튼에 의해 "흑인 심리학 연구를 위한 더 할 나위 없는 귀중한 사료"(Bell 86, 재인용)라고 평가되었을 정도로 흑인 인물의 심리묘사가 뛰어난 작품이다. 존슨은 이 책에서 한 뮬레토 예술가를 주인공으로 하여 미국사회의 인종적 계급적 편견이 한 개인 예술가를 어떻게 소외시키는가를 사회적 리얼리즘을 넘어 심리적 설명으로 풀어 나간다.

1차 세계대전이 끝나는 1918년부터 대공황이 일어나는 1929년까지 10여 년간은 이른바 할렘 르네상스 시기이다. 1차대전 이후 국내외적으로 뉴욕의 흑인 밀집지역인 할렘과 흑인문화, 흑인예술에 대한 관심이 고조되었다. 즉 파블로 피카소, 앙드레 지드, 기욤 아폴리네르 등, 유럽의 예술가들과 에즈라 파운드, T. S. 엘리엇, 거트루드 스타인, 어네스트 헤밍웨이 등, 미국의 백인 예술가들도 아프리카 전통 예술에 관심을 가지고, 유럽이나 미국 백인문화의 구원을 위한 새로운 비전과 방향을 아프리카와 아프리카 문화 예술에서 찾고자 하였다. 이러한 분위기에 호응하여 새로운 젊고 재능 있는 흑인 예술가들이 이 시대에 대거 출현하였는데, 즉 클로드 맥케이, 진 투머, 카운티 컬런, 랭스턴 휴즈, 빌 로빈슨, 플로렌스 밀즈, 조세핀 베이커, 에썰 워터스, 폴 롭슨, 롤런드 헤이즈, 에어런 더글러스, 루이 암스트롱, 베시 스미스, 그리고 듀크 엘링튼 등이 그들이었다. 그것은 문학뿐만 아니라 음악과 무용을 포함하여 아프리카계 미국문화의 제2의 탄생이었다.

『위기』와 『기회』 같은 흑인잡지가 후원하는 문학작품 공모와 문학상이라든지, 찰스 보니 같은 백인 출판업자나 칼 밴 벡튼 같이 흑인에 호의적인 백인 작가들도 젊은 흑인 예술가들을 고무하고 격려하는 데 힘을 보태었다. 특히 이들 재능 있는 젊은 흑인문학인들의 문학적 산파 역할을 한 인물로서 당시 호워드 대학의 철학교수이며, 『신흑인』지의 편집자이기도 했던 얼레인 록이 있었다. 그 결과 다양하고 광범위한 문학적 서사형식과 기교가 출현하게 되었는 데, 벨은 이들을 몇 가지 그룹으로 분류한다. 즉 (1) 시적 리얼리즘$^{Poetic\ Realism}$과 역사적 로맨스$^{Historical\ Romance}$ 그룹, (2) 점잖은 리얼리즘$^{Genteel\ Realism}$ 그룹, (3) 민속 로맨스$^{Folk\ Romance}$ 그룹,

(4) 민속 리얼리즘^Folk Realism 그룹, (5) 풍자적 리얼리즘^Satiric Realism 그룹이다. 그리하여 (1)에 네이썬 유진 투머, 아나 본텀스, (2)에 제시 포싯, 넬러 라슨, (3)에 페스트스 클로디우스 맥키, 조라 닐 허스턴, (4)에 제임스 랭스튼 휴즈, 카운티 포터 컬런, (5)에 러돌프 피셔, 조지 새뮤얼 스카이러, 월러스 서먼이 각각 포함된다.

1930~40년대는 대경제공황과 2차 세계대전 그리고 그 후속기에 해당된다. 아프리카계 미국소설 전통에서는 이 시기를 리차드 라이트와 그 아류들의 자연주의 소설의 승리기로 본다. 1930년대의 대경제공황으로 인해 미국사회에서 가장 곤란을 겪는 그룹이 아프리카계 미국인들이었다. 그리하여 이 시기 라이트를 비롯한 흑인 작가들과 지식인들은 자연스럽게 공산당에 매력을 느끼게 되었다. 그러나 공산당의 태도나 그 내막이 그들의 기대에 부응하지 못하는 경우를 자주 접하게 되면서 입회와 탈퇴가 반복되었는데, 라이트 역시 1933년에 공산당 조직인 시카고의 존 리드 클럽^John Reed Club에 가입했다가 1944년 탈퇴하게 된다.

이 시대를 대표할 뿐만 아니라 아프리카계 미국소설의 역사에서 하나의 전기를 마련한 라이트에 대해서 벨은 "그의 사명은 그의 자연주의적 비전의 진실성과 그의 문학적 기교의 힘으로 백인 세계의 감수성을 압도하는 것이며, 그의 메시지는 미국 흑인이 바로 미국의 메타포라는 사실"(154)이라고 말한다. 그는 이 사명을 실천하고, 이 메시지를 전달하기 위하여 할 수 있는 최선을 다했다. 그의 대표작『토박이 아들』(1940)은 바로 그러기 위한 수단이었다. 라이트가 이 소설을 통해서 이룩한 그의 주요 성취는 흑백의 미국인을 함께 묶어온 사회적 역설에 대한 완전한 자연주의적 비전이다. 즉『토박이 아들』의 주인공 비거 토머스^Bigger Thomas는 인종이나 주의나 성차에 불구하고 모든 개인을 위해서 필요한 자유와 안전을 제공하고, 보다 나은 삶에 대한 약속을 실현시킨다는 미국의 꿈의 실현에 미국이 사실상 실패하였다는 바로 그 실패의 상징이며, 또한 인간성을 파괴하는 현대 도시문명의 비인간화의 힘에 맞서서 가장 처절하게 투쟁하는 현대인의 한 상징으로도 볼 수 있는 것이다.

라이트 이후 그에게 강한 영향을 받은 소위 '라이트 파'^{Wright School}의 작가들이 속출했는데, 윌리엄 애터웨이, 체스터 하임즈, 앤 페트리, 윌리엄 가드너 스미스 등이었다. 그들은 '라이트 파'라는 명칭이 말해주듯 어느 정도 라이트의 영향과 자연주의적 경향을 함께 보여주고 있지만, 각자의 개별적 특성도 아울러 지니고 있었다.

30~40년대의 라이트와 자연주의 시대를 넘어서 1950년대에 접어들면 아프리카계 미국인 소설에 두 가지 뚜렷한 변화의 기류가 감지된다. 그중 하나는 자연주의와 아울러 인종적 주제에서도 벗어나고 있다는 점이고, 다른 하나는 신화와 전설과 제의를 현대 흑인 경험의 이중의식을 표현하기 위한 적합한 장치로 재발견하고 재활용하게 되었다는 점이다. 자연주의와의 가장 극적인 단절은 랠프 엘리슨과 제임스 볼드윈에 의해 모더니즘으로 나타나는 데, 그들은 그들의 소설에서 신화와 전설과 제의를 다시 도입하고 있다. 그러나 그들은 서구의 그리스-로마 신화의 비역사적인 보편성을 거부하고 아프리카계 미국인의 경험의 특수성에 뿌리를 박은 사회적이고 기독교적인 혼합적 신화와 전설과 제의를 추구한다.

엘리슨의 『보이지 않는 인간』(1952)은 1945년에서 1965년 사이에 미국에서 출판된 가장 훌륭한 작품으로 평가 받았을 정도로 여러 면에서 작가의 탁월한 역량을 보여주는 소설이다. 19세기의 허먼 멜빌이 『모비 딕』에서 유로-아메리카 민담을 이용했다면, 엘리슨은 이 작품에서 아프로-아메리카 민담을 이용했다. 그리고 앞의 존슨의 『유색인을 면한 한 사나이의 자서전』이나 투머의 『사탕수수』, 그리고 라이트의 『토박이 아들』과 마찬가지로 『보이지 않는 인간』은 미국 사회에서 한 흑인 청년이 겪는 정신적인 오디세이이다. 그러나 상상력의 스케일이나 서사적 힘에 있어서 『보이지 않는 인간』은 앞의 다른 작품들을 단연 능가한다. 사실상 그것은 지금까지 나온 어떤 다른 아프리카계 미국소설보다도 더 우수한 현대적 흑인 서사시로서 인정받을만한 자격을 갖춘 작품이라고 할만하다.

볼드윈은 흑인 교회의 시적이고 극적인 힘을 섬세한 산문으로 표현한 작가로서 그의 『산위에서 고하라』(1953)는 흑인 오순절 교회의 교리와 제의를 서정적으로 그려내면서 많은 흑인이 사회적 억압을 넘어선 그들의 도덕적 승리를 위해서 지불했던 높은 값에 주의를 기울인다. 그리하여 그것은 아프리카계 미국소설의 메시아적 정조를 높여주며, 또한 흑인 인물들의 동성애에 대해서도 동정적인 시선을 보낸다. 이는 흑인의 전통적 가치관과 개인의 성적 자유와의 조심스런 타협적 시각으로 볼 수도 있다.

이리하여 1950년대 아프리카계 미국인 소설의 전통에 중요한 발전이 나타나는 데, 그것은 엘리슨과 볼드윈에 의한 신화와 전설과 제의의 재발견이었다. 엘리슨과 볼드윈은 둘 다 라이트의 자연주의에 영향을 받았다. 그러나 그들은 각자 거기서 벗어나 소설에 대한 또 다른 접근을 보여준다. 그들은 각자 자신들의 민속적 전통의 문학적 가능성을 의식했다. 또한 그들의 소설은 다음 시대 1960년대와 70년대에 보다 더 뚜렷한 이분법적 양상으로 나타나는 리얼리즘과 모더니즘의 특질을 아울러 보여준다.

1960년대는 미국의 사회 역사에 있어서 하나의 큰 전환점을 이룬 시대라는 데는 이론의 여지가 없다. 이는 아프리카계 미국문학에 있어서도 역시 마찬가지이다. 1960년대와 뒤를 이은 1970년대의 아프리카계 미국소설 역시 사회적 현실과 이에 반응하는 예술이 급격히 변화하는 시대의 분위기에 따라 적합한 구조와 문체를 새롭게 추구하게 되었다. 이 시대의 이러한 변화를 촉진하는 데 기폭제가 된 것은 흑인민권운동과 그 여파로 생겨난 흑인예술운동과 흑인여성들의 여권운동이었다.

흑인예술운동은 이 시대의 흑인사회운동으로서 흑인들이 스스로를 정의하고 해방할 수 있는 결정권과 흑인 그룹간의 상호 연대를 주창한 소위 '블랙 파워' 개념의 미학적, 정신적 번안이었다. 이 운동의 주요 제안자였던 래리 닐은 "흑인예술운동은 서구문화 미학의 급격한 재편성을 제안하며, 그것은 [서구미학과는 다른] 별개의 상징주의와 신화학과 비평과 도상학^{iconology}을 제안한다."(Bell 238, 재인용)고 말했다. 요는 그것은 예술에 있어서 서구적 전통이나 유산에서 벗어나 흑인의 자결권과 흑인 민족주의를 표방하면서, 흑인의 양심을 지향하는 예술운동이었다.

　흑인 여성들의 여권운동은 당시 서구와 미국사회에서 일어났던 일반적인 백인 중산층 여성들의 여권운동과는 달랐다. 즉 흑인 여성들은 그들 자신들의 해방이 흑인 남성들의 해방과 분리될 수 없고, 그들 인종의 해방과 그들 공동체의 생활 향상의 문제와도 분리될 수 없다는 데 인식을 같이 했다. 그러므로 이 시대의 많은 흑인 여성들은 여권운동의 유럽 중심적인 해석이나 모델을 거부하면서 비서구적이고, 비백인적인, 그래서 보다 더 정의롭고, 평등한 사회 질서를 지향하는 아프리카적 여권운동의 모델을 창조하고 지향하고자 했다.

　불길처럼 번졌던 이 시대의 이러한 여러 가지 흑인 사회운동의 여파가 아프리카계 미국문학에도 미치지 않을 수 없었다. 그리하여 이 시대 아프리카계 작가들 역시 급속히 변화하는 사회적 현실을 반영하는 새로운 예술의 양식을 찾지 않을 수 없었다. 그들은 그들 민족의 자결권과 그들의 공동체에 대한 책임과 그들의 예술적 고뇌에 입각한 새로운 양식의 예술을 창조하기 위하여 노력하였는데, 벨은 그들을 다음 세 그룹으로 나누고 있다.

　먼저 존 O. 킬런즈, 존 A. 윌리엄즈, 엘리스 워커로 대표되는 그룹인데, 이들은 리얼리즘의 전통을 지속하고 있는 그룹이다.

　두 번째로 토니 모리슨으로 대변되는 시적 리얼리즘 그룹이다.

　그리고 세 번째로는 마가렛 워커, 어네스트 게인즈, 윌리엄 멜빈 켈리, 로널드 페어, 조지 "할" 베닛, 찰스 라이트, 클레어런스 메이저, 존 와이드먼, 이쉬마엘 리드로 대변되는 작가들로서 그들은 노예서사와 로맨스와 우화와 풍자 등을 현대적 형식에 따른 실험성을 특징으로 보여주는 그룹이다.

　위의 세 가지 그룹의 특징을 통해서 우리는 1960년대 이후 아프리카계 미국소설에 나타나는 주요 특징을 몇 가지로 정리해 볼 수 있다. 첫째는 1960년대 이후 출판된 많은 주요 아프리카계 미국소설에서 1850년대 그것의 처음 발생기에 보여주었던 리얼리즘과 로맨스 양식의 전통이 비록 변형되고는 있지만 그 원형은 보존되고 지속되고 있다는 점이다. 그러한 특징이 위의 첫째 그룹과 두 번째 그룹의 작가들을 통해서 확인된다.

첫째 그룹의 작가들 중에서는 앨리스 워커가 특히 주목을 받고 있다. 그녀의 대표작에 해당하는 『컬러 퍼플』(1982)은 출판된 그해 퓰리처상을 받았으며, 비판적 리얼리즘이 그 기조를 이루고 있다. 또한 그것은 계급과 인종의 정치학보다는 오히려 성과 자아의 정치학에 더 관심을 두고 있으면서 흑인 남성에 의한 흑인 여성의 억압과 유린에 대해서 가차 없는 비판을 가하고 있다. 그러면서 성적 평등에 입각한 새로운 사회질서에 대한 혁명적 비전을 제시하고 있다.

두 번째 그룹의 작가로서 토니 모리슨은 1988년 퓰리처상을, 1993년 아프리카계 미국인 작가로는 처음으로 노벨문학상을 수상한 사실로서도 입증되듯이 그 명성이 너무나 높고 또한 널리 확산되어 있어서 여기서 새삼 언급할 필요를 느끼지 않는다. 다만 여기서는 그녀 역시 1960년대 이후 활발하게 그리고 다채롭게 출현한 여러 아프리카계 미국인 소설가 중의 일원으로서 그녀의 소설이 그러한 다채로운 아프리카계 미국인 소설의 서사전통 가운데서 특히 시적이면서 고딕적인 특성을 보여주고 있음을 지적하는 것으로 그칠까 한다.

다음으로는 위의 세 번째 그룹의 작가들이 비록 새로운 실험성을 띠고 포스트모더니즘의 경향을 보여주고 있는 것은 사실이지만, 그렇다고 그들이 동시대의 백인 포스트모더니스트들과 미학적인 차이가 없다고 보는 견해가 있는 데, 이것은 사실과 다르다는 점이다. 즉 백인 포스트모더니스트들이 리얼리티는 개인의 지각에 의해 언어로써 텍스트 안에 만들어지는 것에 불과한 것이라고 주장하면서 외부 세계의 리얼리티를 인정하지 않으려는 데 비해서 이들 아프리카계 미국인 작가들은 그들이 비록 백인 포스트모더니스트들에게서 실험적 방법은 배워오더라도 현실 사회의 모순과 그 모순을 해결할 도덕성과 사회정의를 결코 외면할 수 없다는 점에서 차이를 보여준다고 하겠다.

또한 아프리카계 미국소설이 시대와 사회의 변화에 따라 어떤 모습으로 변해 가더라도 그들 자신의 민속적 전통과 그 가치를 재발견하고 재확신하고 있으며, 그것을 새롭게 변형하고 응용함으로써 그들 예술의 독창성과 정체성을 살려나가려는 노력은 계속되고 있다고 하겠다. 그러므로 아프리카계 미국소설은 아프리카계 미국인들의 독특한 역사적 경험과 문화적 유산에 뿌리를 박고 있으면서 다문화적 미국사회에서 유럽계 미국소설을 포함한 여타의 다른 문화적 힘의 수용을 결코 포기하지 않는다는 점이다. 그런 의미에서 아프리카계 미국소설의 새로운 형식은 결국 혼종적 문학형식이라고 할 수 있을 것이다.

아시아계 미국문학

아시아 대륙은 세계 다른 여러 대륙에 비해서 가장 큰 대륙이며, 아시아 대륙에 속하는 나라와 민족의 수도 아마 가장 많고 다양한 분포를 이루고 있을 것이다. 따라서 미국의 여러 소수민족을 분류할 때 아시아계 미국인이라는 용어가 사용되고는 있지만, 이 용어 자체도 미국사회에서 소수민족으로서 주변인 취급을 당하고 있던 아시아계 사람들이 "1960년대 말에 정치적 결속과 문화 민족주의를 조장하기 위해 주조된"(Cheung 2) 용어에 불과한 것으로서 아시아계 사람들의 통일적인 정체성이나 감수성을 이 용어로 담아내기는 사실상 어려운 것 같다.

아시아계 미국문학이라는 용어 역시 마찬가지다. 이는 용어로서 존재하고 사용되기는 하지만 그것에 해당하는 실체를 규정하기는 쉽지 않다. 아시아계 미국문학의 실체를 규정하기 위해서는 미국에서 문학생산이나 활동을 했거나, 하고 있는 아시아계 작가들을 출신 모국과 민족별로 분류하여 접근할 수밖에 없다. 예컨대 중국계 미국문학, 일본계 미국문학, 한국계 미국문학, 필리핀계 미국문학, 베트남계 미국문학 등이다. 따라서 이렇게 다양한 아시아계 미국문학을 전체적으로 묶어서 그 공통성을 언급하는 것은 사실상 불가능한 일이다. 그래서 여기서는 여러 아시아계 가운데서 중국계 미국문학과 한국계 미국문학에 대해서만 간단히 살펴보고자 한다. 그렇다고 이 두 민족의 문학이 아시아계 미국문학을 대표한다거나, 대변한다는 뜻은 결코 아니다. 이러한 선택은 단지 자의적이요, 편의에 따른 것임을 밝혀둔다.

중국계 미국문학

중국계 미국문학은 미국 땅에 유입된 중국 이민의 역사와 함께 그 기원이 열리게 된다. 미국 땅에 중국인이 처음 들어오게 되는 것은 1848년 소위 미국 서부에 골드러쉬가 시작되는 시기로 거슬러 올라간다. 그 후 1860년대 대륙횡단 철도 건설로 인한 대규모 노동력의 필요에 따라 태평양을 건너 중국인 노동력이 미국 서부에 대거 유입되기 시작한다. 그리하여 그들은 미국 서부지역의 개척과 건설에 나름대로 기여를 했음에도 불구하고 지배 사회로부터 미국인이 아닌 외국인으로 간주되었다. 중국인에 대한 그러한 배제 및 차별정책이 그 후로도 오랫동안 계속되어 중국인의 자유로운 유입과 가족의 형성을 막아오다가 1965년 이민법의 자유화가 이루어지고 나서야 이러한 조치가 해소될 수 있었다.

중국인이 처음 미국 땅에 들어오기 위해서는 샌프란시스코 만에 있는 에인절섬Angel Island에 일단 수용되어 여기서 온갖 비인간적인 취급을 당하며 엄격한 입국 심사를 거쳐서 들어오게 되어 있었다. 그러나 처음 미국 땅에 들어온 중국인들은 소수의 여자와 상인들을 제외하고는 대부분 남자 노무자들로서 그들은 거의 무교육자들이었고, 그들에게서 애초부터 수준 높은 예술적 창조는 기대하기 어려웠다. 따라서 이들 초기 이민자들이 미국 땅에서 겪은 온갖 고난과 고국에 대한 향수의 감정들이 구전이나 모국어의 형태로 일부 전해 오다가 뒤에 영어로 번역된 것을 제외하고는 이렇다할만한 문학적 유산들이 거의 없었다. 그러다가 영어로 글을 쓴 최초의 중국인 작가로 간주되는 인물은 영국과 캐나다를 거쳐 미국에 들어온 유럽계 중국인 쉬신 파였다. 그녀는 영국인 아버지와 중국인 어머니 사이에서 태어난 딸로서 필명이 이디쓰 이튼이었고, 미국에서 영어로 씌어진 자전적인 산문 서사 「한 유라시아인의 정신적 포트폴리오에서 나온 몇 편의 글」(1909)과 단편소설집 『봄향기 부인』(1912)을 남김으로써 최초의 중국계 미국문인이 된 셈이다.

중국계 미국인이 미국사회에서 완전한 구성원으로 인정을 받게 되고, 또한 중국계 미국문학이 미국 내의 다른 소수민족문학처럼 자신의 목소리를 내기 시작한 것은 1960~70년대에 들어오면서부터였다. 이 시기에 많은 아시아계 미국인 행동주의자들이 그들의 문화적 활동을 통해서 미국사회에서 자신들의 정당한 위치를 확보하기 위한 투쟁의 수단을 삼으려 했고, 그러한 운동에서 중국계 미국인들이 중요한 역할을 수행하였다. 그러한 활동의 결과로 나타난 하나의 기념비적인 업적이 최초의 아시아계 미국문학 앤솔로지『아~이~!: 아시아계 미국문학선집』의 출판이었다. 이 앤솔로지 편집에 중요한 역할을 담당했던 편집자들 대부분, 즉 카이-유 슈, 데이비드 쎈-퓨 완드, 그리고 특히 1974년도 판에서 기념비적인 선언문을 작성한 프랭크 친, 제프리 폴 찬, 그리고 숀 웡까지 모두 중국계 미국인이었고, 로슨 푸사오 이나다 만이 일본계 미국인 시인이었다.

중국계 미국문학 전통에 있어서 또 한 가지 빼어놓을 수 없는 중요한 사건은 맥신 홍 킹스턴의『여인무사』(1976)의 출판과 그것으로 인해 촉발된 일련의 논쟁일 것이다. 킹스턴의 이 작품은 미국에서 전국적인 갈채를 받은 최초의 아시아계 미국문학 작품이다. 그럼에도 불구하고 이 작품은 또한 중국의 신화와 전설을 왜곡하고 허구화하여 백인 출판사와 야합했고, 또한 페미니즘의 이름으로 인종주의적 백인 독자들에게 영합했다는 이유로 프랭크 친을 위시한 중국계 미국 남성작가들에게 심한 비난을 받았다. 그리하여 킹스턴의 지지자와 프랭크 친과 그의 남성 지지자들 사이에는 그 이후 오랫동안 논쟁이 계속되었다. 일레인 김, 셜리 림, 사우-링 웡, 킹-콕 정 같은 페미니스트 비평가들이 킹스턴을 지지한 반면, 앞의『아~이~!』의 편집자들은 프랭크 친을 옹호했다. 이러한 논쟁은 그 뒤 페미니즘과 문화 민족주의 간의 보다 일반적인 갈등과 논란의 전조가 되었다.

킹스턴의『여인무사』이후 모계에 초점을 맞춘 여성작가들의 작품이 중국계 미국소설의 중요 구성요소가 되었다. 그중에서도 에이미 탠의『죠이 럭 클럽』(1989)이 또 하나의 국제적 베스트셀러로서 부상되었다. 2쌍의 모녀 4명의 이야기로 짜여진 이 작품은 권리회복운동, 여피생활, 자유주의적 다원주의 등, 1980년대의 여러 대중 담론을 끌어들임으로써 다양한 독자층에 어필했다.

탠의 『죠이 럭 클럽』과 데이비드 헨리 황의 브로드웨이 연극 『M. 버터플라이』(1988년 첫 공연, 1989년 출판)는 1970년대의 킹스턴-친 논쟁을 재점화시켰다. 『M. 버터플라이』는 그 배경이 미국이 아니라 중국이지만, 푸치니의 오페라 『마담 버터플라이』의 줄거리에다 프랑스 외교관과 복장 도착자 오페라 가수인 공산주의 중국인 스파이와의 20년의 관계를 융합한 것으로서 성차별주의와 오리엔탈리즘과 제국주의를 해체하는 아시아계 미국문학의 중심적인 텍스트로 부상하게 되었다.

1990년대 이후 여러 다양한 아시아계 소수민족그룹의 재능 있는 작가들이 많이 배출되고 있는 관계로 중국계 미국문학이 아시아계 중에서 초기의 지배력을 상실하고 있는 듯도 하지만, 그래도 보다 최근의 다문화적이고 탈중심적인 현실을 반영하는 가운데 여러 가지 새로운 주제와 표현기법들을 시험하는 새로운 세대의 중국계 미국문학 작가들이 그 후에도 계속 이어지면서 그들의 새로운 재능들을 나타내고 있다.

한국계 미국문학

다른 소수민족 작가들의 경우도 그렇지만 미국에서 영어로 글을 썼던 한국계 미국인 작가들의 기원 역시 미국 땅에 들어온 한국인들의 이민의 역사에서 찾아보아야 할 것 같다. 미국에서 활동해온 한국계 학자인 일레인 김은 한국계 미국인 작가들이 배출된 토양으로서 한국계 미국 이민들과 그 후손들을 그들이 처음 미국 땅에 들어온 시기와 장소에 따라 4그룹으로 나누고 있다(156). 먼저 20세기 초에서부터 1960년대 중반까지 미국에 온 유학생들과 정치적 망명자 그룹이 있고, 그 다음 1903~05년 사이에 하와이 사탕수수 농장에 노무자로 왔던 이민들과 그 후손들이 있으며, 또한 20세기 초 캘리포니아와 태평양 연안 지역의 농장과 통조림 공장에 노동력을 제공하기 위하여 온 이민 노동자들과 그 후손들, 그리고 1965

년 이민 할당율 변화에 따라 1968년 이후 미국에 오게 된 이민들과 그 후손들이다. 이들 가운데서 미국 땅에서 영어로 글을 써서 오늘날 한국계 미국문학의 초기 개척자 역할을 했던 인물들은 한국이 일본의 식민통치를 받고 있던 20세기 초에 주로 정치적인 망명이나 유학을 목적으로 미국에 왔던 소수의 엘리트들이었다.

일레인 김에 따르면, 그들 중 미국에서 영어로 글을 써서 최초로 발표한 인물은 1928년『한국에서 보낸 나의 소년시절』을 발표한 유일한이었다. 유일한은 20세기 초에 한국에 온 기독교 선교사의 도움으로 미국으로 건너가서 대학교육을 받고, 미국과 한국에서 회사를 설립하여 애국적인 기업활동을 펼쳤던 인물로 잘 알려져 있지만, 위의 책은 그가 한국에서 보낸 유년시절의 체험과 함께 한국의 전통적인 관습과 풍물을 소개한 책이었다.

그러나 최근 김욱동은 일레인 김의 이 학설을 뒤집는 새로운 주장을 펼치고 있어서 흥미롭다. 김욱동은 미국에서 영어로 글을 써서 출판한 최초의 한국인은 독립운동가로 잘 알려진 서재필이라고 말한다. 그는 "지금까지는 주로 유일한이 『한국에서 보낸 나의 소년 시절』을 출간하여 한국계 미국문학의 첫 장을 열었다고 알려져 왔다. 좀 더 문학적인 작품을 기준으로 삼는다면 강용흘의 두 장편소설 『초당』과『동양사람 서양에 가다』를 흔히 한국계 미국문학의 효시로 꼽아 왔다. 지금까지도 미국 문헌에는 강용흘을 최초의 한국계 미국작가로 기록하고 있는 실정이다. 그러나 강용흘은 말할 것도 없고 유일한보다 먼저 미국에서 영문으로 문학 작품을 출간하여 한국계 미국문학의 초석을 다진 사람은 다름 아닌 서재필이다."라고 하면서 서재필의『한수의 여행』(1922)이 최초의 한국계 미국문학 작품임을 자세한 서지학적 근거를 제시하여 밝히고 있다(21-26).

김욱동의 주장에 따른다면 초창기 한국계 미국문학 작가로는 서재필을 필두로 하여 유일한, 강용흘 3인이 초기 개척자에 해당하는 셈이다. 이들은 모두가 한국이 일제 치하에서 아직 독립을 하기 이전에 미국에 건너가 조국 독립에 대한 그들 나름대로의 염원을 담은 민족의식이 어떤 형태로든 그들의 작품 속에 투영되어 있었다고 할 수 있다. 그러나 서재필과 유일한의 작품이 문학작품으로서는 여러 가지로 미흡한 작품들이었던 데 비해서 문학적 성취도가 비교적 높은 작품으로서는 강용흘의 『초당』과 『동양사람 서양에 가다』를 꼽는다. 전자는 화자가 서양에 가기 전 한국에서 보낸 유년시절을 주로 다룬 작품인 반면에, 후자는 1920~30년대에 미국에 체류하는 한국 지식인의 삶과 고뇌를 다룬 소설이다.

그러나 이들 이후 한동안은 한국이 일제 식민지 치하의 극심한 탄압을 겪었고, 이어서 해방과 함께 건국과 6.25전쟁 등의 역사적 소용돌이를 겪으면서 국내 정세가 혼란을 거듭한 결과 한국계 미국문학에서도 이렇다 할 성과가 나타나지 않았다. 그러다가 자진해서 6.25전쟁에 참전하고, 또 이 전쟁을 지원하러 왔던 한 미군 장교의 도움으로 미국유학을 왔던 김은국이 6.25전쟁을 소재로 쓴 영어소설 『순교자』(1964)를 발표한 것은 그로부터 거의 한 세대가 지난 시기였다. 김은국은 이 소설에서 6.25전쟁 당시 평양에서 공산주의자들에 의해서 살해당한 12명의 기독교 목사들을 통해서 인간의 양심과 악과 고통과 진실의 문제를 실존주의적으로 풀어내어 선풍적인 인기를 끌었는데, 그는 이 소설을 통하여 아시아계 미국인으로서는 최초로 노벨문학상 후보작가로 추천되기도 했다. 김은국은 그 후에도 『심판자』, 『잃어버린 이름』 등을 출간하였지만, 첫 작품만큼의 인기에 이르지는 못했다.

1960년대에 활동한 또 한 사람의 한국계 미국작가로서 김용익이 있는데, 그는 1956년 첫 작품 「꽃신」을 시작으로 많은 단편들을 발표했다. 그리고 『행복한 시절』(1962), 『뒤웅박』(1962), 『씨앗 속의 푸른빛』(1964) 등의 소설과 『겨울 사랑』(1962)을 위시한 두 권의 단편집을 발표하여 미국 문단에서 비교적 호평을 받았다. 특히 그는 32편의 단편소설을 발표함으로써 한국계 미국문학에서 단편소설의 전통을 수립하는 데 개척자적 역할을 담당한 인물로 평가될 만하다.

1960년대 이후 한동안 다소 소강상태를 보이다가 80~90년대에 이르러 모국인 한국의 정치, 경제적 상황의 호전과 함께 한국계 미국문학에서도 어떤 다른 아시아계 문학보다도 활발한 개화가 이루어지고 있다. 이제 이민 1세대보다도 그들의 후손들인 1.5세대와 2~3세대가 한국계 미국문학 생산에서 주역으로 부상하고 있으며, 보다 더 활발하고 수준 높은 문학적 생산활동이 이루어지고 있다. 그들 중 주요 작가의 이름과 대표작들을 열거해 보면, 박태영의『죄의 대가』(1983), 최숙열의『작별인사도 못하던 해』(1991)와『흰 기린의 메아리』(1993), 권정숙(마거릿 K. 배)의『두 이민의 꿈』(1989), 메리 백 리의『조용한 오디세이아』(1990), 김난영의『흙벽』(1987), 테레사 학경 차 또는 차학경의『딕테』(1982), 이창래의『네이티브 스피커』(1995)와『제스처 인생』(1999) 등이 있고, 그 외에도 돈 리, 노라 옥자 콥, 캐시 송, 하인츠 인수 펭클, 수전 최 등이 시와 소설에서 두각을 나타내고 있다. 그리하여 20년대의 아프리카계 미국문학에서 나타난 할렘 르네상스와 60년대의 원주민계 미국문학의 르네상스에 이어 이제 한국계 미국문학의 르네상스를 기대해 봄직도 하다.

맺는 말

이 책은 오늘날 미국문학에서 갈수록 그 비중이 높아져 가고 있는 미국 소수민족문학의 지형도를 그려보기 위한 목적으로 기획되었다. 미국 소수민족문학 자체가 여러 가지 다양한 분류를 보이고 있는 관계로 이 책의 구성도 몇 부분으로 나누어졌다. 먼저「소수민족성과 소수민족문학」은 이 책의 전체 서론에 해당하는 부분으로서 이론적 틀을 제공하고 있다. 즉 다인종 다민족 국가로서의 미국사회가 그러한 다양성과 이질성을 하나의 국가 국민적 정체성으로 통합하고자하는 동화의 논리와 그것에 대한 안티 테제로서 다문화주의와 소수민족성을 정의하고 그러한 이슈들이 미국사회의 변화의 흐름 속에서 변화해온 과정을 추적한다. 이어서 미국 내의 여러 소수민족들이 생산하는 소수민족문학의 정의와 특성을 진단하고 나아가 대표적인 소수민족문학에 해당하는 원주민계 미국문학, 아프리카계 미국문학, 아시아계 미국문학을 발생론적으로 그리고 연대기적으로 간단히 정리함으로써 미국 소수민족문학의 윤곽을 그리고 있다.

제1부 <이론적 접근>에서는 미국소수민족문학의 성격과 특징에 대한 각론에 해당하는 데, 김욱동의 「한국계 미국문학의 지형학」은 미국 소수민족문학 가운데서 아시아계 미국문학의 한 지류를 형성하고 있는 한국계 미국문학의 초기 지형학을 새롭게 그려 보여주고 있다는 점에서 그 중요성이 인정된다. 그는 먼저 '미국문학'과 '한국계 미국문학'의 범주를 새롭게 규정하고, 그 범주에 따라 초기 한국계 미국문학의 세 선구자로서 서재필, 유일한, 강용흘을 살피면서, 특히 최초의 한국계 미국문학 작가로서 서재필의 존재를 새롭게 발굴하여 자리매김하고 있다는 점에서 한국계 미국문학의 기원과 역사를 밝히는 데 의미 있는 기여를 하고 있다.

하상복의 「미국 다인종 문학의 정전화 과정의 비판적 고찰: 비판적 다문화주의를 중심으로」는 지난 30여 년간 미국 학계의 정전에 대한 논쟁이 가져온 성과들이 어떻게 전개되고 있는지에 주목하면서 다인종(다민족) 문학의 정전화 과정을 비판적으로 논의한 글이다. 그는 다인종 문학의 정전화 과정과 그 배경, 다인종 문학의 정전화에 도입된 여러 다문화주의적 관점의 비판적 고찰, 그리고 '비판적 다문화주의'의 관점을 통한 다인종문학에 대한 올바른 관점을 제시하고 있다. 그는 이 논의를 통해서 다문화주의의 올바른 이해와 소수민족이나 유색인종, 여성과 비유럽적 문화를 재현한 문학작품의 정전화를 위해 필요한 관점을 찾고자 한다.

임경규의 「'본질'과 '허상'의 갈림길에서: 문화분석 범주로서의 '인종'의 유용성」은 '인종'이 무시간적 본질이 아닌 역사적 이데올로기적 구성물에 불과하다 할지라도 미국문화 연구에서 인종이 여전히 중요한 문화분석 범주임을 입증하고자 한다. 이를 위하여 필자는 19세기에서 현재에 이르기까지 인종에 관한 중요한 논쟁을 비판적으로 고찰하면서 인종 개념의 계보를 그린다. 그리고 인종이 비록 허상에 불과하다 할지라도 미국사회는 여전히 인종에 기반하여 조직되고 있으며, 인종이 미국적 사고와 행동양식을 결정하는 핵심요소임을 주장한다.

제2부에서는 원래 미국 땅의 주인이었으면서도 소수민족으로 전락한 아메리

카 인디언들, 즉 원주민계 미국문학을 다룬 논문들을 엮었다. 먼저 강자모의「통문화적 텍스트로서의 현대 인디언 문학」은 1960년대 이후에 나타난 대표적인 원주민계 미국작가 마마데이의『새벽의 집』과 실코의『의식』, 그리고 웰치의『피의 겨울』을 포스트 식민주의적 관점에서 분석한다. 그는 이들의 작품이 단순히 백인 식민주의적 지배담론에 대한 인디언의 저항담론으로서 인디언 전통문화의 우월성을 강조하는 문화적 본질주의를 지향하기보다는 오히려 인디언 문화와 백인문화간의 협상과 중재를 통한 융화의 중요성을 드러내고 있음을 밝히고 있다.

김봉은의「트릭스터의 치유: 루이즈 어드릭의『자취』중심 연구」는 미국의 원주민 소설에 흔히 등장하는 트릭스터의 역할에 주목하면서 1980년대 이후 가장 재능 있는 원주민계 미국작가로 부상한 루이즈 어드릭의『자취』에 등장하는 주요 인물 중의 하나인 폴린^{Pauline}을 트릭스터로 규정한다. 그러면서 어드릭은 폴린의 트릭스터 담론을 통해서 미국 원주민을 과거의 기억으로부터 해방하고 치유하며, 더 나아가서 백인까지도 포용하고 화합을 도모하려고 하는 성숙한 작가로 새롭게 해석한다.

김지영의「실코의「이야기꾼」에 나타난 이야기의 집단적 힘」은 실코의 단편작품「이야기꾼」을 다루면서 이야기가 개인적 서사를 위주로 하는 서구문학에 대한 대안으로서 집단적인 문학형태를 보여준다고 주장한다. 특히 그는 집단성을 개인의 정체성과 집단의 정체성을 동일시하는 집단의 특성이 아니라, 개인의 구성이 집단적임을 보여주는 집단적인 특징으로 이해함으로써 이야기의 집단성이 어떻게 문학의 개인성을 넘어설 수 있는가를 설득력 있게 논증한다.

노헌균의「셔만 알렉시의『탈주』: 인디언주의에 대한 재해석」은 아직도 우리에게 낯선 이름인 최근 인디언 작가 셔만 알렉시의 최신 작품『탈주』를 통해서 미국 인디언들의 문화적 지평에 대한 새로운 해석을 제시한다. 즉 그는 이 논문에서 과거의 민족주의와 전통주의의 틀 안에 고착되었던 인디언주의는 21세기를 살아가는 인디언들에게 더 이상 네비게이터 역할을 할 수 없다고 보고 변화하는 시대에 적합한 새로운 인디언주의의 탄생을 이 소설을 통해서 점검한다.

제3부는 아프리카계 미국문학을 다룬 4편의 논문들로 엮어졌다. 먼저 김애주의 「정체성 정치학과 그 너머에 대한 모색: 토니 모리슨 국내 연구 동향」은 아프리카계 미국소설의 대표적인 작가 토니 모리슨의 국내 연구동향을 점검했다는 점에서 주목을 끈다. 그가 이러한 연구 제재를 택한 이유를 미국에서 개최된 미국 흑인여성 문학연구에서 나타나는 흑·백 이분화 현상을 직접 체험한 것에서 찾는다. 즉 흑인 여성의 특수한 경험을 재현한 흑인 여성문학의 의미를 보편화, 추상화하려는 경향과 구체적 경험에 천착하려는 경향이 그것이다. 김애주는 이러한 이분화 현상이 국내 연구 동향에도 그대로 적용된다고 보고, 모리슨에 대한 국내 연구논문 14편의 문제점을 분석하면서 국내 아프리카계 여성문학 연구가 앞으로 나아갈 방향을 제시한다.

다음으로 한재환의 「월러스 서먼의 『봄의 아이들』에 나타난 할렘 흑인 지식인의 자화상」은 할렘 르네상스의 주요 작가 중의 하나인 월러스 서먼의 소설 『봄의 아이들』이 1920년대 할렘 르네상스의 흑인 문인, 예술가, 지식인의 고뇌와 좌절의 문제를 어떻게 극화하고 있는가를 분석한다. 필자는 서먼의 이 소설이 할렘 르네상스라는 문화적 현상을 이해하는 데 있어서 대단히 중요한 문학사적 의의를 가지는 작품이라고 주장하면서 작중의 주인공 인물을 통해서 흑인 예술가요, 지식인으로서의 작가 자신의 자화상을 보여준다.

배윤기의 「노예반란의 재현과 흑백관계의 문화정치」는 남북전쟁 이전 노예들의 선상반란의 생성-발전-해결 과정에 개입되는 복합적이고 다층적인 미국 국내외적 역학관계를 살피면서, 그것과 연관되는 재현의 문제를 스필버그의 영화 『아미스타드』, 멜빌의 「베니토 세레노」, 더글러스의 『영웅노예』 세 텍스트를 통해 분석하면서 미국 흑백관계를 둘러싼 재현의 정치를 점검한다. 또한 이러한 재현의 문제와 관련한 미국 역사(기술)학계의 변화과정도 소개하고 있다.

이진숙의 「『빌러비드』에 나타난 정면통과」는 토니 모리슨의 소설 『빌러비드』를 노예제도로 인한 외상^{trauma}과 그것을 극복하고자 하는 과정을 그린 일종의 '외상소설'로 보고, 작중의 외상을 프로이트의 '행동화'$^{acting\ out}$와 '정면통과'^{working}

through의 개념 등을 빌어 분석한다. 그리하여 외상의 행동화뿐만 아니라 증언의 과정을 통한 외상의 정면통과 과정을 탐색함으로써 외상적 주체가 외상적 반복의 회로를 넘어서 행위적 주체로 나아가는 과정을 밝힌다.

제4부는 아시아계 미국문학에 할당된 지면으로서 아시아계 중에서도 특히 중국계 미국문학과 한국계 미국문학에 초점을 두고 있다. 먼저 유제분의 「미국의 시민 신화와 시민 주체: 맥신 홍 킹스턴의 소설에 나타난 시민권과 이민법의 문제」는 미국 내 소수민족의 문학작품을 통해서 시민의 개념과 시민권의 문제가 제기되는 양상을 살핀다는 점에서 주목을 끈다. 그러기 위해서 이 논문에서는 리자 루에, 아이리스 영, 샹텔 무페의 논의를 빌어 단순한 법적 차원을 넘어선 중층 개념으로서의 시민권을 검토한다. 그 문학적 재현의 구체적 실례로 중국계 미국작가 맥신 홍 킹스튼의 『여인무사』와 『중국 남자들』을 분석의 대상으로 삼고 있다.

임진희의 「한국어의 탈지역과 한국적 이산의 미학」은 '코리안 디아스포라'를 겪은 한국계 미국인들이 이국에서 겪는 언어의식, 특히 모국어의 상실과 동시에 모국어에 대한 끈질긴 기억이 그들의 문학에서 어떻게 반영되고 있는가를 점검한다. 특히 이 논문은 영어로 씌어진 '한국계 미국문학'과 재미 한국인에 의해서 한국어로 씌어진 '재미한인문학' 간의 경계 짓기를 넘어서서 미주한인문학 전반에 나타나는 공통적인 언어의식을 다루면서, 모국어에 대한 직·간접적인 기억을 갖고 있는 이민 1세대와 1.5세대의 작품들을 중심으로 모국어에 대한 의식이 그들의 작품에서 어떠한 주제적, 미학적 특성을 만들어내는가를 분석한다.

정혜욱의 「9.11 이후 아프간 여성의 프레이밍: 호세이니의 『천 개의 찬란한 태양』」은 우선 아시아계 미국문학 중에서도 변방에 속하는 아프가니스탄 출신 미국작가의 작품을 다루고 있다는 점에서 주목을 끈다. 그는 아프가니스탄 이민자 작가이자 베스트셀러 작가이기도 한 호세이니의 『천 개의 찬란한 태양』을 통해서 프레이밍framing의 문제를 점검한다. 프레이밍을 지각된 현실의 어떤 양상을 선택하고 강조하거나 축소하고 배제함으로써 특정한 해석을 산출해 내는 과정이라고 소개하면서 호세이니의 이 소설 속에서 서방의 주류 언론이 만들어 내는 이슬람 문화의 억압성과 야만성의 표상으로 프레이밍해온 이슬람 여성의 부르카가 억압의 상징이 아닌 생성의 기표로서 기능할 수 있음을 탐색한다.

황은덕의 「『동양사람 서양에 가다』에 나타난 디아스포라 주체」는 한국계 미국소설의 선구적 모델로 간주되는 강용흘의 자전적 소설 『동양사람 서양에 가다』의 주인공 한청파를 한국계 미국소설에 있어서 디아스포라 주체의 효시로 보고, 그의 복합적이고 이질적이며 혼종적인 정체성을 지닌 주체를 분석하는 데 스튜어트 홀, 폴 길로이, 리사 로우 등이 상정하는 문화 정체성과 혼종성을 논거로 사용하고 있다. 그리하여 한청파의 디아스포라 주체를 통해서 그 이전에 누구도 시도하지 않았던 새로운 주체 탄생의 가능성을 점검한다.

이들의 글은 본래 어떤 공통적인 목적의식이나 편집계획에 따라서 씌어진 것이 아니고, 각기 개별적이고 독립적으로 씌어져서 이미 다른 여러 학회지를 통해서 발표되었던 논문을 필자의 승인을 얻어 이 책에 수록한 관계로 논문 상호간의 일관성이나 유기적 관련성은 찾기가 어려운 것이 사실이다. 또한 필자에 따라 용어 표기가 일치하지 않은 경우도 있다. 그러나 그러한 차이에도 불구하고 이 책에서는 미국 소수민족문학과 이론이라는 넓은 범주에서, 그리고 그것에서 다시 세분된 4개 영역의 소 범주에서 각기 공통성과 관련성을 찾아 함께 엮음으로써 미국 소수민족문학에 대한 그동안의 개별적이고 단편적인 연구성과를 어느 정도 집대성할 수 있었다는 점에서 이 책의 출간 의의를 찾을 수 있지 않을까 한다. 이 책에 각자 자신의 귀한 논문을 내어주신 기고자 여러분들과 그리고 특히 이 책의 서문을 써주신 한국영어영문학회 회장 정정호 교수님에게 심심한 감사와 경의를 표하면서 이 글을 맺는다.

참고문헌

김욱동. 「초기 한국계 미국문학의 지형학」. 『새한영어영문학』 51.4 (2009): 17-40.

신문수 편. 『미국 흑인문학의 이해』. 한신문화사, 2007.

유선모. 『미국소수민족문학의 이해』. 신아사, 2001.

Bell, Bernard W. *The Afro-American Novel and Its Tradition*. Amherst: U of Massachusetts P, 1987.

_____. *The Contemporary African American Novel: Its Folks and Modern Literary Branches*. Amherst and Boston: U of Massachusetts P, 2004.

Brantlinger, Patrick. *Crusoe's Footprints: Cultural Studies in Britain and America*. New York and London: Routledge, 1990.

Campbell, Neil and Alasdair Kean. *American Cultural Studies*. London and New York: Routledge, 1997.

Cheung, King-Kok. "Re-viewing Asian American Literary Studies." *An Interethnic Companion to Asian American Literature*. Ed. King-Kok Cheung. Cambridge UP, 1997. 1-36.

Deleuze, Gilles and Félix Guattari. *Kafka: Toward a Minor Literature*. Trans. Dana Polan. Minneapolis: U of Minnesota P, 1986.

Ferraro, Thomas J. "Ethnicity and the Marketplace." *The Columbia History of the American Novel*. Ed. Emory Elliott. New York: Columbia UP, 1991. 380-406.

Graham, Maryemma. Introduction. *Cambridge Companion to the African American Novel*. Ed. Maryemma Graham. Cambridge UP, 2004. 1-13.

Kim, Elaine H. *Asian American Literature: An Introduction to the Writings and Their Social Context*. Philadelphia: Temple UP, 1982.

_____. "Korean American Literature." *An Interethnic Companion to Asian American Literature*. Ed. King-Kok Cheung. Cambridge UP, 1997. 156-191.

Kinney, James. *Amalgamation!: Race, Sex, and Rhetoric in the Nineteenth-Century American Novel*. Westport, Connecticut: Greenwood P, 1985.

Lauret, Maria. Introduction. *Beginning Ethnic American Literatures*. Ed. Helena Grice, Candida Hepworth, Maria Lauret and Martin Paget. Manchester: Manchester UP, 2001. 1-9.

Reed, Ishmael. Foreword to *Hispanic American Literature: A Brief Anthology and*

Introduction. HarperCollins, 1995. i-xiii.

Roemer, Kenneth M. Introduction, *The Cambridge Companion to Native American Literature*. Ed. Joy Porter and Kenneth M. Roemer. Cambridge UP, 2005. 1-24.

Ruoff, A. Lavonne Brown. "Pre-1968 Fiction." *The Cambridge Companion to Native American Literature*. Ed. Joy Porter and Kenneth M. Roemer, Cambridge UP, 2005. 161-71.

Ruppert, James. "1968 to the Present." *The Cambridge Companion to Native American Literature*. Ed. Joy Porter and Kenneth M. Roemer, Cambridge UP, 2005. 173-188.

Wong, Sau-ling Cynthia. "Chinese American Literature." *An Interethnic Companion to Asian American Literature*. Ed. King-Kok Cheung. Cambridge UP, 1997. 39-61.

Wong, Shawn. *Asian American Literature: A Brief Introduction and Anthology.* Longman, 1996.

1부

●

이론적 접근

초기 한국계 미국문학의 지형학

● 김욱동

새로운 육지와 바다가 발견되면 지도를 새롭게 작성하여야 하듯이 그동안 묻혀 있던 새로운 자료가 발굴되면 문학 연구의 지형도도 새롭게 그리지 않으면 안 된다. 이러한 현상은 어느 문학 분야보다도 그동안 아프리카 오지처럼 학자들한테 별다른 관심을 받지 못해 온 한국계 미국문학에서 뚜렷이 드러난다. 가령 사회학자로서 한국계 미국문학 분야에서 개척자 역할을 해 온 일레인 김만 하여도 서재필에 대해서는 전혀 언급하지 않는다. 지난 36년 동안 한국이 일본 식민주의 지배를 받은 것과 관련하여 그녀는 "유일한, 강용흘, 리처드 김에서 김난영, 차학경, 최숙열에 이르는 한국계 미국 작가들은 한국인과 한국계 미국인들에게 끼친 일본 식민주의 영향을 서로 다른 방법으로 취급한다"(Kim "The Bearers" 151)고 밝힌다. 이렇게 일레인 김이 유일한이나 강용흘 같은 작가들을 언급하면서도 서재필을 언급하지 않는 것은 아마 서재필이 한국계 미국 작가로 활약하였다는 사실을 모르고 있었기 때문일 것이다. 다시 말해서 그녀는 서재필이 영문으로 『한수의 여행』이라는 소설을 잡지에 연재한 뒤 미국에서 출간하였다는 사실을 전혀 모르고 있었던 것이다.

물론 한국계 미국문학에 관한 자료는 지금 완전히 발굴된 상태에 있는 것은 아니지만 그 동안 상당 부분 햇빛을 보게 되었다. 소중한 자료들이 처음 햇빛을 보게 되었을 뿐만 아니라 컴퓨터와 인터넷의 보급으로 그러한 자료들을 학자들이 쉽게 접할 수 있게 되었다. 비교적 최근에 이르러 이렇게 햇빛을 본 새로운 자료를 바탕으로 한국계 미국문학에 관한 연구도 새로운 전환점을 맞았다. 완벽한 지도는 아니라고 할지라도 이제 그 윤곽을 어렴풋하게나마 헤아릴 수 있는 지형도를 작성할 만한 단계에 이르렀다. 또한 이러한 지형도를 새롭게 작성하는 과정에서 그 동안 잘못 되어 있었거나 틀린 부분을 바로잡고 보완할 수도 있다.

더구나 지금 미국 학계를 비롯한 서양 학계에서는 정전(正典)과 정전형성 문제를 둘러싸고 학자들 사이에 아직도 의견이 활시위처럼 팽팽하게 맞서 있다. 미국문학으로 좁혀 보더라도 그 동안 이른바 'WASP' 작가― 즉 피부 색깔에서는 백인, 인종으로는 앵글로색슨, 종교에서는 개신교에 속하는 작가들이 주류 작가로 융숭한 대접을 받아 왔다. 범위를 좀 더 넓혀 보면 'DWEM' 작가나 'LWEM' 작가― 즉 서구 문학은 이미 세상을 떠났거나 지금 생존해 있는 유럽 출신의 백인 남성 작가들의 독무대와 크게 다름없었다. 그러나 1980년대부터 다문화주의의 거센 물결을 타고 그 동안 미국문학의 주류에서 밀려나 주변부에서 소외를 받아 온 소수민족 작가들이나 여성 작가들의 작품이 이제 점차 주목을 받기 시작하였다. 이렇게 미국 학계에서 새롭게 정전을 바꾸고 있는 상황에서 한국계 미국문학에 대한 관심을 제고시킬 필요성이 그 어느 때보다도 커졌다. 이러저러한 사정으로 외국 학자들이 이 분야에 미처 관심을 쏟지 못하는 지금, 이 분야는 한국 학자들이나 한국계 미국 학자들이 마땅히 맡아야 할 몫으로 남아 있다. 이 분야에 관한 연구는 한국 학자들이나 한국계 미국 학자들이 맡아야 할 의무이면서 동시에 특권이라고 하여도 크게 틀리지 않을 것이다.

이 글에서는 1920년대와 1930년대에 걸쳐 한국계 미국문학의 초석을 다진 세

작가, 즉 서재필과 유일한과 강용흘을 논의 대상으로 삼을 것이다. 이 세 작가는 한국계 미국문학에서 개척자 역할을 맡았다. 1940년대 이후 한국계 미국문학은 초기 한국계 미국작가들이 세운 초석 위에 중국계 미국문학이나 일본계 미국문학 못지않은 훌륭한 집을 짓기 시작하였다. 이 세 작가의 작품을 중심으로 한국계 미국문학의 지형도를 그리는 과정에서 초기 한국계 미국문학의 장르적 특성도 다시 검토할 것이다. 더 나아가 이 글에서는 한국계 미국문학뿐만 아니라 아시아계 미국문학의 장르적 특성을 밝히는 데도 어느 정도 이바지하게 될 것이다.

'미국문학'과 '한국계 미국문학'의 범주화

한국계 미국문학이 과연 언제 시작되었는가 하는 문제는 생각보다 그렇게 간단하지 않다. 이 문제는 '한국계 미국문학'을 어떻게 규정지을 것인가 하는 것과 함께 '미국문학'의 범주를 어떻게 규정지을 것인가 하는 것과 서로 깊이 관련되어 있기 때문이다. 한국에서 태어났거나 인종적으로 한민족에 속하는 작가가 미국에 살면서 영어로 창작한 작품을 일단 '한국계 미국문학'이라고 규정지을 수 있다. 전에는 작품 소재에서 미국적 경험을 중시하였지만, 최근에는 굳이 미국적 경험에 국한시키지 않는 것이 일반적 경향이다. 한국어가 아닌 영어를 매체로 삼는다는 점에서 '한국계 미국문학'은 '재외 미국문학'과는 구별된다. '재외 미국문학'이란 한국계 미국인이 미국에서 작품을 쓰되 어디까지나 한국어를 매체로 삼는 작품을 말한다.

한편 학자들은 문학을 정의내리는 데서도 전과는 사뭇 다른 태도를 취한다. 포스트모더니즘이 본격적으로 대두하기 전만 하여도 문학과 역사, 허구와 사실 사이에는 마치 베를린 장벽처럼 높다란 벽이 가로 놓여 있었다. 그러나 베를린 장벽이 무너져 내린 것처럼 이제 허구의 산물이라고 할 문학과 실제 사실에 기초를 두고 있는 역사 사이의 구별이 이렇다 할 의미가 없게 되었다. 특히 신역사주의 이론가들은 역사와 문학 사이에 놓여 있던 경계를 허물어버린다. 그들은 문학을 역사적 기록으로 간주하는 반면, 이와는 반대로 역사적 기록을 문학으로 간주하기도 한다. 엄밀히 따지고 보면 문학이건 역사건 인간의 상상력과 무관한 장르란 없으며, 언어를 매체로 삼고 있는 한 수사성(修辭性)에 '오염'되지 않을 수도 없을 것이다. 그러므로 최근 들어 전기나 자서전 그리고 일기처럼 종래에는 '비문학'으로 푸대접받던 장르들을 문학의 범주에 넣으려는 학자들이 적지 않다.

가령 미국문학으로 그 범위를 좁혀 보더라도 종래에는 미국 작가가 미국적 경험을 바탕으로 쓴 소설이나 시 또는 희곡 같은 허구적 작품만을 이 범주에 넣었다. 그러나 최근에는 전통적인 장르에 국한하지 않고 모든 유형의 장르를 미국문학으로 간주한다. 이러한 학자 중에서도 윌리엄 스펜지먼은 가장 대표적인 사람으로 꼽힌다. '초기 미국문학을 재정립하다'라는 부제가 붙은 저서『언어의 신세계』(1994)에서 그는 종래의 미국문학의 개념을 폐기할 것을 주창하면서 미국문학의 지형도를 새롭게 그린다. 스펜지먼에 따르면 "유럽이 신대륙을 발견한 이후 신세계의 문명과 관련된 것이라면 무엇이건" 모두 '미국'에 속한다. 또한 '미국문학'이라고 할 때의 '문학'도 순수 문학의 장르를 뛰어넘어 "문학적으로 분석할 수 있는 문헌"이면 일단 무엇이건 이 범주에 속한다고 지적한다(23-25).

이렇게 스펜지먼이 재정립하는 미국문학의 스펙트럼은 전통적인 문학사가들이 그 동안 규정지어 온 것보다 훨씬 넓은 영역을 차지한다. 즉 그는 소설이나 시 또는 희곡 같은 허구적 문학 장르는 말할 것도 없고 역사나 개척에 관한 기록서 또는 탐험기 같은 문헌을 모두 문학 장르로 간주한다. 또한 스펜지먼은 작가의 국적보다는 작가가 사용하는 언어를 미국문학을 규정짓는 잣대로 삼아 심지어 존 밀턴이나 윌리엄 블레이크 또는 제인 오스틴 같은 영국 작가들마저 신대륙에 관심을 기울였다는 점에서 '미국' 작가로 간주하기도 한다. 스펜지먼의 이론은 그 동안 미국문학의 범주를 터무니없이 넓게 규정짓는다는 비판을 받아 오기도 하였지만 미국문학을 순문학의 좁은 굴레에서 해방시켰다는 점에서 주목할 만하다. 스펜지먼이 규정짓는 미국문학의 범주에 따라 '한국계 미국문학'의 범주도 새롭게 규정하여야 한다. 종래처럼 지나치게 소설이나 시 또는 희곡 같은 순문학 장르에 얽매이지 말고 자서전이나 전기 또는 일기 같은 '비문학적' 문헌도 마땅히 포함시켜야 한다.

한국계 미국문학에 관한 연구는 일레인 김이 『아시아계 미국문학』(1982)을 출간하기 전까지만 하여도 황무지와 거의 다름없었다. 물론 이 책은 한국계 미국문학에 국한하지 않고 아시아계 미국문학을 역사-사회적 상황에서 두루 살핀 입문서이다. 그러나 한국계 미국문학이 그나마 미국 학계에 오늘날처럼 알려지게 된 데는 그녀의 공헌이 적지 않다. 더구나 일레인 김은 스펜지먼의 주장대로 시나 소설 같은 순수 문학에 국한하지 않고 자서전이나 역사 기록을 포함하여 한국계 미국문학을 비교적 폭넓게 취급해 왔다는 점에서 주목받을 만하다. 그녀는 역사-지리적 관점에서 한국계 미국문학 작가들을 크게 네 집단으로 분류한다. 첫 번째 집단은 20세기 초엽부터 1960년대 중반에 걸쳐 유학생이나 정치적 망명자로 미국에 온 사람들이다. 두 번째 집단은 1903년과 1905년 사이 사탕수수 농장 노동자로 하와이 섬에 건너온 이주자의 자녀들과 그 후손들이다. 세 번째 집단은 20세기 초엽 캘리포니아 주와 태평양 연안 주에 농부나 통조림 공장 노동자로 이민 온 사람의 자녀들이다. 그리고 네 번째 집단은 1965년 미국 이민법이 바뀌면서 1968년 이후부터 미국에 들어온 이민자들의 자녀들이다(Kim 49).

그런데 일레인 김이 여기에서 말하는 네 집단은 한국인의 미국 이민사를 대체로 기술한 것으로 한국계 미국문학 작가들을 범주화하는 데는 그렇게 잘 들어맞지 않는다. 무엇보다도 먼저 한국계 미국 작가로 활약한 사람들은 그녀의 지적처럼 이민 제1세대들의 '자녀들과 그 후손, 즉 이민 제2세대와 제3세대에 그치지 않고 오히려 이민 제1세대에 속하는 사람들도 적지 않다. 예를 들어 『금산(金山)』(1961)을 출간한 차의석만 같아도 하와이 농장에 이민 왔다가 미국 본토로 옮겨와 대학을 졸업하고 이민 자서전을 출간한 이민 제1세대이다. 또한 『두 이민의 꿈』을 출간한 권정숙(마거릿 K. 배)도 차의석처럼 하와이 이민 제1세대에 속한다. 더구나 일레인 김이 범주화하는 세 번째 집단은 독립된 집단이라기보다는 하와이 농장에서 노동자로 이민 왔다가 본토로 이주한 사람들이 거의 대부분이다. 다시 말해서 20세기 초엽 한국인으로서 처음부터 캘리포니아를 비롯한 태평양 연안 주에 농부나 통조림 공장 노동자로 미국에 이민 온 사람은 거의 없다시피 하다. 또한 그들의 후손으로 한국계 미국 작가로 활약한 사람은 더더욱 찾아보기 어렵다. 일레인 김은 아마『조용한 오디세이아』를 출간한 백광선(메리 백 리)을 염두에 두고 있는 것 같지만 그녀는 1905년 부모를 따라 하와이 농장에 이민 온 이민 1.5세대에 속하는 여성이다.

그러나 일레인 김의 범주화에서 가장 문제가 되는 것은 서재필 같은 작가들을 아예 이 범주에서 제외시킨다는 점이다. 서재필은 그녀가 말하는 이 네 범주 중에서 어느 쪽에도 속하지 않는다. 물론 미국에서 고등학교를 졸업하고 대학까지 다녔기 때문에 유학생으로 볼 수도 있고, 갑신정변이 '삼일천하'로 실패한 뒤 일본을 거쳐 미국에 건너갔기 때문에 정치적 망명자로 볼 수도 있다. 그러나 서재필이 미국에 건너간 것은 20세기 초엽이 아니라 19세기 말엽, 좀 더 정확히 말해서 1885년 4월이다. 또한 그는 1890년 6월 미국 시민권을 취득하고 그로부터 2년 뒤인 1892년 3월에는 오늘날 조지워싱턴대학교의 전신인 컬럼비안대학 의학부를 졸업하여 한인 최초의 의학사가 되었다. 1894년에 의사 개업을 시작하고 이 해에 미국인 여성과 결혼하여 법적으로나 사회적으로 미국의 주류 사회에 편입하였던 것이다.

최초의 한국계 미국문학가 서재필

한국계 미국문학은 한국 '최초'라는 꼬리표가 언제나 붙어 다니는 서재필이 첫 장을 화려하게 장식한다. 지금까지는 주로 유일한이『한국에서 보낸 나의 소년 시절』을 출간하여 한국계 미국문학의 첫 장을 열었다고 알려져 왔다. 좀 더 문학적인 작품을 기준으로 삼는다면 강용흘의 두 장편소설『초당』(1931)과『동양사람 서양에 가다』(1937)를 흔히 한국계 미국문학의 효시로 꼽는다. 지금까지도 미국 문헌에는 강용흘을 최초의 한국계 미국 작가로 기록되어 있다. 그러나 강용흘은 말할 것도 없고 유일한보다 먼저 미국에서 작품을 출간하여 한국계 미국문학의 초석을 다진 사람은 다름 아닌 서재필이다.

서재필은 1895년 조선 정부의 부름을 받고 다시 조국에 돌아와 한국 최초의 민간신문이라고 할 ≪독립신문≫을 창간하고 한국 최초의 근대적인 사회-정치 단체라고 할 독립협회를 설립하여 자주·자강의 계몽운동을 전개하였다. 그러나 대한제국 정부를 비롯하여 러시아와 일본 측의 반대로 1898년 5월에 거의 추방당하다시피 하여 다시 미국에 돌아간다. 서재필이 영문으로 소설을 집필하고 발표하기 시작하는 것은 1919년 기미독립운동이 일어난 직후이다. 기미독립운동 소식을 전해 듣고 그는 이 해 4월에 필라델피아에서 제1차 한인의회를 소집하여 「미국 정부와 국민에게 보내는 호소문」과 「사색하는 일본인들에게 보내는 메시지」 등을 채택하여 조선의 독립을 호소하였다.

그 뒤 곧바로 서재필은 필라델피아에 살면서 미국에서 일본이 벌이고 있던 조직적 선전 활동에 대항하고 미국인들에게 조선의 사정을 알리기 위하여 자신이 사용하던 사무실에 한국홍보국을 설립한 뒤 영문 잡지 ≪코리아 리뷰≫를 발간하기 시작하였다. 그는 이 잡지를 통하여 미국의 워런 하딩 대통령에게 1882년에 체결한 조미수호통상조약을 준수할 것을 요구하였다. 또한 1910년대 말엽과 1920년대에 걸쳐 이 잡지에 일본에 관한 글을 잇달아 실어 일본의 잔학상을 미국을 비롯한 전 세계에 널리 알리는 데 주력하였다. 서재필이 영문 소설『한수의 여행』을 처음 발표한 것은 바로 이 잡지였다.

서재필은 ≪코리아 리뷰≫에 1921년 4월부터 같은 해 9월까지 모두 여섯 차례에 걸쳐『한수의 여행』을 연재하였다. 잡지 권수로 따지면 제3권 제2호부터 제3권 제7호까지에 해당한다. 작품 전체를 탈고하고 난 뒤에 비로소 연재를 시작하였는지, 아니면 연재에 맞추어 그때그때 탈고하였는지 지금으로서는 확인할 길이 없다. 어찌되었든 연재를 모두 마친 뒤 서재필은 이듬해 이 작품을 자신이 직접 운영하던 '필립 제이슨 회사'에서 단행본으로 간행하였다. 서재필은 해리힐먼 아카데미의 후배인 해럴드 디머와 함께 설립하여 운영하던 인쇄 및 문구 사업을 그만두고 1914년에 독자적으로 이 회사를 설립하여 운영해 왔다. 이 회사는 종업원을 50명에서 70명 정도 고용할 만큼 건실한 중소기업으로 성장하였다.

『한수의 여행』의 출간 연대와 관련하여 한국계 미국 학자 오세웅은 "1921년 또는 1922년"일 것이라고 추정한다(Oh "Hansu's Journey" 53). 그러나 이 작품을 연재하고 난 뒤 1922년 4월에 한 익명의 필자는 ≪코리아 리뷰≫에 이 소설에 관한 광고를 실으면서 "독자들은 아마 미국에 공부하러 온 한 한국 청년 학생의 개인 경험을 자세히 기술한 『한수의 여행』(1922)이라는 제목으로 작년에 ≪코리아 리뷰≫지에 실린 작품을 기억할 것이다"(16) 하고 밝힌다. 이 광고문을 쓴 사람은 두말할 나위 없이 서재필일 것이다. 그런데 여기에서 '작년에'라고 못 박아 말하는 것으로 보아 이 작품이 단행본으로 출간된 해는 1921년보다는 아무래도 1922년으로 간주하는 쪽이 더 옳을 것이다. 제프리 데이튼 스미스는 『미국 소설 서지: 1901~1925』에서 이 작품이 출간된 연도를 1922년이라고 표기한다.

O-145 Osia, N. H., 1866~1951. pseud. *Hansu's Journey: a Korean story* / by N. H. Osia [pseud.]. Philadelphia: Copyrighted by Philip Jaisohn & Co., [1922]. 69p. (Smith 506)

『한수의 여행』이 단행본으로 출간된 연도가 1922년이라는 사실은 또 다른 자료도 뒷받침한다. 미국 의회도서관 장서목록에 관리번호 '22010460'으로 등록되어 있는 이 작품은 '출판/입수 연도가 1922년으로 표기되어 있다. 또한 이 의회도서관이 소장하고 있는 이 작품의 속표지 면지에는 "Cl. A659492"라는 번호와 함께 "APR-6 1922"라는 고무도장이 찍혀 있다. 이 날짜는 이 책이 판권을 인정받은 날짜인 듯하다. 또한 1923년 의회도서관 판권 사무실에서 발행한 1922년도 『판권등록 목록』을 보면 이 소설과 관련한 판권 정보가 좀 더 상세하게 나와 있다.

Osia (N. H.) *Hansu's journey.* Philadelphia. Philip Jaisohn & co. [1922] 69p. 12mo. © Apr. 3, 1922; 2 c. Apr. 6, 1922; aff. Apr. 5, 1922; A 659492; Philip Jaisohn & co., Philadelphia. (442)

위 정보에 따르면『한수의 여행』은 필라델피아 소재 '필립 제이슨 회사'에서 1922년에 간행되었고, 분량은 모두 69쪽으로 되어 있다. '12mo'란 책의 크기를 가리키는 용어 'duodecimo', 즉 사륙판에 해당하는 '17.5×20mm' 크기의 책을 말한다. 또한 "2 c. Apr. 6, 1922; aff. Apr. 5, 1922"란 이 책 두 권을 1922년 4월 6일에 접수하여 1922년 4월 5일에 확인하였다는 뜻이다. 'A 659492'는 바로 그 책을 확인하고 승인한 번호이다. 이 번호는 현재 미 의회도서관이 소장하고 있는 이 작품의 속표지 면지에 적혀 있는 "Cl. A659492"라는 번호와 일치한다. 서재필이 이 작품의 판권을 등록하기 위하여 판권청에 제출한 책을 의회도서관이 지금까지 보관하고 있는 것이다.

서재필이『한수의 여행』을 어디에서 집필하였는가 하는 문제도 언제 집필하였는가 하는 문제처럼 지금으로서는 정확히 확인할 길이 없다. 다만 여러 정황으로 미루어보아 ≪코리아 리뷰≫를 발행하면서 문서 외교와 홍보 활동을 활발하게 전개하던 필라델피아에서 집필한 것으로 추측할 수 있을 뿐이다. 이 무렵 서재필은 주로 필라델피아에 머물고 있었다. '필립 제이슨 회사'는 필라델피아 시 체스너트 스트리트 1537번지에 위치해 있었다. 한편 구미위원회(歐美委員會) 위원장을 맡고 있었지만 영어를 잘 모르던 현순(玄楯)을 돕기 위하여 서재필이 워싱턴에 자주 들렀던 사실을 염두에 둔다면, 그가 이 작품의 일부를 워싱턴에서 집필하였을 가능성도 배제할 수 없다.

『한수의 여행』을 과연 누가 썼는가 하는 문제도 그 동안 이 작품의 출간 연도나 집필 장소 못지않게 수수께끼로 남아 있었다. 오세웅의 지적대로 이 작품이 그 동안 한국계 미국문학 연구가들한테 잘 알려지지 않은 이유 가운데 하나는 'N. H. Osia'라는 저자가 좀처럼 한국인이나 한국계 미국인 작가로 받아들여지지 않았기 때문이다 (Oh "*Hansu's Journey*" 44-45). 이 작품의 초판본 속표지 윗부분에는 "Hansu's Journey: a Korean story"라고 적혀 있고, 중간 부분에는 "by N. H. Osia" 라고 적혀 있으며, 아랫부분에는 "Copyrighted by / Philip Jaisohn & Co. / 1537 Chestnut Street / Philadelphia"라고 적혀 있다. 그런데 문제는 'N. H. Osia'가 과연 실제 이름인가 아니면 가명인가 하는 데 있다. 방금 앞에서 언급한 제프리 스미스는 이 이름을 아예 가명이라고 분명히 밝히고 있으며, 미국 의회도서관에서도 저자의 이름 'N. H. Osia' 옆에 펜으로 'pseud.'라고 적어 놓고 그 밑에 'Jaisohn, Philip'이라는 본명을 적어 놓았다. 그렇다면 도서관 사서는 이 작품을 쓴 저자의 가명과 실명을 모두 알고 있었음에 틀림없다.

오세웅에 따르면 서재필은 자신의 미국 성씨 'Jaisohn'에서 첫 글자 'J'를 뺀 나머지 글자를 정확히 거꾸로 'n-h-o-s-i-a'로 표기하여 이 가명을 만들어내었다 (45). 즉 여섯 글자 중에서 처음 두 글자는 개인이름의 머리글자(N. H.)로 삼고 나머지 네 글자를 성^{Osia}으로 삼은 것이다. 이 사실을 모르는 사람들은 『한수의 여행』의 저자를 아마 외국 사람으로 착각할는지 모른다. 미국에는 실제로 '오시아'라는 성이 가진 사람이 없지 않다. 최근 미국 인구조사국에 따르면 미국에서 '오시아'라는 성을 가진 사람이 가장 많이 사는 주로는 미주리, 일리노이, 노스캐롤라이나, 조지아, 메릴랜드 순으로 꼽힌다.

『한수의 여행』은 한국계 미국문학사의 시기를 앞당길 뿐만 아니라 초기 한국계 미국 소설의 장르적 특성을 새롭게 규정짓는다는 점에도 아주 중요하다. 미국에 이민 간 소수민족 작가들의 작품에는 상상력에 의존하는 허구적 요소보다는 자서전적 요소가 아주 강하다. 다시 말해서 미국에 이민 간 작가들은 미국 사회에 적응하면서 자신들이 살아 온 삶의 경험을 소재로 삼아 작품을 창작하기 일쑤이다. 그런데 이러한 사정은 한국계 미국문학의 경우에도 크게 다르지 않다. 한국계 미국 학자 일레인 김이 초기 한국계 미국문학은 상당 부분 자서전적 요소를 지닌다고 주장하는 까닭이 바로 여기에 있다(Kim *Asian American Literature* 163).

예를 들어 강용흘은 『초당』에서 한청파라는 작중인물을 등장시켜 플롯을 전개하지만, 이름만 바꾸었을 뿐 주인공의 삶은 작가가 살아온 삶과 크게 다르지 않다. 이러한 사정은 강용흘의 두 번째 장편소설 『동양사람 서양에 가다』도 크게 다르지 않아서 주인공 한청파가 캐나다 선교사를 따라 샌프란시스코 항구에 도착한 뒤 캐나다와 미국에서 적응해 가는 과정을 다룬다. 좀 더 구체적으로 말해서 이 작품은 그 부제에서도 엿볼 수 있듯이 주인공이 '동양의 양키'로 성장해 가는 과정을 연대기적으로 취급한다. 한마디로 강용흘의 두 작품은 단순히 '자서전'으로 범주화하는 데는 문제가 없지 않지만 그렇다고 순전히 작가의 상상력이 빚어낸 허구적 작품으로 볼 수만도 없다. 장르적 특성에서 볼 때 이 두 작품은 '자서전적 소설'로 간주하는 것이 가장 옳을 것이다.

『한수의 여행』도 언뜻 보면 강용흘의 작품처럼 자서전의 몸에 소설의 옷을 입혀 놓은 것으로 생각하기 쉽다. 다시 말해서 강용흘이 한청파라는 이름을 빌려 자신이 살아온 삶의 궤적을 다루듯이, 서재필도 박한수라는 가공의 인물을 등장시켜 젊은 시절 자신의 삶을 기록한다고 볼 수 있다. 그러나 서재필의 작품을 좀 더 꼼꼼히 살펴보면 이 소설은 자서전과는 거리가 멀다는 사실이 밝혀진다. 이 작품의 제1장 첫 머리 "이 이야기는 한반도 북서 지방 죽포의 한 부유한 농부 박길민의 아들 박한수의 실화이다"(Osia 3)라는 문장에 현혹되어서는 안 된다. 강용흘의 두 작품과 비교해 볼 때 『한수의 여행』에서는 오히려 자서전적 요소가 훨씬 적게 드러난다. 서재필의 종증손 서동성은 이 소설의 장르적 특성과 관련하여 "송재 선생이 […] 자기의 자서전을 소설화해서 쓴 것이기 때문에 순소설도 아니고 순자서전도 아닌 일종의 뒤범벅의 정치적 선전물"(2)이라고 주장한다. 또한 서동성은 "『한수의 여행』이 어쩌면 하나의 소설화된 자서전이기 때문에 어디서 어디까지가 사실이고, 어디서부터가 순전한 상상인가를 어느 정도 추측할 수 있으나 확실한 것은 알 수가 없다"(2)고 지적하기도 한다. 언론학자 정진석도 아무런 유보 없이 이 작품을 '자서전적 소설'로 규정짓는다(20). 그러나 이 책은 엄밀한 의미에서 '자서전을 소설화'한 작품이거나 '소설화된 자서전'으로 볼 수 없다.

적어도 이 점에서 초기 한국계 미국문학이 다분히 '자서전적' 성격이 짙다는 일레인 김의 주장은 받아들이기 어렵다. 강용흘과 그 이후에 활약한 작가들의 작품이라면 몰라도 『한수의 여행』에는 그녀의 주장이 잘 들어맞지 않는다. 일레인 김은 지금껏 서재필의 소설에 대하여 알지 못하고 있었기 때문에 이러한 결론을 내린 것이다. 앞에서 이미 지적하였듯이 실제로 그녀는 논문이나 저서에서 유일한과 강용흘을 언급할 뿐 서재필에 관해서는 좀처럼 언급하지 않는다. 만약 일레인 김이 서재필의 소설을 알고 있었고 또한 논의 대상으로 삼았다면 아마 그러한 결론에 이르지는 않았을 것이다. 이렇게 자서전 요소보다는 허구적 요소가 강하다는 점에서 초기 한국계 미국문학은 같은 아시아계 미국문학이라고 하더라도 초기 중국계 미국문학이나 일본계 미국문학과는 적잖이 차이가 난다(김욱동 75-95).

유일한의 한국 풍물기 및 영적 자서전

서재필에 이어 한국계 미국문학이 발전하는 데 크게 이바지한 사람은 유일한이다. 유일한이 미국에서 출간한 책 『한국에서 보낸 나의 어린 시절』(1927)은 한국계 미국문학에서 자못 중요한 위치를 차지한다. 그는 1919년 기미독립운동 직후 서재필이 필라델피아에서 개최한 제1차 한인의회에 참석하였고, 1925년에는 서재필·정한경·이희경 등과 합작하여 '일한뉴회사'를 설립하는 등 서재필과는 개인적으로 깊은 인연을 맺은 인물이다. 이듬해 유일한이 한국에서 회사를 설립하기 위하여 귀국할 때 서재필은 오늘날 유한양행의 로고가 된 버드나무 문양을 나무에 새겨 선물할 정도로 그를 무척 아꼈다. 서재필은 그에게 버드나무 조각을 건네주며 "자네의 성 류(柳) 자가 버들 류 자가 아닌가? 그래서 자네의 성을 따 뜨거운 여름날 사람들이 햇빛을 피해 마음 놓고 쉴 수 있는 시원한 그늘이 되라는 뜻에서 만든 걸세. 한국의 큰 버드나무, 내 뜻풀이가 어떤가? 꿈보다 해몽이 좋은지 모르겠네"(조성기 183) 하고 말하였다고 전해진다.

본명이 류일형인 유일한은 1904년 겨우 아홉 살의 어린 나이로 미국에 유학을 떠났다. 평양에 살던 그의 아버지는 상투를 자르고 단발을 할 만큼 근대지향적인 인물이었다. 독실한 기독교 신자인 그의 아버지는 미국 침례교에서 조선인 유학생을 선발한다는 소식을 듣고 1903년에 나이 어린 큰아들을 미국에 유학을 떠나보냈던 것이다. 배에서 아버지가 환전해 준 미국 돈을 모두 잃어버린 유일한은 인솔자이자 독립운동가인 박용만의 배려로 네브래스카 주의 독신자 자매 집에 양자로 입양되었다. 박용만이 독립군을 양성하기 위하여 설립한 헤이팅스 소년병학교에 입학한 그는 낮에는 농장에서 일하고 밤에는 공부하였으며, 방학 때에는 신문배달을 하면서 고학하였다. 고등학교를 졸업한 유일한은 스물한 살이 되던 1916년에 미시건대학교에 입학하여 경영학을 전공하였다.

대학을 졸업한 뒤 유일한은 디트로이트의 미시건 중앙철도회사와 뉴욕 주의 제너럴 일렉트릭 회사에 취직하여 근무하였다. 그러나 회사 직원으로 월급만 받는 생활에 만족하지 못한 그는 자신의 사업을 구상하기 시작하였다. 학생 시절 학비를 벌고자 중국 제품을 판매하였던 것 같은 작은 규모의 장사가 아니라 대규모 사업을 펼칠 계획을 세웠고, 1922년에 마침내 중국인뿐만 아니라 미국인까지 좋아하는 숙주나물 사업을 선택하여 '라초이 식품'이라는 회사를 설립하였다. 이 무렵 그는 중국계 미국인 여성이자 소아과 의사인 메리 우와 결혼하였다.

1928년에 출간한『한국에서 보낸 나의 어린 시절』은 제목 그대로 유일한이 미국에 건너가기 전 고국에서 보낸 유년 시절의 경험을 기록한 책이다. 보스턴의 '로스롭, 리 앤드 셰퍼드' 출판사는 미국의 청소년 독자들에게 외국 사정을 소개하는 책을 시리즈로 출간하고 있었다. 예를 들어 얀 푸 리의『중국에서 보낸 나의 어린 시절』을 비롯하여 사카에 시오야의『일본에서 보낸 나의 어린 시절』, 블라디미르 데보고리-모크리에비치의『러시아에서 보낸 나의 어린 시절』, 유엘 마르자의『페르시아에서 보낸 어린시절』, 사티아난다 로이의『인도에서 보낸 나의 어린 시절』등이 바로 그것이다. 이 출판사는 '다른 나라에 관한 어린이 책'이라는 제목으로 모두 스물두 권에 이르는 책을 출간하였고, 유일한의 책은 이 시리즈 중 맨 마지막 권에 속한다.

『한국에서 보낸 나의 어린 시절』에서 유일한은 한국에서 겪은 유년 시절의 경험을 기술하면서 한국의 풍속과 문화를 소개한다. 다시 말해서 출판사의 출판 기획과 의도에 충실히 따르고 있는 셈이다. 가령 서당을 비롯한 교육 제도, 양잠업, 명절과 놀이, 의식주와 관혼상제, 가정생활, 한과와 인삼 같은 특산물, 황제와 그의 관료들, 그리고 그들이 살고 있는 수도 서울 등을 삽화와 함께 비교적 상세하게 묘사한다. 물론 유일한에 훨씬 앞서 외국 선교사들이나 저널리스트들도 한국에 관한 책을 출간하였다. 가령 미국 선교사 퍼시벌 로웰의『조선: 조용한 아침의 나라』(1895)를 비롯하여 캐나다 선교사 제임스 게일의『코리안 스케치』(1898), 영국 저널리스트, 앵거스 해밀턴의『한국』(1904) 같은 책이 좋은 예이다. 그러나 외국인이 쓴 이러한 책들은 유일한의 책과는 여러모로 차이가 난다.

유일한의 저서는 무엇보다도 외국인의 시선에 비친 한국의 문화를 기록한 책이 아니라 한국인이 자신의 시선으로 직접 바라보고 쓴 책이다. 다시 말해서『조선』이나『코리아 스케치』가 어디까지나 서양 선교사의 관점에서 한국 문화를 바라본 책이라면, 유일한의 책은 이방인의 관점이 아닌 자국인의 관점으로 기술한 것이다. 기독교 복음을 전하는 사명을 지니고 있는 선교사가 집필한 만큼 게일의 책은 기독교적 세계관에 적잖이 굴절되어 있다. 가령 게일은 한국이 당면해 있는 여러 문제를 해결할 수 있는 방법이 한 가지 있다면 그것은 기독교를 받아들이는 것뿐이라고 주장한다. 가령 "기독교를 받아들이지 않으면 한국은 미신과 불가지론과 혼란밖에 없을 것이다"(Gale 150) 하고 잘라 말한다. 한편 저널리스트인 해밀턴은 해밀턴대로 러일전쟁 이후 한국의 혼란스러운 상황에 대하여 기술할 뿐 그 밑바닥에 자리 잡고 있는 한국의 문화적 저력까지는 미처 읽어내지 못하였다.

더구나 유일한의 책은 비교문화적 관점에서 한국의 풍속과 풍물을 소개한다는 점에서도 서양 선교사나 저널리스트가 쓴 책과는 적잖이 차이가 난다. 다시 말해서 그는 이 분야의 어느 작가보다도 문화상대주의적인 입장을 견지한다. 예를 들어 유일한은 한국의 음식 문화를 소개하면서 "부엌 시설이 제한되어 있는데다가 겨울에는 날씨가 춥기 때문에 가정주부는 서양의 자매처럼 요리를 만들려고 시도하지 않는다"(New 107)고 밝힌다. 의식주와 관련한 문화만큼 아마 날씨나 기후의 영향을 많이 받는 영역도 없을 것이다. 또한 앞으로 태어날 어린아이의 신생아 용품과 관련해서도 유일한은 한국의 어머니들은 서양 어머니들과는 크게 다르다고 지적한다.

> 이러한 일은 서양사람에게는 이상스럽게 보일는지 모르지만 [서양에서도] 누군가가 당연한 어떤 것을 말한 뒤에 '나무를 손으로 두드리는' 행동을 목격하지 않은 사람은 거의 없다시피 하다. 이러한 미신을 믿는 사람들은 결코 무식한 사람들이 아니다. […] 오늘날 한국의 어머니는 만약 신생아 용품을 준비하지 않는다고 하여 아이가 반드시 죽게 될 것이라고는 실제로 믿지 않을 것이다. 그러나 나무를 손으로 두드리는 서양의 자매처럼 그러한 가능성에 대하여 미리 경계하고 있는 것이다. (169)

유일한은 한국에서 어머니들이 신들의 질투를 두려워하는 나머지 신생아 용품을 미리 준비하지 않는 것이 미신이라면, 서양 어머니들이 어떤 당연한 것을 말한 뒤에 곧바로 손으로 나무를 두드리는 행동도 미신이라고 말한다. 한국인이 선조가 사망한 뒤 음식을 차려놓고 절을 하는 것이 미신이라면, 서양사람들이 무덤에 꽃을 갖다 놓고 기도를 하는 것도 미신일 것이다.

또한 위 인용문에서 찬찬히 눈여겨볼 것은 마지막 문장의 "나무를 손으로 두드리는 서양의 자매처럼"이라는 구절이다. 방금 앞에서 언급하였듯이 유일한은 한국 음식을 조리하는 것에 대하여 설명하는 대목에서도 "서양의 자매처럼"이라는 구절을 사용한다. 이렇게 두 번씩이나 이 구절을 사용하는 것을 보면 그는 동양의 어머니나 서양의 어머니나 모두 한 부모 밑에서 태어난 '자매'에 지나지 않는다고 생각하는 듯하다. 동양과 서양의 여성이 서로 자매 같은 관계를 맺고 있다면, 동양과 서양의 남성은 서로 형제 같은 사이라고 할 수 있다. 언뜻 그냥 지나치기 쉽지만 그의 사해동포주의를 읽을 수 있는 대목이다.

한편 유일한은 『한국에서 보낸 나의 어린 시절』에서 그 동안 서양사람들이 한국이나 한국사람에 대하여 느껴 온 편견이나 오해를 수정하거나 불식시키려고 시도하기도 한다. 예를 들어 그는 "서구에서는 동양에서 여자 간난아이들이 태어나면 죽게 내버려둔다고 흔히 말한다. 그러나 이것은 공평한 평가가 아니다"(154)하고 지적한다. 유가(儒家) 전통에 따라 가문을 계승하여야 하는 한국에서 딸보다 아들을 선호하는 것은 어쩔 수 없는 사실이라고 밝힌다. 그렇다고 하여 딸이 태어난 뒤 사망하도록 내버려 두는 법은 없다고 잘라 말한다. 유일한은 그렇게 잘못 알고 있는 서양사람은 아마 기근이 극심하여 어떠한 종류의 생명에도 소중하게 생각할 수 없었던 예외적인 시절을 염두에 두고 있는지 모른다고 추측한다.

더구나 유일한의 책은 기본적으로는 한국 풍속이나 문화를 소개하지만 단순히 풍물이나 풍속을 기록한 소개서로서만 간주할 수 없다. 어떤 의미에서는 작가 자신의 내면세계를 기록한 '영적(靈的) 자서전'으로 볼 수도 있기 때문이다. 바로 이 점에서 이 책은 단순한 풍물기 장르에서 벗어나 점차 문학 장르로 이행한다. 언뜻 보면 잘 드러나 있지는 않지만 이 책을 좀 더 자세히 들여다보면 저자 유일한의 정신적 편력을 엿볼 수 있다. 이 책에서 저자는 양잠을 다루는 이야기를 독립된 장(章)을 따로 할애하는 등 양잠에 깊은 관심을 기울인다. 유일한은 겨우 일곱 살밖에 되지 않던 해 집에서 50여 리나 떨어진 곳에 있는 양잠학교에 다녔다. 양잠업은 한국에서 무려 3천 년 전부터 이어져 내려온 전통 산업으로 1900년 11월에 궁내부(宮內府)에 잠업 시험장을 설치하고 최초로 국가에서 누에씨를 생산하여 농가에 보급하기 시작하였다. 이 무렵 정부에서는 양잠업을 육성하기 위하여 전국 곳곳에서 양잠학교를 설립하였다. 미국에 건너가기 전 어린 시절 유일한은 아마 평양 근교에 세운 이러한 양잠 학교에 다닌 것 같다.

그런데 여기에서 한 가지 흥미로운 것은 유일한이 양잠 과정을 비교적 상세하게 설명한다는 점이다. 누에씨를 생산하고 뽕잎을 먹여 누에를 키우고 고치를 만들고 비단실을 만드는 모든 과정을 마치 눈앞에서 직접 보는 듯이 실감나게 묘사한다.

누에알을 원할 때에는 누에고치를 끓는 물에 삶지 않고 꽤 따뜻한 방에 놓아둔다. 그러면 마침내 애벌레가 나비나 나방으로 성장하여 누에고치에 구멍을 뚫고 밖으로 나온다. 나비에서 누에알로, 누에알에서 번데기로, 번데기에서 누에고치로, 누에고치에서 다시 나방으로 — 이런 식으로 끊임없이 반복된다. (55)

변화무쌍한 누에의 삶에서는 아홉 살의 어린 나이로 혼자서 미국에 건너가 온갖 일로 고학을 하여 대학을 졸업하고 마침내 사업가로 변신한 유일한의 삶의 궤적을 읽을 수 있다. 어린 소년으로 그가 태평양을 건너 미국에 유학을 가는 모습이 누에알을 떠올리게 한다면, 10여 년이 지난 뒤 다시 태평양을 건너 고국에 돌아와 사업을 시작하는 그의 모습은 누에고치를 떠올리게 한다. 일제 강점기 그는 "건강한 국민만이 잃었던 주권을 되찾을 수 있다"는 신념으로 가난과 질병으로 신음하는 동포를 위하여 유한양행을 창설한다. 그 뒤에도 유일한은 미국과 한국을 오가며 기업가뿐만 아니라 독립운동가로, 교육가로 마치 누에처럼 끊임없이 변신에 변신을 거듭하였다.

양잠과 관련한 장면에서 유일한은 양잠학교에 다니던 어린 시절 집에 돌아와 마을 친구들과 함께 뽕잎을 따던 추억을 회상한다. 그러면서 "집에 돌아온 뒤 뽕잎을 따는 일은 더욱 즐거웠다. 마을 친구들을 모두 불러내어 정말로 톰 소여 식으로 친구들로 하여금 뽕잎을 따서 내 바구니를 거의 모두 채우도록 만들었기 때문이다"(52)하고 밝힌다. 이 장면에서 특별히 관심을 끄는 부분은 '정말로 톰 소여 식으로'라는 표현이다. 유일한은 19세기 미국 작가 마크 트웨인의 『톰 소여의 모험』(1876)에서 주인공 톰이 친구들을 속여 담장에 페인트칠을 하게 만드는 장면을 언급한다. 미국에서 초등학교 과정부터 대학 과정을 마친 유일한은 이 미국문학의 고전을 읽고 그 내용을 잘 알고 있었던 것 같다. 또한 그는 어린 나이에 톰 소여 같은 재치와 기지를 지니고 있었음을 엿볼 수 있다.

지금까지 몇몇 비평가들은 유일한의 이 책을 자서전으로 간주해 왔다. 이 사실은 중국계 미국 학자 기유 황이 편집한 『아시아계 미국 자서전 작가들』(2001)에 박노영이나 박인덕과 함께 나란히 유일한을 수록하고 있는 것만 보아도 잘 알수 있다. 그러나 『중국인의 기회』(1940)를 출간한 박노영이나 『구월 원숭이』(1954)를 출간한 박인덕과는 달리 유일한은 아무래도 자서전 작가로 간주하는 데는 적잖이 무리가 따른다. 『한국에서 보낸 나의 어린 시절』은 영적 자서전 못지않게 풍물기나 문화 소개서로 보는 쪽이 훨씬 더 옳을 것이다.

이 책을 편집한 리 화이트는 유일한에 대하여 "동양 특유의 겸손함으로 이 책의 저자 유일한은 자신의 개성을 감추는 경향이 있다"(5)고 지적한다. 화이트의 말대로 유일한은 비록 일인칭 화자 '나'의 입을 빌려 이야기를 전개해 나가지만될 수 있는 대로 개인적인 삶을 드러내려고 하지 않는다. 어쩌다가 사사롭고 개인적인 삶을 다룰 때조차 흔히 몰개성적인 태도를 취하기 일쑤이다. 그러나 자서전이건 풍물기이건 『한국에서 보낸 나의 어린 시절』은 앞에서 언급한 윌리엄 스펜지먼의 관점에서 보면 문학 작품, 그것도 미국문학 작품임에 틀림없다. 이 점과관련하여 오세웅은 "유일한의 유일한 문학 작품인 이 책은 한국계 미국인이 영문으로 쓴 가장 최초의 문학 작품으로 널리 인정받고 있다"(Oh "Ilahn New" 282)고지적한다. 오세웅이 유일한의 책을 '문학작품'으로 평가하는 것은 지극히 옳지만,이 책을 한국계 미국문학에서 '최초의 문학작품'으로 간주하는 것은 옳지 않다.한국계 미국문학에서 '최초의 문학 작품'의 영예는 유일한의 책이 아니라 서재필의 『한수의 여행』한테 돌아가야 할 것이다.

강용흘의 『초당』과 『동양사람 서양에 가다』

유일한이 『한국에서 보낸 나의 어린 시절』을 출간한 지 3년 뒤 강용흘은 영문 소설 『초당』을 미국의 유명한 출판사 찰스 스크리브너스에서 출간하여 관심을 끌었다. 1903년에 함경남도 홍원에서 태어난 강용흘은 유가 전통에 따라 서당에서 한학을 공부한 뒤 서양 선교사들이 함흥에 세운 영생(永生)중학교에서 학업을 계속하였다. 미국이 동양인의 이민을 법으로 금지하기 5년 전, 그러니까 1919년에 캐나다 선교사를 따라 미국 샌프란시스코를 거쳐 캐나다 노바스코시아 팰리팩스에 도착하였다. 댈하우지대학에서 주로 영문학 과목을 수강하던 강용흘은 1922년 초엽 미국으로 이주하여 보스턴대학교에서 의사가 되기 위하여 의학을 전공한다. 그러나 의학이 적성에 맞지 않는다는 사실을 깨닫고 이학사 학위를 받고 근처 하버드대학교 교육대학원에 입학하여 문학 교육학을 전공하여 다시 석사학위를 받는다. 뉴욕으로 거처를 옮겨 뉴욕대학교에서 동양학과 비교문학을 강의하던 그는 역시 이 대학에서 강의를 하던 토머스 울프와 친교를 맺기 시작하면서 문학가로서의 길을 걷게 된다. 1928년까지만 하여도 강용흘은 주로 한글이나 한문 또는 일본어로 글을 썼지만 미국인 아내 프랜시스 킬리와 결혼하고 난 뒤부터는 본격적으로 영어로 글을 쓰기 시작하였다.

울프는 어느 날 강용흘이 소설을 쓰고 있다는 말을 듣고 원고 일부를 자신의 편집자인 맥스웰 퍼킨스에게 보여 주었고, 퍼킨스는 그 원고를 읽고 나서 곧 스크리브너스에서 단행본으로 출판하였다. 이 작품이 바로 지금까지 흔히 '최초의' 한국계 미국 소설로 일컬어 온 『초당』이다. 이 소설은 프랑스·독일·이탈리아 등 10여 나라 말로 번역되어 전 세계적으로 널리 읽혔다. 일제 강점기 손기정이 1936년에 베를린에서 열린 제11회 올림픽 대회에서 마라톤에 우승하여 한국의 존재를 알렸다면, 강용흘은 이 영문 소설로써 전 세계에 한국의 존재를 알렸다. 또한 강용흘은 몇 년 뒤 『동양사람 서양에 가다』라는 두 번째 소설로 작가로서의 위치를 더욱 굳혔다.

민족 문학을 부르짖으면서도 서구 문학에 대한 관심을 게을리 하지 않던 춘원 이광수는 강용흘한테서 『초당』을 증정 받고 ≪동아일보≫에 「강용흘 씨와 『초당』」이라는 서평을 발표하여 주목을 끌었다. 작품의 장르적 성격에서 플롯과 묘사 방법 그리고 문체에 이르기까지 이광수의 평가가 여간 놀랍지 않다.

그 문체의 소박하고 간단함이라든지, 묘사의 핍진(逼眞)한 것이든지, 취재의 자유롭고 풍부한 것이라든지, 작품을 통하여 흐르는 작자의 정서의 시(詩)와 감격에 넘치는 것이라든지, 일상생활의 평범한 사상(事象)을 묘사하는 자서전체(自敍傳體)이면서도 전편의 결구(結構)와 비례와 대소(大小) 클라이맥스의 분포가 그 의(宜)를 득(得)한 것이든지 이러한 작자의 시적 안광(眼眶)과 성의와 역량이 이 일편의 평범 단순한 스토리로 하여금 석권(釋卷)을 차마 못하도록 재미있게 하는 것이라고 생각한다. (이광수 367)

이 서평에서 특히 주목해 볼 것은 이광수가 "작품을 통하여 흐르는 작자의 정서의 시와 감격"이나 "작자의 시적 안광"을 언급하며 『초당』의 시적 분위기에 주목한다는 점이다. 강용흘에 대하여 이광수는 "그는 서정 시인이다. 소설 『초당』은 그의 서정시라고 볼 것이다"(367) 하고 잘라 말한다. 『초당』의 속편이나 자매편이라고 할 강용흘의 두 번째 소설 『동양사람 서양에 가다』와 비교해 보면 이광수의 이러한 평가가 그렇게 과장이 아니라는 사실이 밝혀진다. 『초당』의 곳곳에서는 시인의 상상력을 무색하게 하는 시적 특성을 쉽게 찾아볼 수 있다. 이광수의 말대로 강용흘의 첫 작품이 한 편의 서정시라면 두 번째 작품은 한 편의 서사시라고 할 수 있을 것이다.

더구나 이광수는 이 작품의 주제에 대해서도 "근대 조선의 혼의 고민의 호소"라고 지적한다. 서구 문명과 예술에 대한 주인공 한청파의 집념을 비단 한 개인의 몸부림에 국한시키지 않고 중세의 어두운 터널을 막 빠져나온 근대 조선의 영혼에 빗대는 것이 참으로 흥미롭다. 실제로 주인공이 산골에서 태어나 근대식 교육을 받고 기미독립운동을 겪은 뒤 태평양을 건너 북아메리카 대륙으로 건너가는 것은 자못 상징적이다. 다시 말해서 그의 험난한 여정은 이광수의 지적대로 중세적 삶의 방식에서 벗어나 서구 근대로 힘겹게 진입하려는 조선의 모습이기도 하다. 주인공이 기미독립운동 시위에 참가하여 옥고를 치르는 데서도 드러나듯이 일본 제국주의는 조선 근대화에 징검다리 역할을 하기도 하지만 적잖이 걸림돌이

되기도 하였다.

장르적 측면에서 볼 때 『초당』은 앞에서 이미 지적하였듯이 '자서전적 소설'이라고 할 수 있다. 이 작품에서 작가는 주인공으로 한청파라는 작중인물을 그리고 있지만 조금만 살펴보면 작가 자신의 분신임이 곧 드러난다. 한반도가 서구 열강의 각축장과 다름없던 어수선한 시대에 태어나 일제 강점기 청소년 시절을 보내는 한청파의 삶은 여러모로 작가의 삶과 닮아 있다. 이 소설의 자서전적 요소는 작가가 작품 제목에 '초당(草堂)'이라는 자신의 아호를 붙였다는 사실에서도 쉽게 엿볼 수 있다. 그리하여 맥스웰 퍼킨스는 저자의 의도와는 달리 될 수 있는 대로 이 책을 소설이 아닌 자서전으로 출간하려고 하였다. 이 책의 겉표지나 속표지에는 아무리 눈을 씻고 찾아보아도 '소설'이라는 구절을 찾아볼 수 없다.

『초당』은 비록 한청파를 허구적 인물로 삼고 있지만 한 꺼풀만 벗겨놓고 보면 작가 자신의 삶이 고스란히 드러난다. 함경남도 산골지방에서 태어난다는 점에서도 그러하고, 어린 시절부터 '박사'나 선비가 되려는 야망을 품고 그 목적으로 향하여 매진한다는 점에서도 그러하다. 그런가 하면 작가와 주인공이 청년 시절 비슷한 경험을 겪는다는 점에서도, 캐나다 선교사가 세운 미션스쿨에서 공부한다는 점에도 서로 비슷하다. 1919년 기미독립운동에 참가한 뒤 일본 경찰에 체포되어 짧은 기간이나마 감옥 생활을 하는 것도 똑같다. 한마디로 주인공 한청파가 함경남도 산골에서 태어나 서울과 원산 등에서 학교를 다닌 뒤 캐나다 선교사를 따라 미국에 건너가는 플롯은 작가 자신의 삶을 거의 그대로 옮겨놓은 것이라고 하여도 크게 틀리지 않다.

『초당』이 처음 출간되었을 때 비평가들은 이 작품을 허구적인 문학 작품보다는 한국의 풍습을 소개한 풍물기나 역사서로 읽으려고 하였다. 물론 이렇게 이 소설을 자서전이나 회고록으로 보려고 한 데는 강용흘의 책임이 적지 않다. 이 작품의 첫 머리에서 그는 "나는 성서를 걸고 이 이야기가 사실이라고 맹세한다. 나는 미국사람들이 법원에서 이렇게 맹세하는 것을 보아 왔다"고 밝힌다. 그러면서 그는 "비록 서구 독자들에게는 새롭고 이상하게 보일지라도 나는 명백한 사실을 말하려고 한다'(Kang 3)고 말한다. 듣기에 따라서는 자칫 이 책을 자서전으로 받아들일 수 있는 말이다. 이 작품을 쓰면서 그는 늘 서양 독자들을 의식하고 있었다. 가령 기회 있을 때마다 작품 곳곳에서 "서양 독자들에게는 낯설겠지만"이니 "서양 독자의 생각에는"이니 또는 "서양 독자의 관점에서 보면"이니 하고 말하고 있다. 그러나 이 책에서 강용흘이 비교 문화적 관점에서 한국의 풍습을 서양의 풍습과 비교하는 대목이 없는 것은 아니지만 이 작품을 단순히 풍물기로만 읽는다면 중요한 점을 놓치고 만다.

한편 『초당』을 작가의 자서전이나 회고록 같은 논픽션으로 읽으려는 비평가들도 적지 않았다. 가령 플로렌스 에이스코프는 ≪뉴욕 헤럴드 트리뷴≫에 발표한 서평에서 "한 한국사람이 겪은 삶의 이야기"라고 불렀는가 하면, 레이디 호지도 강용흘을 두고 '전기 작가'라고 불렀다(Ayscough 17, Hodge 707). 영국 ≪타임스≫의 서평자도 이 작품을 "아주 흥미롭고 이색적인 자서전"(297)이라고 부른다. 이러한 사정은 최근에 이르러서도 크게 다르지 않아서 중국계 미국 학자로 그동안 아시아계 미국문학에 관심을 기울여 온 셜리 걱-린 림도 이 책을 '회고록'이라고 부른다(19). 이밖에도 거의 대부분의 비평가들이나 서평자들은 이 책을 허구적 문학 작품보다는 저자의 자서전이나 회고록으로 보려고 하였다. 이시도어 슈나이더와 에더 라우 월튼 같은 비평가들이 겨우 '자서전적 소설'로 간주할 정도였다(332-33). 『초당』을 이렇게 자서전이나 회고록으로 보려는 사람 가운데에서도 영국의 여성 소설가 레베카 웨스트는 첫 손가락에 꼽힌다. 이 작품을 '훌륭한 책'이라고 평하면서도 그녀는 이 소설의 화자이며 주인공인 한청파의 이름은 아예 입에 올리지도 않은 채 오직 작가인 강용흘만을 언급하고 있다. '강의 할머니'니 '강의 가족'이니 '나이 어린 강'이니 하는 표현이 바로 그러하다(xi-xvii).

이렇게 자서전적 요소가 짙은 『초당』은 소설 전통에서 보면 '성장소설'(빌둥스로만)에 속한다. 이 소설의 주제와 관련하여 강용흘은 작품 첫 머리에서 "사랑과 증오와 미소와 눈물이라고 부르는 것으로 이루어진 한 인간의 이야기"(3-4)라고 밝힌다. 여기에서 '사랑과 증오와 미소와 눈물'은 주인공이 성장하면서 겪게 되는 감정일 뿐이다. 성장소설 전통에 속하는 작품이 흔히 그러하듯이 이 작품에서도 주인공의 정신적 변모 과정이 무엇보다도 중요하다. 한청파는 한반도 곳곳을 누비고 다니고 작품 끝 장면에서는 미국에 가려고 증기선을 타고 있다. 그런데 주인공에게 이러한 지리적 이동은 곧 정신적 여정이요 심리적 여정에 해당한다.

『초당』에서 주인공은 이러한 지리적 이동을 통하여 삶에 대한 소중한 지혜와 교훈을 배운다. 한청파는 이 세계에는 낙원이나 유토피아 같은 것은 존재하지 않는다는 사실을 깨닫는다. 『초당』에서 낙원이나 유토피아는 여러 모습으로 나타난다. 전원적이고 목가적인 시골 고향의 모습으로 나타나는가 하면, 과학과 기술 문명을 자랑하는 서양의 모습으로 나타나기도 한다. 낙원이나 유토피아가 어떠한 모습으로 나타나던 주인공은 시간이 흐름에 따라 점차 그러한 지상 천국은 그 어디에서도 찾아볼 수 없다는 사실을 깨닫는다. 이 점에서 주인공이 겪게 되는 정신적 여정은 유토피아에서 디스토피아, 낙원에서 실낙원에 이르는 환멸의 과정이다. 그런가 하면 주인공이 뒷날 소설가로 성장한다는 점에서 『초당』은 성장소설의 하부 유형이라고 할 '예술가소설'(퀸스틀러로만) 장르에 속하기도 한다.

맺는말

적지 않은 비평가들이나 학자들은 강용흘의 『초당』을 '최초의' 한국계 미국 소설로 간주해 왔다. 이와 마찬가지로 강용흘을 '최초의' 한국계 미국 작가로 인정하려는 학자들이 적지 않았다. 가령 유일한의 『한국에서 보낸 나의 어린 시절』을 '최초의 한국계 미국문학'으로 인정하는 오세웅은 강용흘을 두고는 "한국계 미국문학의 아버지"라고 부른다(Oh "Younghill Kang" 149-58). 그러나 유일한의 책을 '최초의 한국계 미국문학'으로 부르는 것도 옳지 않지만 강용흘을 '한국계 미국문학의 아버지'로 일컫는 것은 더더욱 옳지 않다. 서재필을 '최초의 한국계 미국문학의 아버지'로 간주하여야 하며, 그의 『한수의 여행』을 '최초의 한국계 미국

소설'로 간주하여야 한다. 서재필의 소설은 강용흘의 『초당』보다 무려 10년이나 앞서고, 유일한의 작품보다도 7년이나 앞선다. 모든 장르를 통틀어 서재필의 작품은 한국계 미국문학 작품의 효시일 뿐만 아니라 소설 장르로서도 최초의 한국계 미국 소설로 간주하여 크게 틀리지 않다.

유일한은 『한국에서 보낸 나의 소년 시절』을 출간하여 서재필에 이어 한국계 미국문학의 토대를 튼튼히 하였다. 서재필의 작품이 허구적 소설이라면 유일한의 작품은 영적 자서전이나 비교문화적 관점에서 기술한 풍물기로 볼 수 있다. 유일한에 이어 강용흘은 서재필이 처음 뿌린 한국계 미국 소설의 씨앗을 자라게 하여 줄기를 뻗고 잎을 피운다. 서재필이 어디까지나 문서 외교의 일환으로 『한수의 여행』을 출간한 것과는 달리, 강용흘은 한국계 미국문학을 좀 더 순수 문학의 반열에 올려놓았을 뿐만 아니라 미국 문단과 세계 문단에 한국계 미국문학을 널리 알리는 데 크게 이바지하였다. 또한 그는 다른 소수민족 작가들이 본받고 싶은 모범적인 작가로 대접받기도 하였다.

이렇게 1920년대에서 1930년대에 걸쳐 서재필·유일한·강용흘이 처음 토대를 마련한 한국계 미국문학은 1940년대와 1950년대에 이르러 더욱 발전하게 된다. 가령 한국인으로 하버드대학교에서 최초로 국제정치학 박사학위를 받은 박노영은 『중국인의 기회』(1940)를 출간하여 이미 자서전 전통을 굳건히 수립하였다. 이밖에도 뒷날 귀국하여 여성운동가와 교육자로 활약하는 박인덕도 『구월 원숭이』와 『호랑이 시』(1965) 등을 출간하여 유일한이 수립한 영적 자서전 전통이나 박노영이 수립한 이민 자서전 전통을 더욱 굳게 다지는 데 크게 이바지하였다. 고태원도 『곰바위의 쓴 과일』(1959)을 출간하여 박노영과 박인덕의 전통을 계승하였다.

한국계 미국문학은 1960년도에 이르러 활짝 꽃을 피운다. 서재필과 유일한이 활약한 1920년대가 한국계 미국문학의 발아기라고 한다면, 강용흘이 활약한 1920년대는 한국계 미국문학의 성장기라고 할 수 있다. 한국계 미국문학은 1960년대에 이르러 개화기를 맞이하였다. 이 개화기에서 가장 괄목할 만한 활동을 한 작가가 바로 김용익과 김은국이다. 김용익은 『행복한 날들』(1960)을 비롯하여 『뒤웅

박』(1962),『겨울 사랑』(1962),『푸른 씨앗』(1964) 같은 작품을 잇달아 발표하여 미국에서 호평을 받았다. 특히 그는 한국계 미국문학에 단편소설 전통을 수립하는 데 적잖이 이바지하였다. 한편 김은국은『순교자』(1965),『심판자』(1968),『잃어버린 이름』(1970)을 출간하여 한국계 미국문학을 본궤도에 올려놓았다.

지금 한국계 미국문학은 아시아계 미국문학은 말할 것도 없고 모든 소수민족 문학에서도 가장 활발하다. 이창래와 돈 리를 비롯하여 하인즈 인수 펭클, 헬리 리, 패티 김, 터리즈 박, 미야 윤, 게리 박, 타이 박, 수전 최, 숙희 김, 앤젤러 허, 재니스 리 등 이제는 그 수도 하나하나 헤아리기 어려울 만큼 많은 작가가 한국계 미국문학에서 활약하고 있다. 이러한 추세로 계속 나아간다면 앞으로 몇 십 년 뒤에는 1950년대와 1960년대의 '유태계 문예부흥'에 이어 '한국계 미국문학의 문예부흥'을 기대해 볼만도 하다.

🌿 참고문헌

서동성.「역자의 말」, 서재필 저, 서동성 역,『한수의 여행』. 서울: 보진재, 1979.
이광수.『이광수 전집 16』. 서울: 삼중당, 1963.
정진석 편.『독립신문·서재필 문헌 해제』. 서울: 나남, 1996.
조성기.『유일한 평전』. 서울: 작은 씨앗, 2005.
김욱동.「서재필의『한수의 여행』」.『한국학논집』44 (2008): 167-200.
_____.「초기 한국계 미국문학의 지형학」.『새한영어영문학』5.4 (2009): 17-40.
_____.『강용흘: 그의 삶과 문학』. 서울: 서울대학교 출판부, 2004.
_____.『김은국: 그의 삶과 문학』. 서울: 서울대학교 출판부, 2007.
_____.『소설가 서재필』. 서강대학교 출판부, 2010.
Ayscough, Florence. "The Life Story of a Korean." *New York Herald Tribune*. March 15, 1931.
Hosie, Lady. "A Voice from Korea." *Saturday Review of Literature*. April 4, 1931.
Gale, James S. *Korean Sketches*. Toronto: Briggs, 1898.
Kang, Younghill. *The Grass Roof*. New York: Charles Scribner's Sons, 1931.

Kim, Elaine H. "'These Bearers of a Homeland': An Overview of Korean American Literature, 1934~2001." *Korea Journal* 41:3 (Autumn 2001): 151.

_____. *Asian American Literature: An Introduction to the Writings and Their Social Context.* Philadelphia: Temple UP, 1982.

Korea Review, 4: 2 (April 1922): 16.

Library of Congress Copyright Office, ed. *Catalogue of Copyright Entries: Part 1, Group 2.* Washington: Government Printing Office, 1923.

Lim, Shirley Geok-Lin. "Asian American Literature: Leavening the Mosaic." *U. S. Society and Values.* February, 2000.

New, Ilhan. *When I Was a Boy in Korea.* Boston: Lothrop, Lee & Shepard, 1928.

Oh, Seiwoong. "*Hansu's Journey* by Philip Jaisohn: The First Fiction in English from Korean America." *Amerasia Journal* 29:3 (2003-2004): 53.

_____. "Ilhan New (1895-1971)." *Asian American Autobiographers: A Bio-bibliographical Critical Sourcebook.* Ed. Guiyou Huang. Westport: Greenwood, 2001.

_____. "Younghill Kang (1903-1972)." *Asian American Autobiographers: A Bio-Biblio graphical Critical Sourcebook.* Ed. Guiyou Huang. Westport: Greenwood, 2001.

Osia, N. H. / Philip Jaisohn. *Hansu's Journey.* Philadelphia: Philip Jaisohn & Co., n. d.

Schneider, Isidore. "Youth in Korea." *New Republic*, April 1, 1931.

"A Scholar of Korea." *Times Literary Supplement,* April, 16, 1931.

Smith, Geoffrey Dayton, ed., *American Fiction, 1901~1925: A Bibliography.* Cambridge: Cambridge UP, 1997.

Spengemann, William C. *A New World of Words: Redefining Early American Literature.* New Haven: Yale UP, 1994.

Walton, Eda Lou. "A Charming Autobiography." *Nation,* March, 25, 1931.

West, Rebecca. "Introduction." Younghill Kang. *The Grass Roof.* Chicago: Follett, 1959.

White, Lee A. "Editor's Preface." *When I Was a Boy in Korea.* Boston: Lothrop, Lee & Shepard, 1928.

미국 다인종 문학의 정전화 과정과
비판적 다문화주의

● 하상복

들어가며

　1980년대 하나의 문화적 사건으로 주목 받은 정전 논쟁 과정은 주류 문화, 즉 유럽 백인 남성 중심적 문화에 대한 도전이자, 서구 근대의 문제에 대한 비판이기도 했다. 이 과정은 분명 환상으로서 정전의 본질을 파헤치고, 그 정전 형성에 권위를 부여한 유럽 백인 남성 중심적 문화라는 단일문화주의적 관점에 대한 반성이었다. 그러나 '문화전쟁'[1])으로 일컬어질 정도로 진보와 보수 진영 각각의 수많

---

1) 일반적으로 '문화전쟁'을 지칭할 때 고전철학 교수 앨런 블룸이 1987년 출판한 『미국정신의 종말』을 계기로 표출된 보수적 학자들의 대학교육의 커리큘럼 비판과 그 후 1988년 스탠포드 대학의 '서양문화' 강좌의 변경과 관련하여 진행된 논쟁을 말한다. 블룸은 미국 대학이 교육 커리큘럼에 기존의 서구 고전이 아닌 소수인종의 특수한 경험과 내용을 포함시켜 교육함으로써 젊은이들의 정신적 공백과 해이를 부추긴다고 비난하면서 기존의 고전과 정전의 확대를 문제 삼는다(김형인 187). 스탠포드 대학의 '서양문화' 강좌와 관련된 논

은 학자들이 논쟁을 벌인 이 과정은 지금도 계속되고 있다. 정전에 대한 지속적인 관심은 그만큼 정전 논쟁 과정에서 제기된 문제들이 현대 사회와 문화와 관련하여 많은 중요한 물음을 던지고 있다는 것을 말해 준다. 그래서 지난 30여년의 정전 논쟁이 가져온 성과들이 어떻게 전개되고 있는지에 주목할 필요가 있다. 또한 기존 정전의 선정에서 절대적 힘을 행사한 단일문화주의적 관점을 극복하고자 채택된 다문화주의적 관점도 그 다양한 경향만큼 많은 문제점을 노정하고 있다는 점에서 적극적으로 검토되어야 한다.2)

이러한 목적에 따라 본 글은 2장에서 기존 정전에서 배제되고 억압되어왔던 다인종 문학의 정전화 과정과 그 배경을 검토한다. 3장에서는 다인종 문학이 기

의는 정전 확대를 옹호하는 학자들의 비판에서 시작한다. 서구 지적 유산으로 간주된 대표적 고전 사상가의 텍스트를 교과내용으로 삼은 이 강좌가 지나치게 유럽 중심적이고 남성 중심적이라는 논란에 휩싸이자, 대학 당국은 인문학 교수들의 투표를 거쳐 교과명을 '문화, 관념, 가치'라는 명칭으로 변경한다. 그러나 문제가 된 것은 기존 고전 사상가의 텍스트를 축소하면서, 비서구 문화권에 속한 작품들을 비롯하여 여성, 흑인, 라틴 아메리카 작가, 아시아계 작가, 미국 원주민 작가 등의 작품을 추가한 내용이었다. 이 교과과정의 변경을 두고 미국 언론계와 학계는 진보와 보수적 견해로 양분되어 논쟁을 벌이게 된다(김욱동 38-40).

2) '다인종적', '다문화적'(multicultural), '다민족적'(multinational)이라는 용어들은 서로 구별될 수 있는 각각의 내용들을 가지고 있지만, '유럽 백인 남성 중심적인'이라는 용어와 관련하여 배제된 소수인종, 유색인종, 소수문화, 소수민족 등을 지칭한다는 의미에서 본 글에서는 '다인종'이라는 용어를 주로 쓰고자 한다. 또한 영어 'race'와 'racial', 'ethnicity'와 'ethnic'은 우리말로 모두 '인종', '인종적(의)'으로 번역할 수 있기 때문에 혼란스러울 수 있다. 물론 'race' 관련 단어는 주로 생물학적으로 구분한 '인종'을 지칭하며, 'ethnicity' 관련 단어는 문화적 관점에서 사용되는 '인종' 개념이라는 일반적 구분은 있다. 이런 측면에서 'race'를 '인종'으로, 'ethnicity'를 '종족' 혹은 '종족성'으로 번역하거나 '에스니서티'라고 음역 상태로 표기하기도 한다. 그리고 'ethnicity'가 다양한 인종의 평등이라는 관점에서 사용된 말이 아니라는 점에서 본 글의 다인종 개념 사용이 혼란스러울 수 있다. 서구에서 이 단어는 '사람들 일반'이라는 의미와 주로 '이교도'를 지칭하는 '다른 사람들', '비유태인', '비기독교인' 등을 지칭하는 말로 사용되어왔기 때문이다(Sollors 288). 그러나 이런 혼란스러운 개념에도 불구하고 인종이라는 말은 백인을 보편적, 완전한 인간으로서 전제하면서 다른 인종을 열등한 존재로 간주하는 용어로 사용되어왔다는 점을 염두에 두고 'ethnicity'를 인종으로 표기한다.

존 문학 정전의 목록 속으로 편입되는 과정에서 중요한 관점을 제공한 다문화주의를 비판적으로 고찰한다. 즉 유럽 백인 남성 중심적 문화를 보편적인 것으로 전제하며 미국문학 정전을 규정했던 단일문화주의적 관점을 극복하고자 정전의 확대 혹은 수정에 도입된 여러 다문화주의적 관점들을 검토하고자 한다. 4장은 '비판적 다문화주의'의 관점을 통해 다인종 문학에 대한 올바른 관점을 모색하고자 한다. 이 논의를 통해 본 글은 다문화주의의 올바른 자리매김과 소수 인종, 유색 인종, 여성, 비(非)유럽적 문화를 재현한 문학 작품의 올바른 정전화에 필요한 관점을 찾고자 한다.

미국문학 정전의 확대와 다인종 문학 텍스트의 정전화

많은 비평가들은 미국 정전 논쟁의 원인을 제공한 사건으로 1960년대 흑인 민권운동을 중심으로 한 다양한 주변부의 도전을 거론한다. 미국 역사와 사회에서 미국의 구성원으로 존재했지만 항상 비(非)미국인으로, 그리고 '부재'하는 존재로 재현되어왔던 흑인, 미국 원주민, 여성 등의 도전은 기존 미국 국가의 역사, 정치, 문화, 문학 등 다양한 분야에서 자신들의 존재를 부각시키는 결과를 가져왔다.

문학 분야에서도 1970년대에 이르러 기존 정전에서 배제되거나 망각되어왔던 소수 인종과 소수 문화의 선집들과 작품들이 출현한다. 이 시기 대표적인 선집으로는 『새로운 흑인의 목소리: 현대 아프리카계 미국문학 선집』, 『아즈틀란: 멕시코계 미국문학 선집』, 『아~이~!: 아시아계 미국문학 선집』등이며, 이 선집의 출판은 미국문학 속에서 다인종 문학의 존재를 설정하는 노력의 결과였다. 다인종 문학의 출판에 있어서도 1970년대는 뚜렷한 변화를 보여준다. 랜덤 하우스, 알프레도 크노프와 같은 유력 출판사에서 토니 모리슨의 『가장 푸른 눈』, 『술라』,

『솔로몬의 노래』, 맥신 홍 킹스턴의 『여인무사』, 레슬리 마몬 실코의 『의식』 등의 작품들이 출판되면서 다인종 문학 작품에 대한 대중적 관심을 불러일으켰다 (Bona 3-4). 이와 같이 미국문학 내 다인종 문학의 존재를 부각시킨 학계와 출판계의 성과는 이전과 확연히 다른 발전이었다.

또한 "죽은 백인 남성 유럽인"(Bennett 21) 작가들 중심의 문학 정전에 대한 여성, 유색 인종, 1세대 문학연구자 중 비판적 연구자들의 도전은 미국 내 중심적 전문 학술단체의 변화를 가져왔다.3) 대표적인 예가 미국 MLA의 1976년 활동이다. 이 단체는 소수문학 위원회의 설립을 통해 아프리카계 미국문학과 미국 원주민문학에 대한 세미나를 조직하고, 다수의 관련 서적을 출판하면서 다인종 문학에 대한 관심에 반응했다(Bona 5).

1970년대 후반의 다인종 문학에 대한 확대된 관심은 1980년 시작과 함께 기존 정전의 탈중심화와 정전 확대에 대한 본격적인 논의를 가져왔다. 1981년 출판된 『영문학: 정전의 확대』4) 등에서 정전에 대한 논의가 구체화되고(유명숙 40), 미국 MLA는 아프리카계 미국문학, 미국 원주민문학, 아시아계 미국문학, 치카노 문학, 푸에르토리코 문학에 대한 대규모의 포럼을 1981년에 개최하기에 이른다 (Ruoff 2).5) 이러한 새로운 미국문학과 미국문학사에 대한 논의는 구체적인 교육 현장에 적용하려는 노력과 함께 이루어졌다. 『미국문학의 재구성』과 같은 책은

---

3) 기존의 전문 학술단체의 이러한 변화뿐만 아니라 이 시기에 현재 다인종, 다문화 문학에 집중하는 대표적인 학술단체와 학술지가 만들어지고 출판되기 시작했다. '미국 다인종문학회', '아시아계 미국학회' 등이 조직되고, 『메러스』, 『캘러루』, 『소수인종연구 저널』, 『미국 원주민문학연구』 등이 발간되기 시작했다(Bona 5). 이 중 『메러스』에 대한 역사와 그 의미에 대한 구체적인 내용은 2000년부터 편집인으로 활동하고 있는 코네티컷 대학 교수인 베로니카 마코우스키의 글에 잘 기술되어 있다.

4) 이 책은 1979년 「문학에 있어 세계어로서의 영어」와 「제도로서의 문학」이라는 주제로 열린 미국 영어학회 학술회의에서 발표된 논문을 모아 출판한 것이다. 이 학술대회에서 연구자들은 영문학과를 지배하는 소위 WASP(White Anglo-Saxon Protestant) 전통이 제도권 바깥의 사람들이 영어로 어떤 글을 쓰고 있는지에 전혀 관심을 기울이지 않음을 비판하면서 여성과 흑인, 그리고 제 3세계로 관심을 넓힐 것을 촉구했다(유명숙 40-41).

5) 이 포럼에서 발표된 논문들은 『미국문학사의 재정의』라는 제목으로 1990년에 출판되었다.

문학교육과정, 교수계획표에 다인종, 다문화적 문학 작품들을 도입하는 구체적인 예와 방법을 제시하면서 문학 연구 및 교육자들에게 구체적인 실천을 모색하도록 권장했다. 그리고 공공 교육 커리큘럼 개혁이라는 맥락에서 다문화주의적 관점이 1980년대 초반 동안 대중적으로 널리 팽배해지면서 미국문학정전의 논의는 실제 교육계까지도 확대된다. 대학의 전문 연구자와 그룹처럼 교육 커리큘럼 개혁자들도 미국의 정전이 유럽중심주의적 경향을 가지며, 여성, 유색 인종, 소수 인종 등 서구 문명 전통의 외부에 있는 사람들의 성과를 인식하는데 실패했다고 비판한다 (Bennett 227).

그러나 가장 상징적인 사건은 바로 1990년 『히스 미국문학 선집』의 출판이었다.6) 비록 1970년대 이후 다인종 문학에 대한 선집들이 개별적으로 출판되었지만, 이 선집은 시대 상황 그리고 그 출판 과정과 참여 연구자들을 고려한다면 "중요한 수정주의적 교수법 도구 혹은 다문화주의에 대한 교육자의 참여에 대한 상징 그 이상"(Grobman 81)이었다. 또한 '문화전쟁'이라는 비유로 1970, 80년대의 정전 확대에 대한 작은 성과를 공격해왔던 블룸이나 E. D. 허쉬 등의 보수적 학자들과 대중매체, 그리고 보수적인 레이건 행정부의 정책 속에서 출판된 이 선집은 하나의 "문화적 상징"(Grobman 81)이 될 만큼 반향이 컸다.

이 선집의 상징성은 두 가지로 요약할 수 있다. 첫째는 바로 선집이라는 형식이 가지는 상징성이다. 특히 개별 소수 인종 문학 선집이 아닌 미국문학 전체의 역사를 포괄하며 편집된 선집이라는 측면에서 『히스 미국문학 선집』의 상징성은 더욱 크다고 할 수 있다. 어떤 작품이 문학 정전으로 선정되면 선집에 포함되는 것이 일반적이며, 이 선집을 통해 대학 문학 교육에 사용된다. 이런 과정은 선집에 포함된 작품이나 작가의 가치가 인정받는 과정이며, 지속적으로 그 가치가 확대되는 계기가 되기도 한다. 이 점에서 기존 선집에서 거의 볼 수 없던 여성, 미국 원주민, 유색인종 등의 문학 작품과 작가들이 적극적으로 포함되고 있다는 것은

---

6) 선집의 발간 배경과 과정은 선집의 주 편집자인 폴 로우터의 「선집들을 진지하게 생각하기」의 29~30쪽에 잘 기술되어 있다.

상당한 의미가 있는 것이다.

　두 번째는 포함된 다인종, 다문화 문학 작품과 작가의 수이다. 『히스 미국문학 선집』은 비슷한 시기에 출판된 기존의 다른 선집과 비교할 때, 상대적으로 많은 다인종, 다문화 작가와 작품을 포함한다. 구체적으로 살펴보면 모든 인종에 걸쳐 여성 작가는 109명으로 다른 선집에 비해 3, 4배 정도 많다. 또한 53명의 흑인 작가, 13명의 히스패닉 작가와 12편의 미국 역사 초기 스페인어 번역물과 2편의 프랑스어 번역물, 9명의 아시아계 작가 그리고 25명의 미국 원주민 작가뿐만 아니라 17편의 미국 원주민 부족의 텍스트가 수록된 것도 다른 선집에서 볼 수 없는 특별한 기획이었다(김용권 112).[7]

　물론 출판 시점의 시대 상황과 소규모 출판사가 출판했다는 점에서 이 선집이 문학교육의 텍스트로 널리 사용되지도 못했을 것이다. 그러나 다른 기존의 전통적 선집의 변화를 이끌어내는 동인은 되었다. 이 변화는 전통적으로 미국문학의 대표적 선집인 『노턴 미국문학 선집』의 변화에서 드러난다. 1994년 4판 출판본은 『히스 미국문학 선집』의 영향을 받기 시작했음을 보여준다. 『노턴 미국문학 선집』 4판은 다원주의를 변화의 출발점으로 언급하면서 이전 출판본에서 볼 수 없었던 북미 대륙 최초의 유럽 탐험가의 편지, 미국 원주민의 구비 전통과 문자 전통 그리고 20세기 중반 미국 원주민 르네상스에 대한 관심 등 소수인종과 여성 작가에 대한 관심을 확대시키고 있다(김준환 18).

　이러한 선집이나 학술대회 그리고 저서들이 제기한 정전의 확대는 이제 개별 소수 인종, 소수 문화별로 선집이 유력 출판사에서 지속적으로 출판될 정도로 미국문학계에 일반화되었다. 이러한 선집의 경향들을 볼 때, 실로 외형적으로는 미국문학 선집 내에서는 소수 인종과 소수 문화의 가치들이 반영된 듯한 현상이 일반화되었다고 볼 수 있다.[8]

---

7) 국내에서 영국과 미국문학 선집의 구체적 변모와 현황을 정리한 대표적인 논문은 김용권 교수의 「미국문학 정전의 재구성」, 김준환 교수의 「영미 문학 선집의 변화와 "최근영문학"을 가르치는 한 가지 방법」을 들 수 있다.

그러나 최근의 다양한 분야의 흐름을 들여다보면, 1960년대 이후의 사회적 상황의 변화에 대한 학계, 교육계 그리고 출판계의 다인종, 다문화 작가와 작품의 도입과 확대가 주류 문화의 옹호 속에 구축된 기존 정전의 이데올로기와 메커니즘을 완전히 전복시킨 결과로 제시되지 않는 것 같다. 언뜻 보기에 과거 회귀적인 이러한 양상은 우선 '문화전쟁' 이후 보수적 학자들의 지속적인 활동에서 볼 수 있다. '위대한 책', 즉 서구 고전에 대한 이들의 절대적 믿음은 지금까지 약화되거나 고립되지 않고서 다양한 공공 포럼, 대중 매체, 학술지, 저서들을 통해 확대되면서, 교육, 문학, 문화, 정치적 영역에서 영향력을 발휘하고 있다. 보수적 학자들은 강력하게 "교실 문으로 소수인종 작가들을 들여보내는 것을 반대"(Lauter, *Taking* 20)하고 있는 것이다.

특히 이 반대는 신자유주의적 경향과 9-11 이후 미국 전반의 보수화 경향과 맞물려 증폭되고 있다. 사회 전반의 신자유주의적 정책은 대학에도 영향을 주면서 구조 조정의 불안과 교수 신분의 고용 불안을 낳으면서, 소수 인종 연구와 같은 분야의 축소를 야기했다. 신자유주의적 정책의 대학으로의 유입은 인종 연구 프로그램에 대한 대학의 예산을 축소시키는 결정을 내리게 함으로써, 이에 대한 연구와 교육이 학과 단위에서 프로그램 그리고 더욱 축소된 부전공 형태로 운영하도록 강제하고 있다는 것이다(Lowe, "Foreword" vii).

보수적 학자들의 목소리는 9-11 이후 대학과 학계에서 보다 직접적인 행동으로 이어졌다. 진보적 비판에 대한 보수적 진영과 대중매체의 반(反)미국적, 친(親)테러적 매도는 대학 내의 진보적 학자들의 침묵을 강요하고, 대학을 미국 젊은이들을 타락시키는 급진적 사고의 온상으로 간주하기에 이른다. 대표적으로 미국 대학위원회는 9-11 사건 이후 현대 미국의 약화를 미국 및 서구 문명에 대한 중핵

---

8) 예를 들어 1997년부터 미국 엔티시/컨템퍼러리 출판사는 각각 400쪽 이상의 『미국 원주민문학선집』, 『아프리카계 미국문학 선집』, 『아시아계 미국문학 선집』, 『히스패닉 미국문학 선집』들을 발간했고, 더욱이 전통적인 출판사인 노턴 출판사와 프렌티스 홀 출판사도 각각 아프리카계 미국문학 선집 등을 현재 계속 발간하고 있다.

교육과정의 폐지와 다문화주의 교육의 결과라고 주장하면서, 본질적으로 미국 백인 중심의 과거 회귀적인 서구 문명과 미국 역사 교육과정을 대학 내에 설치하고 확장해야 한다고 주장한다(Palumbo-Liu 124). 또한 대학 내의 사상적 균형이라는 명목으로 보수적 인사와 학자들은 보수적 학생조직을 지원하며, 주정부와 연방정부의 입법자들에게 '대학 권리장전'과 같은 법률을 제정하도록 촉구함으로써 진보적 학문과 교육의 입지를 약화시키려 했다.9)

이처럼 미국 내의 전반적 보수화의 경향으로 다인종 문학의 연구와 교육은 약화되고 있는 실정이다. 아울러 "흑인들은 거리보다는 대학 커리큘럼에서 더 대접을 받고 있는 것 같다"(유명숙 127 재인용)는 헨리 루이스 게이츠의 말처럼 소수 인종과 소수 문화의 모순된 현실과 단절된 수사적 유희만이 상아탑 속에서 진행되고 있다는 비판의 목소리도 높다. 그러나 무엇보다도 가장 문제가 되는 것은 다문화주의라는 명분으로 다인종 문학의 의미와 실천적 모색을 교묘하게 변질시키고 있는 관점들이 널리 유포되고 있다는 것이다. 마치 탈인종적이고 인종차별 없는 세계가 목전에 도달한 듯한 메시지를 강하게 유표하면서, 다문화주의 그리고 다인종 문학의 연구와 교육이 추구해온 모색들을 희석시키고 있다. 이런 점에서 다문화주의와 다인종 문학이 처한 현재의 주요 문제들을 극복하고 새로운 관점을 모색하기 위해 기존의 다문화주의에 대한 논의와 다인종문학의 정전화의 문제를 다음 장에서 진단하고자 한다.

---

9) 실제 9-11 이후 미국 내 보수적 싱크 탱크는 "그들이 당신에게 반쪽만 들려준다면, 당신은 훌륭한 교육을 받을 수 없다"를 신조로 하는 '학문 자유를 위한 학생모임'과 같은 보수적 학생조직에 매년 2천만 달러를 지원했다. 그리고 대학의 사상적 균형이라는 명목으로 취해진 보수적 진영의 가장 우려할 만한 행동은 학생들에 대한 교수의 정치적, 이데올로기적, 종교적 혹은 반종교적 견해의 강요를 금지하고, 다인종, 다문화 교육과 같은 진보적 교육방법에 대한 공격을 주 내용으로 하는 '대학 권리장전'을 법률로 제정하는 것이었다. 이 것을 주 내용으로 하는 법안이 보수적 인사들의 지원과 공화당 국회의원의 찬성에 의해 2004년 조지아주 상원에서 통과되기도 했고, 미시간, 오클라호마, 오하이오, 유타 주 의회에서 발의되거나 제출되기도 했다(Giroux 106, 109).

다문화주의와 다인종 문학의 정전화의 검토

다양한 문화적 그룹으로 이루어진 사회 혹은 그와 관련된 것을 나타내는 형용사 '다문화적'이라는 단어와 달리 다문화주의는 국가 정체 내에서 인종적 복수주의의 운영을 지원하는 정부 정책의 중요 조항의 명칭으로서 캐나다와 오스트레일리아에서 1970년대에 처음으로 널리 유포되었다. 현재 비록 몇몇 국가만이 공식적인 다문화주의 정책을 채택하고 있지만, 다문화주의는 20세기 후반 서구 자유민주주의 국가들이 자신들을 다문화적 사회로 묘사하는 상투어가 되고 있는 것도 사실이다(Bennett 226). 다문화주의는 현재도 다양한 분야에서 논쟁을 벌이고 있는 개념이기 때문에 그 정의가 쉽지가 않다. 일반적으로 개별 문화 간의 평등을 전제하고 그 다양성을 인정하려는 관점이지만, 이런 일반적 의미에서 보다 적극적인 경향은 역사와 사회에 작동하는 지배적인 단일문화적 개념을 전복하고자 하는 시도로서 나타나기도 한다.

미국에서도 다문화주의는 미국인의 정체성과 미국 문화의 정체성과 관련되어 다양한 분야에서 논의되어왔다. 전통적인 입장들은 그 기원을 청교도의 이주에서 찾는다. 백인 유럽인에 기원을 두면서 이후 추가로 유입되는 수많은 이민들로 구성되어진 미국은 1955년까지 사용되었던 "여럿에서 하나"[10]라는 미국의 표어에서 알 수 있듯이 다양성을 통합하여 하나의 미국 정체성을 모색해왔다. 즉 근본적으로 다양한 국가와 민족이라는 근원을 가진 사람들을 단일한 하나의 새로운 문화와 정체성으로 동화시키는 과정을 추구해왔던 것이다. 그러나 이 미국 정체성의 구축은 그 자체가 배제와 억압을 의미한다. 건국 초기부터 '여럿'의 구성원에는 미국 원주민과 흑인 등 소수 인종은 포함되지 않았다. 국민 구성원의 다양성을 전제하지만 이미 백인 유럽인이라는 동일성과 비백인과 비유럽인의 배제라는 차

---

10) "여럿이서 하나"(*E Pluribus Unum*)는 라틴어로 영어 표기는 "Out of Many, One"이다. 현재의 표어는 "우리는 하느님을 믿는다"(In God We Trust)이다.

별을 포함하고 있는 것이다. 따라서 '용광로'로 상징되는 미국 문화의 특징은 수많은 백인 이민자들'만의 문화적 다양성을 미국이라는 새로운 국가의 단일문화로 동화시키는 것을 의미했다.[11]

그러나 1960년대 인권운동과 정체성 정치의 발흥과 전개를 기점으로 '용광로'라는 동화의 전제 이면에 숨겨졌던 차별의 상황이 가시화된다. 인권 투쟁의 격랑 속에서 '용광로'라는 미국 정체성과 문화에 대한 자유주의적 관점은 변모하게 된다. 미국은 '용광로'라는 낡은 외투를 폐기하고 '다문화주의'라는 새로운 외투를 걸치게 된 것이다. 새로운 외투는 외양의 화려함으로 그동안 문제시되었던 인종 간, 문화 간의 억압과 차별을 극복할 수 있는 듯한 환상을 불러일으키며 열렬한 환영식을 거행하면서 정치, 경제, 문화, 사회, 교육 등 미국 전 영역을 주도하기 시작했다. 하지만 다문화주의는 그 외형만 교체된 '용광로' 이론일 뿐이었다. 그것은 보수주의자들의 담론 속에서도 적극적으로 도입될 정도로 "미국 사회의 환원될 수 없는 다양성을 동화시키고자 하는 새로운 보편주의"(Lowe, *Immigrant* 30)로 정착되었다. 결국 다문화주의는 재분배와 기회의 평등을 주장하면서 사회의 변혁을 위해 노력해왔던 하층의 개별 인종 간의 경계를 가로지르는 다문화주의에서 보수주의적 관점과 결합한 다문화주의까지 각양각색의 형용사와 결합된 수많은 다문화주의들로 회자되는 상황에 이르렀다.

따라서 미국 다인종 문학의 정전화가 다문화주의적 관점과 직접적으로 연관되어있기 때문에 미국 다인종 문학의 정전화에 대한 보다 올바른 관점을 제시하는 출발점으로 다문화주의의 여러 관점을 살펴보고자 한다. 우선 피터 맥라렌이 분류한 다문화주의의 여러 경향에 대한 평가에서 시작하고자 한다. 맥라렌이 언급했듯이 이러한 다문화주의에 대한 여러 명칭은 "단지 관심을 높이기 위한 장

---

11) 다문화주의가 미국 내에서 영향력을 가지면서 기존의 '용광로'를 대체한 가장 최근의 메타포는 '샐러드'이다. 마릴린 에델스테인은 엔젤라 데이비스의 '샐러드'에 대한 분석을 검토하면서, 이 메타포의 정치적 함의를 읽어낸다. 그녀는 '샐러드'라는 메타포는 '용광로'보다는 나을지 모르나, 그 내용물 간의 지배와 권력의 문제를 누락하고 있다는 점을 지적한다(38).

차"(47)를 의미할 뿐이며, 이외에 여러 명칭으로 언급되는 것에서 알 수 있듯이 서로 그 내용과 의미가 겹치기도 한다.12)

이후 맥라렌의 기술 내용을 따라가면서 다인종 문학 정전화가 가지는 의미와 그 문제점을 진단할 예정이다. 맥라렌이 자신의 글이 '비판적 다문화주의'의 개념을 더욱 발전시키기 위해 시도된 글이라고 밝히듯이(47), 다음의 글도 그의 비판적 다문화주의의 맥락 하에서 여타의 다문화주의의 비판을 검토하고, 발전적 전망을 제시하는 견해들을 추가하면서 비판적 다문화주의의 보다 나은 관점을 정리하고자 한다. 그리고 이를 바탕으로 다인종 문학의 정전화의 문제점과 그 형성에 있어 경계해야 할 관점들을 제시하고자 한다.

보수적 다문화주의의 비판과 다인종 문학 정전화의 관점

맥라렌은 다문화주의를 보수적 다문화주의, 자유주의적 다문화주의, 좌파·자유주의적 다문화주의, 비판적 그리고 저항적 다문화주의로 나누고 있다. 우선 맥

---

12) 맥라렌의 글이 포함한 『다문화주의: 비판적 독본』에 수록된 여러 연구자들의 명칭 사용은 다양하다. 맥라렌이 분류한 보수적 다문화주의, 자유주의적 다문화주의, 좌파·자유주의적 다문화주의, 비판적 그리고 저항적 다문화주의라는 명칭 이외에도 전근대적 및 근대적 다문화주의, 반(反)근대적(포스트모더니즘적) 다문화주의(Cedric Robison)라는 명칭도 거론되고, 혼종적 다문화주의(Chicago Cultural Studies Group), 차이적 다문화주의(Terence Tuner)라는 명칭도 언급된다(Goldberg 7). 다른 명칭들은 김성곤 교수의 글에서 볼 수 있다. 그는 조 킨첼로와 셜리 스타인버그가 『변화하는 다문화주의』에서 제시한 분류 명칭을 따른다. 구분된 명칭은 '보수적 다문화주의 또는 단일 문화주의', 자유주의적 다문화주의, 다원적 다문화주의(plural multiculturalism), 좌파 원리주의적(left-essentialist) 다문화주의, 비판적 다문화주의이다(129~37). 그리고 크리스토퍼 뉴필드와 에이버리 고든은 『다문화주의 지도 그리기』에서 '약한(weak) 다문화주의', '강한(strong) 다문화주의'라는 명칭으로 분류하고 있다(Edelstein 23).

본 글에서 맥라렌의 명칭들을 사용하는 것은 다른 다문화주의와 관련된 글에서 보다 그 분류와 설명이 체계적이며, 시사하는 바가 많기 때문이다. 물론 본 글 이전에 김욱동, 최성희 교수의 국내 논문에서 맥라렌의 다문화주의에 대한 명칭 분류를 가지고 논의하고 있다는 것을 먼저 밝힌다.

라렌은 보수적 다문화주의와 자유주의적 다문화주의는 공식적으로는 인종차별적인 이데올로기를 거부하는 관점을 취하지만, 본질적으로는 단일문화주의적인 기존 지배 문화의 관점을 여전히 고수하고 있다고 평가한다. 특히 보수적 다문화주의는 단일문화주의가 사회문화적 변화와 다문화주의의 대중적 유통에 따라 그 외형을 변형시킨 것에 다름없다고 단정할 정도로 "백인 우월적인 식민주의 유산"(48)과 직접적으로 연결된다고 말한다. 그래서 맥라렌은 보수적 다문화주의를 '유럽과 북미'의 제국주의적 관점, 그리고 '미국의 명백한 운명', '제국의 증여', '기독교적 제국주의' 등과 관련짓는다(47).

이와 같은 관점에서 본다면 보수적 다문화주의와 결합한 문학 정전의 확대는 단지 기존의 '죽은 백인 남성 유럽안' 정전에 다인종 문학을 단순히 추가하는 것을 의미한다. 그렇다면 정전 확대는 사회문화적 변화에 대한 생색내기에 다름 아니다. 이러한 정전 확대는 기존 정전이 최상의 서구 주류문화를 보여준다는 것을 전제하고 있음은 당연하다. 내재된 본질을 파악하지 않고서 단지 추가된 다인종 문학의 정전의 결과만을 가지고 만족한다면 기존 지배문화에 종속된 과거와 전혀 다를 바가 없다.

정전 목록의 단순한 확대라는 점보다 더 주목해야 할 것은 바로 이 경향이 다문화주의라는 포장으로 단일문화주의를 영속시키고자 한다는 데 있다. 바로 보편적 가치와 유산으로서 '공통 문화'를 상정하고 있다는 것에서 알 수 있다. 물론 이때의 공통 문화는 명백히 백인 남성 유럽중심적 문화이다. 보수적 다문화주의가 "동화 이데올로기를 숨기기 위해 다양성이라는 용어를 사용한다"(McLaren 49)는 것이 가장 큰 문제인 것이다.

그리고 보수적 다문화주의는 다양성이라는 명목 아래 주변부의 인종과 성을 객체화시켜 그 억압과 차별을 극복할 동력을 사전에 봉쇄한다. 왜냐하면 지배문화로의 동화라는 이데올로기를 내밀하게 작동시키는 보수적 다문화주의는 그 실행의 주체도 지배계층이기 때문이다. 이 주체는 위에서 아래로 다문화주의적 정책을 문화, 정치, 경제 등 제 분야에서 추진하며 문화의 다양성을 관리의 대상으로 만들어 버린다. 주변부의 인종과 성은 수동적 객체로 전락하며, 소위 '정치적 올바름'의 수사적 장식으로 치장된 이국적인 풍경이나 축제, 의례로서 소비되고 마는 것이다. 결국 보수적 다문화주의는 피상적인 다문화주의의 찬양으로 중심과 주변이라는 이분법적 경계와 경제적, 정치적 불평등을 영속화시킨다. 이 관점은 단지 중심의 불편한 기분을 털어내고 있는 유쾌한 제스처일 뿐이다.

따라서 다인종 문학의 정전화는 다인종 문학의 문화적 특수성을 단순한 다양성으로 추가하며 지배 문화를 영속시키고 강화하는 가능성을 차단하면서 논의되어야 한다. 그렇지 않다면, 백인 우월성이 내재되어 있는 공통 문화로의 동화를 작동시키는 보수적 다문화주의의 의도에 따라 문학 연구와 교육의 단순한 생색내기용으로 전락하게 된다. 나아가 다양성에 대한 형식적 교육을 통해 소수 인종, 여성, 그리고 백인 학생들에게 기존의 지배 문화를 주입시키고자 하는 지배 문화에 일조하게 된다.

보수적 다문화주의적 관점 속에 매몰되지 않기 위해서 다인종문학의 정전화는 보수적 다문화주의가 '변형된 단일문화주의'에 다름 아니라는 본질을 항상 유념해야 한다. "기존 확립된 정전에 추가 지원과목으로서 다양한 문화와 인종에 대한 강좌를 강조"(Rhoads 40)하는 주장들을 과감히 비판하고, 미국 내 뿐만 아니라 "비서구 국가들의 소수 인종 자녀들에게 위대한 서구 문명을 가르쳐 서구문화에 편입/동화"(김성곤 129)시키려는 보수적 다문화주의에 입각한 교육의 논리와 체계도 전복시키는 관점을 지녀야 한다.

자유주의적 다문화주의의 비판과 다인종 문학 정전화의 관점

자유주의적 다문화주의는 "백인, 아프리카계 미국인, 라티노, 아시아계 미국인 그리고 다른 인종들에 자연적인 평등이 존재"(McLaren 51)한다고 전제한다. 모든 인종에게 동일한 지적 능력, 동등한 인지능력, 합리성이 내재되어있다는 것이다. 그리고 문화, 사회, 경제 속에 드러나는 인종의 현실적 문제는 모든 인종의 자연적인 평등이 실현된다면 수정할 수 있다고 주장한다.

맥라렌은 이 주장에서 자유주의적 다문화주의가 "자민족중심주의적이고 답답한 보편적 인간주의"(51)로 추락할 가능성을 읽어낸다. 왜냐하면 이 관점은 다른 문화가 유럽 문화와 동등한 가치를 지닌다는 주장이지만, 보수적 다문화주의와 마찬가지로 그 보편 기준은 유럽 중심적 문화이기 때문이다. 그것은 인종 간의, 그리고 문화 간의 평등과 관용을 유럽 중심적 인간관인 보편적 인간주의에 의거하여 설명하기 때문이다. 그래서 비판을 받았던 서구적 인간관으로 모든 인간의 동등한 인권과 인간성을 강조하는 것은 성, 인종, 문화의 차이성 보다는 동일성으로 나아갈 수밖에 없다.

자유주의적 다문화주의는 현실적 차별과 불평등에 대한 해결 방식도 이러한 맥락에서 도출한다. 자유주의적 사고에서 개인의 문제가 차별과 불평등의 원인으로 강조된다. 즉 이 관점은 사회·경제적 메커니즘의 불평등한 측면을 무시한 채, 교육과 사회적 기회의 실현 여부를 개인적 능력의 유무에서 찾는다. 자유주의적 다문화주의는 근본적으로 사회, 정치, 경제적 문제에서 나온 차별의 문제를 희석시키고 있는 것이다. 이 견해는 구체적 시공간과 역사 및 정치적 맥락과 분리된 서구 인간주의에 바탕을 두기에 문화, 정치, 경제의 복잡한 관계 속에서 생성된 차별과 억압의 문제를 파악할 수 없다.

또한 자유주의적 사고는 더욱 교묘하게 인종 차별을 개인적 차별의 문제로 귀속시켜버린다. 수잔 설 지루는 9-11 이후 "새로운 교육과 법률적 요구들이 과거와 현재의 인종 배제를 교정하는 것에서 사적인 인종 선호의 표현을 보호하는 것으로 이동"(110)했음을 지적하면서 이 점을 강조한다. 그녀는 공공 영역에서 진행되는 형식적 다문화 정책과 대학 커리큘럼 내의 다인종 문학의 포함 등이 공적 영역의 인종에 대한 관심을 의도적으로 삭제하면서 공적 메커니즘에 의한 차별의 문제를 희석화시키고 있는 것에 주목한다. 이제 현실의 인종 차별은 개인의 선택에 따라 발생하는 사적 영역 속의 인종 차별로 재구성되어 버린다. 차별의 문제가 현실에서 끊임없이 번성하고 있음에도 공적 문제로서 이해되지 않기에 개인은 무관심하게 된다. 차별의 원인을 개인에게 묻기에 개인은 인종 차별의 원인으로 자신이 연루되지 않으면 어떠한 죄의식도 책임감도 가질 필요가 없다. 지루가 말한 바와 같이 차별의 사적 영역화에 주의하지 않고서 다인종 문학의 커리큘럼화와 정전화 과정에 만족한다면 그 결과는 명백하다. 추상적 언어의 유희 차원이 아닌 인종 차별의 상황을 영속시키는 논리에 적극적으로 이용당하는 결과를 낳게 된다. 그렇다면 문학과 교양과목에서 다인종 문학 작품의 열광적인 수용은 다른 영역에서 소수 인종에 대한 배제와 차별에 대항하는 것으로 다가갈 수 없다. 오히려 미국의 대학과 모든 다른 공공 영역을 사적 영역으로 만들려는 신자유주의적인 추진과 동일하게 인종 차별 담론의 개인화 과정의 일부로서 교육 속의 소수 인종의 존재를 읽는 결과를 낳을 뿐이다(Giroux 103).

분명 정전 논쟁에서 보수적 다문화주의와 마찬가지로 자유주의적 다문화주의도 '부재'했던 다인종 문학을 미국문학 정전 내에 배치시킬 수 있는 계기를 부여한 것은 맞다. 그러나 자유주의적 다문화주의의 교묘한 맥락들은 다인종 문학의 커리큘럼으로의 수용과 정전화를 오히려 보수적 논리 속으로 포섭되도록 만든다. 이런 상황 속에 다인종 문학의 다양한 문화의 차이는 주류 문학의 장식품 또는 형식적 추가 항목으로 귀결될 가능성이 다분하다. 지배적인 주류 문학이 사회적 변화에 대한 형식적 해결 방안으로 절충주의적 방법을 취하고 차별의 본질적인 원인을 은폐하는 논리 속에 다인종 문학을 종속시킨다면, 다인종 문학의 진정한 내용과 가치는 올바르게 도입될 수 없다. 다인종 문학은 미국문학 내에서 그와 관련된 표제어로서만 기록되고, 백인 남성 중심의 지배 문학의 학문적 소비를 위한 유희감으로 전락하게 될 것이다.

역으로 다인종 문학 작가와 비평가도 이러한 자유주의적 다문화주의의 본질을 파악하지 않고서 자신의 작품과 이론을 지배 문학의 논리에 따라 제시한다면, 즉 자신의 작품을 지배 문학 주도 진영의 구미에 맞는 단순한 소품으로 제공한다면 그들이 노리는 의도에 휘말리고 말 것이다. 실제 이러한 경향이 개별 다인종 문학 작품에서 문제시되고 있다. 이것은 다인종 문학 작품을 인정하는 주체가 자유주의적 다문화주의에 경도된 백인 중심의 주류 학계와 문단, 그리고 출판계라는 점에서 다인종문학 작가들이 현실적 출판과 문학적 인정을 위해 타협하는 경향을 보일 수 있다는 것이다. 이런 인정의 메커니즘은 다인종 문학에게 인정 주체의 구미에 맞는 작품의 가치를 부각시키는 결과를 낳게 하고, 이러한 상황은 결국 지배 문화의 문제와 한계를 비판하는 다인종 문학의 역할을 왜곡시킬 수밖에 없다. 이 점은 미국 내 대표적인 다인종문학 작품으로 인정을 받고 있는 아시아계 미국 소설가 킹스턴의『여인무사』에 대한 비판에서도 알 수 있다. 비평가들은 이 소설에서 주류 미국인의 구미에 맞게 신비화된 오리엔트와 페미니즘 열망을 적절하게 혼합했다고 비판한다.13)

좌파-자유주의적 다문화주의의 비판과 다인종 문학 정전화의 관점

좌파-자유주의적 다문화주의는 문화적 차이를 절대적으로 강조한다. 자유주의적 다문화주의가 말하는 인종의 평등에 대한 강조는 인종 간의 중요한 문화적 차이를 묵살한다고 주장한다. 이 주장은 보수적 그리고 자유주의적 다문화주의의 한계를 비판한다는 점에서 어느 정도 긍정적이다. 좌파-자유주의적 다문화주의는 다문화주의가 "장래 미국 정치의 토대 — 조건으로서 계급, 젠더, 종교와 같이 국가 권력의 합의를 형성하는 데 중요한 것으로 간주"(Lee 3)하면서 인종주의 혹은 백인 우월주의에 반대하는 사회적 투쟁의 관점으로 적극적으로 제시한다. 이런 측면에서 "문화적 다양성의 장식적 찬양을 강조"하고, 다문화주의를 "탈정치화하거나 미학화하고 있는 자유주의적 다문화주의의 결함"(Bennett 227)은 강하게 부각된다. 이런 비판이 다인종 문학의 정전화에 수용된다면, 지배 문학 정전에 단순히 추가되어 지배 문화에 대해 적극적으로 비판을 개진하지 않는 다인종 문학의

---

13) 박인찬 교수는 셩-메이 마의 킹스턴 비판과 아시아계 미국 작가들이 민족적 타자성의 상품화라는 혐의에서 자유롭지 못하다는 이기한 교수의 지적을 거론하며, 이 소설이 가지는 한계를 제기하고 있다(268).

절충주의적 태도를 교정할 여지가 있다.

그러나 좌파-자유주의적 다문화주의 또한 많은 문제점을 노정하고 있다. 맥라렌이 거론하는 문제적 경향은 첫째, 인종과 문화의 차이를 너무 절대시함에 따라 소수 혹은 주변부 문화의 순수한 전형을 먼 과거의 토착 문화에 위치시킴으로써 '타자성'을 이국적으로 보이게 만든다는 것이다(51). 만약 이러한 경향이 주도적으로 표출된다면, 문화와 인종의 차이는 현실성이 결여된 유물이 될 것이다. 이것은 서구가 다양한 소수 인종과 문화에게 작동시킨 대상화를 비판하는 진영이 자진해서 그 대상화를 수행하는 결과를 낳게 한다. 역사적으로 문화와 인종의 차이로 인해 야기된 수많은 억압과 차별은 그 비판의 과정에서 무화되고, 다문화주의적 관점은 단지 이국적인 문화적 다양성을 나열하는 전시장이 되는 것이다. 이 경우 좌파-자유주의적 다문화주의는 "타자성과 차이를 안전하게 상품화"함으로써 "문화 관광주의 혹은 문화 관음증"(Edelstein 18)을 초래하는 소수 문화에 대한 보수적 관점과 동일한 양상을 보여주게 된다.

다인종 문학에서 보자면, 이러한 좌파-자유주의적 다문화주의의 자기-대상화 경향은 작품 속에서 백인 남성을 위한 주변부 역사와 문화의 대상화로 나타난다. 몰역사적, 몰정치적인 이국적 타자의 대상화는 에드워드 사이드가 제국의 식민주의 담론에서 비판했듯이, 가장 노골적인 서구 제국의 논리이다. 그 제국의 논리가 비판 진영의 내부 속에서 자기-오리엔트화로 부활하고 있는 상황은 적극적으로 차단되어야 한다.

멕라렌의 두 번째 문제 제기는 좌파-자유주의적 다문화주의가 문화적 차이를 본질화한다는 것이다. 즉 "차이의 역사적이고 문화적인 상황을 무시한다"(52)는 것이다. 이러한 문화적 차이에 대한 이해는 이 차이가 역사, 문화, 권력과의 영향 관계를 배제함으로써 개별 인종과 문화의 추상화를 초래할 뿐만 아니라, 이 경향이 보여주고자 한 지배문화의 소수 문화의 억압과 차별의 전복이라는 전략을 효과적으로 수행할 수 없게 만든다. 역사적, 문화적, 권력관계에 대한 지속적인 고려는 진정한 소수 문화의 위치를 설정하는 토대이다. 이러한 토대 없이 본질로서 차이를 규정한다면, 추상적인 '미국 원주민 문화', '아프리카계 미국 문화', '아시아계 미국 문화' 등 현실과 괴리된 일반화와 추상화에 매몰되어 현존하는 인종과 문화의 문제를 변혁시킬 동인을 상실하게 된다. 이런 형태로 전락한다면, 좌파-자유주의적 다문화주의는 "절대적 동질성에서 절대적 차이로의 이동"(Giroux 103)을 통해 차별의 문제를 희석화시키는 자유주의적 다문화주의와 동일한 맥락을 보여주는 것이다.

아울러 문화 상대주의의 문제에서도 자유로울 수 없는 경향이 좌파-자유주의적 다문화주의이다. 절대적 차이를 주장하기 때문에 모든 문화의 정당성과 고유성에 대한 무제한적 용인으로 나아갈 수 있다. 특정 문화권의 고유성이 그 문화 내의 차별이나 억압의 문제를 정당화시키는 명분이 될 수 없다. 예를 들어 전통이라는 명분으로 여성에 대한 차별이 관습화되어 있는 특정 문화의 문제는 어떠한 명분으로도 정당화될 수 없다.14) 억압적 지배 문화에 대한 도전과 문화 간의 진정한 소통은 다양한 성, 인종 등의 소수 문화의 연대를 통해 전개되어야 한다. 그렇다면 특정 문화의 내부에 억압 가능성을 재생산하는 문화 상대주의적 경향을 내포하고 있는 다문화주의는 결국 문화 간, 인종 간 차별과 억압을 개선할 수 있는 다양한 인종, 문화 간의 연대를 파괴하는 결과를 가져와 지배 문화의 영속에 기여하게 된다.

문화적 차이에 대한 강조는 특정 문화의 전통에 대한 맹목적 옹호로 치닫게 될 경우 문화 국수주의의 발흥으로도 나타난다. 백인 중심 문화의 억압과 차별을 전복시키려는 전략으로서 특정 문화의 가치에 대한 강력한 옹호는 지배 문화가 소수 문화에 작동시켜온 억압 기제를 전도시킨 방식일 뿐이다. 진정한 문화 소통은 억압이 없는 상호 영향 관계 속에서 이루어져야 한다. 문화 국수주의와 같은

---

14) 인도의 전통적인 힌두교 의식인 '사티'(남편의 장례식 때 부인을 산채로 화장하는 관습)와 '다우리 제도'(여성이 결혼할 때 남성 쪽에 지참금을 지불하는 전통적인 인도 관습), 그리고 이슬람권의 '명예 살인' 등과 같은 여성 차별과 억압은 문화적 차이에 대한 다문화주의 관점에 따라 용인될 개별 문화의 특수성은 아닐 것이다. 이러한 여성주의와 다문화주의에 문제에 대해서는 정미라 교수의 『여성주의와 다문화주의』에 잘 기술되어있다.

특정 문화의 강조는 그 자체를 보편으로 상정하는 기준의 설정으로 서구 지배 문화의 방식을 역전시켜 그 타자들을 역차별하게 된다. 그렇다면 문화 국수주의는 인종 간, 문화 간의 인종 차별을 반복시키는 상황을 초래할 것이다. 분리를 조장하면서도 통합이라는 논리로 자신들을 합리화시킨 혹은 우월성을 찬양했던 지배 문화의 경계 짓기와 분리라는 지배 메커니즘이 오히려 이를 극복하려는 다문화주의적 경향 속에 내포되어 있다면 이러한 지배문화에 대한 도전은 실패할 수밖에 없다.

다인종문학에서도 이러한 문화 국수주의 혹은 역 인종차별주의는 경계해야 할 부분이다. 이러한 경향의 대표적인 예가 1970년대 아시아계 미국 드라마에서 나타난 문화적 민족주의의 과도한 강조이다.15) 그리고 앞서 거론한 바처럼 정전 논쟁 이후 미국의 소수 인종, 소수 문화의 수많은 선집들의 출간도 문화 국수주의와 역 인종차별주의를 항상 고려하면서 진행되어야 한다. 각각의 선집에서 각각의 문화와 인종의 특수성만을 고집하는 문학 및 문화적 가치를 주장한다면, 기존의 인종적 차별 속에서 고정화된 문화 간 그리고 인종 간 경계가 더욱 고착화될 것이며, 진정한 다인종 문학의 형성은 제약이 따를 수밖에 없다.

다인종 문학에 대한 올바른 관점 수립을 위한 비판적 다문화주의의 검토

다문화주의의 주류적 경향인 자유주의적 다문화주의나 지배 문화에 대한 적극적인 도전을 표명했던 좌파-자유주의적 다문화주의는 지금까지 검토한 한계를 보더라도 문화 간, 인종 간 차별과 억압을 해소하고 보다 나은 문화 간의 소통을

---

15) 프랭크 친, 와카코 야마우치 등으로 대표되는 1970년대 아시아계 미국드라마는 백인 지배 문화에 대한 아시아계 미국인의 독자적이고 자주적인 정체성을 강하게 주장함으로써 아시아계 미국인을 제외한 타자의 배제와 역차별의 문제를 내포하게 된다(최성희 10-13).

확대할 수 있는 관점으로 평가할 수 없다. 다문화주의는 지배 문화의 한계 극복 그리고 지배 문화에 대한 차별과 억압에 대한 도전이라는 목적을 가지고 있음이 분명하다. 그러나 보수적 다문화주의, 자유주의적 다문화주의, 좌파-자유주의적 다문화주의는 여전히 많은 문제를 안고 있다. 특히 역사적, 정치적 목표가 없는 다문화주의적 실천으로, 즉 담론적 실천으로 현실의 인종과 문화의 문제를 극복하려는 것이 그 핵심적인 한계이다. 이처럼 사회적 "변화를 추구하는 정치적 아젠다"(McLaren 53)를 결여한 다문화주의는 현존하는 지배 질서에 순응하는 하나의 관점으로 전락할 수밖에 없다. 이러한 한계로 인해 급진적 비판 진영에서는 다문화주의를 형식적 혹은 유행하는 문화 정치로 본다. 그들은 다문화주의에서 은밀한 계급 분리에 대한 은폐를 읽어내고, 이민자 혹은 타자의 값싼 노동력의 착취를 찾아내며, 지속되는 인종차별주의의 회피를 발견한다(Lee 3).

다문화주의에 대한 이러한 비판 속에서 모색되고 있는 것이 비판적 다문화주의이다. 비판적 다문화주의는 '사회적 개혁'을 지향하며, 현실에 뿌리를 둔 이론적 방향을 제시하고자 한다. 앞서 보수적, 자유주의적, 좌파-자유주의적 다문화주의에 대한 비판은 이러한 방향 속에서 논의되고 있는 비판적 다문화주의의 관점에서 제시된 것이다. 비판적 다문화주의는 기존 다문화주의의 한계를 극복하는 이론적 모색을 하며, 기존의 다문화주의가 근거한 인종, 성, 차이, 정체성 그리고 문화라는 개념에 대한 근본적 성찰을 통해 다문화주의의 관점을 변혁하고자 한다.

비판적 다문화주의의 개념에 대한 재고찰은 시사하는 바는 크다. 다문화주의가 모든 인종, 성, 타자의 문제를 해소할 것 같은 전망을 보여주며 폭발적인 관심을 얻었지만, 그 개념과 전략 그리고 비역사적, 비정치적, 비경제적 경향은 구체적 현실의 참여를 최소화시켜버렸다. 이론은 구체적인 물리적 실천이 아니지만 항상 현실 문제를 진단하고, 나아가 구체적 실천의 가능성을 높이는데 기여해야만 한다. 다문화주의도 마찬가지이다. 여타의 다른 다문화주의가 한계가 있다 하더라도, 그 자체에 함의된 정치적 문제의식과 비판 진영에서 전유할 가치가 있는 것까지 폐기해서는 안된다. 보다 진전된 이론적 전망을 보여주는 그리고 현실에 뿌리를 둔 실천적 의미를 담고 있는 관점으로 재정비되고 강화되어야 한다. 이런 측면에서 지금까지 비판적 다문화주의의 관점에서 기존 다문화주의의 여러 경향을 비판한 것을 염두에 두면서 비판적 다문화주의의 구체적이며 현실적인 이론적 실천의 의미를 심화시키고자 하는 추가적인 논의를 검토한다.

우선 문화, 정체성, 인종, 차이의 개념 검토에서 근본적인 서구적 이분법을 넘어서야 한다. '초월', '보편'으로 규정된 특정 문화, 정체성, 인종의 개념은 폐기되어야 한다. 그것은 인종의 범주에 포함되지 않는 보편적 인간으로 규정된 백인을 인종화시켜야 하는 것을 의미한다. 그리고 보편적, 초월적 백인 남성 유럽 문화를 개별적, 특수적 문화로 되돌려놓아야 한다. 이러한 전제만이 "다른 인종 집단을 재현하는 권리를 자기 것으로 만든 거대한 총체화"(McLaren 60)인 백인 남성 유럽 중심적 문화와 소수 문화들 간의 진정한 차이를 설정할 수 있고, 억압과 차별이 없는 문화의 소통을 가능하게 한다. 이와 관련된 최근 연구의 예가 백인성 연구이다. 개별 인종 정체성으로 백인성을 전제하며, 이를 토대로 이전 인종 연구에서 백인을 중심으로 한 비가시적 규범을 혼란시켜 인종 간, 문화 간 교차 및 접촉의 관점에서 백인성을 논의한다(Edelstein 29-30). 백인성 연구가 기존의 인종 차별과 억압을 올바르게 이해하고 교육하는 방법으로 가치가 있다는 측면에서 비판적 다문화주의 연구와 교육에 적극적으로 참조할 만하다.[16]

위에 언급한 전제 하에서 문화와 정체성이라는 개념을 논의하면서 비판적 다문화주의의 전제들을 점검하고자 한다. 우선 비판적 다문화주의는 현대 사회에서 가장 중요한 키워드가 된 문화가 현대 사회의 인종과 문화의 문제를 완전히 해소할 수 있는지를 묻는다. "수십 년간 무시되어온 문화와 정체성들이 갑자기 아무 망설임 없이 냉전 이후의 세계를 해독하는 유일한 열쇠"(마르티니엘로 43)가 될

---

16) 그레고리 제이도 백인성 연구가 비판적 다문화주의를 형성하는 시도에 포함된다고 말한다. 그에게 백인성 연구는 백인성의 구성 이면의 경제, 정치적 역사를 추적하는 것이며, 이른바 '백인'이라는 것에 부여된 특권에 도전하고, 이 특권이 내재된 예술, 음악, 문학, 대중 매체 등의 문화적 실천을 분석하는 것이다. 그러나 그는 백인성 연구가 지역 연구, 인종 연구, 탈식민주의 연구를 대체하는 것이 아니라 보완하는 것임을 강조한다(100-102).

수 있는지 질문한다. 비판적 다문화주의는 이것을 거부한다. 문화라는 독립적 영역만으로 모든 문제를 해결할 수 있는 구세주가 될 수 없다. 문화는 해결책이 아니라 오히려 문화라는 방식으로 현대의 문화 간, 인종 간의 불평등이 재편된 것으로 파악해야 한다. 비판적 다문화주의는 문화의 개념을 근본적으로 다시 쓴다. "문화를 비갈등적이고, 조화로운 것이며, 합의에 의해 만들어지는 것으로 간주하지 않는다"(McLaren 53). 문화는 명확한 경계 짓기를 통해 분리되지도 않는다. 문화 그 자체가 이미 혼종성을 가지고 있으며, 애초부터 모든 인간 사회는 다문화적임을 말한다. "단일문화적 사회와 다문화적 사회의 구별은 신화에 지나지 않을 뿐임"(마르티니엘로 40-41)을 인식하고 있다. 문화는 부단한 문화 간의 교류와 소통을 통해 계속해서 변화하면서 만들어지는 것이다. 그 경계를 설정하고 특정 문화를 열등한 것으로 규정하는 기제가 문제인 것이다. 이 점에서 보편적, 초월적 백인 남성 유럽 문화를 개별적, 특수적 문화로 되돌려놓아야 한다는 전제가 필요한 것이다. 따라서 이제까지 개별 문화를 구분하고 위계를 설정하는 문화적, 정치적, 경제적 이데올로기를 문제 삼으면서 역사, 정치, 경제, 문화라는 더 거대한 범주 속에서 문화 간의 소통, 융합을 모색하는 방식을 고민해야 한다. 더 이상 "다문화주의의 문화주의가 자본주의, 가부장제, 신식민주의와 같은 권력의 체계적인 사회관계에서 문화를 분리시키는 것을 용인"(Edelstein 23) 하지 말아야 한다. 물론 그 소통과 융합은 단일성을 지향해서도, 본질적인 차이성에 근거해서도 안된다.

비판적 다문화주의는 문화라는 개념과 더불어 '정체성'이라는 개념도 검토한다. 정체성이라는 개념은 동질성과 차이성을 포함하고 있는 문제적 개념이다. 특정 인종 정체성이나 문화 정체성을 이야기할 때 그것은 다른 문화 및 인종과 구별되는 그 자체의 특수성을 강조하는 개념이다. 또한 이러한 특수성의 강조는 특정 인종 정체성, 문화 정체성 내의 동일성을 전제해야만 한다. 그러나 고정된 정체성은 존재하지 않으며, 정체성은 역사, 정치, 문화, 이데올로기 등의 상호연관 속에서 구성된 것이다. 특히 소수 인종의 정체성은 지배 문화의 이데올로기에 의해 허구적으로 구성된 뒤 현실적으로 작동하는 모조품일 뿐이다. 정체성을 구성하는 메커니즘을 폭로하는 도전뿐만 아니라 자칭 보편적이라고 규정하는 지배 문화의 정체성의 허구를 밝혀야 한다. 미국의 예를 들자면 지배 문화에서 규정한 보편적 미국 정체성이 특수한 '백인 남성 유럽 중심적' 정체성임을 폭로하는 과정이 수행되어져야 한다. 이 폭로 과정은 주변부 정체성의 특수성과 개별성을 강조하는 과정이 되어서도 안된다. 분리나 배제를 전제하여 고유의 정체성만을 강조한다면, 지배 문화의 정체성의 왜곡된 전철을 반복하는 과정일 뿐이다. 고유한 지배 문화의 정체성을 보편에서 특수로 되돌려놓는 전제가 설정되어야 다양한 정체성 간의 억압과 차별 없는 차이를 상호 연결할 수 있다. 그리고 이러한 정체성에 대한 이해가 현실 영역과 함께 그리고 현실 문제를 극복하는데 참여할 수 있는 정체성의 의미로 진행되어야 다문화주의의 올바른 관점 수립에 기여할 수 있다.

그러나 비판적 다문화주의에서 가장 핵심적인 주장은 앞서 말한 바와 같이 항상 현실에 뿌리를 두고 사회적 개혁을 지향하는 이론을 제시하고자 한다는 데 있다. 이 점에서 이 관점은 정치경제적 차별과 억압을 문화적, 인종적 차별과 분리시키지 않으며, 두 측면의 연관성을 고려해왔다. 이러한 연관적 고려는 현대 여러 국가에서 심화되고 있는 문화적 갈등의 본질을 진단하고 있는 마르코 마르티니엘로의 견해를 참조할 때 더더욱 이 관점이 바람직한 것임을 알 수 있다. 마르티니엘로는 "민족적이고 문화적인 것처럼 보이는 갈등 뒤에는 흔히 경제적인 문제, 경제적인 이유가 숨어있다"(51)고 단언한다. 그래서 "문화적 갈등은 사회경제적 갈등과 불평등의 원인이 된다기보다는 오히려 그 결과"(51)라고 주장한다. 이런 마르티니엘로의 견해를 따른다면, 인종 간, 문화 간 억압과 차별에 의해 발생한 갈등의 해결책은 다문화주의적 관점 하의 문화로만 해소되는 것이 아니다. 보다 진전된 문화 간, 인종 간의 소통을 위해 다문화주의는 경제적, 정치적 차원의 문제를 항상 고려해야 한다.

더욱이 전지구적 차원에서 탈정치적, 탈역사적 다문화주의가 세계의 문제를 조율하는 관점이 되고 있다는 것을 앞서 비판한 다문화주의의 문제점과 함께 고려한다면, 다문화주의의 관점은 탈식민주의 시대에 변형된 식민주의적 관점으로 변질될 수도 있다. 그리고 "다양성을 촉구하고, 다문화주의를 신자유주의적 아젠다와 일치시키는 것에 대해 다국적 기업과 국가의 관심"(Palumbo-Liu 117)이 증대되고 있는 추세를 고려하면 이 점은 더욱 문제의 소지가 있다.

이런 우려는 소위 '전지구화 시대의 자본의 이데올로기로서의 다문화주의'를 검토하고 있는 슬라보예 지젝, 안토니오 네그리와 마이클 하트 그리고 아리프 딜릭 등의 견해에서 알 수 있다. 네그리와 하트는 그들의 저서 『제국』에서 다문화주의가 다국적 기업의 사업 전략 속에서 자본의 창출과 노동의 통제 전략으로 적극적으로 도입되고 실행되고 있다고 주장한다. 다국적 기업 주도 하의 다문화주의는 개별 문화의 다양한 요소들을 오직 자본의 재창출을 위한 중요한 요소로 고려될 뿐이다. 이 다문화주의는 초국적 자본과 연결된 중심과 주변의 경제적, 정치적 관계는 삭제한 채 오직 다양한 문화의 요소들이 창출한 이윤의 찬양을 통해 개별 문화의 낙관적 전망만을 유포하는 데 초점이 주어진다(211-13, 267-69).

나아가 조엘 스프링은 개별 국가 차원에서도 비판의 날이 상실된 다문화주의가 전지구적 경제에서 경쟁력을 증대시키는 도구로서 간주되고 있다고 말한다(13). 그는 개별 국가가 경제적 민족주의의 창조를 위해 전지구적 경제에 부합하는 다문화적 노동력의 유지와 다문화적 협력을 위한 관리자와 전문가의 양성에 주력하고 있다고 말한다. 이를 위해 개별 국가는 다문화주의를 개별 국가의 경제 정책의 수사로 활용하고, 교육의 목표로 강조하고 있다고 비판한다.

지젝은 전통적 제국주의적 식민주의의 문화 논리인 문화 제국주의와 전지구적 자본주의의 자기-식민주의의 문화 논리인 다문화주의의 관계가 정확하게 같다고 주장하면서 "전지구적 자본주의 이데올로기의 이상적 형태는 다문화주의이다"(216)라고 말한다. 제국의 식민주의는 서구 백인의 문화를 중심으로 주변 문화를 분리하고 지배했지만, 전지구적 자본의 다문화주의는 그 특수한 가치들을 지역 문화와 대립시키지 않기 때문에, 지배와 식민화의 부재, 지역 문화의 존중이라는 환상을 작동시킨다. 그래서 지역문화를 식민화하고 오직 이윤 창출에 복속시키는 초월적 자본의 이데올로기인 다문화주의는 부인되고 역전된 "거리를 두는 인종주의"(216)로서 모든 지역 문화를 평가하는 특권적인 자본을 은폐하는 기제를 가지게 되는 것이다.

딜릭의 경우도 이러한 맥락을 공유한다. 그는 자본의 초민족주의화와 초민족적 지배를 현 세계 상황의 가장 두드러진 특징으로 전제한다. 이런 상황에서 다문화주의는 그가 비판하는 탈식민주의처럼 담론과 문화라는 명목 하에 정치경제학의 구조를 거부함으로써 문화를 제일의 것으로 격상시키며 정치적 판단을 배제하고 있다고 주장한다(143-44).

네그리와 하트, 지젝, 그리고 딜릭의 견해와 같이 전지구화 속의 다문화주의가 초국적 자본의 식민화를 은폐하는 이데올로기라면, 비판적 다문화주의에서 지속적으로 거대한 사회 질서, 즉 정치경제적 문제를 그 핵심적인 관점으로 견인하고 있는 것은 분명히 타당하다. 비판적 다문화주의에서 정치경제적 측면을 근본적으로 고려되어야 하는 것은 다문화주의라는 가면을 쓴 지배 문화의 은밀한 환원주의적 메커니즘을 극복하는 그리고 인종 간, 문화 간의 문제를 개혁하는 데 결정적인 필수사항이다.

문학 정전으로서 다인종 문학의 올바른 모색

이제 이러한 비판적 다문화주의의 관점을 고려하면서 다인종 문학의 진정한 정전화를 위한 관점을 도출하고자 한다. 도출된 관점은 현재 정전화된 다인종 문학 텍스트의 긍정성과 부정성을 진단하는 계기가 될 것이며, 나아가 보다 가치 있는 새로운 정전으로서 다인종 문학 텍스트를 발굴하는 준거가 될 수 있을 것이다. 그리고 우리나라에서 연구되고 교육되고 있는 미국문학 또는 세계 문학에 대한 관점을 올바르게 정립하는데도 기여할 것이다.

앞서 여러 다문화주의의 경향에서 다인종 문학의 정전화가 어떠한 점을 경계하면서 자리매김을 해야 할지를 거론했다. 보수적 및 자유주의적 다문화주의에서는 변형된 단일문화주의에 경도된 다문화주의를 경계하면서 기존 지배 문학의 영속과 강화에 기여하지 않아야 한다는 관점이 도출되었다. 또한 절충주의적 입장에서 주류 문학계의 인정의 메커니즘을 의식적이든 무의식적이든 수용하는 태도를 떨쳐버려야 다인종 문학의 진정한 가치를 모색할 수 있음을 밝혔다.

가장 적극적으로 단일문화주의를 비판하는 관점임에도 불구하고, 좌파-자유주의적 다문화주의는 다인종문학의 정전화 과정에서 경계해야할 관점을 더 많이 드러났다. 그것은 첫째, 전통적 토착 문화의 강조가 낳는 다인종 문학의 대상화와 자기-오리엔트화에 대한 차단, 둘째, 문화 본질주의, 문화 국수주의 그리고 문화 상대주의가 가져올 문화 간, 인종 간 연대의 단절 가능성과 역인종차별주의이다. 이것은 다문화주의를 반대하는 보수주의자들의 비판의 핵심이기 때문에, 이러한 한계를 다인종 문학에 그대로 재현한다면, 다인종 문학이 비판한 주류 지배 문학의 문제들을 전복시키고 극복할 수가 없다. 다인종 문학의 올바른 자리매김을 위해서도 경계해야 하는 것들이다.

비판적 다문화주의의 핵심 개념의 검토에 따라 다인종 문학은 다인종 문학들과 미국의 주류 문학을 개별적이고 특수적인 문학들로 되돌려놓아야 한다. 미국 주류문학, 나아가 미국 내에서 규정하고 있는 문학 일반은 백인 남성 유럽적 문학의 가치를 담고 있다는 본질을 인식하고, 그것을 특수한 백인의 문학으로 되돌려놓아야 한다. 동일하고 평등한 차이로 구별된 개별 문학들이 서로 소통하면서 기존의 미국문학, 문학 일반이 아닌 새롭고 진정한 다문화적, 다인종적인 문학의 가치를 생산해야만 한다.

그리고 정치, 경제적 목표와 실천이 없는 다문화주의가 담론 차원의 유희가 될 수밖에 없듯이 이 새로운 다인종 문학도 현실과 괴리된 언어적 상상물로서만 규정해서도 안된다. 새로운 다인종 문학은 항상 현실과 깊은 연관을 부단하게 맺으면서 그 가치를 지속적으로 확대시켜야 기존 지배 문학이 보여준 수많은 문제들을 수정하고 개선할 수 있는 실천적 문학이 될 수 있는 것이다.

마지막으로 지젝 등이 제시하고 있는 '전지구적 자본의 이데올로기로서 다문화주의'에 대한 비판은 미국문학 내의 다인종 문학의 정전화에 대한 올바른 관점을 제시하는 차원을 넘어서서 전지구적 차원에서 다인종, 다문화 문학의 진정한 자리매김에 기여할 수 있다. 즉 이 견해를 통해 전지구적 문화 지배의 주도 세력이라 할 수 있는 미국의 문화와 문학이 전지구적 차원에서 주변부/지역 문화와 문학을 식민화·상품화시키는 시도를 극복하는 관점을 세울 수 있다. 또한 주변부/지역 문학을 서구 중심적 가치 기준에 근거하여 자신들의 문학 목록에 추가함으로써 자신의 문화, 문학적 우월성을 관철시키려는 서구 문학에 내재한 제국의 논리를 차단하는 대응책을 모색할 수 있다. 이러한 노력만이 "내부 식민지 혹은 외부 식민지를 겪었든 혹은 겪고 있는 지역의 문학 생산물들을 '영문학' 혹은 '미국문학'의 우산 아래 포함하여 보다 거대하고 풍성한 문화 자본을 소유한 새롭고 관대한 제국을 구현"(김준환 30) 하려는 가능성을 막을 수 있다. 아울러 지젝 등의 견해는 전지구적 차원에서 주도적 서구 문화와 문학에 포섭되지 않고서 그동안 배제되고 억압되어왔던 주변부 문학과 문화의 텍스트를 진정한 문화 소통의 관점에서 발굴할 수 있는 시각을 정립하는 계기가 될 수 있다.

참고문헌

김성곤. 『문화연구와 인문학의 미래』. 서울: 서울대학교 출판부, 2003.
김용권. 「미국문학 정전의 재구성」. 『서강인문논총』 2집 (1993): 99-133.
김욱동. 「다문화주의의 도전과 응전」. 『미국학논집』 30집 1호 (1998): 29-49.
김준환. 「영미 문학 선집의 변화와 "최근영문학"을 가르치는 한 가지 방법」. 『영미문학교육』 제8집 1호 (2004): 5-37.
김형인. 「미국의 다문화주의의 향방: 세계화와 9·11의 여파」. 『국제지역연구』 11권 2호 (2007): 175-202.
네그리, 안토니오, 마이클 하트. 『제국』. 윤수종 옮김. 서울: 이학사, 2001.

딜릭, 아리프 『포스트모더니티의 역사들』. 황동연 옮김. 서울: 창비, 2005.

마르티니엘로, 마르코 『현대사회와 다문화주의』. 윤진 옮김. 서울: 한울, 2002.

박인찬. 「중심인가 주변인가: 지구화 시대의 아시아계 미국소설」. 『안과 밖』 19호 (2005): 261-79.

유명숙. 「정전 논쟁의 과거와 현재」. 『성찰과 모색 — 영미 문학 연구의 새로운 방향 설 정을 위하여』. 백낙청 외. 서울: 서울대학교 출판부, 2002. 33-61.

정미라. 「여성주의와 다문화주의」. 『철학연구』 107집 (2008): 51-68.

최성희. 「다문화주의의 허와 실 — 아시아계 미국 드라마에 나타난 양상을 중심으로」. 『영 어영문학』 52권 1호 (2006): 3-30.

Bayme, Nina, et. al. eds. *The Norton Anthology of American Literature.* 4th ed. New York: Norton, 1994.

Bennet, Tony, Lawrence Grossberg and Meaghan Morris. eds. *New Keywords: A Revised Vocabulary of Culture and Society.* Malden: Blackwell, 2005.

Bona, Mary Jo and Irma Maini. "Introduction: Multiethnic in the Millennium." *Multiethnic Literature and Canon Debates.* Eds. Mary Jo Bona and Irma Maini. Albany: State U of New York P, 2006. 1-20.

Edelstein, Marilyn. "Multiculturalisms Past, Present, and Future." *College English.* 68.1. (2005): 14-41.

Giroux, Susan Searls. "Playing in the Dark: Racial Repression and the New Capus Crusade for Diversity." *College Literature.* 33.4 (2006): 93-112.

Goldberg, David Theo. "Introduction: Multicultural Conditions." *Multiculturalism: A Critical Reader.* Ed. David Theo Goldberg. Oxford: Basil Blackwell, 1994.

Grobman, Laurie. "The Value and Valuable Work of Multi-ethnic Literature." *MELUS.* 29.3/4 (2004): 80-90.

Jay, Gregory. "Whiteness Studies and the Multicultural Literature Classroom." *MELUS.* 30.2 (2005): 99-121.

Lauter, Paul. ed. *Reconstructing American Literature: Course, Syllabi, Issues.* New York: Feminist, 1983.

_____. "Taking Anthologies Seriously," *MELUS* 29.3/4 (2004): 19-39.

_____. et. al. eds. *The Heath Anthology of American Literature.* 3rd ed. Boston: Houghton Mifflin Company, 1998.

Lee, Robert A. *Multicultural American Literature: Comparative Black, Native, Latino/a and Asia American Fictions.* Jackson: UP of Mississippi, 2003.

Lowe, John. "Foreword." *Multiethnic Literature and Canon Debates.* Eds. Mary Jo Bona and Irma Maini. Albany: State U of New York P, 2006. vii-xi.

Lowe, Lisa. *Immigrant Acts: On Asian American Cultural Politics.* Durham: Duke U P, 1996.

Makowsky, Veronica. "From the Road Not Taken to the Multi-Lane Highway: MELUS, the Journal." *Multiethnic Literature and Canon Debates.* Eds. Mary Jo Bona and Irma Maini. Albany: State U of New York P, 2006. 23-39.

McLaren, Peter. "White Terror and Oppositional Agency: Toward a Critical Multiculturalism." *Multiculturalism: A Critical Reader.* Ed. David Theo Goldberg. Oxford: Basil Blackwell, 1994.

Palumbo-Liu, David. "Multiculturalism Now: Civilization, National Identity, and Difference before and after September 11th." *boundary 2* 29.2 (2002): 109-27.

Rhoads, Robert A. "Critical Multiculturalism and Service Learning." *New Directions for Teaching and Learning.* 73 (1998): 39-46.

Ruoff, A. LaVonne Brewn and Jerry W. Ward, Jr. eds. *Redefining American Literary History.* New York: MLA, 1990.

Scholes, Robert. "Canoncity and Textuality." *Introduction to Scholarship in Modern Languages and Literatures.* Ed. Joseph Gibaldi. New York: MLA, 1992. 138-58.

Spring, Joel. "The Threat of Global Economics to Multicultural Studies." *Multicultural Perspective* 1.1 (1999): 13-17.

Sollors, Werner. "Ethnicity." *Critical Terms for Literary Study.* Eds. Frank Lentricchia and Thomas McLaughlin. Chicago: U of Chicago P, 1990. 288-305.

Žižek, Slavoj. *The Ticklish Subject: The Absent Centre of Political* Ontology. London: Verso, 1999.

'본질'과 '허상'의 갈림길에서: 문화분석 범주로서의 '인종'의 유용성

• 임경규

I

여기 내가 '백인'이라 말할 수 있는 몇 가지 근거가 있다:

나는 PNB 라디오 방송을 듣는다.
나는 카키 다커스$^{Khaki\ Dockers}$를 입는다.
나는 갈색 소가죽 점퍼를 가지고 있다.
나는 유기농 야채를 먹는다.
나는 흑인 친구가 거의 없다.
나는 백인 여자와 결혼했다.
...
나는 문화의 생산자이다.
나는 내 발언이 사회적 영향력이 있다고 생각한다.
나는 무결점의 표준 영어를 사용한다.

...
나는 민족적 특이성을 지니고 있지 않다.
나는 전투적인 소수자들을 경계한다.
나는 망명자도 아니고 반대파도 아니다.

(에릭 리우, 『우발적 아시아인』)

당신은 비밀스럽다
인생의 B+ 학생
...
불법 외국인
정서적 외계인
장르 결함
황화: 신미국인
...
낯선자
미행자
배신자
스파이

(이창래, 『네이티브 스피커』)

　『우발적 아시아인: 네이티브 스피커의 일기』(1998)의 저자인 중국계 미국인 작가 에릭 리우는 자신의 육체에 각인된 아시아적 타자성을 '우연히' 아시아인 부모에게서 태어난 단순한 사고^{accident}로 치부해버리는 대신, 영어를 모국어로 사용하고 있고 여타 다른 미국인과 다를 바 없이 행동하고 사고하고 있음을 강조함으로써, 자신이 미국인임을 강조한다. 여기에서 흥미로운 것은 위에 인용된 그의 행동양식에서 보듯이 리우는 '미국인'과 '백인'과 특정한 '실천방식' 사이에 개념적 연속성을 부여하고 있다는 사실이다. 그의 논리에 따르면, 누군가 (설령 백인이 아닐지라도) 백인이 행동하는 방식대로 행동하고 사고한다면, 그는 백인이 될 수 있고, 이는 곧 그가 아무런 문제없이 미국인이 될 수 있음을 의미한다. 이러한 그의 논리는 그 순박성에도 불구하고 1960년대 시민운동 이후 꾸준히 향상되어온 미국 사회의 인종 문제에 대한 인식을 반영한다. 무엇보다도 리우의 논리는 '미국성'과 '백인성'을 의도적으로 혼동시킴으로써 백인성을 생물학적인 요소와 분리시키고, 이를 일종의 추상적이면서도 획득가능한 사회적 지위로 변형시킨다. 이에 따라 백인성은 순전히 기능적인 범주가 된다. 백인성은 더 이상 유전자에 의하여 결정되는 존재론적 요소가 아닌, 한 사람의 사회적 특권을 상징하는 '상징자본'인 것이다. 기능적 범주로서 백인성이 내포하고 있는 메시지는 피부색과 관계없이 자신의 노력 여하에 따라 누구나 백인의 지위를 성취할 수 있고, 따라서 진정한 미국인이 될 수 있다는 것이다.

하지만 리우의 미국적 가치(개인주의, 자유, 민주주의 등)에 대한 신념은 또 다른 아시아계 미국인 네이티브 스피커의 고백 속에서 그 순박성이 드러난다. 위의 두 번째 인용문인 이창래의 소설 『네이티브 스피커』(1995)에서 보듯이, 백인 여성 릴리아Lelia의 눈에 비친 한국계 미국인 헨리Henry Park는 여전히 미국의 문화적 경계선의 주변을 배회하고 있는 외국인에 불과하다. 헨리는 단지 어린 시절 부모를 따라 이민을 와 "우연히" 미국인이 된, 그래서 미국적 이데올로기의 부름에 흔쾌히 대답할 수 없는 미국에 대한 '반역자traitor'이며, 자신의 인종적 동지들을 염탐하고 밀고하는 '스파이'로 살아간다. 헨리는 부인인 릴리아가 적어준 이 리스트를 마치 신분증인양 자신의 지갑 속에 넣고 다닌다. 릴리아의 리스트와 헨리의 행동 속에 내포되어 있는 백인성은 하나의 '응시gaze' 혹은 '시선'이다. 이 시선은 인종적·문화적 타자를 시각적 주체의 욕망에 따라 재구성하고 그 타자에 정체성을 부여한다. 또한 이 시선은 사회의 일반적 시각이라는 명분을 통하여 보편성을 획득하고, 이 보편성을 통하여 시각적 주체는 인종적/문화적 범주를 뛰어넘는 보편적 주체의 지위를 획득한다. 즉 이창래에게 있어 백인성은 보편성이며, 따라서 미국 사회에서 보편성을 획득하지 못한 문화적/인종적 소수자는 언제나 자신을 의심하며 자의식의 감옥 속에 살아야 한다.

리우의 미국적 가치에 대한 믿음과 헨리의 자의식, 그리고 릴리아의 응시에 내포되어 있는 문화적 보편성, 이 세 가지의 상호작용이 미국에서의 인종문제와 관련하여 우리에게 암시하는 것은 흔히 우리가 포스트모더니즘이라 부르는 현실적 토대에서 이전의 인종주의, 즉 한 개인 혹은 집단의 육체에 직접적인 통제를 가함으로써 백인의 특권적 지위를 유지하려는 고전적인 방식의 인종주의, 혹은 피부색이나 신체적 특징들과 개인 혹은 집단의 문화적 정체성 사이에 본질주의적 연속성을 부여하는 일련의 담론 체계들은 이제는 더 이상 문화분석의 틀로서 유효하지 않다는 것이다. 물론 이런 현상은 위에서 언급한 아시아계 미국인들에게만 해당되는 일만은 아니다. 예를 들어, 미국 내 유일한 흑인 방송국인 BET^Black Entertainment Television에서 주최한 흑인 인권운동 관련 토론회(1997년 7월 20일 방영)에서 60년대 시민운동을 주도했었던 흑인 인권운동가 딕 그레고리는, 왜 1990년대의 흑인 시민운동 단체들이 이전만큼 힘 있고 효율적인 운동단체로서 활동하고 있지 못한가에 대한 질문에 답하며, "오늘날의 흑인 억압이라는 것은 더 이상 육체의 문제가 아니다. 이제 이것은 마음의 문제이다"고 주장한다. 그레고리의 주장이 표현하고 있는 것은 결국 우리가 '인종' 혹은 '인종주의'라고 부르는 것의 동인을 더 이상 존재론적 대상체로서의 육체에서 찾을 수 없고, 그가 '마음'의 영역이라고 부르는 곳, 혹은 주체 내부의 심리적인 차원으로 침전하여 일종의 '허상^illusion처럼 남아 있음을 의미한다. 또한 이는 우리가 인종주의라고 부를만한 것의 물질적 토대가 빈약해졌음을 의미하기도 한다.

그렇다면 문제는 인종문제에 있어 몸이라고 하는 실질적인 지시대상체가 사라져버린 상황에서 여전히 인종이 사회·문화 분석의 한 범주로서 유효한가이다. 이에 대한 답변을 찾기 위하여 본 논문에서는 먼저 미국에서 인종과 관련된 담론들의 역사를 개괄적으로 살펴보고, 비록 인종이 예전의 본질로서의 가치를 상실하고 단순한 허상으로 남아 있다고 하더라도, 인종은 여전히 유효한 문화분석의 범주임을 주장하고자 한다.

II

사실 미국에서 인종에 관련된 담론의 역사는 본질과 허상의 변증법적 관계 혹은 그 둘 사이의 의식·무의식적 혼동의 역사로 요약될 수 있다. 먼저 일반적으로 우생학이라 칭해졌던 일단의 담론들이 18세기 무렵 미국과 유럽에서 발전되기 시작했는데, 이런 담론들의 가장 큰 관심사는 당시의 '흑인 문제'를 보다 과학적인 방법론을 통하여 해결하고자 하는 것이었다. 일례로 당시의 하버드 대학 생물학과 교수였던 찰스 B. 데이븐포트는 우생학을 "보다 나은 혈통을 통하여 인간을 향상시키고자 하는 학문"으로 규정한다(1). 즉, 우생학은 인간의 사회적·문화적 정체성을 유전자와 같은 신체적 특징으로 환원시키고 이를 인간의 사회적 삶을 결정하는 일종의 본질로 포장하고자 시도하였다. 이를 위하여 우생학자들은 인종을 생물학적으로 규명 가능한 실재로 규정하는데, 여기에서 암묵적인 전제는 코카시안(백인)이 가장 우수한 인종으로 인간 진화의 가장 마지막 단계라는 것이다. 이 시기에 발전하기 시작한 IQ 테스트는 바로 이런 전제를 입증하고, 유색인종들의 열등함을 입증하기 위해 고안된 것이라 해도 과언이 아니었다. 특히 미국에서는 아시아와 아프리카 등지로부터 유입되는 부적합한 이민자들이 미국의 우성 유전자를 타락시키는 것을 막기 위한 수단으로 사용되었음은 공공연한 사실이었다. 이와 비슷한 것이 미국의 의사 사무엘 조지 모튼의 인간 두개골 용량에 대한 연구이다. 1839년 필라델피아의 의사였던 그는 『미국인의 두개골』이라는 책을 출판했는데, 여기에서 그는 블루맨바흐^{Blumenbach}의 인종분류법에 따른 다섯 인종(코카시안, 몽골리안, 말레이, 아메리칸 인디언, 에티오피안)의 두개골 용량을 조사 비교하였다. 그의 주장에 따르면, 백인들이 가장 큰 두뇌 용량을 가지고 있고, 반면 흑인들은 가장 작은 용량을 가지고 있었는데, 이를 바탕으로 그는 흑인들이 문명을 창조할 능력을 가지고 있지 못함을 증명하고자 하였다(Banton 50-51).

하지만 후에 밝혀진 바에 따르면 몽골리안의 평균 두뇌 용량이 백인들보다 더 큰 것으로 나타났다(Banton 51). 즉, 모튼은 자신의 주장을 과학적 토대 위에 올려놓은 듯했으나, 사실은 철저하게 비과학적이고 비합리적인 전제에 의존하고 있었던 셈이다. 또한 인종에 대한 이런 생물학적 접근법은 인간의 정체성을 생물학이라고 하는 문화적·역사적 진공상태 속에 위치시킨다는 점에서 더 큰 문제점을 지닌다. 인간의 정체성이 역사적이고 사회적인 산물임에도 불구하고 이를 철저하게 탈역사회시켜버린 것이다. 예컨대, 당대 미국 사회의 핵심적 모순이었던 흑인문제의 근원은 제도적 인종차별과 노예제도의 유산이었다. 그럼에도 불구하고 이를 생물학적인 문제로 환원시킴으로써 흑인문제의 모든 책임을 흑인 유전자 탓으로 돌려버린 것이다. 이런 의미에서 우생학은 철저하게 본질주의적인 것이었으며 동시에 이를 통해 흑인에 대한 제도적 억압과 착취를 정당화시켰다는 점에서 인종주의적인 담론이었다.

인종에 대한 생물학적 본질주의에 대한 최초의 의미 있는 도전은 미국 흑인 노예의 자손이었던 두 보이스의 1897년 논문 「인종에 대한 논설」이라고 할 수 있다. 물론 이 논문이 당시의 우생학 담론을 완전히 극복했다고 보기는 어렵다. 무엇보다도 그의 논문에서 인종은 생물학과 문화라는 두 개의 전혀 다른 의미 영역을 넘나들며 다소 혼란스런 모습을 보인다. 그는 먼저 당시의 지배적인 인종 개념을 여과 없이 받아들인다. 이에 따라 그는 "지금까지 과학에서 최종적인 결론은 우리 인간은 최소한 두 개 혹은 세 개의 거대한 인종—백인, 흑인, 그리고 아마도 황인—으로 구성된다"고 주장한다(816). 하지만 바로 다음 페이지에서 그는 인종을 "여러 가지 형태의 삶의 이상들을 성취하고자 자발적으로 혹은 비자발적으로 함께 투쟁하는" 사람들의 집단이라고 정의한다(817). 이를 통하여 그는 인종에 대한 과학적 정의를 뛰어 넘어 사회학적인 차원을 부각시키는데 성공한다. 인종이 문화라고 하는 새로운 의미론적 영역과 접속하게 된 것이다.

그런데 이런 개념적 혼란은 다소 의도적인 것으로 볼 수 있다. 당시 흑인들이 처해있던 특수한 역사적 딜레마에 대한 변증법적 접근으로 해석될 수 있기 때문이다. 한편으로, 두 보이스는 인종주의와 같은 거대서사에 대항하기 위해서 범흑인주의^{Pan-Negroism}와 같은 단일하고 통일된 서사를 생산할 필요가 있었다(820). 이를 위하여 그는 생물학적 차이를 흑인의 입장에서 정치 · 문화적인 차원에서 전략적으로 이용하는 소위 "전략적 본질주의"(Spivak)로 나아갔던 것이다. 이런 전략적 움직임은 흑인들이 자신의 저주받은 육체를 사랑할 수 있는 물질적 토대를 마련하고, 이를 기반으로 백인우월주의자들의 인종주의에 저항할 수 있는 저항적 이데올로기를 생산할 수 있었다. 동시에 흑인 간의 연대를 공고히 할 수 있는 전략적 효과가 있었음은 당연하다. 또 한 편으로는, 흑인들이 미국 사회의 평범한 시민으로 인정받기 위해서는 흑인과 백인 사이의 인종적 차이를 지워버리고 사회 · 문화적 동일성을 확립할 필요가 있었다. 이는 또한 흑인의 신체에 붙여진 갖가지 부정적 스테레오타입과 인종주의적 억측들이 허상에 불과한 거짓임을 증명하는 것이기도 하였다. 이를 위하여 두 보이스는 인종의 범주를 사회학적이고 역사적인 층위까지 확장시켜야 했다. 왜냐하면 인종이 사회적이고 역사적인 범주로 포함이 된다면, 당시 흑인이 가지고 있다고 믿어지는 사회적 열등성은 흑인의 혈통 속에 내재하는 문제가 아닌 교육의 부재나 노예제도와 같은 사회적인 문제가 되기 때문이었다.

다시 말해서, 두 보이스는 인종 개념에 대한 의도적인 혼동을 통하여, 범흑인주의라는 저항적 거대서사를 만들어내어 주류 사회에 대한 정치적 투쟁을 수행함과 동시에, 인종을 사회적이고 역사적인 측면에서 바라볼 수 있는 계기를 마련하여 당시의 흑인의 삶에 남아 있던 노예제도의 잔재들을 청산할 수 있는 방법론적 토대를 구축할 수 있었고, 이를 바탕으로 그는 기존의 우생학적 담론에 도전할 수 있었던 것이다. 하지만 그의 도전은 절반의 성공과 절반의 실패를 내포한다. 그가 시도했던 생물학적 담론과 사회학적 담론의 결합은 궁극적으로 인종에 대한 본질주의적 담론을 재생산할 수밖에 없었기 때문이다. 두 보이스가 상상했던 인종의 개념은 헤르더와 같은 사상가들의 영향을 받은 일종의 문화적 본질주의라 할 수 있다. 즉, 모든 인종이나 민족은 저마다의 독특한 문화적 이상을 보유하고 있으며,

이런 문화적 이상은 혈통이라는 생물학적 요소 속에 내재되어 있다는 것이다. 그런데 문제는 이런 주장이 기존의 우생학 담론과 그리 다르지 않다는 것이었다. 차이가 있다면, 우생학은 흑인의 피를 악의 씨앗으로 규정하고 이를 과학적으로 입증하고자 했던 시도인 반면, 두 보이스는 흑인의 피가 사회적 악이 아닌 나름의 고유한 문명의 씨앗을 잉태하고 있음을 따라서 흑인이 문명을 창조해낼 수 있음을 증명하고자 시도한 것이다.

III

두 보이스가 떨쳐버리지 못했던 인종의 생물학적 모델은 법률적 담론 속에도 깊이 파고들면서 상당히 최근까지도 지속적인 영향력을 행사해 왔다. 이를 상징적으로 보여준 사건이 바로 1982년에 있었던 <수지 핍스>^{Susie Phipps} 판결이다. 1977년 당시 44세였던 수지 핍스는 여권을 신청하기 위하여 출생증명서를 확인하는 과정에서 자신이 "흑인"^{colored}으로 분류되어 있음을 발견한다. 44년간 백인으로 아무런 문제없이 살아왔던 핍스가 자신이 공식적으로는 흑인이라는 것을 알게 된 후, 법원에 이의신청을 제기하였으나 오랜 법정 싸움 끝에 결국 패소하고 나머지 인생을 흑인으로 살아가게 된다. 당시 법원은 1/32의 흑인 피가 섞이면 흑인으로 분류하도록 규정하는 루이지에나 주법을 인정하였고, 따라서 18세기 백인 농장주와 흑인 노예를 조상으로 둔 핍스가 흑인으로 분류되는 것이 합헌임을 결정하였다.

수지 핍스의 인종적 정체성에 대한 법원의 결정은 상당한 사회적 파장을 불러일으켰으며, 이를 통하여 인종을 비생물학적 방식 혹은 비본질주의적인 방식으로 이론화하고자 하는 일련의 시도들이 일어났다. 그 대표적 경우가 바로 마이클 오미와 하워드 와이넌트가 공동집필했던 『1960년대에서 1990년대 사이의 미국 인종 구성체』이다. 오미와 와이넌트는 먼저 인종이라는 말 속에 내재하는 두 가지 경향, 즉 인종을 본질 혹은 역사적 사회적 맥락과 관계없이 항구적으로 변하지 않는 개인 혹은 집단의 생물학적 특성으로 인식하거나, 인종을 단순한 허상 내지는 순수한 이데올로기적 구성물(즉, 이상적인 반인종주의 사회가 실현되면 곧 없어지게 될 허위의식)로 보고자 하는 경향에 대하여 비판을 하고, 이 둘 모두를 넘어서려고 시도한다. 이런 시도의 일환으로 그들은 인종을 끊임없는 정치적 투쟁이 일어나고 사회적 의미가 생산되는 장으로서의 문화의 영역 속에 위치시킨다:

> 인종을 불안정하고 "탈중심화된" 사회적 의미의 복합체로 이해하려는 노력을 해야 한다. 이 사회적 의미의 복합체는 [고정된 것이 아니라] 정치적 투쟁에 의하여 끊임없이 변형되는 것이다. 이것을 염두에 두고 인종을 다음과 같이 정의할 것을 제안한다: *인종이란 여러 가지 유형의 인간의 몸을 바탕으로 하여 사회적 갈등과 이해관계를 의미화하고 상징화하는 개념이다.* (55, 강조원문)

여기에서 중요한 것은 인종이 계속해서 변화하는 사회적 역사적 투쟁의 과정 속에 존재한다는 것과 인종이 "의미화하고 상징화"하는 소쉬르적인 의미에서의 기호학적 체계 내에서 이해된다는 것이다. 인종이 사회적이고 역사적인 투쟁의 과정 속에 존재한다는 것은 인종이라는 말의 의미 자체가 푸코적인 의미에서 계보학적으로 이해될 수 있음을 말한다. 예를 들어, 조지 스토킹에 따르면, 19세기 초반 미국에서 인종은 현재와는 상당히 다른 의미로 이해되었는데, 이때 인종은 "대체적으로 혈통에 의하여 전달되는 축적된 문화적 차이"를 지칭한다(6). 이 경우 미국에서 살고 있는 아일랜드 사람과 스코틀랜드 사람들이 가지고 있는 삶의 방식에 있어서의 차이점이 인종적 차이점으로 인식된다. 하지만 20세기 초에 이르면 19세기에 인종이라는 말이 담고 있던 의미는 '민족'ethnic이라는 말로 대체되고, 대신에 인종은 백인, 흑인, 아시아인과 같은 신체적 특징을 표현하는 말로 변하게 된다. 특히 미국 내에서 인종은 흑인 노예해방과 더불어 전반적인 반흑인 정서를 표현하게 된다. 즉, '백인'이라는 말은 남부 농장주의 입장에서 '흑인통치'에 대해 저항하는 유럽 출신의 백인 간의 유대감을 담아내게 되고, 이에 따라 그 전에는 '인종'으로 분류되던 아일랜드인이나 유대인, 이탈리아인들이 '백인'이라는 거대한 범주 속에 포함되어, 미국 자체가 흑과 백이라는 거대한 인종적 투쟁의 장으로 변모한다. 결국 인종을 사회적·역사적 과정 속에 위치시킨다는 것은 그 말 자체를 일종의 이데올로기적 투쟁의 장으로 변화시키려는 노력이며 동시에 그 말을 새롭게 정의함으로써 변화된 인종에 대한 인식을 담지하려는 노력인 것이다.

그 다음으로 인종이 의미화하고 상징화하는 기호학적 체계 내에서 작동한다는 것은 인간의 신체가 하나의 물질적 기표로서 기능하며, 이 기표에는 어떤 고유의 의미도 내재되어 있지 아니함을 의미한다. 피부색과 같은 신체적 특징은 한 사람의 정체성에 대하여 아무 것도 말해주지 않는다. 피부색이 갖는 의미는 결국 다른 피부색과의 사회적 관계를 통하여 자의적으로 덧붙여지는 것이며, 이렇게 하나의 신체적 특성이 사회적 의미를 획득해가는 과정은 정치적인 과정일 수밖에 없다. 바로 이런 이유에서 오미와 와이넌트는 인종을 "인종 구성체"라고 하는 보다 역동적인 사회적이며 정치적인 과정 속에 위치시킨다. 그들의 정의에 따르면, 인종 구성체는 "인간의 육체와 사회구조가 재현되고 구조화되는 역사적으로 특수한 프로젝트의 과정"이며, 이런 과정은 다시 "한 사회를 조직하고 지배하는 원리로서의 헤게모니의 발현과정"과 연결된다(55-56). 이런 방식으로 인종을 보게 되면, 오미와 와이넌트가 사용하고 있는 그람시의 용어 "헤게모니"에서 드러나듯, 인종이 형성되는 과정은 인간의 여러 가지 신체 유형 중에 특정한 하나의 신체가 상식 혹은 규범적 지위를 획득하게 되고, 여타 다른 신체들은 비규범적인 것, 혹은 지양되거나 추방되어야 할 어떤 것으로 규정되는 과정이다. 이 과정을 통해서 인간의 신체에 서열이 매겨지게 되고, 궁극적으로는 지배와 피지배의 관계를 형성하게 된다.

인종에 관련된 담론에서 오미와 와이넌트는 상당한 비중을 차지하고 있고, 그들의 이론은 상당 부분 종래의 본질주의적 인종관을 넘어선 것으로 평가되고 있다. 특히 그들의 용어인 "인종 구성체"는 미국 문화비평에서 보편적으로 사용되고 있기도 하다. 하지만 그들이 진정으로 본질주의를 초월했는지는 의심해볼 여지가 있다. 먼저 그들이 사용하고 있는 '프로젝트'라는 용어를 볼 필요가 있는데, 이 용어는 아주 일반적인 차원에서 볼 때, 목적론적 함의를 내포하고 있다. 사전적인 의미에서 프로젝트라는 말은 "어떤 특정한 주체가 특수한 목적을 가지고 수행하는 과업"이라는 구체적인 의미를 담고 있다. 이를 통하여 오미와 와이넌트가 정의한 인종이라는 말을 재해석한다면, 인종은 특정한 집단이 자신들의 경제적, 정치적, 문화적 이익을 위하여 다른 집단을 의식적으로 억압하는 과정이 된다. 이런 해석은 이전의 우생학을 연구했던 집단들이 상정했던 인종의 의미를 보다 구체화시킬 수 있는 장점이 있다. 왜냐하면 우생학의 근본적인 목적은 흑인의 열등한 유전자로부터 백인의 우월한 유전자를 보존하기 위해 기획된 특수한 종류의 인종 담론이기 때문이다. 하지만 인종 문제에 있어 주체와 객체의 구별이 모호해진 현재의 인종주의를 프로젝트라는 말로서 표현할 수 있을까? 인종주의가 역사적으로 구성되어지는 프로젝트라면 그것의 주체는 누구이며, 또한 그 목적은 무엇인가? 즉 현재 우리가 사용하고 있는 인종의 의미에는 단순히 백인우월주의자들의 이데올로기만을 포함하고 있지 않다는 것을 상기할 필요가 있을 것이다.

오미와 와이넌트의 문제는 여기에서 끝나지 않는다. 그들이 사용하고 있는 "의미화하고 상징화"하는 기호학적 체계로서의 인종에 대한 정의를 되짚어볼 필요가 있는데, 이들의 체계 내에서, 여러 가지 유형의 인간의 몸은 각각 하나의 기표가 되고 그 몸에 덧붙여진 수많은 인종적 언술들은 일종의 기의로서 작동하게 된다. 즉 오미와 와이넌트의 인종 모델은 다양한 몸의 유형과 그에 대한 사회적 재현이라는 이분법적 논리로 구성된다. 그리고 이런 논리의 근저에는 몸의 여러 유형 사이에는 흑과 백, 남과 여와 같은 아주 근본적인 생물학적 차이들이 존재한다는 것을 전제한다.

하지만 이는 소쉬르의 기호학적 모델에 대한 오해를 포함하고 있다. 먼저 소쉬르가 처음 생각해낸 기호학적 모델은 세 개의 구성요소로 되어 있음을 상기할 필요가 있다. 기표, 기의, 그리고 외적 지시대상체가 그것인데, 소쉬르에게 있어

혁명적인 부분이 있다면 바로 기표와 기의의 상호작용을 통한 의미의 생산이 외부의 지시대상체와는 전혀 관계없이 이루어지고 있음을 밝혀낸 것이라고 할 수 있다. 즉 지시대상체로서의 외적 세계는 기호체계의 외부에 존재하며 따라서 우리가 외적 세계를 인지하는 방식은 세계와의 직접적인 대면을 통해서가 아닌, 오로지 기호의 체계를 통해서만이 가능하다. 이 말은 외적 지시대상체로서의 사물은 그 자체로서 의미를 가지지 못하며, 그 의미는 언어적 구성물로서의 담론체계에 의하여 구성됨을 의미한다. 이를 인종의 관점에서 본다면, 지시대상체로서의 몸은 인종과 관련된 기호체계의 외부에 존재한다. 따라서 몸 그 자체는 의미를 생산하지 못한다. 마찬가지로, 여러 가지 인간의 몸이 지니는 생물학적 차이는 존재한다기보다는 사회적으로 생산되는 것이다. 앞서 언급했던 핍스의 경우에서처럼, 핍스의 하얀 몸이 까만색으로 분류될 수 있는 것은 여러 육체 사이에 존재하는 물질적 차이가 사회적인 가치와 등가관계에 있지 않음을 의미한다.

이를 통해 다시 오미와 와이넌트의 모델을 해석한다면, 육체 간의 생물학적 차이점들이 '존재한다'는 의미에서 그들이 생각하는 몸은 사회적 기호체계의 외부에 존재하는 외적 지시대상체이다. 이 경우 인간의 몸은 즉 인종은 일종의 본질이 된다. 하지만 그 몸이 사회적인 틀 내에서 재현된다는 의미에서 인종은 문화적인 것이 된다. 이렇게 본다면 그들은 인종을 본질과 허상의 이원적 틀에서 해방시켰다기 보다는, 그 둘 사이의 불완전한 동거를 강화시켰다고 볼 수 있다.

IV

오미와 와이넌트 이후에도 많은 학자들이 인종적 정체성을 비본질주의적인 방식으로 이론화시키고자 하려는 시도를 해왔으며 상당히 의미 있는 결과물을 생산해내기도 하였다. 그중에 하나가 인종과 특수한 문화적 행위 사이에 연결고리를 설정하려는 시도로 정체성이라는 개념이 가지는 실천적 성격[performativity]을 부각시키는 것이었다. 하지만 비평가 월터 벤 마이클스는 이렇게 인종을 비본질주의적인 방식으로 정의하려는 시도 자체가 과연 가능한 것인가하는 보다 근본적인 문제를 던진다. 그는 오미와 와이넌트 및 다른 이론가들을 비판하며, 형이상학적이며 존재론적인 근거를 제외한다면 우리는 인종에 대해서 그 어느 것도 상상할 수 없다고 주장한다. 그는 핍스 사건을 다시 정리하며 다음과 같이 주장한다.

> 만약에 인종이 진짜 문화적인 것이라면, 사람들은 자신의 인종적 정체성을 자의적으로 바꿀 수 있고, 형제들은 [부모와는 관계없이] 전혀 각기 다른 인종에 속할 수 있으며, 또한 유전형질적으로 전혀 다른 두 사람이 똑같은 인종에 포함될 수도 있다. 하지만 그 어느 것도 오늘날 미국에서는 가능하지 않다. 그리고 만일 이런 일들이 가능해진다고 하면, 우리는 우리가 마침내 인종에 대한 비본질주의적 설명을 발전시키는데 성공했다고 생각하기보다는, 오히려 인종이라는 개념 자체를 포기했다고 말할 것이다. ("No-Drop Rule" 768)

여기에서 마이클스가 말하고자 하는 것은 우리가 우리의 인종적 정체성을 규정하는 방식이 철저하게 본질주의적인 방식을 따를 수밖에 없으며, 이를 극복하려는 어떤 시도도 본질주의를 재생산할 수밖에 없다는 것이다. 물론 그 역시 지금까지의 미국에서의 사회적 관계가 부분적으로는 인종에 의하여 구성되어 왔고, 또 앞으로도 당분간 그렇게 될 것이라는데 동의한다. 하지만 그에 따르면, 사회를 인종을 중심으로 조직해왔던 것은 일종의 '실수'였으며 따라서 그 실수에 저항하고자 비본질주의적인 인종의 개념을 생산해내기 위해 노력하는 것은 결과적으로 또 다른 실수를 만들에 내는 것에 불과한 것이 된다. 왜냐하면 그 어떤 시도도 본질주의로 귀결될 수밖에 없기 때문이다. 그래서 그는 결론을 내린다. "인종은 본질 아니면 허상이다. 그리고 이것이 지금 우리가 선택할 수 있는 전부이다"(769). 즉, 우리가 본질로서의 인종을 거부하고자 한다면, 이는 인종이 허상에 불과한 것임을, 즉 실수이며 거짓말에 불과한 것임을 인정해야함을 의미한다. 또한 인종이 거짓말이나 실수에 불과한 것임을 인정한다면 우리는 과감하게 인종을 문화분석 범주로부터 제거해야할지도 모른다. 왜냐하면 실수에 근거하여 사회를 분석하는 것은 또 다른 실수를 양산하는 것이기 때문이다.

사실상 우리가 마이클스의 논리를 반박하기는 힘들다. 데리다가 지적했듯이 신학적 형이상학의 논리에 찌들어 있는 우리의 언어를 통하여 형이상학을 극복하는 것은 불가능하기 때문이다. 하지만 데리다는 마이클스가 막다른 골목이라고 생각하는 바로 그 지점에서 우리에게 또 다른 탈출로를 제시해준다. 즉, '전략적'인 측면에서 사고하는 것이다. 서구의 형이상학적 사고를 완전히 극복하는 것이 불가능 한 것일지라도 우리는 그에 대한 비판을 멈추어서는 안 된다고 데리다는 주장한다.1) 이는 우리가 필연적으로 본질주의를 재생산할 수밖에 없다고 하더라도, 특수한 역사적 상황 하에서 특수한 종류의 본질주의를 비판함으로써 일정 정도의 정치적 변화를 꾀할 수 있기 때문이다.

이런 의미에서 우리는 마이클스에게 반문할 수 있을 것이다. 인종이 허상에 불과한 것이라고 해서 우리가 그것이 지니는 문화분석 범주로서의 가치마저도 포기해야 하는가? 우리는 이에 대한 해답을 그람시의 이데올로기 분석에서 찾을 수 있다. 우선 그람시는 이데올로기를 사회구조에 내재되어 있는 필연적 요소로서의 이데올로기와 순전한 허위의식 내지는 자의적이며 '의도된'willed 허상으로서의 이데올로기를 구분하고 다음과 같이 주장한다:

어떤 특수한 상황 하에서 "대중적 신념의 단결력"이 필수적인 요소가 될

---

1) 데리다의 말을 직접 옮기면: The quality and the fecundity of a discourse are perhaps measured by the critical rigor with which this relationship to the history of metaphysics and to inherited concepts is thought. Here it is a question of critical relationship to the language of the human sciences and a question of a critical responsibility of the discourse. It is a question of putting expressly and systematically the problem of the status of a discourse which borrows from a heritage the resources necessary for the deconstruction of that heritage itself. A problem of *economy* and *strategy*. (252)

수 있다는 마르크스의 주장을 상기해볼 가치가 있다. 그가 말하는 것은 "사물을 이런 특정한 방식으로 인식하는 것이 대중적 신념과 똑같은 힘을 지니고 있을 때" 특정 상황의 필수적인 요소가 될 수 있다는 것이다. 마르크스의 또 다른 주장은 대중적 신념은 종종 물질적 힘 혹은 그 비슷한 것과 같은 에너지를 가지고 있다는 것인데, 이는 상당히 중요한 지적이다. (100)

위의 인용문에서의 핵심적인 주장은 대중들의 신념 체계가 (그것이 허상이건 거짓이건 관계없이) 물질적 힘과 똑같은 에너지를 가지고 있고, 이것이 특정한 상황 하에서는 사회구조를 유지하는데 필수적이라는 사실이다. 우리는 여기에서 그람시가 지적하고 있는 허상 혹은 대중적 신념 체계가 가지고 있는 '물질적 힘'에 주목할 필요가 있다. 다시 말해서, 인종이 단순히 허상 혹은 거짓말이라고 할지라도 그것은 특정한 역사적 상황 하에서 우리의 사고와 실천 방식을 지배할 수 있는 물질적인 힘을 지니고 있다. 이 물질적 힘은 각 개인이 특정한 상황에서 반응할 수 있는 방식을 구조화하여 특정한 방식의 행동체계로 나아가도록 하는 힘이다. 이런 이데올로기의 힘은 참과 거짓을 구별하는 인식적 가치판단의 영역을 괄호에 묶어둔 채, 우리의 실천적인 영역에서 작동하며 우리의 일상을 지배한다.

이를 통하여 핍스 사건을 되돌아본다면, 핍스가 흑인으로 판정을 받을 때, 전통적인 의미에서 흑인을 규정하는 '한방울 원칙'one-drop rule이 과학적 근거를 가지고 있느냐 하는 것은 중요하지 않다. 문제는 핍스의 부모가 그 한방울 원칙을 받아들여 자신들의 딸을 흑인으로 인식했다는 것이다. 그리고 법원 역시 핍스의 부모가 흑인을 정의하는 방식이 옳은지 그른지에 대한 가치 판단을 내리기 보다는 부모의 인식 자체가 자식의 인종적 정체성을 규정할 수 있음을 인정하였다는 것이다. 이런 일련의 과정이 암시하는 것은 설령 인종이 아무런 과학적 근거도 없는 거짓말 혹은 신기루에 불과한 것이라 할지라도 그 인종이 각 개인의 정체성을 규정하는 물질적 힘을 발휘하고 있고 또한 그 힘은 미국의 사회적 관계 자체를 인종을 통하여 조직화해나간다는 사실이다. 더 나아가 이런 미국 사회의 현실이 암시하는 것은 우리는 인종을 문화분석의 한 범주로서 인정하고 그 이론을 발전시켜야 할 최소한의 현실적인 이유를 가지고 있다는 것이다. 우리는 인종이라는 말이 더 이상 어떤 사회적 의미를 생산하지 못하는 그 순간까지 인종 문제를 결코 포기해서는 안 된다. 우리는 끊임없이 인종에 대하여 이야기하여야 하고 그것을 이데올로기적 투쟁의 장으로 이끌어 내야 한다.

V

이 글을 마치며, 우리가 마지막으로 언급해야 할 것은, 만약 인종을 문화분석의 범주로서 인정하고자 한다면 과연 인종이 문화의 어떤 층위에서 작동하는지를 밝혀야 한다는 것이다. 그렇지 않고서는 인종주의에 저항할 수 있는 어떠한 문화적 전략도 생산해낼 수 없기 때문이다. 우리는 이 문제의 단초를 1992년 LA폭동의 시발점이 되었던 로드니 킹 폭행사건의 판결 과정에서 엿볼 수 있다. LA의 한 시민에 의해 경찰 몰래 중립적인 위치에서 촬영된 비디오 테이프에 의하면, 로드니 킹은 땅 바닥에 엎드려 있고 그의 주위를 10여명의 백인 경찰이 둘러싸고 있다. 백인 경찰 중 4명은 곤봉을 가지고 무방비 상태의 로드니 킹을 반복적으로 구타하고 있는데, 이 과정 속에서 로드니 킹이 한 행동은 자신의 손을 머리 위로 들어올리는 것이 전부였다. 이 장면은 누가 보아도 한 힘없는 흑인이 다수의 백인 경찰들에 의해 폭행을 당했다는 사실에 대한 증거로서 사용될 수 있었다. 하지만 경찰 측 변호사는 이 일련의 이미지들을, 특히 로드니 킹이 손을 머리 위로 들어 올리는 장면을 로드니 킹이 경찰에 위협을 가하고자 하는 행위로 해석될 수 있다고 주장한다. 그리고 이 주장이 설득력이 있다고 인정되어 결국에는 폭력 경찰들이 무죄 판결을 받게 되었다. 즉 생명의 위협을 느끼고 있었던 것은 오히려 로드니 킹이었고, 그의 생명을 위협했던 것은 다수의 백인 경찰이었음에도 불구하고, 비디오를 읽는 과정 속에서 거꾸로 백인 경찰이 생명의 위협을 받은 것으로 해석

된 것이다. 어떻게 이런 역설이 가능해지는 것일까? 우리는 먼저 비디오의 이미지
가 현실을 왜곡시켰다고 생각해볼 수 있다. 하지만 이런 가설은 프란츠 파농의 보
다 고전적인 예만 들더라도 쉽게 그 토대의 빈약함이 드러난다.

> "저기 깜둥이다!" 이것은 내가 길을 지날 때 내 위에서 깜빡거리는
> 일종의 외적 자극물이다. 나는 입을 꽉 다문 채 미소를 짓는다.
> "저기 깜둥이다!" 그것은 사실이다. 이는 나를 즐겁게 만든다.
> "저기 깜둥이다!" 올가미가 더욱 옥죄어 온다. 나는 즐거움을 감출 수
> 가 없다.
> "엄마, 깜둥이 좀 봐! 무서워!" 무서워! 무서워! 이제 그들은 나를 두
> 려워하기 시작한다. 나는 눈물이 나도록 웃어버리고 싶었다. 하지만 웃
> 음은 이미 불가능해졌다. (Fanon 112)

파농의 예는 일상적 경험의 영역에서 발현되는 인종의 문제가 카메라를 통해
왜곡되는 이미지의 영역과 크게 다르지 않음을 보여주고 있다. 우선 여기에서
"깜둥이Negro"라는 말은 흑인의 몸이 가지고 있는 단백질 구조와 유전자의 분석을
통한 흑인과 백인 사이의 본질적 차이에 대한 인식이 아닌, 백인 아이의 망막 위
에 비친 한 사람의 외형적 이미지를 지칭하는 말이다. 또한 깜둥이라는 말은 흑인
의 외적 이미지가 나의 이미지와 다름을 선언하는 언명이라 할 수 있다. 이는 몸
이라는 외적 대상체가 그 자체로서 우리에게 인식되는 것이 아닌, 그것의 시각적
이미지를 통하여 우리의 의식 속에 도달하며 따라서 우리의 흑인의 몸에 대한 인
식은 순수한 물질적 존재로서의 흑인의 몸이 아닌 그것의 이미지에 대한 인식이
다. 결국 우리의 의식 속에는 물질적 존재로서의 몸 자체는 존재하지 않는다고 할
수 있다. 만약 순수한 물질적 대상체로서의 몸이 존재한다면 그것은 그 몸의 여러
가지 시각적 이미지들 간의 상호작용 속에 나타나는 사후효과after-effect라고 할 수
있다. 이렇게 보면 분명 인종은 본질이 아닌 시각적 이미지의 영역, 즉 허상에 가
까운 것이라 할 수 있다. 그러면 어떻게 이런 허상적인 시각적 이미지가 우리의

사고와 실천을 지배하는 물질적 힘을 가지고 있는가가 중요한 문제가 될 수 있다.

위의 파농의 이야기를 보다 면밀히 살펴보면, "깜둥이"라는 외형적 이미지에 대한 인식이 "무서워"라는 미학적이면서도 윤리적인 가치판단의 영역으로 전이되는 것을 볼 수 있다. 이런 급작스런 반전은 정신분석학적 의미에서의 전언어적 단계, 혹은 라캉이 '상상계'라고 명명한 이미지와 판타지의 영역을 통해 상당 부분 이해될 수 있다. 라캉의 상상계는 외적 이미지와의 동일시를 통하여 원초적인 자아가 형성되는 영역으로 가장 기초적인 형태의 자아와 타자가 구별되는 장이라고 할 수 있다. 로라 멀비에 따르면, 상상계에서의 이미지를 통한 자아의 형성은 영화 스크린의 이미지와 관객과의 관계와 마찬가지로 "자아가 스크린[혹은 거울]에 비친 대상체와 동일시를 요구하며" 이는 "관객이 자신과 똑같은 이미지를 알아보고 좋아하게 되는" 것과 동일한 현상이다. 이 과정에서 중요한 것은 "동일시" 자체가 자신과 "똑같은" 이미지와 이루어진다는 것이다(10). 즉, 상상계는 자아가 형성되는 장임과 동시에 원초적인 형태의 타자의 이미지가 생산되는 장소이기도 하다는 것이다. 자신과 똑같은 혹은 비슷한 모습을 하고 있는 것은 주체에게 즐거움을 가져다줌과 동시에 자아의 영역 속에 편입되지만 시각적 차이를 가지고 있는 대상체는 두려움의 대상이며 따라서 주체와의 동일시 자체가 거부되고 따라서 타자화 될 수밖에 없게 된다. 아무런 저항조차 할 수 없었던 로드니 킹의 몸이 권총과 곤봉으로 무장한 다수의 백인 경찰에 대한 위협으로 보여질 수 있었던 것은 결국 시각적 이미지의 영역 내에서 벌어지고 있는 이런 가장 원초적인 형태의 자아와 타자의 구별법에 기인한다고 할 수 있다.

멀비는 상상계 내에서 벌어지는 이 동일시와 타자화의 역동적 과정이 의미생산 과정이 아닌 "주체를 형성하는 구조 혹은 메커니즘"이라고 주장한다(10). 멀비의 주장은 인종에 관한 다소 암울한 미래를 암시한다. 왜냐하면 시각적 이미지와의 동일시와 타자화가 주체형성의 메커니즘이라고 한다면, 그리고 그 동일시가 라캉이 주장하는 것처럼 착각[misrecognition]에 기반한 것이라면, 인종적 차이에 대한 인식과 인종주의는 거대한 착각임과 동시에 그 착각을 통하여 우리의 주체가 형성되는 것이다. 그리고 우리는 인종주의라는 거대한 착각에서 해방될 수 없게 된다. 하지만 문화 생산의 측면에서 볼 때, 멀비의 주장은 인종주의에 대한 최소한의 저항의 길이 열려있음을 보여주기도 한다. 즉, 인종주의가 시각적 이미지와 주체 사이의 착각을 통해서 생산되는 것이라면, 그 주체는 이미 내적 균열을 내포하고 있다고 할 수 있다. 따라서 그 균열지점을 파고들며 주체와 이미지 사이의 동일시 자체를 방해하는 예술적 혹은 문화적 장치를 상상할 수 있기 때문이다. 브레히트가 말하는 소격효과가 대표적인 것이라 할 수 있는데, 현재의 비판적 문화생산자들은 대중문화에 대한 단순한 비판보다는 이런 소격효과를 대중문화와 접목시키는 방법을 찾을 필요가 있다 하겠다.

참고문헌

Banton, Michael. *Racial Theory*. Cambridge: Cambridge UP, 1998.

Davenport, Charles B. *Heredity in Relation to Eugenics*. New York: henry Holt, 1911.

Derrida, Jacques. "Structure, Sign and Play in the Discourse of the Human Sciences." *The Structuralist Controversy: The Languages of Criticism and the Sciences of Man*. Ed. Richard Macksey. Baltimore: Johns Hopkins UP, 1972: 247-272.

Du Bois, W. E. B. "The Conservation of Races," *W.E.B. DuBois: Writings*. New York: The Library of America, 1986.

Fanon, Frantz. *Black Skins, White Masks*. Trans. Charles Lam Markmann. New York: Grove, 1967.

Gramsci, Antonio. *The Prison Notebooks*. Eds. and Trans. Quintin Hoareand Geoffrey Nowell Smith. New York: International Publishers, 1971.

Lee, Chang Rae. *Native Speaker*. New York: Riverhead, 1995.

Liu, Eric. *The Accidental Asian: Notes of a Native Speaker*. New York: Vintage, 1998.

Michaels, Walter Benn. "Critical Response II: No Drop Rule." *Critical Inquiry* 18 (1994): 758-769.

Mulvey, Laura. "Visual Pleasure and Narrative Cinema." *Screen* 16-3 (1975): 6-18.

Omi, Michael and Howard Winant. *Racial Formation in the United States from the 1960s to the 1990s*, 2nd ed. New York: Routledge, 1994.

Stocking, George W. "The Turn-of-the-Century Concept of Race." *Modernism/ Modernity* 1-1 (1993): 4-16.

2부

●

원주민계 미국문학

마마데이, 실코, 웰치 소설의
포스트식민주의적 글읽기

● 강자모

　　20세기 소위 미국 인디언 문학의 르네상스 시대를 선도하는 스콧트 마마데이, 레슬리 마몬 실코, 그리고 제임스 웰치는 그들의 작품에서 수세기에 걸친 백인 식민주의에 의해 왜곡되고 상실된 인디언의 전통, 가치관, 그리고 역사의 회복을 통하여 인디언으로서의 정체성을 확립할 것을 강조한다. 이들은 부족의 전통적 이야기, 자연의 모든 존재를 포용하고 그들과 조화로운 삶을 강조하는 전통적 가치관, 그리고 의식(儀式)의 회복을 통하여 인디언으로서 문화적, 민족적 정체성을 확립하고, 이를 바탕으로 식민주의의 희생자적 역할에서 탈피하고 온전하고도 적극적인 삶을 살 것을 주장한다. 이들 작가에게 인디언의 전통적 가치관은 유럽계 미국인들이 생산한 식민주의적 역사 담론을 "상상적, 전복적[으로] 수정" (Nelson 58)함으로써 배타적이고 억압적이며 특권화된 백인 중심부의 권위와 그것에 부여된 진정성을 폐기할 수 있는 효과적인 수단이다. "중심부의 지배와 그 지배가 누리는 경험적 특권의 폐기"는 "주변부의 경험이 온당한 것으로 평가"받을 수 있는 전제 조건인 것이다(Ashcroft 외 89).

　　마마데이, 실코, 그리고 웰치는 백인 중심부 권위와 그것에 부여된 진정성을 폐기하는 탈중심화 과정을 통하여 자신들의 소설을 백인의 식민주의적 지배담론에 대한 인디언의 저항담론으로 구축해 나간다. 그러나 여기서 한가지 주목해야 할 것은 전통적 민족 문화, 가치관의 회복을 중시하는 이들의 작품이 민족문화의 정통성을 축으로 하는 이른바 문화적 본질주의를 지향하지는 않는다는 점이다. 호미 바바는 이주, 이산, 전위, 재배치 등으로 문화 변형이 통국가적 차원으로 이루어지는 현실에서 문화적 독자성을 나타내는 내재적 신화인 통합적 혹은 단일화된 민족, 국가 담론을 찾는다는 것은 용이한 일이 아니라고 설명한다(172). 또 빌 애쉬크로프트, 개레스 그리피스, 그리고 헬렌 티핀 등도 포스트 식민주의 사회의 혼성적인 리얼리티 안에서 식민지 이전의 문화적 순수성을 회복하거나 그 상태로 돌아가려는 시도 자체를 불가능한 것으로 간주한다(109). 문화적 본질주의는 "한 시대의 문화적 순간성을 본질적인 것으로 특권화시킴으로써 포스트 식민주의 문화의 불가피한 특성인 혼합성을 무시"(Ashcroft 외 119-20)하는 것을 의미한다. 또한 문화적 본질주의가 배타적 민족중심주의로 전이될 경우 백인 문화에 대한 억압과 지배라는 또 하나의 새로운 식민주의 구조를 생산해내는 위험을 내포한다. 인디언의 맹목적 민족중심주의는 중심부와 주변부의 위치만 교체할 뿐 식민주의의 이분법적 억압 구조를 그대로 유지할 수밖에 없기 때문이다. 마마데이를 비롯한 이들 인디언 작가들이 회복, 유지하고자 하는 민족 전통은 식민지 이전의 소위 "순수"한 상태로 정지된 것이 아니고 이질적인 백인 문화와 서로 교류/교배하며 변화, 발전하는 역동적인 것으로 이해되어야 한다. 본 논문에서는 마마데이의『새벽의 집』, 실코의『의식』, 그리고 웰치의『피의 겨울』을 포스트 식민주의적 관점에서 분석함으로써 이들 작품이 인디언 전통문화의 우월성을 부각시키기 위하여 인디언 문화와 백인 문화의 차이를 정의하려는 시도라기보다는 두 문화 간의 협상과 중재를 통한 융화의 중요성을 인디언 독자와 비인디언 독자 모두에게 인식시키기 위한 것이라는 점을 밝히는 데 있다.

식민주의적 수탈과 인디언의 주변부화

인디언과 관련된 미국 역사의 대부분은 그것이 아무리 미화되었다고 하더라도 근본적으로 땅과 자원은 물론 이데올로기에 대한 백인의 식민주의적 수탈과 점유에 관한 이야기라고 할 수 있다.

지난 200여 년 동안 식민주의자들은 1830년의 "인디언 추방법," 1887년의 "일반불하법," 1934년의 "인디언 개편법," 1953년에 의회에서 통과된 "찬동결의 108호," 등을 통하여 조직적으로 인디언의 땅, 생활양식, 그리고 전통을 파괴하고, 인디언들로 하여금 보호구역에서 격리되거나 백인의 사회로 편입/동화되도록 강요하였다(Owens 30-31). 이러한 물질적, "이데올로기적 식민화"(Martin 9) 과정은 인디언의 이야기를 역사 기술에서 배제하고 그들을 주변부화시키는 결과를 초래한다. 제럴드 비즈너의 지적대로 "[인디언의] 목소리는 말 많은 자들의 차가운 손에서, 선교사들과 인류학자에 의해서 죽은"(1992 241) 것이다. 마마데이와 웰치 그리고 실코에게 있어서 중요한 것은 바로 이러한 부재의 공간을 인식함으로써 백인이 기술한 "역사의 가면을 벗기고, 무장해제시키는 것은 물론, 역사 기술의 숨겨진 [식민주의적] 의제를 노출하고 그것을 정치적 뚜쟁이의 손아귀로부터 이야기의 영역으로 돌려주는 것"(Blaeser 39)이다. 역사적 사건에 어떤 식으로 질서를 부여하든 그것은 인위적이고 주관적일 수밖에 없다는 사실을 안다는 것은 곧 역사는 점유될 수 있고 또 그렇게 되어왔다는 점을 인식하는 계기를 부여할 수 있다. 역사의 인위성과 주관성에 대한 인식은 식민주의자들의 소위 "명백한 운명"(Manifest Destiny) 이론의 바탕을 형성하는 가설, 즉 백인의 천부적인 도덕적 우월성에 대한 가설을 심문, 전복할 수 있는 계기를 마련해 주는 것은 물론 백인 중심부의 권위를 폐기하는 탈중심화 과정으로 이어진다.

마마데이를 비롯한 이들 작가의 탈중심화 작업은 식민주의적 수탈의 역사와 그 결과인 인디언의 주변부화 현상을 직접 혹은 간접적으로 고발함으로써 시작된다. 마마데이의『새벽의 집』은 모두 4부로 구성되어 있는데, 그 중 양적으로 거의 절반을 차지하는 제1부 "장발(長髮)"이 1945년 7월 20일로 시작된다는 사실은 주목할 만하다. 7월 20일은 1694년에 제메즈 푸에블로Jemez Pueblo족에 대한 디에고 드 바르가스의 징벌적 군사작전이 개시된 날이며, 1863년에는 나바호Navajo족이 디 파이언스Defiance 요새에서 항복을 강요당한 날이기 때문이다(McAllister 124-25). 마마데이는 이 두 폭력적 사건이 발생한 7월 20일을 소설의 서술 시작 시점으로 설정함으로써 독자에게 소설의 배경을 형성하는 두 문화, 즉 푸에블로와 나바호 인디언 문화에 대한 백인 식민주의자들의 말살 기도를 간접적으로 상기시킨다. 또한 마마데이는 백인의 전쟁을 치른 후 정신적 육체적으로 황폐하게 된 채 귀환하는 아벨Abel의 모습을 통하여 인디언 문화와 전통의 쇠퇴, 그로 인한 현대 인디언의 혼란과 상실감은 무력으로 이루어진 백인 정복의 역사가 초래한 불가피한 현상이라는 점을 암시한다. 실코는『의식』에서 마마데이의 경우처럼 식민주의적 수탈과 관련된 특정한 역사적 사건을 배경으로 사용하지는 않지만 주인공 타요Tayo가 겪는 심리적 혼란과 정체성 상실의 원인의 일부를 제2차 세계대전이라는 백인의 전쟁에 돌림으로써 식민주의적 폭력의 역사와 그 부정적 결과를 간접적으로 고발한다.

마마데이나 실코가 특정한 날짜나 전쟁이라는 포괄적인 폭력의 이미지를 사용하여 식민주의적 기획의 폭력성을 고발하였다면 웰치는『피의 겨울』에서 보다 구체적인 역사적 사건을 이야기의 일부로 편입시켜가며 백인에 의해 생략 혹은 왜곡된 인디언 역사를 인디언의 관점에서 다시 보려는 노력을 기울인다. 이를 위하여 웰치는 우선 화자의 할머니와 옐로 캐프Yellow Calf의 회상을 통하여 서술되는 이야기, 즉 블랙피트Blackfeet 부족의 약 25%가 추위와 기근으로 사망하고 나머지 생존자들은 보호구역에 수용된 1883~84년 "피의 겨울"의 이야기를 통하여 식민주의적 수탈의 시작에 관하여 탐구한다. 여기서 한가지 주목할 것은 1883년 겨울에 블랙피트 부족이 경험한 식량 부족의 주된 원인은 그들의 주식량원이던 들소가 백인 정부에 의해 계획적으로 멸종되었기 때문이라는 점이다.[1] 그후 들소를 쫓아 이주하며 생활하던 인디언 부족의 전통적 삶의 양식은 파괴되었고, 생존자들은 보호구역이라는 경작할 수 없는 척박한 땅에 마치 "소처럼 끌려가"(Welch 157) 수용되었으며, 곧 이어 서구적 의복을 입고 "문명"을 받아들이도록 강요당한다. 웰치에게 있어서 1883~84년의 겨울은 백인 식민주의자들의 계획적 억압과 수탈에 의해 부족의 전통적 삶이 파괴되기 시작한 시점인 것이다.

『피의 겨울』에서 1883~84년 겨울이 식민주의적 억압의 시작이었다면 "운디드 나"[Wounded Knee] 학살 사건을 연상시키는 화자의 부상당한 무릎은 식민주의적 기획의 완성과 그 결과를 상징한다. 부상당한 화자의 무릎은 일차적으로 형의 죽음을 막지 못했다는 죄의식과 그로 인한 "심리적 부상의 객관적 상관물"(Gish 58)로, 그가 육체적으로는 물론 심리적으로도 불구 상태에 있다는 점을 상징한다. 그러나 그의 심리적 부상의 원인을 형의 죽음에 대한 개인적 죄책감으로 제한하는 것은 웰치의 의도를 지나치게 편협하게 혹은 비정치적으로 해석하는 것일 수 있다. 왜냐하면 화자의 부상당한 무릎은 1890년 미육군에 의한 비무장의 라코타[Lakota]족 학살을 지칭하는 "운디드 나" 사건을 암시하기 때문이다. 이 사건은 식민주의적 확장세력에 대한 인디언의 조직적인 저항에 종지부를 찍은 것은 물론 남아있는 모든 "적대자"인 인디언들이 보호구역에 수용되는 계기가 된다(Davis 29). 웰치는 화자의 부상당한 무릎을 통하여 백인 식민주의 기획의 완성과 인디언의 패배를 뜻하는 "운디드 나" 사건을 상기시킴으로써 현대 인디언의 문제를 식민주의적 침입과 종속의 파괴적 영향에 의한 불가피한 결과라는 점을 강조한다. 화자의 무릎은 현재까지 지속되는 식민주의적 수탈의 산 증거인 것이다.

마마데이, 실코, 그리고 웰치는 그들의 작품에서 백인의 침입 후 발생한 혼돈 속에서 겪는 인디언의 곤경, 즉 "식민주의적 침입과 종속의 파괴적 영향에 의해

---

1) 1700년을 전후하여 1,500만 마리에 달하던 북아메리카의 들소(Buffalo)는 19세기 후반에 이르러 약 250만 마리로 감소하였으며, 그나마 1881년부터 1883년까지 약 3년 동안 미국 연방정부에 의해 고용된 사냥꾼 혹은 저격수들에 의해 학살되어 거의 멸종하였다. 올란디니 39쪽, 링컨 1979 25쪽 참조

야기된 문화적, 심리적 분열"(Nelson 62)과 주변부화 현상을 구체적으로 다룬다. 이들 작가에게 있어서 이질적이고 강력한 백인의 담론은 인디언의 전통적 가치관을 파괴하고 그 구성원들에게 혼돈을 가져다주기에 충분한 것이다.『의식』에서 보는 바와 같이 백인들은 모든 사물과 현상에 "백인 이름"을 부여함으로써 모든 것을 백인의 방식으로 정의하려고 한다. 이로 인해 어느 날 "갑자기 모든 창조물들이 인디언 이름과 백인 이름 등 두 가지 이름을 가지게 된 것"(68)을 알게 된 인디언들은 혼란을 느낀다. 또 "예수 그리스도는 오직 개인의 영혼을 구원해준다"(68)고 강조하며 부족의 가치보다는 독립된 개인의 가치에 우위를 부여하는 기독교 사상은 부족의 공동체 의식을 생존의 조건으로 여기는 인디언의 가치관을 정면으로 부정한다. 백인은 또 부족의 이야기는 쓸모 없는 미신에 불과하다는 것과 플로이드 리^{Floyd Lee}의 목장 장면에서 드러나듯이 자연은 소유와 개발의 대상일 뿐 인간과 동등할 수 없다는 것, 필리핀 정글에서의 전쟁 장면에 묘사된 적과 동지 등의 이항대립적 사고방식 등을 인디언에게 강요한다. 이러한 상황에서 타요가 느끼는 정신적 혼란과 방황은 소설의 도입부에 묘사된 풀려고 하면 할수록 더욱 엉켜드는 할머니의 "색실 타래"(7)에서 잘 드러난다.

웰치의『피의 겨울』에 등장하는 무명의 화자가 겪는 혼돈과 상실감 역시 보호구역이라는 생소한 땅과 자본주의 구조 안에서 끊임없이 주변부화되고 폐적됨으로써 정체성을 상실한 것으로부터 기인한다. 화자의 삶은 빈 사탕 병, 할머니의 침묵, "대지의 아이"^{Earthboy} 가족의 황폐한 목장, 그리고 물고기가 사라진 강 등의 이미지에서 암시되듯 부재(不在)로 특징지어진다. 소설의 분위기를 지배하는 거리감은 바로 이러한 부재에 근거한다. "마치 매가 달로부터 멀리 떨어져있는 것처럼 나도 내 자신으로부터 멀리 떨어져 있다"(2)는 화자의 고백은 그가 자신의 존재의 특징을 부재로 삼는다는 점을 말해주는 예이다(Tatum 75). 그의 내면은 마치 "이글거리는 태양 아래 타버린 벌판"(Welch 2)처럼 생명력이 결여된 죽은 공간인 것이다. 부재의 삶은 화자의 경우에만 국한된 것이 아니다. 소설의 도입부에 묘사되는 토사 채취장²⁾이 상징하듯 인디언의 땅은 백인의 목적을 위해 전유되었으며, 땅을 박탈당한 인디언들은 귀가하던 중 바로 그 토사 채취장 근처에서 동사(凍死)한 화자의 아버지 퍼스트 레이즈First Raise의 운명처럼 죽음과 같은 삶을 살 수 밖에 없다. 땅의 전유는 곧 부족문화와 정체성의 전유로 이어지기 때문이다.

마마데이는 『새벽의 집』에서 식민주의의 파괴적 영향에 의한 심리적, 문화적 분열을 언어의 상실과 침묵으로 표현한다. 찰스 우드어드와의 인터뷰에서 그가 밝힌 대로 "전통이 스며있는 땅"인 부족의 마을을 떠나면서 "퇴화하기 시작한" 아벨의 언어는 "퍼붓듯 쏟아지며 위협하는 영어에 둘러 쌓여"(122) 끝내 그 유용성을 상실한다. 자신의 언어가 백인의 사회에서 아무런 역할도 할 수 없다는 것을 깨달은 아벨은 재판 장면에서처럼 끝내 침묵하고 만다(102). 백인 중심부의 권위적 언어인 영어에 의해 상실된 아벨의 목소리는 박탈된 인디언의 땅과 문화를 상기시키는 수단이다. 이와 관련하여 영어가 학문적 영역으로 출발한 시기는 19세기로 식민주의 형태의 제국주의가 등장하던 때와 동일하다는 점은 주목할 만 하다. 애쉬크로프트 등이 설명하듯이 식민주의자들은 영어 혹은 영문학을 특권적 규범으로 상정하고 이를 야만적, 토착적, 원시적이라는 개념과 대조하여 사용하였으며, 이는 곧 변두리적인 것, 주변적인 것, 비정전화된 것 등의 가치를 부정하는 틀걸이로 간주되어왔기 때문이다(3). 이렇게 볼 때 아벨의 언어 상실은 식민주의자들에 의해 인간으로서의 존엄성을 부정당한 채 "인간이하의 상태로 비하"(Woodard 123)된 인디언의 모습을 나타내기 위함이라 할 수 있다. 그는 이제 더 이상 어린 시절처럼 세상의 "중앙"에 있지 못하고 "방황하며 땅 끝" 혹은 "텅 빈 공간의 변두리에서 비틀거리고"(『새벽의 집』 102) 있는 것이다. 자신을 생포한 인디언들에게 깃털을 제공하기 위하여 자유와 위엄을 박탈당하고 자루 속에 무력하게 웅크리고 앉아있는, 더 이상 날 수 없는 독수리(『새벽의 집』 22)나 "물을 떠나 해변가에서 몸부림치는 물고기"(『새벽의 집』 89)는 주변부화된 채 절망과 혼

---

2) 토사 채취장(borrow pit)은 흙을 파내어 다른 곳에 사용하기 위한 구덩이이다. 소설의 첫 번째 줄에 나오는 이 이미지는 글자 그대로 백인의 목적을 위해 전유당한 인디언의 땅을 상징한다. 오웬즈 129쪽 참조.

돈의 삶을 사는 아벨의 처지를 대변한다.

인디언의 주변부화 현상은 소위 "지배자의 인종적, 문화적 모델에 대한 암묵적 우위성을 토대"(Ashcroft 외 9)로 한 백인 문화의 특권화 과정이 초래한 불가피한 결과이다. 식민주의적 관점은 미국 인디언 문화를 수위 "통일적이고 예견적이며 규율이 있고 역동적"인 백인 문화와는 구별되는 "분열되고, 자기 만족적이며, 규율이 없고, 정적(靜的)"인 열등한 문화로 간주한다(Tompkins 63). 이러한 현상은 모두 식민지 지배의 효율화와 정당화를 위한 백인들의 특권화 전략의 결과이다. 즉 중심부는 중심부의 경험만을 진정한 경험으로 간주하고 주변부의 경험은 비진정성이라는 이름으로 매도하며 주변부 문화에 무질서, 야만성, 그리고 원시성 등을 부과함으로써 우열에 기초한 이항대립적 계층구조를 구축한다(Ashcroft 외 90). 『의식』에서 실코는 식민주의자들이 교육, 혹은 소위 과학적 전문 지식을 통하여 자신들의 문화와 지식을 특권화하고 인디언의 그것들을 억압하고 통제하는 과정을 상세하게 기술한다. 예를 들어 가뭄은 인간의 부정한 행동이나 자연에 대한 무례한 행위(46)에 기인한다는 인디언의 전통적 믿음과 이를 설명하는 설화적 이야기(46-49, 94) 등이 백인 교사가 "[인디언] 학생들이 볼 수 있도록 높이 치켜 든 [모든 현상에 대한] 설명의 진정한 원천인 과학 교과서"(94)에 의해 철저하게 무시된다. 백인 교사들은 또 인디언의 생활 방식을 "개탄스러운" 것으로 묘사하면서 백인은 "인디언에 대한 호의만을 가진 자" 혹은 "인디언을 위해 자신의 생을 희생하는 자"(68) 등으로 미화하여 가르친다. 이러한 교육을 통하여 백인인 식민지 개척자와 인디언인 피식민자 사이에는 선/악, 진/위 등 식민주의적 이항대립 관계가 구축되면서 식민주의자에게 부여되는 선이나 진의 개념이 특권화된다.

이러한 백인 문화의 특권화 과정에서 인디언들은 불가시적(不可視的) 존재로 전락한다. 『새벽의 집』에서 적군의 탱크를 향하여 소리치며 돌진하는 아벨을 마치 영화에서 함성을 지르며 춤을 추는 인디언과 같았다고 생각하는 백인 병사 바우커Bowker(116), 플로이드 리 목장에 몰래 들어간 타요를 붙잡은 후 "하나의 인디언에 불과한'(201) 그를 감옥까지 호송하기 위해 구태여 고생할 필요가 있겠느냐고 반문하며 그를 놓아주는 『의식』의 백인 감시원들의 이야기는 모두 인디언은 눈에는 보이지만 존엄한 가치를 지닌 한 인간으로서는 셈해지지 않는 존재라는 식민주의적 관점을 보여준다. 또한 "보호구역에는 한발자국도 들여놓으려 하지 않는"(5)것은 물론 "[백인의] 땅에 인디언을 묻으려 하지 않는"(59) 『피의 겨울』에 등장하는 할렘[Halem]의 신부, 전통적 인디언 문화에 둔감한 『새벽의 집』의 올긴[Olguin] 신부와 그가 숭배하는 니콜라스[Nicholas] 신부 등 오만하고 냉소적인 배타적 백인 우월주의자들에게 인디언은 단지 교화의 대상이 되는 야만인에 불과하다. 애쉬크로프트 등이 주장하듯이 식민주의적 지배하에서 "존재와 의미는 백인 중심부만의 전유물로, 주변부에는 단지 부재의 가능성만이 포진할 뿐"(20)인 것이다.

탈중심화 전략

애쉬크로프트 등은 포스트 식민주의적 사회의 상황을 언어적인 측면에서 논하면서 모국어가 노예화나 군사적 정복에 의해 조직적으로 파괴되었거나 식민주의적 세력의 새로운 언어에 의해 평가절하된 경우 그것을 사용하는 사람들은 소외를 느끼게 된다고 주장하면서 어떠한 경우이든 소외를 극복하려면 식민주의적 영어[English]가 포스트 식민주의적 영어[english]로 대치되거나 전유 되어야 한다고 설명한다(10). 언어의 전유는 "언어를 포획하여 그것을 특정한 문화적 공간에 재배치시키면서도 타자성을 보전"(Ashcroft 외 77)하기 위하여 포스트 식민주의 작가들이 즐겨 사용하는 전략이다. 그들은 영어의 전유를 통하여 "권력의 계층구조를 영속시키는 수단이며 '진리', '질서', 그리고 '본체'라는 개념들을 구축"(Ashcroft 외 7)하는 수단인 영어의 규범적 특권을 거부함으로써, 영어가 "설정한 기준에 대한 본질주의적 시각을 폐기함과 동시에 제국중심주의적 사고를 해체"(Ashcroft 외 45)한다. 마마데이, 웰치, 실코도 백인 중심부의 권위의 해체와 인디언의 주변부화 현상을 극복하기 위하여 중심부 언어인 영어를 능동적으로 전유한다.

이들은 한 걸음 더 나아가 서구 문학 장르인 소설 형식을 전유한다. 루이스 오웬즈의 설명대로 현대 인디언 작가들은 전통적 담론의 형태인 구전문학과는 상이하고 이질적인 산문인 소설 속에서 인디언의 전통적 가치관을 독자들에게 이해시켜야만 하는 어려운 과제를 안고 있다(9, 11). 신화와 공동체 지향적인 특성을 지닌 구전 문학과 그것에 내재한 가치관을 사실적이며 특권화된 개인(예를 들어 소설의 작가)의 역할을 강조하는 자기중심적이고 문자로 쓰여지는 소설의 형식을 빌어 표현한다는 것은 의식(儀式)과 신화라는 신성한 소재를 세속적으로 상품화하는 것으로 "원주민의 윤리에 저촉되는"(Allen 379) 일일 수 있을 뿐 아니라 인디언 문학으로서의 진정성에 관한 논란을 야기할 수 있다. 그러나 언어의 전유의 경우와 마찬가지로 이들은 소설이라는 이질적 형식을 자신들의 목적에 맞게 사용한다. 마마데이, 웰치, 실코의 작품이 서구적 내러티브 플롯을 사용하는 것은 분명하지만 본질적으로 이들의 작품은 구조, 주제, 상징 등의 면에서 의식(儀式)적이며 신화적이다. 이는 곧 이들 작품이 구전전통이라는 모태로부터 영양을 섭취하며 성장하고 있다는 것을 뜻한다. 인디언 작가들은 소설의 형식을 차용하면서도 그것의 일부를 인디언의 전통적 내용으로 채움으로써 소설과 그것으로 상징되는 백인 중심부의 권위를 간접적으로 폐기한다. 시몬 오티즈는 식민주의에 대항하는 저항성이야말로 현대 인디언 문학에 진정성을 부여하는 기초가 된다고 주장한다(66). 현대 인디언 문학의 진정성은 그것이 차용하는 형식이나 언어에서 비롯되는 것이 아니라 강요된 식민지화에 대해 어떻게 창조적으로 반응했는가에 따라 결정된다(Ortiz 66). 소설 형식과 영어의 전유는 인디언 작가들의 식민주의적 권위에 대한 창조적 반응이라고 할 수 있다. 그들은 과거 식민주의적 기획의 조력자였던 언어와 텍스트의 형식을 창조적으로 이용하여 이제 그것을 인디언 문화의 전파와 식민주의적 권위를 해체하는 문화적 수단으로 삼은 것이다.

마마데이는 『새벽의 집』에서 제메즈 푸에블로 이야기꾼이 이야기의 시작과 끝 부분에서 전통적으로 사용하던 기도 문구인 "다이팔로"[Dypaloh]와 체다바[Qtsedaba]

로 이야기를 시작하고 마무리한다. 마마데이는 이 두 어휘를 영어로 번역하지 않은 채 소설의 처음과 마지막에 사용함으로써 자신의 소설을 문자로 쓰여진 텍스트인 미국 소설이라는 주류로부터 분리하여 미국 인디언의 구전 전통 내에 위치시킨다(Owens 93, 117). 이를 통하여 마마데이는 서구적 담론보다는 인디언의 전통적 담론에 특권을 부여한다는 사실을 분명하게 밝힌다. 이러한 변형 혹은 전유 행위를 통하여 마마데이는 자신의 소설을 "우리가 누구이며, 어디로부터 왔는가를 말해주며 우리를 완성시키고 치유해주며, 우리를 이 세상에 완전하게 일치시키고 질서를 부여"(Owens 94)하는 인디언의 전통적 이야기로 변형시킨다. 린다 호간의 설명대로 『새벽의 집』에서 마마데이는 "창조, 변형, 그리고 회복의 시적 과정으로서 기능하는 언어라는 구전적 언어개념"(103)을 사용하는 것이다. 또한 마마데이는 나바호족의 전통적 치유 의식인 "밤의 노래",[Night Chant]를 이야기의 틀로 설정함으로써 서구적 문학양식인 소설의 작가라기보다 구전문학의 이야기꾼으로서의 역할을 자임한다. 마마데이는 "단계적인 시각화 과정을 통하여 분열된 삶을 조각조각 붙여나가는"(Hogan 103) 구전문학의 이야기꾼/시인인 것이다. "다이팔로"라는 기도문에 이어 나오는 "꽃가루와 비로 만들어진" "새벽의 집"과 "예로부터 있어왔고 앞으로도 영원히 계속될 땅"인 웰러토와[Walatowa]에 대한 묘사는 아벨의 구원에 핵심적 역할을 하는 "밤의 노래"를 연상시키면서 독자에게 조화로움과 영속성을 느끼게 해준다. 이를 통하여 마마데이는 소설의 배경이 되는 웰러토와의 실제 풍경을 초시간적인 신화의 영역으로 이동시킴(Owens 94)으로써 자신의 이야기를 소설의 영역에서 효과적으로 분리, 차별화한다.

애쉬크로프트 등은 포스트 식민주의적 텍스트에는 흔히 번역되지 않은 단어가 등장하는데 이는 문화적 변별성을 고양시키기 위해 작가들이 흔히 쓰는 수단이라고 설명한다. 이는 문화간의 차이를 나타낼 뿐만 아니라 문화적 개념을 해석하는데 있어서 담론의 중요성을 알리기 위함이기도 하다(Ashcroft 외 64). 위에서 설명한 "다이팔로," "체다비" 외에도 『의식』에 등장하는 주인공의 이름인 타요[Tayo], 그리고 주술의의 이름인 쿠시[Ku'oosh], 그리고 인디언 마을 이름인 웰러토와와 같이 번역되지 않은 어휘들은 "소설을 실제적으로 구성하는 언어는 다른 하나/타자[an/Other]의 언어라는 사실에 대한 명백한 표시물"(Ashcroft 64)이다. 웰치나 실코는 또한 옐로 캐프[Yellow Calf], 나이트 스완[Night Swan] 등 고유명사를 영어로 직역하여 텍스트에 삽입함으로써 문화간의 차이를 부각시키는 것은 물론 "영어에 의한 식민지 이전 언어의 언어적 전치 과정에서 발생한 간극을 극복"(Ashcroft 10)하려는 자신들의 의도를 분명하게 표출한다. 인디언 작가들이 특권화된 중심부 담론의 한 형식인 소설과 그것을 구성하는 영어를 전유하여 그것으로 하여금 인디언의 관점과 세계관을 표현하는 "무거운 짐을 지도록"(Achebe 62)할 때 "소설의 언어 속에서 발생하는 긴장은 소설이 나타내고자 하는 문화적 손상, 전치, 그리고 학살의 급진적 징표"(Owens 158)가 되기도 한다. 그러나 일차적으로 이들의 영어 전유는 중심부 언어인 영어의 특권적 규범을 폐기함으로써 영어와 부족의 언어에 동등한 가치를 부여하기 위함이다.

마마데이와 마찬가지로 실코는 『의식』에서 나바호족의 전통적 의식과 그것의 배경이 된 신화 혹은 전설을 이야기의 틀로 사용함으로써 소설과 자신의 이야기를 차별화하고 소설로 상징되는 백인 담론의 특권을 폐기한다. 실코는 타요의 정신적 질병의 치유과정을 원형적인 변형의식[Transformation Rite]에 등장하는 길을 잃고 곰과 함께 생활하는 전설 속의 어린이나 코요테로 변한 신화적 영웅이 적절한 의식과 시련을 거친 후 정상으로 돌아오는 과정과 일치시킨다. 예를 들어 주술의 베토니가 준비하고 행하는 후프[Hoop] 의식은 이러한 치유의 의식들 중 하나인데 쇠로 만든 테를 지나는 행위는 마치 신화에서 주인공의 몸을 감싼 코요테의 가죽처럼 의식을 거치는 당사자의 몸과 마음을 덮고 있는 악의 장막을 제거하는 상징적 의미를 지닌다(Wyman 31). 타요의 치유는 이와 같은 의식을 통하여 신화적 주인공들의 회복 과정에 동참하고 이를 반복함으로써 가능하게 된다(Velie 50). 이외에도 실코는 폭풍 구름[Storm Cloud]을 구해냄으로써 가뭄에 시달리는 부족 사회를 구한 신화의 주인공인 태양 남자[Sun Man]와 타요를 연계시킴으로써 그의 정신적 치유가 곧 혼돈과 정체성 부재로 고통받는 부족 사회의 구원으로 이어질 수 있음을 시사한다. 실코는 『의식』의 첫머리에서 신화나 전설을 포함한 전통적 이야기는 "단순한 오락"이 아니라 "질병이나 죽음에 대적하기 위하여" 인디언이 가진 유일한 무기(2)라고 설명한다. 따라서 만일 인디언으로부터 전통적 "이야기를 앗아간다면 인디언에게 남는 것은 아무 것도 없는 것"(2)이나 마찬가지이다. 이러한 강력한 힘을 지닌 이야기를 두려워하는 백인 식민주의자들은 교육을 통하여 영어로 쓰여진 텍스트에 특권을 부여하는 동시에 인디언의 전통적 이야기를 평가절하하고 인디언의 기억으로부터 잊혀지도록 모든 노력을 기울인다. 그러나 이러한 방해에도 불구하고 타요의 경우에서처럼 인디언의 전통적 이야기를 기억하고 그것에 기초한 의식에 참여한다는 것은 곧 백인 중심부 담론의 권위를 적극적으로 폐기하는 행위라고 할 수 있다.

마마데이, 웰치, 그리고 실코는 소설을 창조적으로 전유하여 인디언의 전통적 이야기로 변형시키기 위하여 번역하지 않거나 직역한 부족의 어휘를 영어로 표기하고, 신화와 의식을 이야기의 틀로 사용하는 것 외에도 또 다른 전략을 구사하는데 그것은 트릭스터^{Trickster}를 통한 전복적 상상과 유머이다. 인디언의 전통적 이야기에 등장하는 트릭스터의 정체와 성격에 관한 논의는 본 논문의 범위를 벗어나는 것이다. 다만 탈중심화와 관련하여 주목할 것은 동물. 신, 사람, 돌 등 거의 모든 형태로 등장할 수 있는 트릭스터는 그것이 취하는 외적인 모습으로보다는 그것이 곧 인간의 상상력 혹은 생각으로 정의될 수 있다는 점이다. "떠오르는 생각" 혹은 "전복적 생각"(Vizenor 1993 68-69)으로서의 트릭스터는 현대적 소설의 형태 안에서 자신의 이름이 인쇄된 지면을 전복시킴으로써 "진정한 세상은 상상이며, 진정한 세상, 혹은 기억할만한 세상 은 유희, 심각한 유희이며 언어 게임"(Vizenor 1993 69)이라는 사실을 독자에게 상기시킨다. 이를 통하여 인디언 작가들은 소중하게 안치된 역사 이야기[혹은 기타 식민주의자 담론]를 전복시키고 독자에게 역사란 소유될 수 있고 또 그렇게 되어왔다는 인식"(Blaeser 1994 43)을 일깨워 준다. 앨런 벨리는 트릭스터적 인물을 설명하면서 "속박을 거부하고, 도덕률에 무관심한 채 방랑하며 술과 여자를 즐기는 무책임하고 냉담한 인물이지만 항상 타인의 동정심을 유발시키는 인물"(122)로 정의한다. 이렇게 볼 때 아벨, 타요, 그리고 『피의 겨울』의 무명의 화자는 외적으로도 트릭스터적 인물이라고 할 수 있다. 그러나 이들 작가의 작품을 트릭스터적 소설로 변형시키는 요인은 트릭스터와 외적인 혹은 행동적 특징이 닮은 주인공이라기보다는 등장인물이나 이야기 속에 내재한 전복적 상상력 때문이다.

마마데이, 실코, 웰치는 그들의 소설에서 트릭스터적 상상력을 통하여 성경을 풍자적으로 개작하거나 백인 신부를 조롱 혹은 그의 권위를 무시함으로써 서구 담론의 기초가 되는 기독교의 권위 혹은 그 의미를 심문한다. 예를 들어『피의 겨울』의 후반부에서 웰치는 에덴 신화를 풍자적으로 개작한다. 자신을 태워준 백인 교수의 병약한 딸에게 깊은 연민의 정을 느낀 화자는 후에 그녀가 건네 준 쓴 복숭아를 그녀에 대한 헌신적 애정의 표시로 참고 먹는다(131). 물론 화자의 이러한 행위는 그가 이제 비로소 소외감을 극복하고 타인과의 거리를 좁힐 수 있는 의지와 능력을 가지게 되었다는 것을 말해준다(Ruoff 73). 그러나 트릭스터적 상상력과 관련하여 더욱 중요한 것은 화자의 정신적 성장과 구원의 가능성을 상징하는 이 이야기가 이브에 대한 헌신적 애정이 타락으로 이어지는 기독교 성경 속의 아담 이야기를 전도시킨다는 점이다.『새벽의 집』에서 마마데이는 백인 신부 올긴의 모습을 통하여 전치의 희생자는 인디언이 아니라 오히려 백인이라는 점을 상기시킴으로써 백인 중심부/인디언 주변부의 관계를 전도시킨다. 마을의 축제 모습을 돌아보다가 운전 부주의로 인디언의 마차를 들이받은 후 정신을 차린 올긴 신부는 차창 밖에서 "슬픈 웃음을 웃는"(73) 요람에 누워있는 아기와 정면으로 대치하고 있는 자신의 모습을 발견한다. 그는 또 "신부님"이라고 놀리듯 소리치는 한 무리의 인디언 아이들에 의해 둘러 쌓인다. 올긴 신부에게 인디언 아기와 아이들은 "인디언 사회에서 자신의 '타자성'을 입증해주는 위협적 기호"(Owens 107)이다. 올긴 신부는 이 순간 갑자기 이교도로 가득한 변경의 식민지 땅에서 외지인일 수밖에 없는 자신과 그들의 끈질긴 전통적 삶의 방식에 의해 조롱당하는 것을 느꼈을 것이다.

전복적 상상력을 통한 탈중심화는 실코의 『의식』에 묘사되는 베토니의 "백인 창조론"에서도 명확하게 드러난다. 베토니에 의하면 "오랜 전/[세상이] 시작될 때/ 백인은 없었으나" 마법의 힘을 자랑하던 한 인디언 마법사의 이야기를 통해 "물고기처럼 하얀 피부를 가진 백인"이 창조된다. 이렇게 인디언의 이야기를 통해 창조된 백인들은 세상을 두려워한 나머지 자연과 인디언을 파괴하고 지배하며 억압자로서 오늘에 이른 것이다(135-38). 베토니는 이 이야기에서 백인을 인디언 상상력의 소산으로 설정함으로써 중심부의 전유물인 권위의 해체는 물론 중심부와 주변부의 관계를 전도시키고 인디언을 역사의 주체로 전환시킨다. 이러한 전복적 상상력을 통하여 실코가 강조하고자 하는 것은 백인이 억압적 담론을 만들 수 있었던 것은 결국 그들을 창조한 인디언의 책임이라는 사실을 인식함으로써 인디언들이 소극적이며 자기비하적인 희생자 역할에서 벗어나 스스로 자신의 운명에 대하여 책임지는 적극적인 삶을 살아가는 것이다(Dirlik 19).

마마데이를 비롯한 이들 작가는 트릭스터의 전복적 상상력을 통하여 식민주의적 담론의 인위성 및 기만성을 구체적으로 고발하며 저항한다. 『새벽의 집』에서 자신의 살인 혐의에 대한 재판을 받던 아벨은 백인들이 "언어, 그들의 언어로 그를 마음대로 처리하고 있다"(102)는 사실을 깨닫는다. 자신의 "진정성을 부정하는 특권화된 언어의 힘을 인식한"(Owens 99) 그는 침묵을 통하여 백인 법정의 언어의 권위를 인정하기를 거부한다. 『의식』에서 타요는 백인의 목장 안에 들어간 자신의 소들을 발견하였지만 선뜻 백인들이 자신의 소를 훔쳐갔다고 단정하지 못하고 망설인다. 그의 망설임은 백인들로부터 "그가 배워온 거짓말," 즉 "유색인종만이 도둑질을 하지 백인은 결코 도둑질을 하지 않는다는 거짓말"을 "마음 속 깊이 외우고" 있었기 때문이다(191). 얼마 후 그는 "마치 그 자신 안에 있는 거짓말을 도려내듯이"(191) 목장의 철조망을 끊어내는데 이는 "훔친 땅"(191)에서 무력을 기초로 생산된 백인 담론의 기만성을 인식한 그가 그 권위를 해체하는 상징적 의미를 지닌다. 『피의 겨울』 후반부에서 무명의 화자는 백인에 의해 카우보이로 길들여진 자신을 포함한 모든 인디언과 가축으로 길들여진 무력한 모든 동물을 향한 분노와 연민에 사로잡혀 욕설을 퍼부으며 "이 탐욕스럽고 어리석은 나라"에서 "우리 모두는 속아왔다"(169)고 절규한다. 아벨의 침묵, 타요의 담장 절단 행위와 무명의 화자의 절규는 "중심부에 부과된 진실성, 진리, 그리고 질서도 환상"(Ashcroft 외 90)에 불과한 것이라는 점을 인식했음을 시사한다. 이를 통하여 이들 작가들은 식민주의적 확장과 백인 지배를 정당화하는데 이용된 소위 "명백한 운명" 이론의 근본 가설인 백인의 도덕적 우월성에 대한 믿음을 전복시키는 것은 물론, 진리, 선(善), 문명, 빛 등으로 규정되는 백인 중심부 담론의 기만성을 고발하고 그것의 권위를 심문, 폐기한다.

배타적 민족중심주의의 거부

마마데이, 웰치, 그리고 실코의 탈중심화 노력은 "주변부의 경험이 온당한 것으로 평가받기 위해서는 중심부의 지배와 그 지배가 누리는 경험적 특권의 폐기"(Ashcroft 외 89)를 전제로 한 것이다. 이를 위해 이들은 소설(영어)을 창조적으로 전유하여 인디언의 전통적 담론의 형태로 변형시키는 등 부족의 문화적 유산과 가치를 강조한다. 그러나 이들의 작품을 "순수한 전통적 가치들의 재구성이나 단순히 외래적 혹은 침투적"(Ashcroft 외 110) 텍스트로만 읽는 것은 그것들을 지나치게 민족주의적으로 해석하는 것이다. 탈중심화 과정에서 민족 전통의 연구는 자기이해 과정의 한 단계이다. 그러나 이들 작가들은 정치, 문화적 일원주의 혹은 문화적 본질주의를 경계한다. "부분적 진리나 진부한 생각을 정설로 들어올려"(Ashcroft 외 17) 특권화하는 편협하고 배타적인 민족주의는 필연적으로 식민주의의 기초가 되는 이항대립적 계층구조를 반복할 수밖에 없음을 인식하고 있다. 유럽중심주의와 식민주의를 극복하고자하는 이들의 노력은 역사의 한 부분이 된 식민주의적 과거를 부정하고자 하지 않는다. 이들에게 중요한 것은 문화란 서로 교류, 교배하면서 역동적으로 변화한다는 사실이다. 이들은 "복합적이고 혼성적인 구성체"(Ashcroft 외 110)인 자신들의 소설 속에서 "의식적 혹은 무의식적으로 문화적 전통을 병치시키면서 각 문화를 조명하고 중재한다"(Ruppert 6). 이를 통하여 이들은 백인 문화의 무조건적인 거부나 단순한 저항의 차원을 넘어 적극적인 교류와 창조적인 수용의 중요성과 필연성을 강조한다. 이들이 드러내고자 하는 것은 백인의 침입 이전의 민족 전통을 회복하여 그것에 유일한 가치를 부여하는 배타적 민족중심주의라기보다는 백인 문화와의 접촉을 통해 변화하고 진화하는 역동적인 민족 전통의 중요성인 것이다.

마마데이와 실코는 각각 그들의 소설에서 주인공의 정신적 구원의 여행을 안내하는데 결정적인 역할을 하는 인물을 백인과 인디언 문화를 성공적으로 융화시킨 인물로 설정함으로써 현대를 사는 인디언이 정체성을 확립하는데 있어서 이질적인 두 문화간의 교류와 그것을 통한 변화의 중요성을 강조한다. 이들 인디언 작가들은 포용과 수렴이라는 부족의 정신적 전통을 지닌 자신들이 자칫 배타적으로 보일 수 있는 민족중심주의적 가치관의 제시를 통해 현대 미국이 당면한 문화적 위기를 극복하려하는 것은 모순된 일이라는 사실을 알고 있다(Saint Clair 82). 다양한 문화를 포용해야하는 이들이 가장 먼저 대상으로 삼아야하는 문화는 다름 아닌 기독교 문화이다. 예를 들어『새벽의 집』에 등장하는 아벨의 할아버지 프란체스코[Francisco]는 그가 살고있는 두 세계, 즉 푸에블로 인디언의 세계와 기독교 세계를 조화롭게 포용한 인물이다. 니콜라스[Nicholas] 신부의 오래된 편지에서 묘사된 것처럼 그는 "자주 키바[kiva]로 들어가 뿔과 짐승가죽을 쓰고 우리의 가장 오래된 적인 뱀을 숭배"하는가 하면 마을의 가톨릭 교회의 "성물 보관계원"(51)으로 임무를 수행하기도 한다. 로스앤젤레스의 허름한 2층집 지하실을 "일종의 교회"(89)로 개조하여 도시 인디언을 상대로 사목하는 "목자이자 태양의 사제"(89)인 토사마[Tosamah]는 문화적 혼합의 또 하나의 예이다. 그는 요한 복음을 주제로 설교하는 전형적인 신부의 모습을 가지고 있지만, 또 한편으로는 "비의 산을 향하여"라는 주제로 산악인이던 카이오와[Kiowa]족이 평야라는 새로운 환경에 적응, 변화하며 생존해온 역사에 관해 열변을 토하는 인디언 주술의/웅변가[prator]의 모습을 띠기도

한다. 그의 예배 의식은 키오와족의 전통적인 피요테[Peyote] 의식과 기독교 의식을 접합한 것으로 예배 중 그는 예수와 부족의 신인 "대영혼"을 함께 찬양한다. 마마데이는 프란체스코와 토사마 외에도 다양한 예를 제시함으로써 인디언 문화와 기독교 문화가 서로 교류/교배하며 변화하여왔음을 독자에게 끊임없이 상기시킨다. 예를 들어 부족의 전통으로 정착한 샌티아고[Santiago] 축제는 샌티아고 성인이 푸에블로 사람들에게 충분한 말(馬)과, 식물, 그리고 가축을 제공한 사건을 기념하기 위한 것이며, 포신귤라[Porcingula] 축제에서는 가톨릭의 성모 마리아와 박큐쉬[Bahkyush]족의 수호신에 대한 찬양이 혼합되어 나타난다. 마마데이는 "특정 시간 속에 정지되거나" "발전 과정의 어느 특정한 순간에 고립된" 인디언의 모습을 거부한다; "19세기 사람으로서 20세기를 살아갈 수는 없기" 때문이다(1970 70). 마마데이는 또한 인디언들에게 "전통적 세계 저 너머에 있는 또 하나의 매우 실제적이고 중요한 세상"을 인정하고 "온갖 위험에도 불구하고 그곳으로 나아가기"를 종용하는데 이것이 곧 인디언으로서의 본질이나 정체성의 희생을 뜻하는 것은 아니라고 설명한다(Momaday 1970 70). 마마데이의 이러한 설명은 프란체스코와 토사마에게 그대로 적용된다. 이들은 "오랫동안 그들을 정복하려한 침략자들과 4세기에 걸친 기독교 문화의 영향에도 불구하고 아직까지 타노아 말로 그들의 전통적 신인 땅과 하늘에 기도"(『새벽의 집』 51)하고 "적의 이름과 행동들을 배워 익혔지만 그들의 은밀한 영혼을 끈질기게 지켜온"(『새벽의 집』 58) 인디언들을 대표한다. 이들은 "계속적이고 활발한 전통의 영향과 문화들 사이의 전례 없는 교환에 의해 발생하는 진화"(Scheckter 101)의 소용돌이 속에서 서구 문화와 교류하며 그것을 수용하지만 결코 동화를 전제로 하지는 않는다. 이들은 섭취한 백인 문화를 부족의 맥락에 위치시킴으로써 부족의 전통과 삶의 방식을 포기하지 않은 채 그것을 능동적으로 변화, 발전시킨다.

프란체스코와 마찬가지로 『의식』에서 타요에게 치유의 의식을 베푼 베토니는 인디언 전통을 중시하지만 동시에 백인 세계를 부정하지 않고 그것과 융화하려 애쓰는 인물이다. 그는 전통적 세계를 고집한 채 이질적인 백인 문화와의 교류에 근거한 변화를 적극적으로 수용하는 능력이 결여된 무능력한 주술의 쿠시Ku'oosh와 대조를 이룬다. 할머니로부터 "저 바깥의 백인 세계"를 무시해서는 안된 다는 것과 "[의식은] 이제 모든 언어로 행해지기 때문에 […] 영어도 알아야만 한다"(122)는 것을 배우며 자란 베토니는 치유의 의식을 식민지 이전의 형태로 행할 것을 고집하지 않고 현실에 맞게 변화시킨다. 그에게 변화란 성장 혹은 생명과 동일할 것으로 그것을 거부한다는 것은 곧 생존을 포기하는 것이나 마찬가지이다 (*Ceremony* 126). 그의 방에는 전통적 제구(祭具)와 함께 그가 여행한 미국내 도시들의 전화번호부와 달력 등으로 가득 차 있는데 이들 수집품은 백인 세계로부터 그가 습득한 지식을 기억하는 것은 물론 이에 대한 지속적인 반추를 통해 백인 문화에 대한 이해를 깊게 하고 궁극적으로는 그것을 비판적으로 받아들임으로써 자신의 "내적으로 설득력있는 담론"(Bakhtin 345)을 생산하려는 그의 노력을 반영한다. 케네스 링컨의 설명대로 인디언으로 존재한다는 것은 전통이나 역사상의 대참사 등에 대한 기억뿐만 아니라 의식적인 선택과도 관련이 있다(1984 83). 중요한 것은 "옛것과 새것, 과거로부터 존속되어오는 것과 즉흥적인 것 중 어떤 것을 선택하여 융합할 것인가"(Lincoln 1984 83)이다. 프란체스코, 토사마, 그리고 베토니를 통하여 이들 인디언 작가들이 나타내고자 하는 것은 "중재[혹은 융합]는 정체성의 연속에 필수적 요소"(Ruppert 8)라는 점이다.

프란체스코와 베토니가 이처럼 백인 문화와의 교류와 변화를 적극적으로 수용할 수 있었던 것은 부분적으로 그들의 인종적 모호성에서 기인한다. 백인과 인디언 조상을 둔 이들은 그 자신 이미 백인 문화와 인디언 문화의 교배를 상징한다. 이들이 백인의 문화/담론을 능동적으로 수용할 수밖에 없었던 것은 둘 중 어느 한쪽만을 선택할 경우 그것은 곧 부분적인 자기부정이 될 수밖에 없기 때문이다. 온전한 존재로 남기 위해 이들은 양쪽을 모두 자신의 적법한 일부로 인정해야만 했을 것이다(Saint Clair 90). 『의식』에서 실코는 베토니 외에도 주인공 타요와 그의 정신적 구원자의 하나인 나이트 스완Night Swan을 모두 백인과 인디언의 혼혈로 설정함으로써 상이한 문화들 간의 역동적인 교류의 중요성을 다시 한 번 강조한다. 마마데이는 아벨의 정신적 치유과정에서 혼혈의 할아버지 뿐 아니라 백인 여인 안젤라^{Angela}의 역할을 부각시킴으로써 문화간의 교류의 중요성을 부각시킨다. 잔인하고 부패한 백인 경관인 마티네즈^{Martinez}에 의해 무차별 구타를 당한 후 거의 사경을 헤매던 아벨은 친구 버날리^{Benally}에 의해 백인 병원으로 이송된다. 얼마 후 병상의 아벨을 찾아온 안젤라는 그에게 곰과 여인 사이에서 태어나 수많은 모험을 거친 후 위대한 지도자가 되어 그의 부족을 구원하는 인디언 영웅에 대한 이야기를 들려주는데 이 이야기는 그에게 부족의 전통을 확인시켜주고 귀향을 재촉하는 결정적 계기가 된다. 아벨의 구원의 중재자로 백인 여인을 선택하였다는 사실은 두 문화간의 관계를 "대립적 보다는 대화적 관계"(Krupat 19)로 파악하고자 하는 작가의 의도를 반영한 것이라 하겠다.

　『새벽의 집』이나 『의식』과는 대조적으로 웰치의 『피의 겨울』에는 중요 인물이 혼혈로 설정되어있지 않다. 그러나 이것이 『피의 겨울』에서 백인과 인디언 문화간의 교류와 교배의 중요성이 소홀히 취급되고있다는 것을 뜻하는 것은 아니다. 웰치는 이 작품에서 변화를 거부하고 식민지 이전의 "순수"한 문화나 전통을 고집하는 민족주의적 사고 방식이 현대 인디언의 삶을 무기력하게 만들 수 있다는 점을 분명히 한다. 인디언 전통의 화신으로서 할머니와 옐로 캐프는 화자의 정신적 성장에 핵심적 역할을 한다. 그러나 웰치는 현실을 인정하지 않고 변화를 거부하는 이들의 삶에 비판적인 입장을 취한다. 흔들의자에 앉아 식물인간처럼 죽음 속의 삶을 사는 할머니와 세상이 변한 것은 인정하면서도 그 변화에 적극적으로 대응하지 않고 부족의 전통에 침잠한 채 공동체로부터 단절된 삶을 사는, 시력을 상실한 옐로 캐프의 모습은 이들 삶의 무기력함과 위험함을 보여주는 예이다. 문화간의 교류와 변화의 중요성과 관련하여 주목할 것은 화자가 인디언이자 동시에 카우보이로 설정되어있다는 점과 그 배경이 몬타나^{Montana}라는 점이다. 웰치에게 있어서 몬타나로 대표되는 서부 혹은 변경지방은 서구/그외, 우리/그들, 역사적/신화적 등의 이항대립적 관계가 파괴되는 역동적인 문화적 공간으로, 문화간의 상호배척과 차이의 고착화가 발생하는 곳이라기보다는 문화간의 상호교류를 통한 통문화 현상(예를 들어 인디언 카우보이)이 발생하는 장소이다.3) 물론 인디언에게는 새로운 삶의 방식인 영리 목적의 서구식 목장 사업이 확장되면서 그들의 주 식량원이던 들소는 멸종되고 그 결과 인디언 전통과 문화의 파괴와 땅으로부터의 소외가 가속화된 것이 사실이다. 더욱이 대부분의 인디언들은 목장을 운영할 만큼 넓은 땅을 소유하지 못했고 따라서 목장 소유주로서 성공하는 예는 극히 드물었던 것도 사실이다. 그 결과 롱 나이프Long Knife를 비롯한 많은 젊은 인디언들은 일용직 노동자로 목장주에게 고용되어 일하거나 그외의 시간은 도시의 술집을 전전하는 파괴적인 자기비하의 삶을 살기도 한다. 그러나 웰치는 백인의 전유물이던 목장이 20세기에 이르러 몬타나에 거주하는 대부분의 블랙피트 인디언에게 피할 수 없는 삶의 한 부분이 되었다는 사실을 부정하지 않고 이러한 변화의 능동적인 수용이 도태나 동화를 전제로 한 도시생활보다는 낫다는 점을 강조한다. 자신까지도 포함한 모든 대상으로부터 소외된 채 고립감과 상실감으로부터 벗어나지 못하는 화자에게 그나마 존재의 의미와 목적을 부여하는 것이 다름 아닌 어린 시절, 카우보이로서 목장에서 보낸 행복했던 생활에 대한 기억이라는 점은 이러한 웰치의 생각을 잘 드러내는 예이다. 보호구역내의 목장이 "이상적인 장소는 아닐지라도 최선의 선택"(120)이라는 화자의 고백은 통문화적 교배와 이를 바탕으로 한 변화의 불가피성을 인정, 수용하는 것이라 하겠다. 세스 보비의 설명대로 이제 "목장은 화자의 삶의 핵심적 조건"(135)인 것이다.

마마데이, 웰치, 그리고 실코는 강제로 부과된 백인 문화 혹은 가치관에 의해 파괴된 인디언의 정체성을 회복하기 위해 유럽적인 모든 것을 악으로 규정하고 인디언적인 것에 무조건적인 가치와 우위를 부여하는 행위는 식민주의의 근본이 되어온 우열에 바탕을 둔 이항대립적 관계의 반복에 다름 아니라는 사실을 인식하고 있다. 타문화에 대한 독단적 해석과 그것에 기초한 지식으로 타자를 억압해온 식민주의는 다양한 문화 혹은 담론은 비록 그것들이 서로 "성격은 다르지만

---

3) 역동적인 문화교류 현장으로서의 서부 혹은 변경지방에 대한 좀더 자세한 논의는 크루팻 3-45쪽 참조

가치에 있어서는 동등한 것"(Todorov 76)이라는 점을 인식함으로써만 폐기될 수 있다. 이를 위해 이들 작가들은 담론간의 우열의 이분법을 과감하게 해체하고 용서와 화해의 정신을 강조한다. 예를 들어 실코는 『의식』에서 백인과 인디언의 담론을 포함한 모든 담론을 세상의 파괴를 궁극적 목표로 삼는 "마법사"로 표현되는 악과 대항하는 연합세력으로 설정함으로써 그들 사이의 우열이나 지배와 피지배의 관계를 해체하고 동등한 가치를 강조한다(237, 246). 특히 우라늄 광산 장면(246)에서 타요는 "모든 이야기— 전통적 이야기, 전쟁 이야기, 그들[백인]의 이야기— 가 함께 어울려 하나의 패턴"(246)을 형성하고 있다는 사실을 인식하는데 이는 서로 다른 담론들이 동등한 자격으로 교류, 교배하는 모습을 상징한다. 타요가 비전을 통해서 본 "경계는 없고 오직 변이(變移)만이 있는 세상"(246)의 이미지를 통해 실코는 타문화의 수용과 변화의 필요성을 강조하고 배타적 민족중심주의의 의미를 축소, 해체한다.

『새벽의 집』에서 마마데이는 아벨의 문제의 핵심은 인디언 세계로부터의 이탈이며 따라서 이로부터 야기된 정신적인 불균형과 혼란 상태를 치유하기 위하여 필요한 것은 전통과 조상의 땅으로의 복귀라는 점을 강조하지만 이미 인디언 전통의 일부분이 된 백인 기독교 문화를 적극적으로 인정함으로써 배타적 민족주의를 폐기한다. 소설의 종반부에서 아벨은 조상의 땅에서 전통적인 "새벽 달리기" 의식에 참여하는데 이는 인디언으로서 새롭게 태어난 그의 삶을 상징한다. 그러나 곧 이어 아벨은 혼수상태 속에서도 매일 새벽 가까스로 정신을 차리고 의식, 사냥, 결혼, 그리고 달리기 등에 관한 회상을 하던 할아버지 프란체스코가 죽자, 제메즈 전통에 따라 장례 준비를 마친 다음 시신을 보호구역 선교를 담당하는 올긴 신부에게 맡기고는 노래를 하며 새벽의 달리기 의식에 참여하는데 이것은 중요한 의미를 갖는다. 왜냐하면 제메즈^{Jemez}와 가톨릭의 장례 관습을 채택한 후 나바호 기도문을 노래하며 제메즈의 전통적 달리기 의식에 참여하는 아벨의 모습은 여러 문화가 함께 존재하는 사회 속에서 다양한 문화들을 포용하며 그 안에서 자신의 위치를 찾는 것이 중요하다는 것을 보여주는 예이기 때문이다. 마마데이는 복합적이고 복잡한 현대를 사는 인디언들이 올바르고 의미있게 생존하기 위해서는 "문화적 복수주의를 인정하고 그 안에서 개인의 정체성을 확립"(Raymond 71)해야 한다는 점을 강조하는 것이다.

웰치는 『피의 겨울』에서 식민주의자들의 수탈의 역사를 복원하여 인디언에게 돌려주고자 하지만 결코 "역사를 재소유하거나 하나의 역사적 이야기를 다른 것으로 대체"(Blaeser 1994 43)하고자 하지 않는다. 그는 또 포스트 식민주의적 수정주의의 바탕을 이루는 소위 "희생자 역사"[Victimist history], 즉 "어떻게 한 민족이 다른 민족에 의해 피해를 입었는가"(Bahr 316)에 대한 이야기에 집착하지도 않는다. 식민주의적 수탈의 역사를 재평가한 웰치에게 있어서 남은 중요한 과제는 백인 식민주의자들에 대한 용서와 화해이다. 이와 관련하여 누군가에 쫓긴다고 이야기하며 캐나다로 탈출할 수 있도록 도와달라는 "비행기 남자"의 부탁을 들어주는 화자의 모습은 중요한 의미를 가진다. 카키색 옷을 입은 희화적 인물인 그는 스포츠 잡지에서 화자가 읽은 이야기에 나오는 사자 사냥꾼(12)을 연상시킨다. 헨더슨[Henderson]을 포함한 세 명의 백인 사냥꾼이 아프리카에서 식인 사자를 사냥하는 이 이야기는 솔 벨로우의 『비의 왕 헨더슨』을 풍자적으로 개작한 것이다. 아프리카로 건너간 "원탁의 기사" 혹은 "비의 왕" 역할을 하는 벨로우의 헨더슨이 "미국의 식민주의적 기획의 원동력이 되었던 전유의 욕망을 표현한 것"(Owens 133)이라면, 그를 연상시키는 "비행기 남자"는 식민주의자를 상징한다. 따라서 그의 부탁을 거절하지 않는 화자의 모습은 백인 식민주의자들에 대한 화해와 용서의 제스처라고 할 수 있다.4) 또한 그는 백인 교수의 병약한 딸에 대해 애정과 연민의

---

4) 비행기 남자 에피소드의 일차적 의미는 백인이 생산한 식민주의적 역사 담론을 희화화함으로써 그것의 의미를 축소 혹은 수정하려는 웰치의 의도에서 찾을 수 있다. 특히 죽은 사자를 앞에 놓고 찍은 사진에서 헨더슨과 두 번째 사냥꾼인 맥리오드(McLeod)가 "히죽히죽 웃는 한 무리의 흑인에 둘러싸여 있다"(12)는 사실은 식민주의자들에 대한 원주민의 조롱과 경멸을 분명하게 암시한다. 또한 이 사진에 세 번째 사냥꾼인 엔라이트(Enright)의 모습이 없다는 사실은 식민주의 기획의 허구성과 정의(the right)의 부재를 강조하기 위함이다. 오웬즈 132-135쪽 참조

정을 느끼는 것(131)은 물론 소녀의 어머니가 그녀의 몸의 상태를 묻는 질문에 자신이 대신 대답하려고 함(129)으로써 자신과 그녀를 동일시한다. 백인 소녀에 대한 이러한 그의 태도는 "비행기 남자"의 경우에서처럼 백인에 대한 용서와 화해라는 상징적 의미를 띤다.

맺는말

애쉬크로프트 등은 『제국이 되받아 쓰다』에서 모든 포스트 식민주의적 글쓰기는 다음과 같은 세 가지의 중요한 특징을 지니고 있다고 설명한다. 첫 번째는 "제국의 중심부에 의한 포스트 식민주의적 목소리의 침묵화 및 주변화"이며 두 번째는 "텍스트 안에서 제국주의적 중심을 폐기하는 것"이고, 세 번째는 "중심부 언어와 문화를 능동적으로 수용하는 것"(83)이다. 이 세 가지 특징을 기준으로 볼 때 마마데이의 『새벽의 집』, 실코의 『의식』, 그리고 웰치의 『피의 겨울』은 분명 포스트 식민주의적 텍스트라고 할 수 있다. 이들 작가들은 식민주의적 수탈과 전치로 인해 야기된 인디언의 문화적 혼란과 심리적 손상을 치유하고, 상실된 목소리를 회복함으로써 인디언으로서의 정체성을 확립하기 위해서는 개인의 자아인식이 역사적 과거, 부족의 정신적 유산, 땅, 자연과 유의미한 관련을 맺으며 이루어져야한다는 사실을 강조한다. 이들은 또한 억압적 백인 담론에 의해 주변부화되고 침묵화된 인디언 삶과 목소리를 되찾기 위해 먼저 식민주의적 수탈의 역사를 고발하고 재평가함으로써 특권화된 백인 중심부의 권위를 폐기하는 탈중심화 작업을 수행한다. 이들의 탈중심화 작업은 주로 영어와 서구적 문학 장르인 소설의 전유와 전복적 상상력으로 특징지어지는 트릭스터적 요소의 차용을 통해 이루어진다. 탈중심화 작업을 통해 이들은 열등하고 무질서하며 비진정한 것으로 간주되어 온 인디언 문화/담론의 가치와 의미를 회복하는 것은 물론 소외와 정체성의 상실 등으로 집약되는 현대 인디언 문제는 역사적으로 자행되어온 백인 문화의 특권화와 인디언 문화의 주변부화로부터 기인한 것이라는 점을 분명히 한다.

마마데이를 비롯한 이들 작가들은 민족 전통의 회복에 기초한 탈중심화 과정을 통하여 식민주의에 대한 저항을 시도하지만 민족주의에 대한 지나친 향수나 그로부터 초래될 수 있는 문화적 배타주의, 혹은 역민족중심주의를 거부한다. "민족전통의 연구가 독점하고자하는 중심부의 주장을 거부하는 과정에서 나타나는 최초이자 최상의 역동적 주제이며 자기이해 과정의 일부"(Ashcroft 외 17)인 것은 사실이지만 이러한 민족중심주의적 글쓰기는 자칫 타민족의 문화, 즉 백인 문화에 대한 억압과 지배라는 또 하나의 새로운 식민주의적 구조를 생산해내는 위험을 내포하고있다는 것을 이들 작가는 경계하기 때문이다. "통문화적 교배"와 "문화적 혼합주의"(Ashcroft 외 31)는 포스트 식민주의적 사회와 글쓰기의 특징이며 힘의 근간이다. 이들은 인디언 사회의 가치관을 유일한 가치를 지닌 보편적인 것으로 주장하지 않는다. 왜냐하면 그것은 곧 인디언을 지속적으로 주변부화시키고 결국은 파멸로 몰고 가는 소위 문화적 진 정성, 혹은 보편성의 관점에 기초한 식민주의의 통제 담론의 반복을 뜻하기 때문이다. "민족중심주의는 담론의 시작이지 끝이 되어서는 안된다"(Saint Clair 97)는 것을 이들 작가들은 인식하고 있는 것이다. 현대 인디언의 운명과 정체성을 동시대의 복수문화적 현실 속에서 파악할 수밖에 없음을 인식한 이들 작가들의 작품은 "교류를 통한 문화적 정체성이 확립되는 과정"(Scheckter 101)을 극명하게 보여준다. 『새벽의 집』과 『의식』에서 마마데이와 실코는 기독교 문화와 인디언 문화, 혹은 서로 다른 인디언 문화들 간의 교류에 의해 발생하는 문화의 잡종성과 혼합성을 강조한다. 또 웰치는 『피의 겨울』에서 인디언 문화와 삶의 방식의 한 부분이 된 목장과 카우보이를 부정하지 않는다. "하나의 문화적 틀 너머로" 가려는 이 작품들은 "문화적인 동시에 통문화적"(Ruppert 10) 텍스트이다. "통문화성을 통해서만 순수 집단이라는 신화에 의해 정당화된 정복과 학살의 인류 역사가 막을 내릴 수 있으며, 포스트 식민주의적 세계가 창조적으로 정착될 수 있다"(Ashcroft 외 36)는 것을 인식하고 있는 마마데이, 실코, 웰치는 식민주의적 혹은 이분법적 담론의 모든 형태—그것이 전통적이든, 신식민주의적이든, 수정주의적이든, 혹은 희생자적이든― 를 거부한다. 이들 인디언 작가들의 주관심사는 상이한 두 문화/담론간의 대립보다는 대화와 중재를 통한 "문화적 화해"(Schecktor 107)의 가능성에 있는 것이다.

참고문헌

Achebe, Chinua. *Morning Yet on Creation Day*. New York: Doubleday, 1975.

Allen, Paula Gunn. "Special Problems in Teaching Leslie Marmon Silko's *Ceremony*." *American Indian Quarterly* 15 (1990): 379-86.

Ashcroft, Bill, Gareth Griffiths, Helen Tiffin, *The Empire Writes Back: Theory and Practice in Post-Colonial Literatures*. New York: Routledge, 1989.

Bahr, Donald. "Indians and Missions: Homage to and Debate with Rupert Costo and Jeannette Henry." *Journal of the Southwest* 31 (1989): 300-29.

Bakhtin, Michael. "Discourse in the Novel." *The Dialogic Imagination*. Ed. Michael Holquist. Austin: U of Texas P, 1981. 259-422

Bell, Robert C. "Circular Design in *Ceremony*." *American Indian Quarterly* 5.1 (Feb. 1979): 47-62.

Bhabha, Homi K. *The Location of Culture*. New York: Routledge, 1994.

Blaeser, Kimberly M. "Trickster: A Compendium." *Buried Roots and Indestructible Seeds: The Survival of American Indian Life in Story, History, and Spirit*. Eds. Mark A. *Lindquist and Martin Zanger*. Madison: U of Wisconsin P, 1993. 47-66.

_____. "The New 'Frontier' of Native American Literature: Dis-arming History with Tribal Humor." *Native American Perspectives on Literature and History*. Ed. Alan R. Velie. Norman: U of Oklahoma P, 1994. 37-50.

Bovey, Seth. "Whitehorns and Blackhorns: Images of Cattle Ranching in the Novels of James Welch." *South Dakota Review* 29.1 (Spring 1991): 129-39.

Davis, Jack L. "Restoration of Indian Identity in *Winter in the Blood*." *James Welch*. Ed. Ron McFarland. Lewiston, Idaho: Confluence P Inc., 1986. 29-43.

Dirlik, Arif. "The Past as Legacy and Project: Postcolonial Criticism in the Perspective of Indigenous Historicism." *American Indian Culture and Research Journal* 20.2 (1996): 1-31.

Gish, Robert Franklin. *Beyond Bounds: Cross Cultural Essays on Anglo, American, Indian, & Chicano Literature.* Albuquerque: U of New Mexico P, 1996.

Hogan, Linda. "Who Puts Together." *Denver Quarterly* 14 (1980): 103-12.

Krupat, Arnold. *Ethnocriticism: Ethnography, History, Literature.* Berkeley: U of California P, 1992.

Lincoln, Kenneth. "Back-Tracking James Welch." *MELUS* 6.1 (Spring 1979): 23-40.

_____. "Common Walls: The Poetry of Simon Ortiz." *Coyote Was Here: Essays on Contemporary Native American Literary and Political Mobilization.* Ed. Bo Scholer. Aarhus, Denmark: Seklos, 1984.

Martin, Calvin. "An Introduction Aboard the Fidele." *The American Indian and the Problem of History.* Ed. Calvin Martin. New York: Oxford UP, 1987. 3-26.

McAllister, Harold S. "Incarnate Grace and the Paths of Salvation in *House Made of Dawn.*" *South Dakota Review* 12 (1974): 115-25.

Momaday, N. Scott. *House Made of Dawn* (1968). New York: Perennial Library, 1989.

_____. "The Man Made of Words." *Indian Voices.* Ed. Jeannette Henry. San Francisco: Indian Historian, 1970. 49-84.

Nelson, Emmanuel. "Fourth World Fictions: A Comparative Commentary on James Welch's *Winter in the Blood* and Mudrooroo Narogin's *Wild Cat Falling.*" *Critical Perspectives on Native American Fiction.* Ed. Richard F. Fleck. Washington D.C.: Three Continents P, 1993. 57-63.

Orlandini, Roberta. "Variations on a Theme: Traditions and Temporal Structure in the Novels of James Welch." *South Dakota Review* 26.3 (Autumn 1988): 37-52.

Ortiz, Simon. "The Historical Matrix Towards a National Indian Literature." *Critical Perspectives on Native American Fiction.* 64-68.

Owens, Louis. *Other Destinies: Understanding the American Indian Novel.* Norman: U of Oklahoma P, 1992.

Raymond, Michael W. "Tai-Me, Christ, and the Machine: Affirmation through Mythic Pluralism in *House Made of Dawn.*" *Studies in American Fiction* 11.1 (1983): 61-71.

Ruoff, A. LaVonne. "Alienation and the Female Principle in *Winter in the Blood.*"

        James Welch. 59-82.

Ruppert, James. *Mediation in Contemporary Native American Fiction.* Norman: U of
        Oklahoma P, 1995.

Saint Clair, Janet. "Uneasy Ethnocentrism: Recent Works of Allen, Silko, and Hogan."
        Studies in American Indian Literature 6.1 (1994): 83-98.

Scheckter, John. "Now That the (Water) Buffalo's Gone: James Welch and the
        Transcultural Novel." *Entering the 90s: The North American Experience.* Ed.
        Thomas E. Schirer. Sault Ste. Marie: Lake Superior State UP, 1991. 101-7.
        Proceedings of the Native American Studies Conference at Lake Superior State
        U, 27-28 October 1989.

Silko, Leslie Marmon. *Ceremony.* New York: Penguin, 1977.

Tatum, Stephen. "'Distance,' Desire, and The Ideological Matrix of *Winter in the
        Blood.*" *Arizona Quarterly* 46.2 (1990): 73-100.

Todorov, Tzvetan. *The Conquest of America: The Question of the Other.* Trans. Richard
        Howard. New York: Harper and Row, 1982.

Tompkins, Jane. "'Indians': Textualism, Morality, and the Problem of History." *"Race,"
        Writing and Difference.* Ed. Henry Louis Gates, Jr. Chicago: U of Chicago P,
        1985. 59-77.

Velie, Alan. "The Trickster Novel." *Narrative Chance: Postmodern Discourse on Native
        American Indian Literatures.* Ed. Gerald Vizenor. Norman: U of Oklahoma P,
        1993. 121-39.

Vizenor, Gerald. "Dead Voices." *World Literature Today* 66.2 (Spring 1992): 241-42.

_____. "Trickster Discourse: Comic and Tragic Themes in Native American Literature."
        Buried Roots and Indestructible Seeds. 1993. 67-84.

Welch, James. *Winter in the Blood* (1974). New York: Penguin Books, 1986.

Woodard, Charles L. *Ancestral Voices: Conversations with N. Scott Momaday.* Lincoln:
        U of Nebraska P, 1989.

Wyman, Leland C. *The Red Antway of the Navajo.* Santa Fe: Museum of Navajo
        Ceremonial Art, 1973.

트릭스터의 치유:
루이즈 어드릭의 『자취』 중심 연구

• 김봉은

들어가며

　　미국의 원주민 작가 루이즈 어드릭은 미국의 역사를 미국 원주민의 시각에서 새롭게 서술한다. 백인 중심의 미국 역사관은 그녀의 문학 지면에서 확장되고 전복된다. 어드릭은 다른 시각을 지닌 다양한 인물의 이야기를 병치하여 한 작품 지면에 여러 가지 다른 목소리가 공존하는 다성적인 글쓰기를 한다. 한 상황을 다른 시점에서 서술하는 글쓰기는, 비평가 리디어 슐츠가 설명하듯이, 다양한 문화가 공존하는 미국의 다문화주의 및 포스트모더니즘 시대의 탈중심주의에 부합하는 동시에 공동체 구성원들의 목소리가 모두 동등하게 존중되는 치페와^{Chippewa} 부족의 특성을 반영한다(91). 어드릭도 자신의 글쓰기에는 어머니 쪽인 치페와의 전통과 독일계 아버지인 백인 문화의 영향이 모두 반영되어 있다고 고백한 바 있다(Farrell 124).

『자취』(1988)는 치폐와 부족을 중심으로 전개되는 어드릭의 소설 오부작 중
세 번째 작품이다.[1] 『자취』에는 전염병으로 가족과 친지를 잃고, 땅을 빼앗기고,
고유문화와 전통을 짓밟힌 20세기 초 미국 원주민의 비참한 상황이 두 사람의 이
야기가 교차되는 형식으로 기술되어 있다. 미국 원주민의 고유 전통인 "이야기하
기"에서 대부분의 이야기꾼은 유머 감각을 지닌 트릭스터trickster이며, 어드릭도 이
전통을 따른다.[2] 비평가 로젠타 로젠버그는 "최근 21세기 초에 미국인에게 필요
한 것은 전통적인 이야기하기를 새로 소개하는 것, 즉 전근대적이고 미국 원주민
서술에서 발견되는 오래된 힘과 마술로 이야기를 새롭게 조성하는 것"이라고 진
술하면서, 어드릭은 여러 이야기꾼이 이야기하는 방식을 이용해서 이러한 공동체
적인 요구에 부응할 뿐 아니라 영원히 구전되는 전통을 구현하는 독특한 그녀만
의 예술을 창조했다고 진단한다(128-29).

비평가 레즐리 그레고리는 "루이즈 어드릭은 『자취』에서 20세기 초에 치폐
와 부족이 육체, 영혼, 그리고 문화를 존속시키기 위해 벌이는 투쟁을 묘사하는데,

---

1) 어드릭은 서른 살인 1984년에 첫 시집 『잭라이트』과 첫 소설 『사랑의 묘약』을 출간하였
으며 『사랑의 묘약』으로 미국비평가협회상을 받은 후 『사탕무 여왕』(1986), 『자취』, 『빙
고 펠리스』(1994), 『불타는 사랑 이야기』(1996)을 발표하였다. 모두 다코타 북쪽에 위치한
가공의 장소인 아거스(Argus)와 인디언 보호구역에서 1912년부터 1980년대에 오지브웨
(Ojibway) 어족에 속하는 치폐와 부족 세 가족을 중심으로 같은 인물들에 대한 이야기가
다양한 시점에서 펼쳐지는 오부작이다. 『자취』는 이들 중 가장 먼저 저술하기 시작했으며
가장 "인디언"적인 작품으로 평가된다(Owens, *Other* 213). 『자취』는 1912년에서 1924년을
시간적인 배경으로 설정하여 1934년에서 1984년에 활동하는 『사랑의 묘약』 주인공들의
과거가 설명된다. 치폐와 부족의 특성과 전통문화는 Kate McCafferty, "Generative
Adversity: Shapeshifting Pauline/Leopolda in *Tracks* and Love Medicine"에 자세히 논의되어
있다(729-31).
2) 게일 그룹(Gale Group)은 『자취』에 대한 다양한 서평을 다음과 같이 소개한다. 로버트 타
워즈는 *New York Review of Books*에서 『자취』의 인물 묘사가 너무 감상적이며 어조도 너무
진지하다고 논평하며, 캐서린 디이크만은 *Voice Literary Supplement*에서 『자취』에는 어드릭
특유의 다중 음성적 글쓰기가 결여되어 있다고 부정적으로 평가한다. 이에 반해 *Los
Angeles Times Book Review*에 기고한 테리 윌리엄즈는 『자취』가 어드릭의 어느 작품보다도
정교하고 현실감이 있는 이 시대의 이야기라고 극찬한다. 부정적인 평가와 긍정적인 평가
가 엇갈리는 사실은, 어드릭의 담론이 지닌 복합성을 드러낸다.

그 가운데 유머가 중요한 역할을 한다'고 주장하면서 어드릭이 사용하는 유머에 주목한다(1).[3] 그레고리는 트릭스터의 역할을 중시하며, 부족의 정신적인 지도자인 나나푸시^{Nanapush}를 유머 감각을 지닌 트릭스터라고 해석한다. 나나푸시는 부족의 전통을 상징하는 여성인물 플뢰어^{Fleur Pillager}에 대한 이야기를 플뢰어의 딸인 루루^{Lulu}에게 유머를 섞어 흥미롭게 전개한다. 나나푸시의 이야기로 모계 전통이 계승되는 것이다. 루이스 오웬즈도 치페와 부족에게 트릭스터의 전통적인 이름이 "나나푸시"라는 사실을 근거로 나나푸시를 트릭스터라고 해석한다(*Other* 199). 『사랑의 묘약』에서 혼혈 여성인 준^{June}이 "작품에 등장하는 모든 인물을 '혼란'에 빠뜨리기 때문에 트릭스터와 닮았다"고 제이 콕스의 해석에 동의한 바 있는 오웬즈는(*Other* 196) 『자취』에 등장하는 열다섯 살의 혼혈 여성인물 폴린^{Pauline Puyat}이 준과 흡사한데도 불구하고 폴린을 트릭스터와 연관 짓지 않는다. 오웬즈는 폴린의 기독교적인 면모를 강조하면서, 폴린은 백인 문화에 동화되려고 노력하는 혼혈 원주민을 대변한다고 일축한다(*Other* 205).

아홉 장으로 구성된 『자취』는 홀수 장은 나나푸시의 이야기로, 짝수 장은 폴린의 이야기로 구성되어 있다. 작품의 반이 폴린의 이야기라는 점에 착안하면, 폴린에 대한 설명이 부실한 그레고리나 오웬즈의 해석을 『자취』에 대한 온전한 해석으로 보기 어렵다. 그레고리의 분석은 순수 원주민 혈통인 노년의 남성 화자 나나푸시의 이야기에 초점을 맞추기 때문에 어드릭이 치페와 부족의 전통을 보존하고 계승하려는 보수적인 입장을 취한다고 결론을 맺는다. 오웬즈도 나나푸시가 새로운 세대인 루루를 상대로 미국 원주민의 전통을 학습하고 계승하도록 돕는다고 설명한다(*Other* 214). 나나푸시에 초점을 맞추면 어드릭의 저술 목적이 단순히 미국 원주민의 전통을 이어가기 위한 것으로 해석되는 것이다.

---

3) 그레고리는 "살아 있는 모든 생물 중에서 인간만이 웃을 수 있다"는 아리스토텔레스의 웃음에 대한 직관을 언급하고, 세계 제2차 대전 후에 폭탄 세례를 받은 영국인이 전쟁의 폐허와 정신적인 타격을 견뎌 내고 국가 정신을 유지하며 용기를 지탱할 수 있었던 것은 유머 덕이었다고 유머의 역할을 강조한다(1).

어드릭은 인터뷰에서 자신이 가장 관심 있는 소재는 폴린과 같은 혼혈의 상황이라고 밝힌 바 있다(Gale). 폴린의 이야기에 함축된 유머에 초점을 맞추어 폴린을 트릭스터로 해석하면, 어드릭이 『자취』를 저술한 의도는 그레고리나 오웬즈의 해석과는 다르게 나타난다. 어드릭은 인디언4)의 전통문화를 보존하기 위한 단순 차원의 저항 담론을 펴는 것이 아니라 화합을 도모하는 치유 담론을 전개하는 것으로 드러난다. 어드릭의 치유 대상도 오웬즈가 지적하듯이, 인디언 작가로서는 최초로 인디언 뿐 아니라 인디언이 아닌 독자에게까지 확대된다(Other 205).

본 논문에서는 폴린에 초점을 맞추어 어드릭이 『자취』에서 트릭스터를 통하여 치유를 도모하는 양상을 다음과 같이 두 단계로 분석하고자 한다. 첫째, 트릭스터의 정의를 소개하고, 폴린을 트릭스터로 규정한다. 둘째, 폴린의 트릭스터 담론으로 해방과 치료가 도모되는 양상과 의미를 검토한다. 본 논의를 통하여 어드릭은 트릭스터 전통의 해학과 익살을 활용하여, 미국 원주민을 과거의 기억으로부터 해방하고 치유하며, 더 나아가서 백인까지도 포용하며 화합을 꾀하는 성숙한 작가로 새롭게 해석될 것이다.

트릭스터, 폴린, 열린 담론

트릭스터는 인간이 처한 조건과 한계를 아이러니를 통해 풍자하는 장치로서 전 세계의 신화나 전설에 등장한다. 트릭스터는 모든 인물 가운데에서 이야기에 가장 많은 활력을 불어 넣으며, 다음과 같은 특징을 지닌다.

항상 배가 고파서, 남의 부엌에 감춰놓은 음식을 몰래 훔쳐 먹고, 남의 아내를 유혹해서 침대로 끌어들일 기회를 호시탐탐 노리며, 공짜로 얻기에 힘쓰고, 형체를 (성별까지도) 계속 바꾸며, 나쁜 짓을 계획하거나 실

---

4) 앞으로는 "미국 원주민"과 독자에게 익숙한 용어인 "인디언"을 편의상 혼용하겠다.

행하는 현장에서 잡혀도 결코 반성하는 기미가 없다. (Erdoes xiii)

셰익스피어의 희극에 자주 등장하는 어릿광대처럼, 서구 유럽의 전설이나 동화에 등장하는 트릭스터는 대체로 인간으로서 남성이며, 맡은 역할도 별로 중요하지 않다. 이에 반해 미국 원주민 민담에서는 트릭스터가 의인화된 동물로서 이야기의 중심 역할을 한다(Erdoes xiii). 미국 원주민 민담에 가장 자주 트릭스터로 등장하는 동물은 까마귀이며, 상기한 트릭스터의 특징을 모두 지닌다. 게으르고 탐욕스럽고 음탕하고 거짓과 도적질을 밥 먹듯이 하며, 자유자재로 모습을 바꾼다(Owens, "Ecstatic" 141-42).[5]

미국 원주민의 문학 지면에 나타난 트릭스터의 특성을 폴 라딘은 다음과 같이 설명한다.

> 대부분의 경우에 트릭스터는 혼돈, 무질서, 웃음, 아이러니, 도덕적 가치
> 의 결핍 등과 연결된다. 종종 창조자인 동시에 파괴자, 반은 바보 반은
> 신으로서, 식민지화 과정에서 생존할 수 있었던 혼혈 원주민을 은유적으
> 로 지칭하기도 한다. (Radin xxii)

트릭스터가 혼돈과 무질서의 원인 제공자로서 거짓을 일삼고, 음탕하고, 도덕적 가치가 결핍되고, 나쁜 짓을 하다가 잡혀도 후회가 없는, 식민지화 과정에서 생존한 혼혈 원주민을 지칭한다는 설명은 『자취』에서 나나푸시보다 폴린에게 더 부합한다. 인디언 작가 제럴드 비즈너는 트릭스터를 자신의 소설 지면에서 자주 사용한다. 그의 소설 『챈서즈』(2000)에서 볼 수 있듯이, 인디언 트릭스터의 풍자는 단순한 장난의 경지를 넘어 살상과 파괴로 연결된다.[6] 모두에게 상처와 혼란

---

5) 트릭스터는 미국 원주민 부족마다 조금씩 다르게 나타나며 사람인 경우도 있고 늑대, 까마귀, 토끼로 나타나기도 하는데, 대체적으로 사기를 치거나 당하고, 도덕에 대한 관념이 없고 식욕이 왕성하며, 무책임하고 냉담하다(Velie 122).

6) 비즈너는 『챈서즈』 지면에 다음과 같이 마마데이의 글을 인용하여 자신의 집필 동기를 밝

을 초래하고, 살인까지 저지르면서도 전혀 후회나 반성할 줄 모르는 트릭스터의 특성은 폴린을 설명하기에 적절하다.

그렇다면 그레고리나 오웬즈가 왜 어드릭의 트릭스터를 분석하는 연구에서 폴린을 제외시키는지 의문이 생긴다. 어드릭의 작품에 나타난 기독교적인 요소에 주목한 비평가 데니스 월시의 설명은 폴린을 원주민 전통인 트릭스터로 보기 어려운 근거를 제시한다. 월시는 어드릭이 기독교적인 교육을 받았다는 성장 배경을 근거로, 폴린은 신비주의적인 필치로 기독교를 옹호하는 어드릭의 입장을 대변한다고 설명한다.[7] 월시는 폴린이 백인의 주류 문화에 동화되기를 희망하는 개혁파 원주민을 대변한다고 설명하면서, 혼혈로서 겪는 폴린의 고통에 공감하며 동정한다고 진술한다(120). 월시가 정확히 지적하듯이, 기독교의 상징인 수녀가 되는 폴린을, 원주민 전통 문화의 상징인 트릭스터로 풀이하기는 쉽지 않다.

치페와 문화를 설명하고 그 토대 상에서 폴린을 분석하는 비평가 케이트 맥카퍼티는 폴린을 치페와 전통 문화의 지평에서 새로이 해석한다. 폴린이 기독교와 연결된 인물이기는 하지만, 나나푸시, 플뢰어와 함께 미국 원주민의 샤만 전통을 이어가는 삼각구도적인 인물이라는 것이다(738). 맥카퍼티는 폴린이 드러내는 정신분열 현상을 오지브웨[Ojibway] 전통에 나타나는 식인 괴물인 윈디고[windigo]와 연결하면서도(741), 미국 원주민은 선과 악을 단순히 구별하지 않는다는 초기 인류학자들의 연구결과를 토대로, 폴린에 대한 도덕적인 판단을 보류한다(747). 맥카퍼티는 폴린을 트릭스터로 규정하지는 않지만, 폴린의 투쟁을 문화의 접촉과 변화의 홍수 가운데에서 "신성하고 생동감이 넘치는 균형을 창조하기 위한" 실존적

힌다. "'The violation of burial sites and the confiscation of human remains have been shameful and unprofessional,' wrote N. Scott Momaday in New York Times"(15). 인디언의 무덤을 파헤쳐서 박물관을 채운 수치스런 백인의 행각을 고발하려는 비즈너의 집필 동기를 보면, 그의 글에 죽음, 파괴 등이 만연한 이유를 알 수 있다.

7) 월시는, 어드릭이 자신의 신비주의적인 필치를 캐톨릭 작가인 플랜너리 오코너와 가브리엘 가르시아 마르케즈의 글에 만연한 기적, 마술, 신비주의와 동격으로 본다고 설명한다 (Walsh 120).

인 노력이라고 새롭게 규정한다(749). 그레고리, 오웬즈, 월시과는 반대로, 맥카퍼티는, 폴린은 백인독자에게 인디언 전통을 전파하는 장치라고 해석한다. 맥카퍼티의 이론에 따르면, 폴린을 기독교와 연결시키는 작가의 의도가 드러난다. 폴린이 기독교를 수용했기 때문에 백인 독자는 비교적 경계를 늦춘 상태에서 폴린을 통해 전달되는 인디언 문화와 접촉하게 되는 것이다.

비평가 조셉 와드는 트릭스터에 대한 광의의 정의를 소개한다. 와드는 트릭스터가 거의 무한한 가능성의 원천으로 인지된다고 설명하면서(274), 인디언의 유머는 본래 속임수와 과장된 농담으로 이어진다고 논한다(271). 역설적이며 무한히 유동적인 인디언 유머의 특성은 인디언이 아닌 사람에게는 거의 알려져 있지 않기 때문에 종종 오해를 야기한다는 것이다(271). 와드의 이론에 준거하면, 폴린을 트릭스터로 규정하지 않는 것도 오해에서 비롯되었을 수 있다는 가능성이 부각된다. 맥카퍼티와 와드의 이론으로 조명하면, 이러한 오해는 트릭스터를 유머 감각을 지닌 긍정적인 장치로 보려는 협의의 편견에 기초한 것으로 나타난다. 폴린을 광의의 트릭스터로 규정하면, 폴린을 통하여 성취하려는 작가의 의도는 다음과 같이 정리된다. 폴린은 어드릭이 인디언 전통에 대한 오해와 편견을 시정하고 그로 인한 상처를 치유하려는 노력의 결정체로 볼 수 있다.

폴린을 트릭스터로 규정할 수 있는 우선적인 근거는 그녀가 하는 말이 모두 거짓으로 인식된다는 점에서 찾을 수 있다. 소설 처음 부분에서 나나푸시는 폴린에 대한 일반적인 시각을 다음과 같이 소개한다.

> 그녀가 근처에 있을 때 우리는 그녀를 뭐라고 불러야 할지 그녀가 어디에 속하는지 그녀를 어떻게 생각해야 할지 몰랐다. 그래서 우리는 그녀를 무시하려고 노력했으며 그녀가 조용한 상태에서는 그녀를 무시할 수 있었다. 그러나 그녀가 입을 열고 혀를 놀리기 시작하면 사태는 달랐다. 그녀는 어떤 나나푸시[트릭스터]보다도 심했다. 나는 내가 아는 사실을 말할 때도 조심했지만, 그녀는 사실을 부풀렸다. 꼭 꼬집어 말하자면 수수하기 때문에 별로 눈에 띄지 않아서, 폴린은 이상하고 파괴적인 이야

기로 사람들의 주의를 끌려고 도모했다. 그녀가 병으로 정신 이상으로 고생하는 것이 아닌가라는 의문이 제기 되기도 했다. (39)

폴린은 항상 사실을 부풀리며, 한 번 입을 열면 온 몸을 떨면서 술에 취했거나 신들린 듯 혀를 놀리며 목소리도 커지기 때문에 정신 이상일 수도 있다는 의문을 야기하는 것으로 묘사된다(52). 나나푸시는 폴린이 "타고난 거짓말쟁이이며 죽을 때까지 안 변할 것이다. 속임수를 계속해서 마치 거짓이 폴린에게는 진실인 것처럼 들린다'고 단정한다(53).

폴린을 트릭스터로 볼 수 있는 둘째 근거는 그녀가 음탕하여 자신 뿐 아니라 남도 혼란에 빠뜨리며 살인도 감행할 정도로 도덕성이 결핍되어 있다는 점에서 찾을 수 있다. 폴린이 플뢰어와 일라이[Eli Kashpaw]의 관계를 질투하여 벌어지는 사태는 그녀의 음탕함과 파괴성을 예증한다. 자신이 직접 일라이를 유혹하다가 거절 당하자 폴린은 분을 참지 못하여 열 네 살 난 어린 소녀 소피[Sophie]가 일라이와 육체관계를 맺도록 다음과 같이 조종한다.

나는 소녀에게 정신을 집중했다. 그녀 안으로 들어가 그녀 자신은 꿈도 꾸지 못할 일을 하게 만들었다. 밀짚을 깔고 누워 있는 일라이의 가슴 양쪽에 다리를 벌리고 위에 서게 했다. 소피는 선 채로 치마를 서서히 걷어 올렸다. 더운 날은 의례 그렇듯이 그녀는 속옷을 입고 있지 않았다. 몸을 굽혀서 벗은 부위로 그의 가슴을 눌렀다. 그는 혀로 자신의 입술을 한 번 핥은 후 정신을 차리려는 듯 고개를 흔들었다. 돌연 공포가 스쳤다. 모세가 [조제한 사랑의 묘약이] 실패했다는 생각이 들었다. 그러나 그 때, 소피는 자신이 씹던 부드럽고 붉은 색 감초를 그의 입술 사이로 밀어 넣었다. 그는 주름 잡혀 부풀어 있는 소피의 치마 아래 쪽 그녀의 허벅지를 손으로 더듬었다. (83)

폴린이 주도한 성관계는 연쇄 갈등과 보복을 초래한다. 플뢰어와 일라이의 관계가 틀어지고, 소피의 오빠들이 일라이의 엄마 마가렛[Margaret]을 삭발시켜 보복하고, 플뢰어도 자신의 머리를 삭발하여 맞대응하며, 나나푸시는 일라이의 오빠를 함정에 빠뜨리는 등 복합적인 혼란과 폭력이 발생한다. 폴린이 이용하는 소피가 자신의 생계를 책임지는 은인인 버나뎃^{Bernadette Morrissey}의 딸이라는 사실은 폴린의 도덕적인 결핍을 극단적으로 드러낸다.

폴린을 트릭스터로 규정하면 『자취』에 대한 해석은 확대되며, 확대되는 양상은 폴린이 거짓말하는 이유를 분석하면 드러난다. 폴린이 거짓말을 하는 이유는 두 가지로 제시된다. 첫째, 폴린은 혈통 때문에 선천적으로 거짓말을 하는 것으로 묘사된다. 폴린이 플뢰어에 대한 이야기를 하고 다닌다는 말을 듣고 플뢰어가 보이는 다음과 같이 반응이 이를 예증한다. "푸얏 부족은 원래 거짓말만 한다"(38). 플뢰어의 반응은 어드릭 작품 지면에 틈새를 연다. 왜냐하면 폴린이 말하는 내용의 진위를 검증할 수 없기 때문이다. 플뢰어가 아거스^{Argus}에서 강간당한 사실에 대하여 폴린이 어떻게 얘기하고 다니는지 이야기의 내용이 언급되어 있지 않다. 플뢰어가 자신의 약점을 감추기 위해 폴린을 거짓말쟁이로 몰아 갈 가능성도 배제할 수 없다. 플뢰어에 대한 이야기의 내용 부재로 열린 틈새는, 작품의 반을 차지하는 폴린의 이야기를, 진위에 대한 판단이 보류된 열린 담론으로 전환한다.

폴린이 거짓말하는 둘째 이유는 후천적인 믿음으로 제시된다. 소설 후반에서 폴린은 신이 자신에게 다음과 같은 계시를 내렸다고 말한다. "너는 네가 생각하는 사람이 아니고, 고아이며, 양친은 은혜 가운데 죽었고, 겉모습과 달리 너는 인디언 피가 전혀 섞이지 않은 순수 백인이다"(137).⁸⁾ 신이 자신을 백인으로 인정했다는 폴린의 믿음은, 폴린이 드리는 다음 기도와 병치되면 폴린의 거짓말에 함축된 아이러니를 드러낸다.⁹⁾

---

8) 폴린은, 순수한 캐나다인인 할아버지처럼 백인이기를 바란다고 토로한다(14).
9) 어드릭 자신은 폴린을 통해 기독교를 풍자하는 또 다른 함의를 다음과 같이 진술한다. "『자취』에는 두 명의 중요한 기독교인이 등장하는데, 폴린 [레오폴다]와 데미안 신부님이다. 폴린이 책을 지배하게 되는데, 그녀는 기독교를 극단으로 몰고 간다. 교회가 인디언 보호구역에 대해 많이 관대해지고, 많은 신부들이 인디언의 인권을 위해 싸운 데에는 의심의 여지가 없다 하지만 교회는 여성에 대해—상당히 유해하고 치명적인—터무니없는

오 한 여성에 불과한 저를, 주님을 증명하기에 합당한 그릇으로 인정해
주신 하나님이시여, 오 제 손목을 잡아서 걸려 넘어지게 하신, 모든 거짓
을 주도하고 창조하시는 하나님이시여, 폴린의 기도를 들으소서. (158)

플뢰어를 치료하기 위해 끓이는 인디언 약물에 손을 담가 기적을 행사하려다
가 손목에 심한 화상을 입은 후에, 폴린은 상기한 기도를 드린다(190). 하나님이
보호해 줄 것으로 믿다가 손만 데었다는 사실을 근거로, 폴린은 하나님은 믿을 수
없는 거짓말쟁이이며, 모든 거짓의 주인이라고 판단한다. 성급하고 무모한 판단
이나 하나님을 믿기 때문에 자신도 거짓말을 할 수 밖에 없다는 논리는 폴린에
대한 신뢰를 떨어뜨린다. 폴린은 믿을 수 없는 화자로 부각되며, "일라이를 절정
까지 끌어 올리고 나서 잠깐 쉰 후에 다시 시작하게 해서 셀 수도 없는 장시간에
걸쳐 성행위를 지속시켰으며," 두 남녀는 "기계적으로 움직이는 [폴린의 손 안에
든] 장난감에 불과했다"는 폴린의 이야기도 액면 그대로 수용하기 어려워진다
(84). 폴린이 다른 사람의 욕망과 행동을 조정한다는 초현실적이며 마술적인 착상
은, 폴린의 몰지각한 망상에 불과할 수도 있다. 하지만 폴린이 인디언의 신비적인
전통 종교를 진솔하게 재현한다는 가능성도 완전히 부인할 수는 없기 때문에, 폴
린의 이야기는 열린 담론으로 남는다.

플린의 이야기에 따르면, 소피는 일라이와 관계를 맺게 한 주범이 폴린이라고
비난하며, 폴린에게 "뼈만 앙상한 죽음의 창녀"라고 욕설을 퍼붓는다(86). 소피는

견해를 견지했다."(Alberts G-8)

　　폴린을 우스꽝스런 트릭스터의 전형으로 묘사하는 어드릭의 저의는 여성을 폄훼하는
교회 측의 견해를 터무니없이 익살스럽게 과장해서 해체하려는 여성 보호적인 입장에서
비롯된 것으로도 해석할 수 있다. 폴린이 하나님의 신비로운 몸에 거한다는 것이 누구에
게나 명백했기 때문에 인디언은 수녀로 인정하지 말라는 명령도 불사하는 수녀의 판단이
나(138), 플뢰어가 폴린을 보면서 "성스러워졌다고" 감탄하는 장면은(141), 어드릭이 여성
주의 담론을 펴는 것으로 해석할 수 있다. 여성주의 비평으로 논지를 발전시키면 폴린에
대한 해석도 더 풍부해지겠지만, 혼란을 피하기 위해 본 논문에서는 여성주의는 취급하지
않겠다.

폴린에게 책임을 전가하는데 반해, 폴린은 "소피가 결백하다고 볼 수도 있지만 그래도 마귀가 게으르고 쾌락을 탐하는 빈 그릇을 찾는다는 사실도 부정할 수는 없다고" 주장하며 책임의 소재를 분산시킨다(88). 책임의 소재에 대한 두 의견이 엇갈리는 가운데, 주체와 객체의 경계가 해체된다. 폴린의 트릭스터 이야기로 조성되는 혼란은 진실과 거짓, 주체와 객체의 이분법적인 서구 담론의 틀을 초월한다. 트릭스터의 열린 담론을 통해 판단이 보류되고 거부되는 새로운 영역의 사고가 전달되는 것이다.

폴린을 통해 펼치는 트릭스터 담론은, 정립된 기존 미국 역사의 진실을 새롭게 조명하려는 어드릭의 저술 의도에 정확히 부합한다. 서구적인 이분법적인 사고에 기초하여 어느 한 쪽을 거짓이라고 규정하거나 책임의 소재를 규명하려는 기존의 관점은, 어드릭의 지면에서는 무의미하게 해체된다. 상기한 틈새, 즉 폴린이 아니라 플뢰어가 거짓말을 했을 수도 있으며, 부족 내에서 지도적인 위치에 있는 플뢰어가 아니라 폴린을 화자로 설정했다는 사실은 어드릭이 트릭스터의 열린 담론을 통해 구현하려는 정치적인 함의를 드러낸다. 인디언은 힘의 원리에 기초한 수직적인 공동체가 아니라, 모두의 말이 진실일 수도 또 거짓일 수도 있다는 가능성을 기반으로 어느 한 사람의 말에 무게를 두지 않는 탈중심적인 공동체를 형성하는 것으로 부각된다. 폴린을 트릭스터로 해석하면, 어드릭의 작품 지면은 논리적인 언어의 경계를 넘어 미지의 영역으로 확장되며, 미국 원주민 문화가 재현되는 열린 공간으로 새로이 풀이된다.

트릭스터의 이야기로 실현되는 해방과 치료

수잔 스카베리-가르시안은 인디언 이야기는 "망가진 현재의 세계를 그대로 두지 않고, 더 깊은 차원의 질서와 의미를 기원하며, 건강한 상태를 복원하기 위한 방안이라"고 설명한다(xi). 상처에 대한 원망이나 분노를 이야기해서 털어 내고, 상상의 자유를 누리면서 건강을 회복하고 치유될 수 있다는 믿음은 레즐리 실코의 소설 『의식』에도 다음과 같이 나타난다. "아시다시피, 병과 죽음을 무찌르기 위해서 이야기는 우리가 가진 전부입니다. 이야기가 없다면 우리는 가진 것이 아무 것도 없는 셈입니다"(2). 실코의 단편 「이야기꾼」(1981)에서, 병든 노인은 듣는 이가 아무도 없는데도 계속 이야기한다. 어드릭의 『자취』 초반에 나오는 다음 지문과 연결하면 실코의 노인이 이야기를 계속하는 이유가 드러난다.

> 질병이 있던 그 해에 내[나나푸시]는 혼자 살아남았다. 나는 이야기를 시
> 작해서 나 자신을 구했다. 어느 날밤 나는 지금은 일라이에게 준 인형을
> 방 저 쪽으로 가져가려고 했다. 나는 기절해서 숨이 끊기고 입술을 거의
> 움직일 수 없게 되었을 때에도, 우리 딸이 죽은 후 내 아내가 만들어 준
> 인형을 손에 쥐고 있었다. 나는 이야기를 계속하며 기운을 차렸다. 이야
> 기하면서 상태가 좋아졌다. 죽음은 이야기 속으로 끼어들지 못하고 낙심
> 한 채 스쳐 지나갔다. (46)

나나푸시는 기절한 상태에서도 이야기를 계속했기 때문에 질병과 죽음을 이겨내고 살아날 수 있었다고 고백한다. 나나푸시의 고백은 미국 인디언 사이에 전수되는 이야기가 지닌 특별한 힘에 대한 믿음을 구현한다.[10]

오웬즈는 나나푸시가 루루를 상대로 이야기하는 의도는 루루가 자신의 어머니인 플뢰어를 이해하고 용서하도록 도우려는 것이라고 해석한다(*Other* 214). 딸을 백인 학교에 또 나나푸시에게 맡기며 엄마로서의 권리를 포기할 수밖에 없었던 플뢰어의 상황을 알려줘서 원망과 적대감으로부터 해방시키고, 부질없이 상처 입은 자존심을 치료하려 한다는 것이다.[11] 어머니를 이해하고 용서하다 보면 분

---

10) 맥카퍼티는 원주민의 전통적인 이야기의 내용은 다음과 같았다고 설명한다. "나이 든 남
   자 어른 중의 한 명이 함께 자리한 모든 사람들에게 바른 일을 하라고 권고한다. 타인의
   권리를 존중하고, 적대감을 갖지 말고, 조용히 살면서 힘의 원천을 잘 유지하기 위해 어
   떤 희생이 요구되는지를 살피고, 겸손하며, 온유하고, 부질없는 자존심을 경계하여야 한
   다는 것이다."(739, Spindler 716 재인용)

노의 대상 뿐 아니라 자신도 수용하게 된다는 논리가 이야기의 저변을 장식한다. 용서가 필요한 사람은 이야기를 듣는 루루나 이야기의 주인공인 플뢰어만이 아니다. 나나푸시도 자기 자신을 용서해야하기 때문에 이야기한다. 작품 처음부터 죽은 사람을 구하려고 안간힘을 다해 노력하는 나나푸시는 사랑하는 가족, 친구, 친지를 구하지 못한 유일한 생존자이다. 이야기를 통하여 혼자만 살아남았다는 무력감과 죄책감으로부터 나나푸시도 해방되고 치유된다.

폴린이 이야기하는 이유도 나나푸시의 경우와 마찬가지로 해방과 치료를 구하기 위한 것으로 볼 수 있다. 자신을 구하려는 나폴레옹^{Napoleon Morrissey}을 묵주로 죽이는 다음 장면을 분석하면 폴린이 이야기하는 이유가 드러난다.

> 나는 올가미를 그의 목 주변에 두르고 단단히 조이면서 내 손가락으로 묵주를 한 알 한 알 헤아렸다. 그는 내게 눌려서 거센 돌풍처럼 버둥거렸고 나는 한 움큼의 성냥개비처럼 가볍고 메마른 채로 붙들고 있느라 어지러웠다. 그가 일어나서 번들거리는 나무줄기를 향해 나를 밀치고 내가 칠 때까지 위 아래로 나를 문질렀다. 나는 한 번 비명을 지르고 나서 혀를 날갯짓하듯이 빨리 놀리며 독설을 퍼부었다. 그의 입을 이불 끝자락으로 틀어막고 모래 속으로 그를 밀어 넣고 그의 위에 넘어져서 그를 삼켜버렸으며, 사방으로 나를 분산시켰다. 머리가 너무나 멍해져서 생각할 수 있는 것은 포개져 있는 내 두 손밖에 없었다. 내가 시킨 일을 두 손은 완수했다. 내 손가락은 쇠 빗장처럼 묵주 사슬 위에 잠겼는데, 그의 얼굴이 검게 되고 숨이 끊어질 때까지 묵주는 그의 목둘레에 비틀리고 꼬여 있었다. 나는 그가 저항하고 구역질하다고 마침내 넘어지고 그의 혀가 내 허벅지 아래로 늘어질 때까지 매달려 있었다. (202)

이 지문에는 폭력이 극단적으로 과장되어 있다.[12] 세밀하고 구체적인 육체

---

11) 『의식』(1977)의 주인공 타요가 "폭력과 분노는 얼마나 어리석은지를" 깨닫는 것으로 작품을 마감하는 실코도 어드릭과 유사한 의도를 함축한다(Silko 194).

12) 과다한 장난기는 만화영화 ≪톰과 제리≫를 연상시킨다. 쥐와 고양이가 혀를 길게 늘어뜨릴 정도로 구타당하고도 벌떡 일어나 달아나다가 또 잡혀서 맞고 또 달아나는 모습은

묘사를 기반으로 폭력을 재현하는 이면에는 자신의 트라우마를 해학적인 이야기를 통하여 털어내려는 폴린의 간절한 의지가 반영되어 있다. 오웬즈는 이야기하기의 기능을 다음과 같이 설명한다. "대부분의 초기 미국 원주민 작가가 제시한 것처럼 과거의 상실은 현재의 자아 정체성, 질서와 의미의 상실을 의미하며, 현재의 부분인 미래를 생각할 수 없는 무능력을 의미한다. 이야기를 하면 이러한 상실감에 빠지는 것을 막을 수 있다"(*Other* 198). 오웬즈가 지적하듯이 이야기를 통해서 폴린은 혼돈과 상실감에 빠진 자아를 구하며, 비슷한 상처를 지닌 독자에게도 해방과 치료를 선사한다.

나중에 자신이 죽인 게 호수 괴물이나 마귀가 아니라 자신의 연인인 나폴레옹이라는 사실을 알게 되면서 폴린은 다음과 같이 혼란을 표현한다.

> 나는 점점 커지는 공포를 느끼며 수족을 떨다가 갑자기 내가 죄를 지은 것은 아니라는 사실을 깨닫게 되었다. 이 일에 있어서 죄나 잘못은 없었다. 내가 어떻게 마귀가 무슨 육체를 가장할지 알 수 있겠는가? (203)

자신이 싸우는 상대가 마귀라고 믿은 사실과 살인 도구가 묵주라는 사실은 중요한 상징적인 의미를 지닌다.13) 미국 역사와 연결하면, 폴린의 살인은 기독교의 깃발 아래 자행된 살인을 풍자하는 것으로 해석된다. 자신을 구하려는 나폴레옹이 마귀로 믿는 폴린의 믿음은 기독교 전형주의에 준거해서 미국 원주민을 파멸되어야 할 가나안의 이교도라고 믿은 미국 선조에 대한 풍자로 볼 수 있다. 캐톨릭 교황이 미대륙에서 자행된 살육과 폭력에 대한 공식 사과문을 2005년에 발표한 것과 마찬가지로, 어드릭는 자신의 문학 지면에서 미국 역사의 오점을 트릭

나폴레옹이 계속 구타당하는 상황과 유사하다. 또 관중에게 볼거리를 제공하기 위해 과장하여 연기하는 레슬러의 공연도 연상시킨다. 과장을 통하여 폴린은 죄책감을 간접적으로 표현하는 가운데 치료와 해방을 맛보게 된다.
13) 데니스 월시도 폴린이 자신이 싸우는 대상을 사탄과 호수 귀신으로 본다고 해석한다 (115).

스터의 해학을 통해 풍자하는 것이다. 인디언을 마귀라고 믿고 살해한 백인 기독교 선조들을 용서하자는 함성이 해학적인 폭력 묘사의 이면을 잔잔히 울린다. 비즈너는 이야기를 통해서 "트라우마를 탈출하는 황홀경"posttraumatic ecstasies을 경험하게 되며, 살아 있음을 경축하게 된다고 설명한다(Hotline 153). 비즈너의 이론에 따르면, 폴린의 트릭스터 이야기는 미국 역사의 오점으로 인한 트라우마를 탈출하는 황홀경을 초래하며, 미국의 현재에 충실할 수 있도록 돕는다.

폴린이 작품의 마지막 부분에서 레오폴다Leopolda 수녀로 다시 태어난다는 사실은 폴린을 통해 기독교를 공격하려는 것이 아닌가 하는 의문을 낳을 수 있다. 아거스Argus에서 플뢰어를 강간한 세 명의 백인 남자를 얼음 창고에 가둬 죽이고, 자신의 태아를 죽이려다 실패하자 갓 태어난 아기를 버리고(135), 아기 아빠인 나폴레옹을 살해한 범죄자가 성스러움의 상징인 수녀가 되는 상황은 받아들이기 쉽지 않다. 폴린이 마리아상을 소개하는 다음 지문도 기독교에 대하여 부정적인 견지를 구현하는 것으로 풀이될 수 있다.

> 그녀의 얼굴은 성스럽거나 아름답다는 표현으로는 불충분했다. 코는 크고, 왼쪽으로 약간 부풀어 있었으며, 도톰한 입술은 비밀을 발설하려는 듯이 반쯤 벌어져 있었다. 눈썹은 두껍고 눈은 밝은 갈색이었다. 그런데 이상하게도 눈에는 뱀과 같은 호기심으로 생기가 넘치는 긴장감이 감돌고 있었다. (92-3)

마리아상의 여성스런 외관에 주목한 장난스런 묘사에서 폴린은 마리아의 눈을 뱀에 비유한다. 폴린의 익살을 통해 성스러움의 상징과 사탄의 상징이 연결되기 때문에 기독교가 성스러움을 가장한 채 사탄과 같은 살상을 행한 사실을 공격하는 것으로 보일 수 있다. 하지만 단순히 기독교를 비판되는 데 그치지 않는다. 트릭스터의 이야기 속에서 기독교의 핵심인 선과 악의 이분법적인 경계가 용해된다. 기독교의 엄격한 기준이 용해되어 선과 악을 구별하지 않는 미국 원주민 문화

속으로 스며드는 것이다. 거짓과 장난을 일삼는 트릭스터의 이야기로 진행되기 때문에, 비판의 여지없이 두 문화의 융합이 일어나는 것이다.

두 문화의 만남을 예증하는 해학은 작품 도처에서 발견된다. 예를 들면, 폴린은 마리아상이 흘린 눈물을 혼자만 보았다고 믿고 눈물을 주어서 주머니에 보관한다(94). 석상이 눈물을 흘렸다는 착상은 트릭스터가 빚어내는 가벼운 익살로 볼 수도 있고 또 광신적인 망상을 풍자하는 것으로 볼 수도 있지만, 그 이면에는 두 문화의 만남이 함축되어 있다. 마리아상이 자연의 질서를 초월하는 영혼 차원에 속한다면, 마리아가 눈물을 흘린다는 묘사는 정신계와 물질계를 분리시키지 않는 원주민의 사고에 속하는 것으로 볼 수 있기 때문이다. 미국 원주민 문화가 정신을 기반으로 하지만 정신 차원을 물질계의 현상을 통해서 이해하기 때문에 폴린에게 마리아상이 초래하는 기적은 눈물과 같이 물질 차원의 현상으로만 이해된다. 육체적인 고통을 통해서만 자신의 헌신을 증명할 수 있다고 믿고, 잠 잘 때도 흐트러짐 없이 등을 바닥에 대고 똑바로 누워서 자고, 거친 감자 포대를 속옷 안에 입고 속살이 쓰라리고 피가 날 정도로 아픈 고통을 감내하며(143), 신발을 오른 쪽과 왼 쪽을 바꿔 신고 발이 아파 괴로워하고(146), 또 하루에 두 번, 낮에 한 번 밤에 한 번만 화장실을 이용하기로 규칙을 정하고 수분 섭취를 줄이는 등(147),[14] 폴린이 고행을 감내하는 이유도 영혼계와 물질계를 구분하지 않는 원주민의 사고로 기독교를 수용하는 융합을 예증한다. 이분법적인 경계를 해체하는 융합은 인디언의 입장에서 기독교를 수용하는 것으로 볼 수 있다. 그 융합의 과정에서 인디언의 문화가 기독교인들에게 소개되어 표면적으로는 기독교에 동화되려고 노력하는 폴린이 실제로는 백인을 인디언 문화 쪽으로 유도하는 매체 역할을 하는 것

---

14) 비평가 실라 하셀 휴즈는, 물은 인디언 문화에서 중요한 위치를 차지한다고 보기 때문에, 폴린이 하루에 두 번만 소변을 보고 수분 섭취나 씻기를 거부하는 행위는, 백인과 기독교 사회에 동화되려는 노력으로 볼 수 있다고 설명한다(91). 나나푸시는 씻지 않아 지린내를 풀풀 내며 전도에 힘쓰는 폴린에게, 지독한 백인 냄새가 난다고 나가라고 소리 지른다. 어처구니없이 웃음을 자아내는 폴린의 엽기적인 상태는, 영혼과 육체를 구별하지 않는 원주민의 사고 체계를 반영한다.

으로 드러난다.

폴린을 통해 함축적으로 전달되는 미국 원주민 문화는 나나푸시의 이야기에서는 노골적으로 언급된다. 인디언 전통을 상징하는 플뢰어는 어렸을 때부터 세 번이나 물에 빠졌다가 호수 괴물의 도움으로 살아났으며, 플뢰어의 아기도 호수 괴물과의 사이에서 잉태되어 자연과 특별한 관계에 있다고 여겨진다. 어른들의 말을 무시하고 악마와 어울려 남자 복장을 하고 다니며, 주머니에는 어린 아이의 손가락을 넣고, 목에는 태내에서 죽은 토끼 새끼 가죽을 가죽 끈에 묶어 달고 다니며, 혀에 올빼미 심장을 올려놓아서 밤에도 잘 보고, 사냥도 할 수 있고, 밤에는 곰처럼 기침한다는 플뢰어에 대한 묘사에는 원주민 문화에서 인간과 자연, 동물과 인간 등의 경계는 경직된 것이 아니라 유동적이라는 사실이 반영되어 있다. 원주민 문화의 유동성에 준거하면, 폴린의 기독교는 원주민식으로 융합된 토속화된 기독교로 해석할 수 있다.

비즈너는 트릭스터 담론의 목적은 경계를 와해시키거나 제거하는 데 있지 않고, 경계의 의미를 재검토하며, 경계로 인한 상처를 치유하는 데 있다고 설명한다. 트릭스터는 비극적인 희생자가 아니라 해학적인 이야기를 통해 상처로부터의 해방을 유도하는 치료자라는 것이다("Trickster" 205). 죄책감으로 인한 상처가 정신 착란을 일으킬 정도로 심각한 폴린이 수녀가 되어 "다 용서 받았으니 모두 잊으라는 신의 위로"를 받는 상황은 기독교 지평에서도 해방과 치료로 풀이된다(어드릭 137). 기독교적인 용서와 위로는 비극적인 상처를 치료하는데 그치지만, 트릭스터의 해학은 희극적인 과장과 부조리를 통한 해방으로 이끈다. 비즈너가 논하는 탈출의 황홀경과 보다 넓은 의미의 자유 즉, 진정한 의미의 치유가 실현되는 것이다.

나가며

비평가 수잔 파렐은 "전혀 상관없어 보이는 두 문화를 트릭스터답게 혼합하는 것이 미국 원주민을 생존시키는 열쇠라고" 주장한다 (124). 오웬즈도, 두 문화를 혼합하면 궁극에 가서 "자아"를 넘어설 수 있게 된다고 진술한다(*Other* 197). 폴린이 트릭스터로서 기독교와 인디언 전통을 혼합하는 상황에는 미국 원주민의 생존을 위한 열쇠를 제공하려는 어드릭의 저작 의도가 담겨 있다. 기독교를 대변하는 폴린이 인디언 전통을 상징하는 플뢰어를 여러 번 위기에서 구하는 사실은 융합을 지향하는 작가의 의도를 반영한다. 특히, 플뢰어가 룰루를 분만할 때 침입해 온 곰을 폴린이 총으로 쏴서 플뢰어와 룰루를 살리는 장면에는 복합적인 의미가 함축되어 있다(58). 총을 맞고도 아무 흔적을 남기지 않고 사라진 곰은(60) 인디언 민속 종교에서 분만을 돕는 혼령으로 볼 수 있다(McCafferty 748). 이 장면은 곰에 함축된 인디언 신화를 백인에게 소개하는 동시에 기독교와 인디언 종교가 융합될 수 있는 가능성을 시사한다. 표면적으로는 원주민을 기독교로 동화시키려고 노력하는 것처럼 보이지만, 사실상 폴린은 타 문화를 배척하지 않는 원주민의 사고를 구현한다. 폴린을 통해 기독교와 원주민 민속 종교는 융합되는 것이다.

폴린이 두 문화의 접점에서 경험하는 혼란에도 융합의 가능성이 함축되어 있다. 폴린은 자기 자식을 버린 후에 혼란의 절정에서 나폴레옹을 죽이고 나서 기독교에 귀의한다. 맥카퍼티는 어려서 가족에게 버림 받고 소외된 채 살아온 폴린이 외로움을 이기기 위해 수녀원 조직에서 소속감을 찾는다고 설명한다(742). 맥카퍼티의 설명은 기독교적인 관점이 아니라 가족이 문화의 근본이라는 미국 원주민의 관점으로 조명한 것이다. 폴린이 새로운 조직인 수녀원에 소속되기 위해 자신의 가족을 제거하는 정신 분열적인 증세도, 다음과 같은 미국 원주민의 시각과 연결된다.

분열은 미국 원주민의 신화에서는 꼭 나쁜 것은 아니다. 왜냐하면 전통 문화에 있어서 영웅은 치료되어 건강을 회복하고 부족 공동체로 귀환하기 전에 육체와 심령이 해체되는 분열의 형태로 자아를 버리는 과정을 필히 거쳐야 하기 때문이다. (Owens, *Other* 195)

인디언의 관점으로 조명하면, 폴린이 자기를 포기하는 분열 상태는 건강을 복구하고 부족 공동체로 귀환하는데 필요한 과정이다. 하지만 폴린은 부족 공동체로 귀환하지 않고 기독교에 귀의한다. 이러한 논리의 틈새는 폴린이 나폴레옹을 죽일 때 그가 마귀라고 믿었다는 사실과 연결하면, 그 전복적인 함의를 드러낸다. 자신을 죽이려는 마귀라고 믿었던 나폴레옹이 실제로는 자신을 구하려는 동족이라는 표면과 실재의 틈새는 폴린의 표면적인 역할과 실재의 역할 사이의 틈새에 담긴 함의와 직결된다.

표면적으로 폴린은 기독교로 귀의하는 것으로 나타나지만, 상기한 미국 원주민문화의 지평에서 보면, 자신의 연인인 나폴레옹을 죽이면서 극단에 이른 폴린의 분열은 부족 공동체로 귀환하기 위한 필연적인 과정으로 보인다. 기독교를 대변하는 동시에 미국 원주민 문화를 소개하고 보존하는 역할을 담당하는 폴린을 통해 두 상이한 문화가 융합될 수 있는 가능성이 제시된다. 폴린은 트릭스터로서 기존 경계의 재검토를 촉구하며, 기존 경계로 인해 야기된 억압과 상처로부터의 해방과 치료, 즉 건강의 회복을 유도한다. 분열이 치료와 건강의 전제 조건이라면, 폴린의 분열을 통한 저자의 의도는 선명히 드러난다. 두 문화의 만남으로 초래된 분열을 극단적으로 과장하여 독자가 분열을 간접 경험하는 과정을 거치면서 유사한 상처로부터 정화되고 건강을 회복하도록 유도하는 것이다.

그레고리는 나나푸시의 역할에 주목하기 때문에 인디언의 전통 계승을 어드릭의 저술 목적이라고 설명한다. 폴린을 트릭스터로 보고 그녀가 해학과 풍자로 두 문화의 간극을 엮어가는 양상을 검토하면, 『자취』에 대한 해석은 확대된다. 폴린은 두 문화의 경계선 상의 혼혈 인물로서 혼혈 작가 어드릭의 입장과 저술

의도를 가장 투명하게 대변하는 인물로 드러난다. 경계를 용해하고 포괄하는 성숙한 트릭스터 담론을 통해 어드릭은 인디언의 참혹한 현실을 비극적으로 애도하는 서정적인 경지를 넘어 성숙하게 승화된 치유로 이끄는 예술적 완성도를 성취한다. 폴린을 트릭스터로 해석할 때에 어드릭은 "최근 21세기 초에 미국인에게 필요한 것은 전통적인 이야기하기를 새로 소개하는 것, 즉 전근대적이고 미국 원주민 서술에서 발견되는 오래된 힘과 마술로 이야기를 새롭게 조성하는 것"이라는 앞서 소개한 로젠버그의 진단을 충실히 이행한 작가로 규명해야 할 이유가 선명히 드러나는 것이다.

🌿 참고문헌

Alberts, Laurie. "Novel Traces Shattering of Indian Traditions." *Albuquerque Journal*. Oct. 23, 1988, G-8.

Atwood, Margaret. *Conversations*. Ed. Earl G. Ingersoll. Princeton: Ontario Review P, 1990.

Erdoes, Richard & Alfonso Ortis, eds. *American Indian Trickster Tales*. New York: Penguin, 1998.

Erdrich, Louise. *Tracks*. New York: HarperCollins P, 1988.

Farrell, Susan. "Colonizing Columbus: Dorris and Erdrich's Postmodern Novel." *Critique: Studies in Contemporary Fiction* 40:2 (1999): 121-135.

Gale Group, *Contemporary Authors New Revision Series*, Vol. 62, 1998. http://www.english.uiuc.edu/maps/poets/a_f/erdrich/about.htm (About Louise Erdrich)

Gregory, Leslie. "Native American Humor: Powerful Medicine in Louise Erdrich's Tracks." *Ampersand: The Science of Art/The Art of Science*. 1998. http://itech.fgcu.edu/ &/issues/vol1/issue2/erdrich.hum

Hughes, Sheila Hassell. "Tongue-Tied: Rhetoric and Relation in Louise Erdrich's Tracks." *MEULS* 25.3/4 (2000): 87-116.

McCafferty, Kate. "Generative Adversity: Shapeshifting Pauline/Leopolda in Tracks and

Love Medicine." *American Indian Quarterly* 21.4 (1997): 729-751.

Owens, Louis. "Ecstatic Strategies: Gerald Vizenor's Darkness in Saint Louis Bearheart." *Narrative Chance: Postmodern Discourse on Native American Indian Literatures*, ed. Gerald Vizenor. [1989] Norman: U of Oklahoma P, 1993. 141-154.

_____. *Other Destinies: Understanding the American Indian Novel*. Norman: U of Oklahoma P, 1992.

Radin, Paul. *The Trickster: A Study in American Indian Mythology*. New York: Shocken, 1972.

Rosenberg, Roberta. "Ceremonial healing and the multiple narrative tradition in Louise Erdrich's Tales of Burning Love." *MELUS* 27:3 (2002): 113-132.

Scarberry-Garcian, Susan. *Landmarks of Healing: A Study of "House Made of Dawn."* Albuquerque: U of N Mexico P, 1990.

Schultz, Lydia A. "Fragments and Ojibwe Stories: Narrative Strategies in Louise Erdrich's Love Medicine." *College Literature* 1833 (1991): 80-95.

Silko, Leslie Marmon. *Ceremony*. New Yok: Penguin, 1977.

Spindler, Louise. "Menominee." Vol. 15 of *Handbook of North American Indians*. Eds. William C. Sturtevant and Bruce G. Trigger. Washington: Smithsonian Institute, 1978.

Velie, Alan. "The Trickster Novel." *Narrative Chance*. Ed. Gerald Vizenor. Albuquerque: U of New Mexico P, 1989. 121-139.

Vizenor, Gerald. *Chancers*. Norman, U of Oklahoma P, 2000.

_____. Hotline Healers. *An Almost Browne Novel*. Hanover: Wesleyan UP, 1997.

_____. "Trickster Discourse: Comic Holotropes and Language Games." *Narrative Chance*, ed. Gerald Vizenor. Albuquerque: U of New Mexico P, 1989. 187-212.

Walsh, Dennis. "Catholicism in Louise Erdrich's Love Medicine and Tracks." *American Indian Culture and Research Journal* 25.2 (2001): 107-27.

Ward, A. Joseph. "Prayers Shrieked to Heaven: Humor and Folklore in Contemporary American Indian Literature." *Western Folklore* 56:3/4 (1997): 267-280.

실코의 「이야기꾼」에 나타난 이야기의 집단적 힘

• 김지영

I

전통적인 책의 개념에 익숙한 독자라면 레슬리 마몬 실코의 『이야기꾼』은 조금 색다르게 느껴질 수 있는 책이다. 그림 동화책처럼 세로가 아닌 가로로 펼쳐지게 되어 있는 이 책에는 여러 가지 장르가 어우러져 마치 앨범과 같은 느낌을 준다. 여기에는 이미 실코가 개별적으로 발표한 여덟 편의 짧은 이야기와, 실코의 다른 소설을 통해 친숙해진 푸에블로^{Pueblo} 설화와, 시와, 자서전적 단상 사이로 실코의 가족들과 푸에블로 풍경의 사진들이 배치되어 있다. 마치 가족 앨범과도 같은 이 책의 장르가 무엇이냐고 물으면 대답하기 난감할 것이다. 이 책은 기존의 장르 구분법에 분명 어긋나긴 하지만, 그렇다고 실험적인 텍스트의 특징인 낯선 느낌은 주지 않는다. 저자 이름과 책 제목이 명시된 책의 겉장 다음에 만나는 헌사에는, 이 책을 "기억이 거슬러 올라가는 만큼 이야기꾼들과, 그들의 삶이 펼쳐졌던, 그리고 우리의 삶이 그들과 함께 펼쳐졌던 이야기하기에 바친다'라고 씌어 있다. 그리고 "이야기꾼"이라는 속표지 다음에는, 할아버지와 아버지가 직접 찍었던 사진들이 이야기의 일부이고, 사진에서 이야기의 자취를 찾을 수 있기 때문에 여기 싣는다는 언급이 나온다. 백인 남자와 인디언 여자가 아기를 안고 있는 젊은 부부의 사진(증조부 내외)이 혼혈인 실코의 태생의 기원을 말해주듯 첫 페이지를 장식하고, 이제 실코의 기억 속에 있는 이야기꾼들— 수지 고모할머니, 아무 증조할머니, 릴리 할머니, 앨리스 고모 등—의 이야기와 그녀의 이야기들이 굽이굽이 펼쳐진다.

여러 장르들이 혼합되어 있고, 사진 이미지와 글쓰기가 공생하는 이 책의 형식상의 특성은 서구적인 책의 개념에 도전하는 것으로 비평가들의 주목을 받았다. 엘리자베스 맥헨리는 이 책이 푸에블로 설화의 특징인 "거미집"과 닮았다는 데 착안하여, "『이야기꾼』은 저자가 글을 쓰려고 선택한 환경인 영문(英文) 전통에 저항하는 것 같다'(101)라고 말한다. 예컨대 이 책에는 숫자로 된 구분이나 1장, 2장이라는 장의 구분이 없다. 실코의 자서전적인 이야기, 허구적 이야기, 신화적 이야기들 사이에는 아무런 연관이 없으며, 다만 네모 잎 모양의 문양으로 모든 이야기들이 구분될 뿐이다. 오직 익숙한 것은 쪽수가 있다는 사실뿐이다. 따라서 이 책은 "책장에 꽂힌 어느 표준적인 책과도 글자 그대로 '어울리지' 않는다"(102)고 맥헨리는 쓰고 있다.

물론 『이야기꾼』은 책 크기나 구성과 같은 형식적인 면에 있어서 서구적인 개념의 '책'에 도전하는 것처럼 보인다. 그러나 더욱 중요한 사실은 이 책이 서구적인 문학의 전통, 특히 개인적인 글쓰기에 도전한다는 점이다. 개인적인 글쓰기는 글을 쓰는 주체나 글의 내용이 개인에 대한 글쓰기를 말한다. 서구 문학은 글을 쓰는 주체가 개인이라는 점에서 저자성에 얽매이게 되었고, 글의 내용이 개인에 대한 것이기 때문에 주인공의 행위와 감정이 중요하게 다루어진다. 그리고 글의 내포된 독자이건 실제 독자이건 글을 읽는 주체도 개인으로 상정된다. 이와 같이 글을 쓰는 작가, 글의 내용을 이루는 주인공, 글을 읽는 독자라는 삼원적 구조가 문학의 구조를 이루며, 더 나아가 문학비평의 주된 대상이 된다. 그러나『이야기꾼』의 기초를 이루는 것은 개인적인 목소리가 아니라 집단적인 목소리이다. 이 책에 실린 이야기들은 실코가 친척들로부터 들은 부족의 설화이거나, 그 설화를 근거로 그녀가 만든 이야기들이다. 곧, 그녀가 헌사에서 밝힌 대로 삶과 동의어인 이야기하기와 이야기꾼의 이야기들이다. 따라서 이 책의 목소리는 실코 개인의 목소리가 아니라, 그녀를 포함한 이야기꾼들의 목소리, 이야기가 전해지고 전해지면서 묻어난 이야기꾼들의 집단적 목소리이다. 실코의 이야기에는 권위적이고 개인적인 화자가 아니라 경계선에 서 있는 집단적 화자의 목소리가 깔려있다. 다시 말해, 어느 특정한 개인에게 속한 글이 아니라, 양피지에 덧쓰인 글처럼 한 이야기꾼의 필체 위에 그 다음 이야기꾼의 필체가 겹쳐지는 경계의 연속으로 이루어져 있다. 따라서『이야기꾼』은 실코의 저자명 아래 놓여있는 그녀의 책이지만, 그녀 개인의 글쓰기가 아닌 집단적 글쓰기의 예를 보여준다.

여기에 이야기의 힘이 있다. 이야기의 힘은 구성원들에게 미치는 이야기의 영향력에서, 또 반대로 구성원이 이야기에 덧붙이는 증식력에서 드러난다. 여러 세대의 이야기꾼들을 거치면서 이야기는 집단의 구성원들에게 삶의 지표가 되고, 이야기에 포함된 생활의 현실적인 기술과 정신적인 지혜는 구성원들의 삶에 광범위한 영향을 미친다. 구성원들은 이야기를 통해 자신의 삶을 조직하는 한편, 이야기에 자신의 이야기를 덧붙여 다음 세대에 전해준다. 따라서 이러한 이야기의 고유성은 집단성에 있다고 할 수 있다. 이때의 집단성은 개인과 상반되거나 혹은 특정 집단의 이익을 반영하는 집단성이 아니라, 개인 속의 집단, 즉, 개인이 곧 집단적임을 선언하는 집단성이다. 이야기는 고독한 개인의 산실에서 나오는 것이 아니라, 여러 이야기꾼들을 거치면서 덧붙여지고 더해지면서 만들어지는 일종의 거미집이다. 따라서 이야기는 개인적인 서구문학에 대안적인 집단적인 문학형태를 보여준다.

『이야기꾼』에는 실코가 이미 발표했던 여덟 개의 이야기를 포함하고 있다. 그 가운데 「이야기꾼」과 「노란 여인」, 그리고 「토니의 이야기」는 푸에블로 설화의 이야기하는 방식과, 이야기가 구성원에게 미치는 힘과, 설화와 현실이 교차되는 양상이 강렬하게 나타나 있다.[1] 이 논문에서는 이 가운데 가장 먼저 만나는 「이야기꾼」을 중심으로 이야기의 집단성을 살펴보고자 한다. 또한 이와 더불어 서구의 전통적인 글쓰기에 대해 이 책이 던지는 도전의 함축적인 의미를 살펴보고자 한다.

II

「이야기꾼」은 알래스카의 어느 감옥에 갇혀있는 유픽^{Yupik}족 에스키모 소녀의 이야기이다. 이름 없는 이 소녀의 부모는 백인 가게 주인에게 소총을 주고 거래한 양철 캔에 든 술을 마신 후 죽은 채 발견되었다. 어느 날 "빠른 회색 물살이 얇은 얼음판 아래에서 출렁거릴"(*Storyteller* 28) 때, 그녀는 가게로 가서 주인의 심기를 건드려 화나게 만들어 그녀를 쫓아 나오게 한다. 가게 주인이 언 강을 가로질러 막 그녀를 따라 잡으려는 순간, 강 표면의 얼음이 깨어지며 "해방된" 출렁거리는 회색 물살이 그를 삼켜버린다. 변호사는 이것이 사고였으며 판사에게 단지 사고였다고만 말하면 된다고 그녀를 설득한다. 하지만 그녀는 자신이 그렇게 의도했으며 따라서 자신이 죽였다고 주장한다. "나는 이야기를 바꾸지 않을 것예요. 이 곳을 벗어나 집에 가기 위해서라 해도, 나는 그가 죽도록 할 작정이었어요. 이야기는 있는 그대로 이야기 되어야 해요"(31)라고 그녀는 말한다. 그녀가 살인죄를 자청하면서까지 지키고자 하는 이야기의 완고한 힘은 어디에서 오는 것일까?

---

1) 푸에블로 설화에 따르면 노란 여인은 이족(異族)에게 납치되었다가 장차 영웅이 될 아이를 잉태해서 온 풍요의 상징이다. 「노란 여인」은 이 설화가 어떻게 구성원들에 의해 다양한 이야기들로 증식되는지 보여준다. 또한 「토니의 이야기」에서는 주인공이 백인 경찰을 죽이는 과정이 이야기의 힘에 의한 것으로 그려진다. 그 외 단편으로는 「자장가」, 「토니 삼촌의 염소」, 「비구름을 보낸 남자」, 「제로니모 이야기」, 「코요테는 손에 풀하우스를 들고 있다」가 『이야기꾼』에 실려있다.

이 이야기에서 우리는 세 가지 대립적 구도를 읽을 수 있다. 첫째는 백인과 유픽 에스키모의 대립 구도이다. 백인을 가리키는 구삭^Gussuck이란 이름이 암시하듯, 이 지방을 찾은 최초의 백인은 코사크 러시아인이지만, 이제는 석유를 채굴하러 온 미국인을 일컫는다. "그들은 훔칠 게 있을 때만 와. 모피동물은 이제 얻기가 아주 어려워졌어 그리고 물개와 물고기도 찾기 힘들지. 이제 그들은 땅 깊숙이 있는 석유 때문에 오는 거야"(22)라는 노인의 말에서 드러나듯이, 백인과 유픽 족과의 대립은 침입자와 원주민의 대립이며, 탈식민지적 상황을 연출한다. 주인공이 백인 학교에 들어갔을 때, 그녀는 영어를 말하기를 거부했다는 이유로 기숙사 사감에게 가죽 벨트로 맞는다. 사감은 에스키모인이지만, 오랜 기간 인디언 사무국^BIA에서 종사한 적이 있는 동화된 원주민이다. 사감은 주인공이 영어를 배우기에 너무 늦은 나이에 학교에 들어온 것에 대해 "뒤떨어진 마을 사람들"(19)이라고 비난한다. 주인공 외의 소녀들은 영어로 속삭이고 "샤워기를 사용하는 법을 알고 밤에 머리를 감아서 말아놓는다"(20). 백인의 삶의 태도에 동화하지 못하는 주인공은 학교를 벗어날 기회가 오자 기꺼이 학교를 떠난다.

이 이야기를 구성하는 두 번째 대립적 구도는 주인공과 노인의 관계이다. 노인은 외부사람의 눈에는 주인공의 할아버지로 보이지만, 사실 그렇지 않다. 할머니가 돌아가시고 난 후, 보호자로 목사와 노인을 선택해야하는 기로에 섰을 때, 주인공은 학교에 돌아가지 않기 위해 노인을 선택한다. 그녀는 노인이 그녀를 학교에 되돌려 보내지 않을 것임을 안다. 왜냐하면 "그는 그녀를 옆에 두고 싶어 하기" 때문이다. 노인과 주인공의 관계는 암묵적인 성희롱의 관계로 나타난다. "하늘을 게으르게 돌고 있는 갈까마귀처럼 언제나 사냥하는 손을 가진 노인은 언제든지 그녀를 만지려고" 하며, "그는 그녀가 침대에 오면 함께 할 것에 대해 거짓말을 했다". 그러한 노인에 대해, 또 노인의 행위에 대해 주인공의 심정이 어떠한가는 사실 명시적으로 나타나있지 않다. "그가 그녀에 비해 늙은 것보다 훨씬 더 빨리 그녀가 그에 비해 나이를 먹을 것이다"라는 노인의 말에서, 소녀가 노인의 손아귀에서 벗어나고 있음을 짐작할 뿐이다. 사실 그녀는 "가만있지 못하고 강해

졌으며," "담요 아래의 느리고 매끄러운 동작을 결코 바꾸지 않았던 노인에게 참
을성이 없어졌다'(20). 이는 주인공이 자라면서 노인의 요구에 저항하고 반항할
힘을 가지게 되었음을 암시한다. 과연 주인공은 노인의 성적 희롱에 반항하듯, 유
정을 뚫으러 온 붉은 머리의 백인 시추공과 하룻밤을 잔다. 그렇지만 백인 시추공
이 주인공을 노인과의 왜곡된 성관계에서 풀어주는 해방군의 역할을 하지는 않는
다. 시추공은 개와 포개져있는 여자의 사진을 보아야 성적흥분을 느끼는 남자이
고, 주인공에게 그는 단지 "붉은 머리의 구삭에 대한 이야기"(24)를 갖게 해주었
을 뿐이다.

　「이야기꾼」의 세 번째 대립 관계는 이야기와 거짓말의 대립 구도이다. 이는
원주민과 백인의 대립 구도로 연결될 수 있지만, 그 이상의 의미를 가지고 있다.
「이야기꾼」의 각 인물들은 자신의 이야기를 가지고 있다. 주인공이 붉은 머리의
구삭에 대한 이야기를 가지고 있다면, 할머니는 억울하게 죽은 자식에 대한 이야
기를 가슴에 묻어둔 채 살아간다. 그러던 어느 날 할머니는 마치 깊은 눈 속을 헤
쳐 가듯 힘들게 이 이야기를 손녀에게 꺼낸다.

> "나는 가게주인이 그애들[주인공 부모]을 독살했다고 그[경찰]에게 말해
> 달라고 통역관에게 말했단다." 그녀는 그들의 시체가 어떻게 모래사장에
> 뒤틀려 누워있었는지 보여주고자 공중에 선을 그렸다. 그 이야기를 하는
> 것은 깊은 눈 속을 걸어가고자 애쓰는 것처럼 보였다. 이마 주위의 백발
> 에 땀이 비쳤다. "나는 목사가 오고 난 다음에 또 말했지. 가게주인이 거
> 짓말했다고 말했어." 그녀는 소녀에게서 몸을 돌렸다. 슬픔이나 분노 때
> 문이 아니라, 남겨진 모든 것인 고통에 저항하고자 입을 굳게 다물고 꼿
> 꼿하게 서 있었다. "어쨌거나 나는 그다지 많이 믿지는 않았다"고 그녀
> 가 말했다. "목사가 아무 말도 안했을 때 난 놀라지 않았단다." (*Storyteller*
> 25)

　할머니의 고통은 "거짓말"이란 단어와 함께 고스란히 소녀에게 전달된다. 소

녀는 거짓말을 구삭의 이야기 방식으로 간주한다. 구삭과는 달리 에스키모의 이야기는 거짓말을 하지 않는다. 심지어 소녀를 성희롱했던 노인의 이야기도 거짓말을 하지 않는다. 노인은 겨울 내내 베링해의 얼음판을 가로질러 고독한 사냥꾼의 뒤를 밟는 거대한 북극곰에 대한 이야기만 했다. 조금씩 몇 달 동안 이야기를 진전시킨 결과, 곰은 사냥꾼에게 백 피트 안까지 접근했다. 어느 날 밤, 노인이 잠꼬대로 곰의 발아래 부서지는 얼음의 다양한 음향들을 중얼거리다가 멈추었을 때, 소녀는 "오래 걸리겠지만 이야기는 말해져야 해. 거짓말이 있어서는 안 돼"(26)라는 말을 분명히 듣는다.

노인의 이야기는 소녀에게 분신double을 만든다. 소녀는 노인의 이야기에서 자신의 이야기를 잉태한다. 즉, 부모의 죽음에 대한 복수의 이야기가 노인의 북극곰 이야기로부터 태어난다. 커다란 북극곰은 사냥꾼 뒤를 밟으며 공격할 때를 찾고 있고, 사냥꾼 역시 옥돌 칼을 쥐고 곰이 덮쳐올 때를 기다린다. "노인의 곰처럼 얼음이 북서쪽 수평선에서 웅크리고 있을"(29) 때, 그녀는 복수의 시간이 다가왔음을 느낀다. 그리고 북극곰과 사냥꾼의 이야기가 어떻게 결말이 나는지 알면서도 노인이 이야기를 바꾸지 않았듯이, 그녀도 자신의 이야기를 바꾸지 않는다. 노인의 말처럼 이야기는 말해져야 하고, 거짓말은 없어야 하기 때문이다.

이야기와 거짓말은 반대의 극점을 이룬다. 이야기의 반대는 현실이나 허구가 아니라 거짓말이다. 부모를 죽음에 이르게 한 술을 판 백인 가게 주인은 거짓말을 했다. "그는 그들[부모]에게 거짓말을 했어요. 마시는데 안전하다고 말했어요. 그러나 나는 거짓말을 하지 않을 것예요"(31)라고 그녀는 고집스럽게 말한다. 거짓말은 백인의 이야기 방식이다. 가게 주인은 그녀 부모의 죽음이 자신과 관계없다고 거짓말했다. 판사에게 "그녀의 마음이 혼란스럽다"고 주장할 변호사의 말도 그녀에게는 거짓말이다. "구삭들[백인들]은 이야기를 이해 못한다. 몇 년 동안이나 노인이 했던 것처럼 착오나 침묵 없이 이야기가 말해져야 하는 방식을 그들은 알지 못한다"(31-32)는 것이 그녀가 이야기를 이해하는 방식이다. 이야기는 있는 그대로 말해져야 하고, 감당하지 못할 결말이 기다리고 있더라도 이야기는 바꿔어서는 안 된다. "그것[옥돌 캠]은 얼음 위에 산산이 부서졌다. 그리고 파란 빙하 곰이 천천히 몸을 돌려 그를 대면했다"(32)고 노인의 이야기는 끝맺음을 한다. 거짓말은 다가오고 있는 것을 멈출 수 없는 것이다.

유픽 에스키모 원주민인 그녀가 말하는 거짓말은 무엇일까? 백인의 이야기가 거짓말이라고 할 때, 이는 대조적으로 원주민의 이야기가 진실이라고, 따라서 백인과 원주민의 이분법을 거짓과 진실의 이분법으로 대체하고자 함이 아니다. 그녀의 이야기를 거짓이 난무하는 세상에 진실을 지키는 횃불로 해석한다면, 또 경제적, 언어적, 문화적으로 알래스카를 덮쳐버린 백인의 식민지적 영향 하에서 원주민의 한 가닥 남은 전통인 이야기를 목숨 바쳐 지키는 숭고한 이야기로 칭송한다면, 이 이야기는 우리가 익히 알고 있는, 순수에 대한 낭만적인 찬사 이상이 되지 않을 것이며, 백인과 원주민이라는 대립적인 두 집단의 이야기로 환원될 것이다. 그러나 이 이야기는 집단^{group}의 이야기가 아니라 집단적인^{collective} 이야기이며, 다음 장에서 전개되듯, 이 둘은 분명히 다른 범주를 가리키는 것이다.

III

집단이 사람들의 모임이라는 통념과는 달리, 사실 집단은 일정한 척도를 부과하여 사람들을 나누는 작업의 결과물이다. 집단 속의 개인들은 균질한 차이로 환원되며, 집단과 집단 사이는 차등적인 차이로 환원된다. 개인은 집단과 동일시하여 자신의 정체성을 구성하며, 개인의 목소리는 집단의 목소리와 겹쳐진다. 반면, 집단성^{collectiveness}은 나의 구성이 집단적임을 가리킨다. 내가 나의 가족, 나의 민족, 나의 국가와 동일시하여 정체성을 주장할 때 이는 집단을 말하는 것이지만, 내 속에 종족과 민족과 인종적 구성원들의 다양성을 인식할 때 이는 집단성을 말한다. 따라서 집단성은 나를 넘어서는, 즉 개인성을 넘어서는 비개인적 다양성^{impersonal multiplicity}이다.

사실 집단성은 질 들뢰즈가 소수자 문학$^{minor\ literature}$을 소개하면서 열거했던 세 가지 특징 가운데 하나이다. 들뢰즈는 소수자 문학의 특징으로 언어의 탈영토화와 정치성을 꼽은 후에 마지막 특징으로 '집단적인 가치'를 든다. 소수자 문학의 작가들은 개인화된 발화의 '대가'라고 할 만큼 재능이 풍부하지 않기 때문에, 그들의 발화는 개인적이 아니라 집단적인 언표행위가 된다. 작가들이 각자 개인적으로 말하는 것이 이미 공동 행위를 구성하고, 작가가 말하거나 행하는 것은 언제나 정치적이다. 들뢰즈가 소수자 문학의 예로 들고 있는 카프카의 문학에서 보듯, 언표는 "그것의 원인인 언표행위 주체에게도, 그것의 결과인 언표의 주체로도 환원되지 않는다"(*Kafka* 18). 「요제피네, 여가수 또는 서씨족」의 주인공인 쥐 요제피네나 「어느 개의 연구」의 주인공인 연구자 개는 주체를 나타낸다기보다 '집단적 다양성'이나 '집단적 언표행위의 배치'를 나타낸다. 마찬가지로 카프카 작품의 대표적 주인공을 나타내는 문자 K는 화자나 인물을 지칭한다기보다 집단적인 행위자^{agent}를 가리킨다. 이들은 모두 개인으로 환원되는 주체가 아니라 집단적 언표행위의 행위자이다.

　독일어를 써야하는 유대계 체코인 카프카의 경우가 그렇듯, 소수자 문학은 특히 지배적인 다수자 언어를 수용해야하는 소수 집단의 문학을 포함한다. 영어를 써야하는 아메리카 원주민의 문학 역시 소수자 문학에 포함된다.2) 아메리카 원주민 작가들은 자신의 부족어가 아닌 영어로 글을 써야하는 상황 속에 있기 때문에, 언어에 각인된 집단의 혼재를 피할 수 없다. 그들이 쓰는 영어는 부족어의 영향이

---

2) 들뢰즈는 카프카가 사용했던 프라하의 독일어의 용법이 오늘날 미국의 흑인들이 영어를 가지고 할 수 있는 바와 비교된다고 말한다(*Kafka* 17). 그렇다면 아메리카 원주민의 경우도 유사하리라고 유추할 수 있다. 사실, 아메리카 원주민문학은 들뢰즈가 열거하는 소수자 문학의 특징들, 즉 언어의 탈영토화와 정치성과 집단성을 모두 가지고 있는 듯이 보인다. 언어의 탈영토화는 소수자인 아메리카 원주민이 다수자 언어인 영어를 어떻게 소수자적으로 사용하는가는 문제를 말하는데, 이는 자신의 언어가 아닌 식민개척자의 언어를 사용해야하는 탈식민 문학이 가지는 문제와 직결된다. 또한 개인이 주인공이라고 하더라도 이미 그 개인의 글쓰기가 이미 집단적이고 정치적이라는 점에서도 소수자 문학과 연결된다.

묻어있는 언어인 반면, 그들의 부족 이야기는 지배언어인 영어가 부족어에 미친 영향을 드러낸다. 실코의 예를 든다면, 그녀는 수지 고모할머니가 이야기해준 아코마^Acoma의 웨이씨아^Waithea라는 어린 소녀의 이야기(*Storyteller* 8-15)에서, 수지 고모할머니가 펜실베이니아 칼라일의 인디언 학교에서 배운 영어의 흔적인 '급경사의'^precipitous를 찾아낸다. 그녀가 기억하는 고모할머니는 영어로 실험한 최초의 라구나 부족 세대이며, "우리를 위해서 영어가 말하도록, 즉 가슴으로부터 말하도록 일을 시작한"(*Yellow Woman* 54) 이야기꾼이다. 그런 한편, 부족의 이야기도 영어에 영향을 미치는데, 실코는 이를 다음과 같이 주장한다.

> 나는 이 말의 뜻을 명확히 밝히고자 한다. 예를 들어 라구나 푸에블로에는 많은 개별적 낱말들이 나름의 이야기를 가지고 있다. 그래서 누군가 이야기를 하고 있고, 그 이야기를 하기 위해 낱말들을 사용한다면, 말해지는 각각의 낱말들 역시 나름의 이야기를 갖고 있는 것이다. 말하는 자들, 즉 이야기꾼들은 흔히 이들 낱말의 이야기로 들어가서 이야기 속의 이야기의 정교한 구조를 창조한다. 이야기를 실제로 할 때 더욱 두드러지는 이러한 구조는 전통적인 서사 뿐 아니라 현대 푸에블로의 쓰기와 이야기하기를 성격지우는 것이기도 하다. 서사에 대한 이러한 관점 ― 이야기 속의 이야기, 즉 하나의 이야기는 단지 많은 이야기들의 시작일 뿐이라는 생각과 이야기는 결코 끝나지 않는다는 느낌 ― 은 영어에 원주민 문화가 기여한 중요한 공헌을 나타낸다. (*Yellow Woman* 50)

위의 인용문에서 실코가 명확히 밝히고자 했던 "이 말"은 "언어가 이야기다"라는 것이다. 라구나 푸에블로 부족에게 단어는 그 자체가 이야기를 함축한다. 예컨대 '미루나무'^cottonwood는 '노란 여안'인 코치니나코^Kochininako가 태양남자를 만난 장소이기도 하고, 버팔로맨에게 매료되어 납치된 코치니나코가 남편에게 구원되어 도망치다 잠시 휴식을 취한 장소이기도 하다. 따라서 미루나무는 코치니나코가 태양 집^Sun House을 찾아가는 이야기를 구성하기도 하고(*Storyteller* 63-67), 그녀의 희생으로 부족민들이 버팔로 고기를 먹게 된 이야기를 구성하기도 한다(*Storyteller* 67-76). 단어는 이야기를 포함하고 있고, 또 이야기는 다른 이야기를 포함한다. 실코는 이러한 "이야기 속의 이야기"의 서사 방식이 영어에 중요한 공헌을 했다고 주장하고 있다.

이러한 '이야기 속의 이야기'를 혹자는 메타픽션의 특징이라고 지적할 수도 있겠지만, 이는 소설기법의 일종이라기보다, 푸에블로 부족의 세계관을 표현한 것이다. 이야기 속의 이야기는 이야기를 뽑아내는 거미가 만들어 낸 거미집처럼 "많은 짧은 실들이 중앙으로부터 사방으로 퍼져 서로 교차하는"(*Yellow Woman* 49) 구조를 이룬다. 그 중앙에는 모든 것을 생각하여 세계를 창조하는 생각 여인Thought Woman이 있다. 푸에블로 창조 설화에서 "이 세계의 모든 것은 원초적인 창조의 일부"(49)이듯이, 이야기도 창조의 경험과 이해에서 나온 것이라고 실코는 말한다. 그것은 "우리 모두가 전체의 일부라는 것, 이야기들과 경험들을 구별하거나 조각 내지 않는다는 것"(50)을 말한다. 우리가 고립되어 있지 않고 전체와 연결되어 있듯이 이야기도 고립된 단편들이 아니라 거미집처럼 서로 연결되어 있는 것이다. 이것이 이야기의 집단적 힘과 집단성을 이룬다. 그러나 주의할 점은 집단성이 우리는 하나라는 동일성으로 귀착되지 않는다는 점이다. 집단성은 우리를 전체와 연결시키되, 동일성이 아닌 다양성으로 연결시킨다. 이는 실코의 전작인 『의식』 에서도 충분히 읽을 수 있다.

『의식』은 일반적으로 주인공 타요Tayo의 정체성 추구의 소설로 읽힌다. 라구나족 원주민 어머니와 멕시코계 백인 아버지 사이에서 혼혈로 태어나 어릴 적부터 아웃사이더였던 타요는 2차대전 참전 후 정신착란에 걸려 고향에 돌아온다. 그의 정신착란은 정체성의 분열의 징후로 받아들여진다. 치료를 위하여 주술사인 베토니Betonie노인의 도움을 받아 원주민의 의식을 지낸 후, 타요는 자신을 괴롭히던 죄책감에서 벗어나 마침내 자신의 진정한 정체성을 찾는다는 것이 이 소설의 일반적인 줄거리이다. 그러나 『의식』은 자아의 동일성에 기초한 정체성 회복이 종착지가 되는 소설이 아니다.[3] 타요가 자신의 정체성을 찾아가는 방식은 역설적이게도 동일성이 아니라, 타자성과 다양체를 향해 나아감으로써이다. 소설이 시작하면서 쇠침대의 삐걱거리는 소리는 타요의 무의식을 자극하여 스페인노래-일본인의 화난 소리-라구나 부족의 소리-조사이어 삼촌의 목소리-일본군인의 명령소리-여인들의 말소리-어머니의 목소리-주크박스의 음악 소리로 빙글빙글 엉키는 실타래 같은 꿈을 펼쳐놓는다. 그리고 소설의 말미에서 타요는 최초의 핵폭탄이 제조되었던 장소에서, 왜 꿈 속 정글에서 이들의 목소리가 합쳐졌는지 깨닫는다. 이들 목소리는 서로 간에 대립하는 것이 아니라, 파괴자의 죽음의 계획에 대립하는 연결된 목소리인 것이다. 이때 타요는 일본군과 라구나 족과 조사이어 삼촌과 사촌 록키가 함께 섞인 인류 전체의 집단성을 깨닫는다. 그 집단성은 인류라는 한 집단으로 묶인 동일성의 효과가 아니라, 타요가 일본군이 되고 라구나 족이 되고 조사이어가 되고 곰인간이 됨으로써, 랭보^{Rimbaud}의 "나는 타자이다^{is another}"를 실현하는 다양성의 효과이다.

이제 우리는 집단의 이야기와 집단적 이야기를 구분할 수 있게 된다. 역설적으로 들리겠지만, 집단의 이야기의 주체는 개인이다. 다만 개인이 어떤 행동을 하는 것은 그 집단에 소속되었기 때문이다. 개인은 자신이 속한 집단의 이념에 따라 행동할 수도 있고, 반하여 행동할 수도 있다. 개인은 자신이 속한 집단과 대립적인 집단에 대항할 수도 있고, 대립을 넘어 보편적인 정신을 추구하고자 할 수도 있다. 어쨌거나 집단의 이야기는 개인이 주체로서, 개인과 집단의 관계에서 개인의 정체성 문제가 주요하게 부각된다. 개인은 A집단과 B집단 사이에서 갈등하여, A로 회귀하거나, B로 동화하거나, 아니면 제3의 C를 선택한다. 반면 집단적 이야기는 집단 속의 개인이 아니라, 개인 속의 집단이 주체이다. 이때의 집단은 단일한 집단이 아니라, 혼종의 섞인 집단이다. 개인은 어느 특정한 집단을 대표하지 않으며, 개인의 행동은 집단에 귀속되지도 않는다. 다만 개인은 집단이 맞닥트린 곤경과 혼란을 표현한다. 그 곤경과 혼란은 외부가 일으킨 영향에 대한 집단의 반

---

3) 이러한 내용은 졸고 「실코의 『의식』에 나타난 들뢰즈의 탈주선」에서 자세히 다루어지고 있다.

응이다. 외부는 자연적인 재해일 수도 있고 외부집단의 침략일 수도 있다. 이 모든 것이 집단의 내부에 흔적으로 각인된다. 개인은 그 흔적을 드러내되, 그 개인적 흔적은 곧 집단적 흔적인 것이다. 개인이 집단들 사이를 방황하는 것이 아니라, 집단들의 방황이 개인 속에 표현된다.

『의식』을 예로 들어보면, 타요의 혼혈성은 그를 어느 특정한 집단에 귀속시키는 것을 방해한다. 물론 그는 백인에게 역사적으로 억압을 받아온 원주민 집단에 속하지만, 그의 사촌인 록키^{Rocky}나 친구인 에모^{Emo}나 할리^{Harley}와는 다르게 혼혈이기 때문에, 원주민 집단으로부터도 인정을 받지 못한다. 따라서 그의 정체성은 동일시할 규범적인 집단을 갖지 못한 채 방황한다. 원주민 집단 내에서도 정체성은 어느 집단에 동일시하는가에 따라 영향을 받는다. 록키는 백인의 가치를 받아들여 외부세계에서 성공을 꿈꾸지만, 에모와 할리는 백인의 지배의 역사 동안 침전된 패배의식에 물들어 역으로 원주민의 가치를 옹호하는 것으로 공격성을 표출한다. 타요가 자신의 자리를 찾기 위해 겪게 될 베토니 노인의 의식은 타요를 다시 원주민 집단 속으로 불러들이는 게 아니라, 타요의 개인 속에 새겨진 집단성을 확인하는 절차가 된다. 원주민 설화 속의 사악한 마법사는 백인을 창조했기 때문에 사악한 것이 아니라, 인간을 나누어서 집단의 지배 역사를 시작했기 때문에 사악한 것이다. 타요의 정체성 탐색과정은 결국 원주민 집단으로 돌아가는 것이 아니라, 사악한 마법사에 맞서 자신 안에 인류의 전체성을 깨닫는 것으로 방황을 끝낸다. 『의식』은 집단의 이야기가 아니라 집단적 이야기로 읽혀야 하는 것이다.

이는 「이야기꾼」도 마찬가지이다. 그러나 이 이야기 역시 아메리카 원주민의 이야기로서 집단의 이야기로 읽는 사례가 주류를 이루고 있다. 그 가운데 한 예를 다음 장에서 살펴보고, 그에 반하여 이 이야기를 집단적 이야기로 읽는 사례를 구성해볼 것이다.

IV

「이야기꾼」을 집단의 이야기로 읽는 사례는 앞서 언급했듯 개인을 주체로 보기 때문에, 주인공 소녀의 목소리에 초점을 맞추어 개인의 이야기로 읽는다. 그러나 분명한 것은 「이야기꾼」의 주인공인 소녀가 개인으로보다는 집단의 구성원의 자격으로 말하고 있다는 점이다. 다시 말해 소녀의 목소리는 그녀의 내면, 즉 주체의 심리를 표출한다기보다, 집단의 이야기들을 모아 자신의 이야기를 뽑아내는 행위자를 구성한다. 이는 특히 「이야기꾼」의 독특한 내적인 시점에서 드러난다. 「이야기꾼」은 주인공인 소녀의 시점으로, 제라르 쥬네트의 시점 구분에 따르자면 내적 초점화로 서술되고 있다4). 따라서 우리는 일인칭의 자서전적 목소리처럼 주인공의 내면을 들여다볼 수 있을 것이라고 기대한다. 그러나 독자에게 제공되는 것은 주인공의 내면이 아니라, 할머니와 노인의 이야기들과 혼재된 주인공의 복수 과정의 이야기이다. 따라서 여기에 모종의 틈이 생기고, 믿을 수 없는 화자와 모호함의 문제가 생겨난다. 헬렌 자스코스키가 「좋은 이야기를 하는 것」에서 제기하는 것이 이 문제이다. 그녀는 「이야기꾼」을 "한 명의 중심적인 의식을 통해 세밀하게 걸러진" "독특하고 내적인 시점"을 가진 이야기라고 본다. 그리고 "상당한 모호성, 대답되지 않은 많은 질문들, 그리고 믿을 수 없음의 가능성" (*LMS* 88)이라는 『이야기꾼』 전체의 서사의 특징이 단편 「이야기꾼」에서는 침묵에서 비롯된다고 주장하며, 다음과 같이 말한다.

> 침묵의 힘은 이 이야기 전체를 통하여, 시간 자체를 없애버리는 맹렬한
> 추위의 형상으로 어른거린다. 이 이야기는 많은 이야기들을 언급하는 이

---

4) 쥬네트는 '누가 말하는가'와 '누가 보는가'가 혼재된 미국 신비평의 시점분류를 비판하고, 시점을 '누가 보는가'에만 관련하여 비초점화, 내적 초점화, 외적 초점화로 분류한다. 따라서 「이야기꾼」은 3인칭 화자에 의해 말해지지만 주인공의 내면을 볼 수 있는 내적초점화로 서술되었다고 할 수 있다.

야기꾼에 대한 것이다. . . . 그러나 이들 이야기들은 사실 거의 이야기된 바 없다. 강력하고 차갑고 맹렬한 침묵이 이러한 창작 행위들을 삼켜버리는 것처럼 보이며, 이야기 그 자체도 — 노인의 경우에서 보듯이 — 이야기꾼을 삼켜버리는 힘을 가진다. 정말 「이야기꾼」은 침묵과 이야기의 부재에 대한 것이다. (*LMS* 88)

이와 같이 자스코스키가 「이야기꾼」을 이야기가 부재한 이야기로, 침묵의 이야기로 보는 것은 주인공 소녀를 개인적인 주체로 보기 때문이다. 그녀는 소녀가 노인에게 성희롱을 당한 것도 침묵으로 처리하고 있기 때문에 모호함을 낳는다고 말한다. 소녀는 노인이 "그녀가 침대에 오면 함께 할 것에 대해 거짓말을 했기 때문에 믿지 못한다"(*Storyteller* 20)고 했다. 그러나 그 거짓말의 내용이 무엇인지는 말하지 않기 때문에 모호하게 남는다. "섹스를 약속했다가 못했다는 것일까? 아니면 순수하게 애무만 하겠다고 약속하고는 성추행을 한 것일까?"라고 질문하며, 자스코스키는 "이것이 이 이야기에서 결정적인 순간에 침묵한 많은 경우 중의 하나"(*LMS* 89)라고 지적한다. 그녀는 더 나아가 소녀가 죽였다고 주장하는 백인 가게 주인이 소녀의 부모를 죽게 한 가게 주인과 "같은 사람일 수도 아닐 수도 있다"(89)고 지적하면서, 이 이야기에서 거짓말의 모호성을 증폭시킨다.

이러한 자스코스키의 입장은 결국 「이야기꾼」을 본질주의를 지향하는 이야기로 몰고 간다.[5] "오염을 피하고자 하는 데 오로지 정체성을 투여하고, 어떤 값을 치루더라도 그녀의 배타적인 독백, 즉 '거짓말 없이' 이야기해져야 하는 '그 이야기'를 유지하고자 하는 주인공"(94)을 보게 되는 「이야기꾼」에서 본질주의가 나타난다는 것이다. 즉, 죽음을 무릅쓰고라도 이야기를 지키려는 소녀의 노력이

---

[5] 정체성을 옹호하는 본질주의와 정체성을 비판하는 반본질주의의 대립은 탈식민주의 문학의 논쟁에서 첨예하게 부딪치는 쟁점이다. 아메리카 원주민문학에서 이 논쟁은 ①원주민의 구술전통을 영어로 번역할 수 있는가, ②원주민이 아닌 비평가가 원주민의 경험을 비평할 수 있는가 ③번역은 제국주의적 기획의 일부인가 등의 문제를 중심으로 치열하게 전개되어왔다. 한 예로 아놀드 크루팻은 벤자민의 「번역가의 과제」에 영감을 받아 '반제국주의적 번역'의 가능성을 모색한다.

자스코스키에게는 식민주의에 물들지 않고 원주민의 정체성을 지키려는 본질주의로 보이는 것이다. 영어를 거부하는 소녀의 몸짓 역시 자스코스키에게는 언어 본질주의로 비친다. 한 쪽에는 영어를 배우기를 거부하여 사감에게 가죽 채찍으로 맞는 소녀가 있는가 하면, 다른 반대쪽에는 영어로 말해야만 반응하고 영어로 말하길 원하는 동화된 에스키모인 간수가 있다. "이 둘은 정체성 정치학의 양 극단을 보여준다. 그[간수]의 타협포용─정치학─은 정체성의 말소로 결론 나는 반면, 어떠한 화해도─어떠한 정치학도─그녀에게는 정체성에 대한 도덕적 위협이다"(94)라고 쓰면서 자스코스키는 소녀의 태도를 정체성의 정치학으로 풀어낸다.

그러나 과연 소녀가 이야기를 유지하고자 하는 필사적인 몸짓을 식민지인(백인)과, 동화된 피식민지인(사감, 간수)과, 동화를 거부하는 피식민지인(할머니, 노인, 소녀)의 틀에 맞춰 해석하는 것이 이 이야기에서 할 수 있는 모든 것인가? 그것은 이 이야기를 집단들의 갈등의 이야기로 해석하는 것이다. 전체적으로 백인과 원주민의 집단 갈등이 있고, 원주민 내부에서도 동화된 원주민과 동화되지 못한 원주민의 집단 갈등이 있다. 그러한 집단의 정체성에 따라 개인의 정체성이 결정된다고 할 때, 그 정체성identity이란 것은 말 그대로 차이를 말소하는 동일성identity에 다름 아닐 것이다. 그러나 이 이야기는 백인과 원주민이라는 집단의 이야기가 아니라, 비개인적 다양성을 다루는 집단적인collective 이야기가 아닐까? 그것은 소녀가 자신의 정체성을 넘어 다양성에 접속하는 것, 하나로 환원되지 않는 모든 것에 접속하는 것을 말한다. 이 때 소녀가 속한 집단인 원주민은 백인과 대립하는 집단으로서의 원주민이 아니라, 백인을 포용하는 다양성이 된다. 이 때 이야기와 거짓말의 대립은 사실의 진위 여부가 아니라, 다양성과 동일성의 대립이 된다.

『의식』의 타요가 다양한 목소리들이 혼재한 꿈의 형태로 인류 전체의 집단성을 깨닫는다면, 소녀는 자연과 풍경과 인간과 이야기의 경계가 소멸되는 데서 집단성을 깨닫는다. 「이야기꾼」에는 하늘─땅─추위─얼음─이야기─북극곰의 경계가 소멸된다. 알래스카의 감옥에 갇혀있는 소녀의 이야기가 시작되는 시점은 "강과 언덕과 하늘 사이의 모든 경계가 창백한 얼음의 밀도 속에서 사라지는"

(*Storyteller* 17-18) 툰드라가 시작되는 시점과 일치한다. 자스코스키는 이 문장에서 "자연 전체의 임박한 붕괴"(*LMS* 88)를 읽어내고, 이를 자연을 파괴하고 소녀의 정체성마저 파괴하려고 위협하는 적대적인 식민주의의 힘과 연결시킨다. 그래서 그녀는 추위를 모든 것을 무화시키는 침묵과 동일시한다. 그러나 이 이야기에서 추위가 반드시 부정적인 이미지로 나타난다고 보기는 어렵다. 태양을 가둔 얼음 강처럼 단단한 하늘과, 유전의 모든 기계를 멈추게 한 추위는 알래스카의 특이성이며, 알래스카인에게는 삶과 동의어이다. 따라서 모든 경계가 사라지는 순간은 모든 것이 무화되는 죽음과 파괴의 징후가 아니라, 알래스카인의 삶과 이야기가 피어나는 기호로 읽을 수 있는 것이다.

V

「이야기꾼」에는 하늘과 땅, 자연과 인간, 그리고 인간과 이야기 사이의 경계 소멸이 일어난다. 우선 하늘과 땅의 경계 소멸은 알래스카의 추위가 다가온다는 신호이다.

> 짙은 초록의 툰드라는 평평하게 쭉 펼쳐져있었다. 어디에선가 바다와 땅이 만나고, 그들 사이의 경계가 없다는 것을 그녀는 짙은 초록색으로 알았다. 이렇게 추위는 왔다. 경계가 사라질 때 북극의 얼음은 땅을 가로질러 하늘까지 뻗쳤다. (*Storyteller* 27)

추위와 얼음은 외지인들은 모르는 알래스카인들만의 삶의 기호이다. 백인은 알래스카의 추위에 대해 모른다. 백인은 추위를 물리치기 위하여 건물 벽에 절연체를 채워 넣었다. 그러나 소녀는 "얇은 누런 충전재로 추위를 막을 수 있다고 그들이 생각한"(18) 것에 대해 폭소를 금하지 못한다. 백인 가게 주인 역시 얼음에 대해 모른다. 얼음이 "대지를 배회하다가 태양을 잡기 위해 하늘로 올라갔다는 것을 모른다"(29). 소녀가 복수를 할 때라고 생각했던 순간은 추위에 대한 백인의 방어가 붕괴될 때와 일치한다.

> 마루 위 그녀의 발 옆에 헝클어진 개 털 뭉치가 있었다. 그것은 속이 터진 노란 충전재를 생각나게 했다. 추위에 대한 그들의 방어는 추위가 가까워옴에 따라 산산조각 났다. 얼음은 노인의 곰처럼 북서쪽 수평선에 웅크리고 있었다. 그녀는 다시 폭소를 터트렸다. 태양이 낮게 떠 있을 것이다. 때가 되었다. (*Storyteller* 29)

따라서 백인 가게 주인을 죽음으로 몬 것은 그가 알래스카의 추위에 대해 무지했다는 사실이다. 그는 소녀를 따라잡으려는 욕심에 겉옷도 입지 않은 채 언 강을 가로질러 뛰어온다. 반면 소녀는 언 강을 잘 안다. "강 표면의 얼음 아래쪽에 얇은 머리카락 같은 틈이 있으며, 삐걱거리는 은빛 뼈의 소리가 점점 커져 얼음을 열어 제치고 그 밑에 있는 회색빛 물살을 해방시키리라는"(30) 것을 안다. 결국 백인 가게주인은 해방되어 휘몰아치는 회색 물살에 빠져 죽는다.

그러나 소녀는 자신이 그를 죽였다고 주장한다. 그녀와 알래스카의 풍경 사이에는 경계가 존재하지 않기 때문이다. 실코의 에세이 「내부풍경과 외부풍경」에서 언급된 「이야기꾼」에 대한 그녀의 설명은 이를 잘 드러내준다.

> 백인은 어린 여자를 직접 대하여 그녀를 눌러 이기려고 작정했다. 그러나 백인은 풍경과 여자와의 결합을 고려하지 못했다. 유픽 여자는 자신이 저 하늘과 저 언 강과 저 툰드라의 일부 외의 다른 것이라고 생각해 본 적이 한 번도 없었다. 강의 얼음과 눈부신 흰색은 그녀와 한패였고, 유픽 여자는 그 풍경과 자신의 관계를 한 순간도 오해하지 않았다. (*Yellow Woman* 45-46)

유픽 소녀는 알래스카의 풍경과 일체가 된다. 그러나 실코의 해설에서 소녀와 풍경의 합일이 반드시 긍정적인 것만은 아니다. 실코는 유픽족이 "세계의 종말이 불이 아니라 얼음과 함께 온다"(45)는 믿음을 가지고 있다고 말한다. 따라서 유픽 소녀와 풍경의 합일은 마치 종말을 향해 가는듯한 어조를 띤다. 알래스카의 얼음과 안개와 툰드라와 눈은 살아있는 것들과 하나가 되고, "필연적으로 그녀와 모든 것이 언젠가 그 깊은 곳에 누워있으리라는 것을 그녀는 안다"(46). 이런 이유로 「이야기꾼」의 서두에서 하늘과 언 강이 구별할 수 없게 된 것이 "좋은 징조가 아니"(*Storyteller* 17)라고 했던 것이다. 또한 종말론적 어조는 하늘과 땅과 강 사이의 경계가 없이 순백의 흰색으로 변한 후에 풍경이 소녀를 순백으로 초대할 때도 드러난다. 얼어붙은 하얀 강에서 복수를 한 직후, 소녀는 그 순백에 도취된다.

> 얼음의 힘줄이 그녀를 붙드는 것 같아, 그녀는 장화의 발꿈치로 얼음을 차면서 천천히 걸었다. 그녀는 앞쪽과 주위를 둘러보았다. 황혼녘에 짙은 흰색 하늘은 눈으로 덮인 평평한 툰드라와 합쳐졌다. 미친 듯이 달린 그녀는 강에서 자신의 위치를 잃어버렸다. 그녀는 가만히 서 있었다. 강의 동쪽 둑이 하늘 안으로 사라졌다. 경계선은 얼어붙은 흰 색에게 삼켜졌다. 그 때 저 멀리서 그녀는 붉은 것을 보았는데, 갑자기 그것은 그녀가 수년 동안 기억하던 그대로 드러났다. (*Storyteller* 30)

모든 경계선들이 얼어붙은 흰색에 삼켜지고 소녀가 언 강 위에서 길을 잃었을 때, 순백의 세계를 관통하는 붉은 색이 그녀를 정신차리게 하며 그녀를 살게 한다. 그녀가 멀리서 보았던 붉은 것은 구석들이 버린 빈 연료통을 탕탕 쳐서 평평하게 만들어, 원주민들이 벽감이나 지붕재료로 썼던 양철판이다. 소녀는 그 붉은 색깔에 이끌려 양철조각을 통나무 벽에 못질해 놓았던 것이다. 만약 그녀가 그 때 붉은 양철을 보지 못했다면, 아마도 그녀는 흰 세상 속에서 길을 잃고 헤매다가 미쳤을지도 모른다. 그러나 흰색을 관통하는 붉은 양철판은 그녀에게 경계를 만들어주고 그녀를 살게 해주었다. 실코가 붉은 것에 대해 언급한 것도 이러한 맥락에서이다. 툰드라의 풍경이 살아있는 존재들과 합쳐져 언젠가 소녀 역시 그들과 함께 묻히겠지만, "그러나 그 여자는 젊었고 그녀의 본능은 사는 것이다. 유픽 여자는 어떻게 이것을 할 지 안다"(*Yellow Woman* 46)라고 실코는 쓰고 있다. 소녀가 사는 법, 그것은 경계가 없는 언 강에서 살아남을 수 있게 붉은 표지를 미리 박아둔 일이었다.

그렇다면 양철조각의 붉은색은 툰드라의 흰색과 대조되면서, 경계/무경계, 삶/죽음의 이분법에 또 하나의 항을 추가하는가? 「이야기꾼」은 붉은색=경계=삶과 흰색=무경계=죽음의 이분법이 기본적 구도를 이루는가? 텍스트의 줄거리와 실코의 해설을 따라가다 보면 이러한 결론에 다다르는 것처럼 보인다. 그러나 이 이야기는 이분법의 이야기가 아니다. 붉은색=경계=삶과 흰색=무경계=죽음은 이분법을 이루는 대립항이 아니다. 이들은 서로를 배제하는 적대적 항이 아니라, 서로 다른 선율을 따라가면서 상응하는 대위법의 항이다. 다시 말해, 붉은색과 흰색, 경계와 무경계, 삶과 죽음은 서로를 배제하고 대립하지 않는다. 오히려 이 두 항들의 관계는 서로를 가능하게 하고, 차라리 이 두 항 사이의 경계를 의문시한다.

경계와 무경계는 반대말이 아니다. 물론 실코의 해설에 따르면 모든 것을 흰색으로 돌려놓는 툰드라 풍경의 무경계는 죽음으로, 종말로 치닫는 듯하다. 그러나 이는 앞서 인용했던 자스코스키가 생각했던 것처럼, 모든 것이 무화로 돌아가는 부정적인 색채를 띠는 것은 아니다. 경계가 없어져 무경계로, 무화로, 또 죽음으로 돌아가는 것이 아니라, 무경계가 경계를 위한, 죽음이 삶을 위한 임계점적 배경으로 존재한다. 따라서 무경계는 무화가 아니다. 열역학 제2법칙에서처럼 엔트로피가 계속 증가하여 결국에는 열사(熱死)에 이른다는 무화의 이미지는 「이야기꾼」에 존재하지 않는다. 차라리 끝없이 수축하다가 어느 순간 파열하는 별의 폭발의 이미지가 있다. 경계는 무경계의 극한에서, 삶은 죽음의 극한에서, 붉은색은 흰색의 극한에서 파열하는 점이다.

유픽 소녀가 마침내 자신의 이야기를 했을 때, "붉은색"으로 시작했다는 점은 이러한 극한의 파열을 상징한다. "오래전에 시작되었죠, . . . 기억해요. 아침 일찍

키 큰 강풀에서 붉은 것을 보았어요. . . ."(*Storyteller* 32)라고 시작되는 그녀의 이야기는 실코의 설명처럼 "사는 것"의 표현인 붉은색으로 시작한다. 붉은색은 그것이 없었더라면 그냥 순백의 흰색이었을 뿐인 알래스카의 겨울에 살아있음의 표지를 만들고, 소녀가 흰색의 도취에서 빠져나오게 하는 붉은 양철조각을 만들고, 소녀가 자신의 자리를 찾게 하는 이야기를 만든다. 노인이 죽은 후, 소녀는 노인의 자리를 이어받아 이야기꾼이 된다. 마을 사람들은 노인에게 했던 것처럼 소녀를 찾아와서 이야기를 듣고, 말린 연어고기를 두고 간다. 그녀는 이야기꾼이라는 자신의 자리를 찾은 것이다.

VI

이상에서 살펴본 바와 같이 「이야기꾼」은 『이야기꾼』에 실린 작품들 가운데서 이야기와 관련된 가장 강력한 줄거리를 제공한다. 여기에는 소녀의 삶과 일체가 된 북극곰의 이야기, 소녀가 자신의 목숨을 걸고라도 지키려는 이야기에 대한 충직성, 그리고 노인의 뒤를 이은 또 한 명의 이야기꾼의 탄생을 보여준다. 「이야기꾼」의 이야기는 삼중으로 겹친 구조를 보여준다. 우선 노인의 북극곰 이야기가 있고, 노인의 이야기를 나침반으로 삼아 복수를 하는 유픽 소녀의 이야기가 있고, 소녀가 이야기꾼이 되어 "아침 일찍 키 큰 강풀에서 붉은 것을 보았어요. . . ."라고 시작하는 소녀의 이야기가 있다. 여기에 이 이야기를 하는 실코의 목소리까지 생각한다면, 「이야기꾼」은 이야기에 대한 4중 구조를 보여주고 있다.

이러한 이야기 속의 이야기는 푸에블로 서사의 특징으로서, 한 마디로 이야기의 집단성이라고 부를 수 있다. 여기서 집단성은 앞서도 언급했듯이 집단 중심의 집단성이 아니라, 집단적 성격을 강조하는 집단성이다. 다시 말해, 매스게임이나 사열과 같이 전체성을 강조하는 집단성이 아니라, 저자거리나 축제처럼 발산을 강조하는 집단성이다. 또 다시 말한다면, 집단과 나를 동일시하는 재현적 정체성이 아니라, 내 안에 집단의 웅성거림을 느끼는 생성적 정체성이다. 내가 집단과 동일시할 때, 집단은 나를 대표하는 한편 나는 집단의 가치를 재현한다. 그것이 재현적 정체성이다. 그러나 내가 내 안에 타인을 품고 타인과 접속할 때, 나의 정체성은 생성적이 된다. 나의 정체성은 나를 넘어서는, 즉 개인성을 넘어서는 비개인적 다양성으로서 집단성을 띠게 된다. 푸에블로 서사가 보여주는 집단성은 어쩌면 이야기란 장르가 가지고 있는 고유한 성격, 즉 이야기는 개인을 넘어서는 것이고 개인의 소유가 아니라는 점을 보여주고 있는지도 모른다.

여기에서 이야기는 근대적인 서구의 개인적 글쓰기와 대립한다. 들뢰즈는 「문학과 삶」에서 "여행의 끝에 또는 꿈의 중심에 찾는 것이 아버지"(*Critical and Clinical* 3)인 오이디푸스적인 문학을 서구의 전통적인 글쓰기로 제시한다. 오이디푸스적인 글쓰기는 언제나 결말에 아버지로 상징되는 '의미'를 찾으려고 하며, 문학을 '나의 이야기'로 개인화한다. "글쓰기는 개인의 기억과 여행, 사랑과 슬픔, 꿈과 환타지를 이야기하는 것이 아니다"(3)라고 들뢰즈가 말할 때, 그는 '나의 인생,' '나의 꿈,' '나의 사랑'의 이야기로 개인화되지 않는 글쓰기의 가능성을 제안하는 것이다. 그뿐 아니라 오이디푸스적 글쓰기는 더 나아가 '나의 작품'이라는 식으로 글쓰기를 사유화한다. 사유화는 한편으로는 저자성과 사유재산제를 결합하여 강력한 자본주의 상품을 만들고, 또 다른 한편으로는 저자를 글쓰기의 기원으로 간주하여 언표행위의 책임을 개인에게 물린다. 그러나 푸에블로 서사에서 나타난 이야기의 특징은 그렇지 않다. 구성원 개인은 자신의 이야기를 집단의 이야기에 덧붙여, 거대한 세계라는 거미집의 일부가 되고, 거기에 그 다음 구성원이 자신의 이야기를 덧붙인다. 이렇게 해서 연결된 거대한 거미집 그물망은 모든 구성원들의 이야기를 포함하고 있으며 하나의 '의미'로 환원되지 않는 거대한 발산 체계를 이룬다.

실코의 『이야기꾼』에서 읽어낸 이야기의 그물망은 사실 푸에블로 인디언의 서사의 특징일 뿐 아니라, 오늘날 우리 세계의 이야기의 특징이기도 하다. 넷을 통해 연결된 이야기들은 늘어진 거대한 그물망을 이룬다. 그물망의 결절은 개인이 아니라 이야기이다. 개인이 이야기의 기원이 아니라, 이야기가 이야기의 기원이자 효과이다. 오늘날의 웹 세계에는 이야기가 들끓고 있다. 이러한 이야기의 기원으로 개인을 지목하여 규제하려는 시도는 언제나 시대착오적인 시행착오가 될 것이다. 왜냐하면 『이야기꾼』이 보여주듯, 이야기는 개인의 것이 아니기 때문이다.

🌿 참고문헌

김지영. 「실코의 『의식』에 나타난 들뢰즈의 탈주선」. 『현대영미소설』 14.2(2007): 73-98.

Deleuze, Gilles. *Essays Critical and Clinical*. Trans. Daniel W. Smith and Michael A. Greco. Minneapolis: U of Minnesota P, 1997.

Deleuze Gilles and Felix Guattari. *Kafka: Toward a Minor Literature*. Trans. Dona Polan. Minneapolis: U of Minnesota P, 1986.

Genette, Gérard. *Narrative Discourse: An Essay in Method*. Trans. Jane E. Lewin. Ithaca: Cornell UP, 1980.

Jaskoski, Helen. "To Tell a Good Story." Eds. Louise K. Barnett and James L. Thorson. *Leslie Marmon Silko: A Collection of Critical Essays*. Albuquerque: U of New Mexico P, 1999.

Krupat, Arnold. *The Turn to the Native: Studies in Criticism and Culture*. Lincoln: U of Nebraska P, 1998.

McHenry, Elizabeth. "Spinning a Fiction of Culture: Leslie Marmon Silko's *Storyteller*." Eds. Louise K. Barnett and James L. Thorson. *Leslie Marmon Silko: A Collection of Critical Essays*. Albuquerque: U of New Mexico P, 1999.

Silko, Leslie Marmon. *Ceremony*. New York: Viking Penguin, 1977.

_____. *Storyteller*. New York: Arcade, 1981.

_____. *Yellow Woman and a Beauty of the Spirit: Essays on Natives American Life Today*. New York: Simon & Schuster, 1996.

셔만 알렉시의 『탈주』: 인디언주의에 대한 재해석

● 노헌균

I

셔만 알렉시는 워싱턴 주의 스포케인^{Spokane} 인디언 보호구역에서 태어난 아메리카 인디언 작가로, 한마디로 다재다능하다. 현재 42세의 알렉시는 소설가로, 시인으로, 영화 대본작가로, 그리고 코메디언으로 활동하며 다문화국가인 미국에서 자신만의 독특한 색깔로 아메리카 인디언 문화를 채색해 가고 있다. 주요 작품으로는 소설『인디언 킬러』,『보호구역 블루스』, 시집『달에 도착한 최초의 인디언』, 영화 대본으로『스모크 시그널즈』, 그 외에 다수의 작품이 있다. 수상 경력도 매우 화려하다. 최근 수상 경력만 나열하자면 2008년 보스톤 글로브 아동문학상, 2007년 전미 신인 작가상, 그리고 1996년 잡지『그란타』가 40세 이하의 젊은 작가들에게 수여하는 신인 소설가 상(2007) 등등이 있다.

알렉시가 미국 문단에서 주목을 받는 이유는 당연히 그의 탁월한 글쓰기 때문이겠지만, 이것과 더불어 인디언문학에 대한 새로운 접근법이 독자들에게 더 호응을 얻기 때문이기도 하다. 알렉시 이전의 인디언 작가들, 예를 들면 실코, 어드릭, 마마데이는 정도의 차이는 있지만 작품의 소재와 주제 모두 인디언 전통주의에 그 바탕을 두고 있다. 여기서 언급한 작가들 가운데 가장 인디언 전통에 충실하다고 여겨지는 실코의 『의식』을 살펴보자. 주인공 타요^{Tayo}는 백인들의 문화적 전통에서 살려고 시도하지만 결국에는 몸과 마음이 피폐하여 다시금 인디언 보호구역으로 돌아올 수밖에 없는 그런 인물이다. 그가 경험한 백인 문화는 한마디로 인디언의 눈을 홀리는 마법적 요소로 가득 차 있어서 인디언으로서의 정체성을 회복하기 위해서는 의식이라고 불리는 독특한 전통의례를 경험해야 한다. 이 작품의 시작이 항상 인디언 의식으로 시작하는 것이 이런 연유이기도 하다. 인디언에게 전통과 의식 그리고 신화적 내러티브는 그들의 육체와 정신을 구성하는 전부이다. 그런데 이와 같은 글쓰기 방식에 의문을 제기하고 인디언의 정체성, 그것도 21세기를 살아가는 인디언의 정체성을 새롭게 정의하는 작가가 등장하였으니 그가 바로 알렉시이다. 이 논문의 목적은 알렉시의 소설 가운데 『탈주』을 중심으로 알렉시가 새롭게 제기하는 인디언 정체성 혹은 인디언주의를 조명하는 것이다. 그가 꿈꾸는 새로운 인디언주의가 상기 인디언 작가들이 주장해 온 인디언주의의 연장선상인지 아니면 전혀 새로운 정체성의 창조인지를 규명하고자 한다.

II

인디언과 백인을 문화비교적 관점에서 고찰하는 다수의 학자들은 그 두 문화가 상호공존하거나 융합할 수 있는 가능성에 대하여 대부분 부정적이다. 인디언 문화에 관하여 주도적 목소리를 내고 있는 폴라 건 알렌이 그 대표적 예이다. 알렌은 자신이 편집한 저서 『아메리카 인디언 문학연구』에서 양대 문화의 차이점을 상세하게 밝히면서 그 관계는 마치 기름과 물처럼 서로 화합할 수 없음을 강력하게 주장한다. 알렌의 시각에 백인문화는 물질과 정신이 분리된 이원론적 세계관, 백인 남성을 정점으로 이루어진 위계적 사회, 분리와 차별을 강조하는 역사관으로 구성되어 있어서, "역동적인 자기 존중감", 시작도 끝도 없는 순환적인 시간개념, 그리고 무엇보다도 조화를 중시하는 인디언 문화와는 절대 공존할 수 없다는 것이다(Allen 6). 그러므로 인디언 문화가 살 수 있는 길은 "의식"이나 "신화"와 같은 인디언 전통을 더욱더 고수함으로써(Allen 9) "차별과 상실감으로 가득 찬" 백인문화에 대항할 수 있다는 논리이다(Allen 6). 알렌의 논리에 따르면 두 문화는 서로 공존하기에는 너무나 다르다.

한편, 백인 작가들 중에서도 알렌식의 주장에 동조하는 사람들을 다수 찾아볼 수 있다. 대표적 미니멀리스트 작가로 알려진 레이먼드 카버가 여기에 해당한다. 백인들의 눈에 비친 전형적 인디언은 지나치게 자연친화적인 삶을 살아서 자연을 있는 그대로 잘 보존하는 생태주의자이거나, 자연을 전혀 현실적으로 이용할 줄 모르는 무식한 자산가 두 가지 중 하나이다. 카버는 단편소설 「60에이커의 땅」에서 땅을 자산 가치로 변환할 능력이 없는 인디언을 다음과 같이 소개하고 있다. 60에이커나 되는 넓은 땅을 소유하고 있는 인디언 리 와이테^{Lee Waite}는 부인 니나^{Nina}에게 '임대' 개념을 반복해서 설명하지만 끝내 실패하고 만다.

> "임대한다는 것이 땅을 판다는 것은 아니지요, 그렇죠?" 니나는 물었다. "우리 땅을 백인들에게 임대한다고 해도, 그 땅은 여전히 우리 것이죠?" "그래, 그래, 여전히 우리 것이지!" 와이테는 그녀에게로 다가가서 테이블을 사이에 두고 물었다. "니나, 당신 그 차이점을 몰라? 백인들은 보호구역 안에 있는 땅을 살 수가 없단 말이야. 도대체 이해를 못하겠어? 우리는 그 사람들에게 땅을 임대할 뿐이란 말이요." "무슨 말인지 알겠어요. 그런데 그 사람들은 우리에게 땅을 결국 돌려준다는 말이지요? 여전히 그 땅은 우리 소유란 말이지요?" 니나가 대답했다. "당신 정말 이해를 못하겠어?" 그는 테이블의 모서리를 잡았다. "그냥 임대할 뿐이라니까."
> (Carver 75-76)

인디언에 대한 백인들의 고정된 시각과 마찬가지로 인디언 스스로 자신을 정형화하는 어떠한 시도도 인디언들에게는 이롭지 않다. 그것은 작가 알렉시가 조엘 프레이저와 한 인터뷰에서 분명하게 드러난다.

> 프레이저: 폴라 건 알렌이 인디언 문화에 대하여 말하면서 "우리는 곧 땅이다"라고 하였는데, 어떻게 생각하세요?
> 알렉시:　저는 동의하지 않습니다. 한편으로 생태주의적 관점은 사치입니다. 인디언들이 생태주의자라는 생각은 잘못되었어요. 그것은 하나의 신화에 불과합니다. 보통 백인들처럼 저는 친척들과 같이 생활하면서 빈 깡통을 창문 밖으로 던지곤 했어요.

인디언 문화 비평가 폴라 건 알렌, 백인 소설가 레이먼드 카버, 그리고 알렉시 자신의 말을 종합해 보면, 그들은 비록 인디언 문화에 대하여 각각 다른 인식을 하고 있다 하더라도, 인디언에게 전통은 그들의 정체성 형성에 지대한 영향을 주고 있다는 사실에는 공감한다.

알렉시가 최근 소설 『탈주』에서 시도하는 것은 인디언에 관한 이와 같은 고정된 시각을 넘어서서 새로운 형태의 인디언주의를 제안하는 것이다. 즉, 폴라 건 알렌이 주장하는 인디언 내셔널리즘과 레이먼드 카버가 주창하는 상상상의 인디언주의 양자 모두를 거부하고 21세기 문화에 적합한 새로운 인디언주의를 만들고 싶은 것이다. 소설은 지츠Zits라는 이름을 가진 한 인디언 소년이 시간과 공간을 자유자재로 여행하며 과거 인물들의 삶을 대신 살아보면서, 인디언과 백인사이의 문화적 변경선을 허물고 마침내 마이클Michael이라는 인물로 탈바꿈하게 된다는 내용이다. 플롯은 백인문학의 일반적인 특징인 직선 선형구조를 탈피하여 시작과 끝이 동일한 원형구조를 이루고 있다는 점에서 인디언 문학양식을 취하지만, 소설의 시작과 끝 부분은 멜빌이 『모비 딕』에서 "나를 이슈마엘로 불러주세요,"(12) 그리고 피츠제랄드가 『위대한 개츠비』에서 닉 캐러웨이Nick Carraway를 중심으로 하는 일인칭 시점으로 내레이터를 소개하는 방식을 사용함으로써 백인문학의 서사

방식을 차용하고 있다.

> (시작부분) 나를 지츠로 불러주세요. 모든 사람들은 나를 지츠라고 부르
> 지요. 물론 그것은 나의 이름이 아닙니다. 나의 진짜 이름은 중요하지 않
> 아요. (1)

> (끝부분) "나를 마이클로 불러주세요. 나의 진짜 이름은 마이클입니다.
> 지금부터는 나를 마이클로 불러주세요." (181)

주인공 지츠가 여행하는 순서는 시간적으로 무질서하게 배열되어 있고, 그가
살아보는 과거의 인물들 역시 인종적으로 다양하여 혼란스럽게 보이나, 그 혼란
스러움은 문화적 변경선을 침범하는 것에서 오는 현기증에 불과하다.

소설의 1장부터 3장은 2007년 수양가정에서 살고 있는 지츠 자신의 현실을
묘사하고, 4장부터 6장에서는 지츠가 1975년 급진적 인디언 지도자를 살해하는
FBI요원 행크 스톰Hank Storm으로 변신하며, 7장부터 9장에서는 1876년 리틀 빅 혼
전투에서 커스터George Armstrong Custer 장군을 패퇴시킨 인디언 추장 크레이지 호스
Crazy Horse의 어린 아들로 변신한다. 10장부터 12장에서는 1890년경 인디언 마을을
공격하는 백인 기병대의 길잡이 역할을 하는 거스Gus라는 노병으로 변신하고, 13
장부터 15장에서는 1990년대를 배경으로 이디오피아 출신의 한 테러리스트에게
비행 조종술을 가르치는 지미Jimmy라는 백인으로 분신한다. 16장에서 18장에서는
2007년으로 돌아와 어릴 적 자신을 버리고 도망친 아버지의 몸속으로 들어가 왜
그가 떠날 수밖에 없었는지를 경험하며, 19장에서 21장 마지막 3장은 소설의 출
발점으로 다시 돌아와 하마터면 저지를 뻔했던 은행 강도를 포기하고 마이클이라
는 평범한 이름으로 백인사회에 합류하기를 결심한다는 내용이다.

주인공 지츠의 정체성은 그 이름에 쉽게 드러나 있다. '지츠'는 사람의 이름으
로는 부적합하다. 왜냐하면 지츠는 영어로 '여드름'이란 뜻이기 때문이다. 주인공
은 실지로 그의 몸 주요부분이 여드름으로 가득하다.

얼굴에 한개, 두 개, 세 개, 네 개, 죽 세어보면 마흔 일곱 개가 있다. 이
마에 열네 개, 왼쪽 볼에 스물한 개, 오른쪽 볼에 여섯 개, 턱에 다섯 개
가 있다. 코끝에는 북극성 같이 커다란 여드름이 빛나고 있다. 등에는 은
하수처럼 넓게 퍼져 있어서 셀 수가 없을 정도다. 별처럼 생긴 수억 개의
여드름이 퍼져있다. (3-4)

여드름으로 포장된 몸을 가진 인간, 이것이 바로 소설의 주인공 지츠가 자신
을 바라보는 시각을 함축한 표현이다. 아일랜드계 어머니와 인디언 아버지 사이
에서 태어난 지츠는 아일랜드계가 상징하는 백인보다는 아버지 쪽의 혈통으로 분
류되어 한마디로 인디언이다. 게다가 아버지는 알코올 중독자로 지츠가 태어나자
마자 어디론가 사라져버렸고, 어머니는 지츠가 여섯 살 되던 해에 암으로 사망하
였다. 현재 열다섯 살인 지츠는 그동안 수양가정에 위탁되었다가 도망치기를 스
무 번이나 반복하였고, 옮겨 다닌 학교는 스물 두 개다. 이렇게 살아온 열다섯 살
의 인디언 고아가 자기 자신에 대하여 가지는 정체성이란 한마디로 '여드름,' 즉
치욕, 수치심, 불명예이다.

만약에 전통적인 인디언 작가가 지츠와 같은 인디언 청소년 문제를 접근한다
면 아마도 대부분은 백인 사회에 살고 있는 지츠를 인디언 보호구역으로 불러들
이고, 그에게 인디언 전통문화의 우수성을 고취시킨 후 새로운 인디언으로 재탄
생하게끔 하는 방식을 선택할 것이다. 그러나 알렉시의 해법은 매우 다르다. 그는
우선 인디언 순혈주의에 대한 믿음을 파괴하고 동시에 백인문화에 대한 편향된
시각을 재검증한다. 그것은 수양가정의 성격에서 분명히 드러난다. 지츠는 인디
언 양부모, 백인 양부모 모두 살아본 경험이 있는데, 그 양자 사이의 문화적 인종
적 차이점은 발견할 수가 없었다. 그들은 "집 없는 어린이를 도와주려는 착한 마
음씨를 가졌지만 생활은 반듯하지 못한 부류이거나, 매달 정부로부터 복지 보조
금을 탈 목적으로 애들을 키워주는 사회보장제도의 사냥꾼" 둘 중의 하나이다(8).
게다가 백인 사회에서 출세한 인디언들은 가난하고 집 없는 인디언들을 대할 때

백인들 이상으로 인디언을 증오하고 무시한다. 인종보다는 계급이 우선이다. 그들에게 "술취한 인디언은 인종주의자가 그리는 만화에서나 볼 수 있고, 고독한 인디언은 옛날이야기에서나 볼 수 있었던 사라진 존재"이다(7). 21세기 미국사회에서 중요한 것은 인종이 아니라 계급이라는 사실을 새삼 강조하는 일화이다.

전통적 인디언주의의 시각으로 과연 현실 어려움을 해결할 수 있는가 이 물음이 곧 지츠가 시간여행을 계획하는 계기가 된다. 첫 번째 시도는 인디언들의 마음 속 깊이 내재한 고스트 댄스$^{Ghost\ Dance}$ 신화에 대한 유효성이다. 고스트 댄스는 "1870년대 파이유테 인디언들의 의식을 주관하는 우보카^{Wovoka}가 만든 의식으로, 만약에 인디언들이 오랜 기간 동안 이 춤을 춘다면, 죽은 모든 인디언들이 되살아나고 백인들은 사라질 것이라고 주장한 우보카의 이론에" 근거한다(31). 고스트 댄스에 대하여 디 브라운은 『나의 가슴을 운디드 니에 묻어주오』에서 다음과 같이 주장한다.

> 모든 인디언들은 전국 곳곳에서 이 춤을 추어야 한다. 그러면 곧 다가오는 봄에 위대한 혼령이 나타나 사라진 모든 것을 되살려 놓을 것이다. [. . .] 위대한 혼령이 오면 모든 인디언들은 백인들을 피해 높은 산으로 올라가야 한다. 그러면 대 홍수가 일어나 백인들을 모조리 쓸어갈 것이다. [. . .] 만약에 이 춤을 추지 않는 인디언이 있다면 그는 점점 더 작아져서 난쟁이로 살거나 나무로 변하거나 불에 타서 죽을 것이다. (Brown 416)[1]

고스트 댄스 의식은 인디언들이 들판에서 흰 색의 옷을 입고 무리지어 춤을 추는 것인데, 이러한 춤을 추면 백인들의 총알도 절대로 흰 색의 옷을 뚫을 수 없을 것이라고 인디언들은 믿었다. 이 의식은 1870년대에 시작하여 1890년까지 북미의 인디언들에게 들불처럼 번졌다. 이 불길을 끈 것은 미 기병대가 1890년 사우스 다코다 주에 위치한 운디드 니에서 자행한 운디드 니 대학살$^{The\ Wounded\ Knee}$

---

[1] 이 인용문은 본인의 논문에서 인용한 것을 재인용한 것이다. 노헌균. "Wounded History at Wounded Knee," *Journal of American Studies* 32(2) 2000, 484-485.

^{Massacre}이다. 비록 이 사건 이후 인디언들이 이 춤을 추는 것은 중단하였다 하더라도, 어려운 현실을 접할 때마다 인디언들은 마음 속 깊이 잊혀진 그 의식을 재현하고 싶은 충동을 느꼈을 것이다.

그런데 그 고스트 댄스를 2007년에 재현하려고 시도하는 사람이 있으니, 소설의 주인공 지츠가 바로 그 인물이다. 아이러니한 사실은 이 의식을 일깨워 준 인물이 인디언 지도자가 아니라 정의^{Justice}라고 불리는 백인 소년이라는 점이다. 교도소에서 만난 이 정의라는 백인 소년의 정체성은 그야말로 신비 그 자체이다. 왜냐하면 그는 소설의 시작 부분에 한 번 등장할 뿐 그 이후로는 완전히 사라지며, 정의라는 이름으로 지츠에게 하는 말은 백인사회 주류의 목소리가 아니라 인디언들의 마음속에 오랫동안 응어리 진 그러나 표현할 수 없었던 그것이기 때문이다.

> 내가 인디언이라고 그에게 밝히자 그는 다음과 같이 말한다. "우리 백인들이 너의 민족 대부분을 죽인 것에 대하여 정말 미안해. 소위 미합중국이라고 불리는 이 나라는 악(evil) 그자체야. 그 백인 악의 무리에 대항하여 싸운 민족은 인디언밖에 없어. 대부분의 사람들은 우리가 민주주의 국가에 산다고 믿고 있지. 그리고 자유롭게 살고 있다고 생각해. . . . 그런데 테디 루즈벨트 대통령이 인디언에 대하여 무슨 말을 한 줄 아니? 그는 '정말로 좋은 인디언이란 죽은 인디언밖에 없어. 열 명중에 아홉은 그래. 나머지 한 명도 분명히 그럴 거야' 라고 했어. 대통령이 이 따위 말을 하는데 어떻게 우리가 민주주의 국가에 살고 있다고 할 수 있겠어?"
> (25)

15년 동안 얼굴에 난 여드름과 인디언 고아라는 신분 때문에 자존감이라는 찾아볼 수 없는 소년 지츠에게 정체불명의 백인 소년이 한 말은 충격 그 자체이다. 지츠가 그 백인 소년의 진짜 이름에 대하여 궁금해 하자 그는 "이게 내 이름이야'라고 말하면서 두 자루의 총을 건네는데, 그 중 한 자루는 진짜 총이고 다른 한 자루는 가짜 총이다(29). 그러면서 지츠를 다음과 같이 부추긴다. "너는 혼자서도 고스트 댄스를 출 수 있을 만큼 충분히 강해. 춤을 춰서 모든 죽은 인디언을 되살리고 백인들을 이 땅에서 몰아내"(31). 아일랜드계 인디언으로 살아왔지만 한 번도 인디언이란 무엇인가에 대하여 진지한 고민을 해본 적이 없는 지츠에게 백인소년은 그의 이름처럼 정의롭게 보인다. 그러나 그 백인소년의 진짜 정체성은 인디언 문학에 자주 등장하는 트릭스터^{trickster}이다. 주인공의 앞날을 가로막는 사기꾼이다. 왜냐하면, 첫째, 알렉시가 소설 전체에서 밝히고 있는 것처럼, 인디언 발전의 최대 걸림돌은 인디언과 백인문화를 양분하여 상호 문화적 소통을 차단함으로써 인디언을 보호구역에 제한하려는 민족주의적 정책이기 때문이다. 둘째, 고스트 댄스가 효력이 없다는 사실은 이미 1890년 운디드 니 대학살 사건에서 증명되었기 때문이다. 대부분 인디언 지도자들과 백인 소년의 공통점은 인디언을 계속해서 전통주의의 틀 속에 가두려한다는 것이다.

두 자루의 총을 가지고 혼자서 고스트 댄스를 출 수 있는 최적의 장소는 어디인가? 지츠가 선택한 곳은 은행이다. 왜 하필이면 은행인가에 대한 추측은 다양하다. 만약에 고스트 댄스의 대중성을 확보하는 것에 우선권을 두었다면 은행보다는 시청 앞 광장, 공원의 넓은 쉼터, 공립학교의 운동장, 스포츠 경기가 열리는 스타디움 등등에서 훨씬 많은 관중을 확보할 수 있을 것이다. 인디언들의 관점에서 은행은 백인 문화의 정수라고 여기기 때문에 지츠가 선택했을 가능성이 높다. 19세기 말 인디언이 가장 두려워했던 것은 백인 기병대의 총검과 기관총 같은 물리적 폭력이었다. 그러나 20세기 이후 인디언을 괴롭힌 것은 보호구역 내에 만연한 실업, 폭력, 자살, 알코올 중독과 같은 사회문제이다. 그런데 이 사회문제의 근본적 원인은 가난으로 대변되는 경제적 침체이다. 가난의 굴레에서 벗어나기 위하여 보호구역 내에 카지노를 설치하기도 하고, 외부인들의 상품구매력을 높이기 위하여 상품에 부과하는 세금을 감면하는 등의 자구책을 실시하더라도 커다란 효과가 없었다. 그 근본적 이유는 인디언들이 백인들의 자본주의를 이해하지 못하거나 거부하게 만드는 문화적 전통 차이 때문이다. 인디언을 소재로 한 소설이나 영화에서 앞에서 제기한 사회문제를 벗어난 작품을 찾아보기가 어려운 것도 같은 맥락에서이다. 인디언들은 컨테이너 박스에 살면서 여름에는 찌는 듯이 덥고, 겨울에는 살을 에는 추위에 노출되어 있으며, 그들이 타고 다니는 자동차는 대부분 10년 이상 노후화된 트럭이다. 윤기 있고 가족 나들이에 적합한 고급형 세단은 아예 찾아 볼 수가 없다. 도로는 어떠한가? 포장된 도로는 찾아보기 힘들다. 그래서 바람이 불거나 자동차가 지나가고 나면 마을은 흙먼지를 잔뜩 뒤집어쓴다. 이것이 인디언 보호구역의 현실이다. 그러나 보호구역 밖의 세상은 너무나 대조적이다. 이와 같이 극악하게 다른 세상을 만든 기제는 자본주의이며 자본주의의 심장은 바로 은행이다.

지츠가 은행에서 정말로 고스트 댄스를 추었는지의 여부는 분명하지 않다. 비록 3장의 마지막 부분에서 권총을 난사하며 고스트 댄스를 추고 그의 행동을 저지하려는 경비원에 의하여 살해되는 것으로 묘사되지만, 소설 전체의 맥락에서 살펴보면 이 모든 행동은 오직 그의 무의식속에서 작동할 뿐 실제로는 번민에 휩싸여 고스트 댄스를 출지 말지 갈등하는 지츠의 의식 수준을 반영한다. 그 갈등의 계기는 은행은 곧 백인문화의 심장이라는 명제에 대한 회의에서 출발한다. 은행에 들어선 그가 발견한 것은 건장하고 위협적인 백인 남성이 아니라 "50명에서 60명의 사람들이 여기저기 흩어져 있는데, 그들은 여러 색의 피부를 가진 남자, 여자, 아이들이다. 나는 넷 혹은 다섯 개의 다른 언어들을 듣는다. 추측컨대 이 사람들은 많은 다른 종교를 믿고 있으리라"(34-35). 그래서 지츠는 트릭스터 역할을 하는 백인 소년 정의가 시킨 대로 고스트 댄스를 추기 바로직전에 시간여행을 함으로써 인디언과 백인문화의 지평을 재검증하기로 결심한 것이다.

그 첫 번째 검증은 1975년에 있었던 인디언 민족주의자(IRON), FBI, 그리고 타락한 인디언 지도자 그룹^{HAMMER}사이에 발생한 폭력 사건을 재조명하는 작업이다. 이것은 두 인디언 그룹 사이에 갈등이 발생하자 FBI가 중재자로서 개입한 역사적 사건인데, 일반적으로 알려진 사실과는 전혀 다른 실화가 숨겨져 있다. 행크 스톰^{Hank Storm}이라는 FBI의 한 직원으로 분신한 지츠의 시각에 역사는 분명히 다시 읽어야 할 그 무엇이다. 인디언들에게 영웅으로 남아있는 민족주의 진영의 두 인물 호스^{Horse}와 엘크^{Elk}는 타락한 인디언 지도자들을 추방하고 인디언 문화의 재건에 힘쓴 사람이 아니라, 사실은 FBI와 내통하여 인디언 지도자들을 팔아먹은 매국노요 배반자이다. 또한 FBI동료 아트^{Art}가 죄 없는 인디언을 고문하는 장면을 보고서 FBI에 대하여 새로운 평가를 한다.

> 나는 엘크와 호스를 쳐다본다. 그들은 웃고 있다. 나는 그들이 자유의 수
> 호자 혹은 그 비슷한 어느 것도 아니라는 사실을 곧 깨닫는다. 그들은 불
> 쌍하고 무방비한 인디언을 보호하는 것에 관심이 없다. 아니, 오히려 이
> 사람들은 단순히 사람들을 괴롭히는 것을 즐기고 있다. 나는 FBI동료 아
> 트의 눈에서 기괴한 광채를 발견한다. 그는 법의 집행자가 아니다. 그는
> 우리나라를 보호하고 있지 않다. 그는 앞의 인디언들처럼 단순히 사람
> 괴롭히는 것을 좋아한다. (50-51)

엘크와 호스의 또 다른 이면은 이 두 인디언이 한 명의 민족주의 인디언을 잔인하게 고문하고 살해한 후에 보이는 이중적 태도에 나타나 있다. 그들은 죽은 인디언을 그냥 방치하지 않고 인디언식으로 매장을 함으로써 망자에게 존경심을 표하는데, FBI요원 행크 스톰의 몸에 들어온 지츠에게조차 그 두 인디언은 "도대체 이해할 수 없는 인디언이다"(52).

두 번째 검증은 시대를 조금 더 거슬러 올라가 1876년 리틀 빅 혼 전투가 열리는 인디언 캠프에서 행해진다. 이 전투에서 인디언 추장 크레이지 호스가 미 7기병대의 커스터 장군을 대파했다는 것은 이미 역사적으로 알려진 사실이다. 지츠는 크레이지 호스의 아들로 분신하여 그 역사적 사건을 재평가한다. 12세의 인디언 소년 눈에 비친 인디언 캠프는 일반적으로 알려진 "환경주의자의 얼굴"과는 전혀 거리가 먼 모습이다(MacLeitch 98). 인디언은 대부분 자연의 섭리에 순응하며 사는 자연인으로 묘사되어 왔다. 그러나 현실 속의 인디언 캠프는 한마디로 말하자면 온갖 악취의 집합소로 그 속에 사는 인디언은 고결하지도 자연미를 소유하지도 않은 단순히 육식을 좋아하는 원시인에 불과하다.

땀에 젖은 수많은 인디언들과 개, 말이 같이 어울려 사는 인디언 캠프를
상상해 보세요. 거기에는 썩어가면서 건조되는 수백마리의 버팔로, 사슴,
고슴도치, 오소리, 다람쥐, 들쥐, 그리고 이름 모를 짐승들이 캠프 내의
건조대에 걸려있어요. 인디언들은 엄청나게 고기를 좋아해요. 탈취제가
발명되기 전이니 그 냄새를 상상해 보세요. . . . 나는 인디언들을 고의로
무시하고 싶지는 않아요. 그러나 여기서 나는 냄새는 마치 못된 악마가
커다란 똥 덩어리를 마을 한 가운데에 떨어뜨린 것 같아요. (61)

리틀 빅 혼 전투에 대한 역사적 평가 또한 재심을 요한다. 일반적으로 이 전
투는 인디언들의 관점에서는 커스터의 침략에 대한 인디언들의 자위권으로 해석
되어 왔다. 그래서 전투에 참가한 크레이지 호스를 비롯한 인디언 전사들은 영웅
으로 숭상되고, 그들의 공적에 대한 찬사는 인디언 전통주의자들의 이데올로기
근거가 되기도 하였다. 그러나 전투가 끝난 후 행해진 인디언들의 행동은 전혀 영
웅적 모습과는 거리가 먼 잔학성 그 자체다.

내 주변의 인디언 남자, 여자, 어린이들은 죽은 백인 군인의 사체에 불경
을 가한다. 한 인디언 할머니는 백인의 총검으로 사체를 찌르고 있다. 그
백인은 이미 죽었고 피를 흘리고 있지만 그녀는 계속해서 찌른다. 나는
그녀가 백인의 옷을 벗기는 것을 쳐다본다. 그녀는 그 백인이 나체로 죽
어서 사후세계에서도 굴욕감을 느끼도록 한다. 그런 다음에 그녀는 그
백인의 성기를 잘라서 입에 물린다. 그녀는 백인이 사후세계에서 놀림감
이 되었으면 한다. . . . 내 주변의 모든 할머니들이 백인의 성기, 귀, 손,
손가락 그리고 발을 자르고 있다. (73)

이 전투에 임하는 커스터 장군 또한 재평가를 받는다. 위대한 백인문화를 전
파하는데 선봉적 역할을 한 군사적 문화전도사 이것이 백인들이 그에게 가지는
일반적 시각이다. 그러나 그는 그러한 숭고한 의미의 영웅이라기보다는 오로지
공적 쌓기에만 급급한 싸움꾼에 불과하다. 지원병의 도움으로 쉽게 이길 수 있는

싸움을 공명심에 급급한 나머지 섣부르게 접근한 결과 자신과 부하들 모두 학살되는 결과를 가져왔다. 전쟁영웅으로 업적을 쌓은 뒤 미국 대통령이 되는 것 그것이 그의 유일한 관심사이다.

세 번째 검증은 백인문화의 실체와 관련된 것인데, 접근법이 다소 다르다. 앞의 두 에피소드가 인디언 문화와 백인 문화를 상호 비교하며 두 문화가 내부적으로 가지고 있는 문제점과 모순점을 지적하고 있다면, 백인 조종사 지미와 이슬람교를 믿는 이디오피아인 압바드[Abbad] 사이에 일어난 사건은 인디언 외의 다른 문화권에서 바라본 백인문화의 실체를 해부한다. 15년 동안 미국에 거주하면서 미국 대학교육을 마친 압바드는 결혼하여 아이도 있는 평범한 소수민족 중의 한 사람이다. 보통 이민자들의 소망처럼 아메리칸 드림을 성취하기 위하여 열심히 살아가는 이방인 압바드는 지미에게서 비행기 조종 기술을 배워 특별한 이변이 없는 한 미국 중산층 대열에 합류할 수 있는 유리한 위치에 있는 인물이다. 그런 그가 어느 날 비행기를 납치하여 시카고 근교에 추락시킴으로써 돌연히 테러리스트로 변모한다. 이 에피소드는 압바드에 관련된 여러 요소들을 종합하여 볼 때 9/11 테러 사건을 연상시키기에 충분하다. 알렉시는 분명히 9/11사건과 같은 테러리즘에 반대한다. 오히려 이 일화의 목적은 테러리즘의 불씨가 미국문화 내부에 존재하며 그것을 외부로 돌리는 것은 적절치 못하다는 지적을 하는 데에 있다.

무고한 비행기 승객과 자신의 가족을 죽음으로 내 몬 압바드의 행동은 비난받아 마땅하다. 그러나 그러한 테러리스트는 만들어지는 것이지 그렇게 태어난 절대적 악인은 아니다. 보통 대중매체에 등장하는 테러리스트는 건장한 체격에 무표정한 얼굴을 한 근본주의자가 대부분이다. 그에게는 이데올로기가 최상의 가치를 점하고 있다. 그는 가족과 연인에게서도 정치적 활동이 부여하는 숭고한 이상을 찾지 못한다. 그러나 압바드는 이와 같이 정형화된 테러리스트와는 거리가 멀다. 우선 영어를 말할 때에는 "아름다운 억양"을 사용하여 소통의 장벽이 없고, 외모는 매력이 흘러넘쳐 "몸은 작지만 약간 검은 색을 띤 아름다운" 그래서 미국 시민으로 살아가기에 조금의 부족함도 없는 인물이다(110). 그러한 사람이 테러리즘을 신봉하게 된 것에는 미국문화에서 발견한 배타성과 허무감 그리고 자본주의의 한계 때문이다. 압바드가 15년 동안 미국에서 살아본 후 발견한 것은 "미국 사람들은 자본주의를 너무나 사랑하고"(111), 또한 "미국인들은 지나치게 거만해서 세상 모든 사람들이 미국인처럼 생각하고 행동하기를 바란다"는 사실이다(121). 이 문제의 핵심은 미국인들이 자본주의를 신봉하지만 자본주의가 제공하는 열매인 물질만을 탐닉하여 자본주의의 핵심인 신용 곧 믿음을 상실하였다. 미국인들에게 신용의 위기란 자신이 사용한 신용카드 금액을 변제할 능력을 상실한 것보다 더 심각하게 인간을 서로 믿지 못하는 불신의 분위기에 근거한다.

압바드는 믿음과 신용이 사라진 미국문화의 예를 자신의 스승 지미에게서 발견함으로써 심한 충격을 받는다. 지미가 보여준 믿음의 상실은 결혼했음에도 불구하고 끊임없이 새로운 여자를 추구하는 그 속성에서 알 수 있다. 지미는 헬다 Helda라는 여자와 사랑에 빠졌다. 그 이유는 "그녀는 젊고, 나이는 스물 정도 되어 보인다. 빨간 머리에 파란 눈을 하고 있으며 매우 예쁘다. 키는 작지만 곡선미가 아름답다. 치어리더에게서 볼 수 있는 그런 곡선미를 가지고 있기 때문이다"(115). 그와 반면 자신의 아내 린다Linda는 "나이가 들었고, 머리는 희끗희끗하며, 조금 예쁜 구석이 있기는 하지만 살이 쪘다. 갈색 눈은 커 보이고, 무릎은 약해서 휘청거린다"(117). 아내 몰래 헬다와의 관계를 유지해 온 지미는 결국 "배신자"인 셈이다. 그런데 그 배신은 두 여자 모두에게 해당된다. 중년의 남성 지미가 비록 젊은 여자 헬다를 만나지만 그녀를 결코 사랑하지는 않았으며, 또한 일생동안 같이 살아온 부인 린다에게도 충실하지도 않은 까닭에 결국 두 여자 모두를 배신한 것이다. 그런데 여기서 흥미로운 사실은 미국 자본주의문화가 지미가 보인 배신행위와 밀접한 관계가 있다는 점이다. 크리스토퍼 라쉬는 『미니멀 셀프』에서 미국 자본주의의 핵심적 특징으로 "슬로안주의"Sloanism와 "포드주의"Fordism를 손꼽았다(Lasch 29)[2]. 슬로안주의의 핵심은 자동차 회사가 더 많은 자동차를 팔기 위하여

---

2) 크리스토퍼 라쉬의 주장은 필자의 다음 논문에서 인용한 적이 있으며 재인용한다(노헌균. "미국의 전통적 이데올로기에 대한 리뷰: 마이클 무어의 <로저와 나>." 『문학과 영상』,

해마다 같은 모델의 자동차 외장을 조금씩 바꿈으로써 소비자들에게 항상 새로운 것을 구매하도록 자극하는 판매 전략이다. 만약에 이 마케팅 전략에 동의하는 소비자가 있다면 그는 해마다 새 모델을 구매하여 새로운 자동차를 운전한다는 착시효과에 빠지게 되고, 그럼으로써 자동차 회사는 더 많은 수익을 올리게 된다.

이렇게 새로운 제품을 좋아하도록 만드는 슬로안주의가 인간관계 특히 부부관계에 도입되면 그 폐해는 심각해진다. 비행훈련연습이 끝난 다음에도 지미는 집에 갈 생각을 하지 않고 계속해서 비행기를 닦고 손질한다. 이것에 대하여 압바드가 다음과 같이 이상하게 생각하자, "지미, 당신은 바보야. 당신은 집에 아름다운 부인이 있는데 왜 쓸데없이 틈만 나면 비행기와 노닥거리고 있어요," 지미는 "나는 비행기가 더 미더워"라고 답한다(113). 비록 지미가 슬로안주의에 충실하여 해마다 새로운 비행기를 구매하는 소비 형태는 보이지 않더라도, 그가 비행기라는 물질에 대하여 가지는 애착과 신뢰성은 슬로안주의의 아류라고 볼 수 있다. 이상에서 추측할 수 있듯이, 슬로안주의의 종말은 인간을 더욱 불만족스럽게 만들어 가고 있다는 사실이다. 지미가 오랫동안 같이 살아온 부인 린다에게서도 그리고 젊고 매력적인 헬다에게서도 만족하지 못하는 것은 같은 맥락이다. 그런 점에서 압바드가 미국 자본주의 오류의 핵심을 스승 지미에게서 발견하고, 지미가 가르쳐 준 비행술을 이용하여 자살 테러로 생을 마감한 것은 배신하게끔 프로그램화 된 미국문화에 대한 공격이다.

지츠가 시도하는 시간여행의 마지막 대상자는 자신의 아버지이다. 그에게 있어서 아버지는 증오의 대상이고 무책임함의 진수요 전형적인 알코올 중독자의 모습이었다. 태어나자마자 떠나버린 아버지를 이해하고 그 행동의 동인을 추적하고자 하는 지츠의 시도는 매우 자연스럽다. 시애틀의 근교에 위치한 타코마에서 발견된 아버지의 모습은 비참함 그 자체이다. 50대의 중년 인디언인 그는 아침부터 술에 취한 채 골목길을 누비고 다니며 지나가는 행인들에게 행패를 부리고, 건강은 최악의 상태로 입에서 피를 토하고 있다. 그는 여러 가지 측면에서 전형적인 인디언이다. 첫째, 그는 19세기 아파치족의 추장이었던 제로니모^{Geronimo} 사진과 "1492년부터 테러리즘에 항거하며"라는 글귀가 실린 티셔츠를 입고 인디언 전통 재건을 바라고 있다(133). 둘째, 인디언에게 일어난 모든 비극적 사건들을 백인들에게 전가하는 극우 인디언들의 모습을 가지고 있다. 지나가는 젊은 백인 커플 팸^{Pam}과 폴^{Paul}에게 그는 다음과 같이 외친다.

> "모두 너 탓이야," 그는 말한다.
> "뭐라고 했어요?" 폴이 묻는다.
> "모두 네 탓이라고," 그는 다시 말한다.
> "우리가 뭘 잘못했는데요?"
> "우리가 이렇게 된 건 백인들 때문이야. 당신들이 우리를 이렇게 만들었
> 단 말이야." . . .
> "엿 먹어라 이놈들아," 그는 팸과 폴에게 말한다. "망할 놈의 백인들 같
> 으니." (136)

백인들에게 가지고 있던 증오심을 폴에게 화풀이 하지만 지츠의 아버지는 만족하지 못한다. 그래서 지나가는 다른 백인 중년 남성을 붙잡고 시비를 건다. 계속 끈덕지게 늘어지자 그 백인은 진지하게 정말로 원하는 것이 무엇이냐고 묻는다. 이에 대하여 지츠의 아버지는 "백인들의 존경심이요"라고 여러 번 반복한다(142). 그 존경심을 표하는 방법에 대하여 다시 묻자 지츠의 아버지는 재미있는 이야기를 해 달라고 한다. 이와 같은 문답법은 백인들에게는 우스꽝스러워 보일지 몰라도 인디언들에게는 익숙한 방식이다. 왜냐하면 전통주의적 삶을 고수하는 인디언들에게 의식^{ceremony}과 더불어 스토리텔링은 인디언의 오래된 문화적 관습이기 때문이다.

백인 남성이 지츠의 아버지에게 들려주는 이야기는, 아이러니하게도, 재미있는 옛날이야기가 아니라 인디언 문화와 백인문화의 차이점을 우회적으로 묘사한

심리극과도 같다. 그 백인은 애완동물을 사달라는 자신의 딸에게 새 한 마리를 사준다. 그런데 그 새는 즐거움을 제공할 것이라는 기대와는 달리 "여기저기 똥만 싸대는 똥쟁이이다. 이 구석에 싸고, 저 구석에 싸고, 집 곳곳에 싸고 다녔다" (145). 그런데 그 새는 날줄을 몰랐다. 왜냐하면, 날지 못하도록 사람들이 인위적으로 날개를 꺾어 놓았기 때문이다. 어느 날 그 새는 자신이 날 수 없다는 사실을 망각한 채 주인의 어깨에서 나는 시늉을 하다가 끓는 프라이팬에 떨어져 죽는 사고를 당했다. 이것에 대하여 지츠의 아버지와 백인 남성 사이에 다음과 같이 대화를 나눈다.

> "당신이 결국 그 새를 죽인 것 아냐."
> "내가 죽인 것 아냐. 그 새가 자살을 한 거지. 자살을 시도했다고 바로 죽지는 않았어. 내 손에서 꿈틀거렸거든. 그 놈은 숨을 쉬려고 안간 힘을 다했어. 내 딸은 새를 살려내라고 비명을 질렀어. 나는 그 망할 놈의 새에게 심폐소생기술을 실시하려고 했지." (146-47)

이 이야기 속에 등장하는 새의 운명은 바로 인디언의 그것이다. 백인들은 인디언들이 마치 애완동물처럼 즐거움을 주리라고 기대하지만 돌아오는 것은 새의 똥과 같이 뒤치다꺼리하고 눈살을 찌푸릴 것만 있으며, 인디언들이 점점 백인 문화에 잘 적응하리라는 예상과는 달리 큰 사고만 칠 뿐이고, 날려고 하여도 날개가 꺾인 새 신세이다. 그러한 인디언에 대하여 백인들은 인디언이 필요로 하는 것을 주는 대신 필요로 할 것 같은 것을 제공하는데, 이는 마치 인간에게 시술하는 심폐소생기술을 새에게 적용하는 것과 같은 오류이다.

아버지 몸속으로 들어간 지츠가 깨닫는 또 다른 사실은 인디언의 불행에는 백인들 못지않게 인디언 내부문제도 크게 관여되었다는 것이다. 인디언 보호구역에서 가장 흔한 사회문제가 알코올 중독과 폭력인데 그 근원은 백인문화가 아니라 오히려 인디언 문화라는 것이 지츠의 깨달음이다. 지츠의 아버지 또한 이 두 가지 문제에서 자유롭지 못하며, 그것을 지츠의 할아버지에게서 물려받았다. 매주 주말마다 술에 취해 사는 할아버지는 자신의 아들에게 사냥을 강요하며, 만약에 사냥거리를 가져오지 못하면 무자비한 폭력을 행사하였다. 지츠의 아버지는 이것에 대한 증오심 때문에 "사냥을 할 목표물을 짐승이 아니라 자신의 아버지로 상상하는" 착각을 일으킬 정도다(154). 게다가 지츠와 마찬가지로 지츠의 아버지는 자기 자신에 대하여 갖는 자존감이 매우 낮은데 이것의 원인 또한 백인사회로부터가 아니라 인디언 내부 문제에 기인한다.

> "말해봐," 나의 할아버지가 말한다.
> "도대체 뭘 말하라고요?" 나의 아버지가 묻는다.
> "나는 살만한 가치가 조금도 없다 라고 말하란 말이야."
> "나는 살만한 가치가 조금도 없다," 아버지가 외친다.
> "다시 말해 봐."
> "나는 살만한 가치가 조금도 없다."
> "더 크게."
> "나는 살만한 가치가 조금도 없다!" 아버지가 비명을 지르듯이 외친다.
> "더 크게."
> "나는 살만한 가치가 조금도 없다. 나는 살만한 가치가 조금도 없다. 나는 살만한 가치가 조금도 없다. 나는 살만한 가치가 조금도 없다. 나는 살만한 가치가 조금도 없다." 아버지의 비명이 더 커진다. (155-56)

아버지의 분신 속에 들어간 지츠는 왜 아버지가 자신과 어머니를 떠나야 했는지를 이해할 수 있었다. 할아버지, 아버지, 그리고 지츠로 이어지는 인디언 세대의 문제가 다른 인디언들에게서도 대물림되고 있음을 지츠는 깨달은 것이다. 수많은 수양가정에서 정착하지 못하고 방황하며 은행에서 권총으로 고스트 댄스를 추려고 한 지츠의 낮은 자존감과 폭력성은 결국 기나긴 인디언 전통의 한 부분이었던 것이다.

시간여행을 끝내고 현실로 돌아온 지츠가 선택할 길은 무엇일까? 상당수의 인디언들처럼 인디언 보호구역에 살면서 여러 사회적인 문제들을 몸소 겪으며 전통적인 삶을 살아가는 것일까, 아니면 현실을 있는 그대로 받아들이고 백인문화와의 적극적인 교류를 통하여 21세기에 적합한 새로운 인디언상 정립에 힘쓰는 것이 나을까? 이 갈등에서 지츠는 후자를 선택한다. 21번째 수양가정으로 백인 경찰관 데이브^{Dave}의 가족으로 선정되었을 때 지츠는 이미 그 변화의 가능성을 보인다. 그래서 지금까지는 '여드름투성이의 못난이'란 뜻을 가진 지츠로 자신을 명명하였지만 이제부터는 "마이클이요. 제 진짜 이름은 마이클이에요. 이젠 마이클로 불러주세요"라고 극적인 전환을 하게 된다(181).

III

알렉시의 『탈주』는 "나를 지츠로 불러주세요"로 시작하여 "나를 마이클로 불러주세요"로 끝을 맺는다. 겉으로 보기에는 시작과 끝이 하나의 완성된 원형 구조 속에서 완벽한 조화를 이루고 있는 것처럼 보인다. 그러나 이 결론은 소설을 주의 깊게 읽어온 독자에게는 너무나 느닷없이 일어난 플롯의 쿠데타처럼 다가온다. 이와 같은 결말에 대하여 비평가 타운리는 "모든 생명은 고귀하다는"식의 너무 통속적인 결론으로 인하여 작품성이 떨어진다고 평가한다(Townley). 스포케인 인디언 보호구역 인디언들의 반응은 "애정과 분노가 뒤섞인 이중적 감정"이다(Campbell). 인디언들은 자신들의 문화적 전통이 여전히 신비주의로 남아 있기를 기대하는 측면과, 불행으로 가득한 현실을 직시하고 해결책을 찾아보자는 입장이 상충되고 있다. 충분히 그들의 입장이 이해가 된다. 총 21장으로 구성된 이 소설이 마지막 3장을 제외하고는 대부분 지츠의 과거 시간여행에 초점을 두고 있다가 갑자기 마이클이라는 전혀 생뚱맞은 인물로 변신시키기에는 설득력이 부족하다. 또한 이러한 식의 종결은 일반적인 인디언 소설의 결론과 비교해 볼 때 조금은 별난 시도이다. 인디언을 소재로 한 소설들은 대부분 주인공이 인디언 사회에서 계속 살기를 고집하거나, 백인이 인디언사회에 동화하여 점점 인디언의 정체성을 획득해 간다는 류가 태반이다. 그러나 알렉시의 소설처럼, 인디언이 백인사회로의 편입을 급작스럽게 시도한다는 결론은 인디언과 백인 모두에게 낯선 접근법이다.

이와 같은 별난 글쓰기에는 작가의 정치적 의도가 다분히 숨어있다고 짐작할 수 있다. 우선 알렉시가 목표로 설정한 독자층은 인디언이 아니라 백인 지식인층이다. 로버트 카프리치오와의 인터뷰에서 알렉시는 다음과 같이 밝히고 있다.

> 제가 누구를 기반으로 삼는지 아세요? 저에게는 제가 쓴 책을 사고 제가 만든 영화를 보고자 하는 75,000명의 대학교육을 받은 백인 여성이 있답니다. 제가 작가로서 살아남기 위하여 인디언을 주요 목표로 잡으라고요? 말도 안 되는 소리지요. 불가능해요.

비슷한 이야기를 알렉시는 조엘 프레이져와의 인터뷰에서도 하고 있다.

> 일반적으로 말하자면 인디언들은 책을 읽지 않습니다. 인디언 문화는 책 문화가 아닙니다. 그래서 나는 영화를 만들려고 합니다. 인디언들은 영화관에 가는 걸 좋아해요. 그들은 VCR도 가지고 있어요.

게다가 이 소설의 마지막 부분에는 소설에 근거한 44개의 질문이 부록처럼 첨부되어 있는 데, 우리는 이것에서 알렉시가 자신의 소설이 수업시간의 교재로 쓰이기를 강력히 희망하고 있다는 사실을 추측해 볼 수 있다. 미국 고등학교와 대학교에서 '미국문학' 강좌 시간에 자신의 소설이 텍스트로 선정되어 당당히 백인 작가뿐 아니라 다른 소수민족작가들과 어깨를 나란히 하고 싶은 알렉시의 소망이 엿보인다. 즉 미국문학의 정전, 캐논 범주에 포함되기를 강력히 희망하는 것이다. 인디언 문학 비평가 아놀드 크루파가 일찍이 『변방의 목소리』에서 백인중심의 미국문학 정전체계를 비판하고 아메리카 인디언 작가의 포함을 역설하였는데, 알렉시는 마치 크루파의 주장이 실현되도록 소설 구성에 심혈을 기울인 듯하다.

지츠가 마이클로 변화하는 것에 대하여 작가 알렉시는 반드시 그렇게 되어야 한다고 믿고 있다. 미국 내의 소수 인종 가운데 사회적, 경제적 관점에서 볼 때 상대적으로 열악하고 낮은 지위를 점하는 그룹이 있다면 그것은 흑인과 인디언인데 두 민족 중에서도 인디언이 그 정도가 심하다고 알렉시는 생각한다. 그렇게 된 가장 큰 이유는 인디언들이 지나치게 과거 전통에 얽매여 변화를 시도하지 않기 때문이라고 알렉시는 추측한다. 변화를 위해서는 먼저 문화 변경선을 넘어가야 한다. 그 저편의 문화에서 인디언들이 배워야 할 가장 우선순위는 교육, 대학에서의 고등교육이다. 이것을 마치 실천이라도 하듯이 알렉시는 스포케인 인디언 보호구역 내에 설치된 학교교육에 만족하지 않고 시애틀에 있는 워싱턴 주립대학에 진학하였다. 알렉시는 자신과 같은 인디언이 더욱더 많이 배출되기를 기대한다. 그래서 그 인디언들이 인디언문화개혁의 모범적 모델이 되어서 인디언 사회를 개혁하기를 바란다. 그런 인디언들이 해야 할 임무로는 첫째, 정치적으로 "백인정부와 백인들이 규정하는 인디언에 대한 전형적 패턴으로부터 독립하고 자치권을 획득하는 것이며," 둘째, "독립적인 자치권을 바탕으로 인디언 개별 부족들은 자신들만의 문화, 종교 분야에서 백인문화와는 다른 독립적 패턴을 개발"하는 것이다 (Alexie "Some of My Best Friends"). 백인들이 요구하고 기대하는 그런 인디언 모습을 지양하고 인디언 스스로 자신의 정체성을 정의하고 그 모습을 백인사회에 알리는 것이 중요하다. 그러기 위해서는 인디언들이 보호구역에서 술 마시고, 자포자기하고, 폭력을 휘두를 시간이 없다는 것이다. 또한, 콜럼버스 데이에 인디언 급진론자들이 하는 것처럼 폭력을 동원하여 과격시위를 하고 지금의 인디언이 처한 모든 문제를 백인들 탓으로 돌리는 식의 저항은 결코 인디언사회 발전에 도움이 되지 않는다는 주장이다. 지츠가 마이클로 변신하는 것은 인디언으로서의 정체성을 완전히 버리고 백인 문화의 용광로에서 완전히 녹아 마이클이라는 백인문화에 동화된 인간형이 되는 것이 아니라, 전통주의 인디언을 탈피하여 정치적으로 변신한 인디언, 현대사회에 적합한 새로운 인디언이 되는 것이다.

참고문헌

Alexie, Sherman. *Flight*. New York: Black Cat, 2007.

_____. "Some of My Best Friends." http://www.fallsapart.com/ontherez.html

Allen, Paula Gunn. "The Sacred Hoop: A Contemporary Perspective." *Studies in American Indian Literature*. Ed. Paula Gunn Allen. New York: The Modern Language Association of America, 1983. 3-22.

Brown, Dee. *Bury My Heart at Wounded Knee*. New York: Holt, Rinehart & Winston, 1970.

Campbell, Duncan. "Voice of the New Tribes." http://www.guardian.co.uk/books/2003/jan/04/artsfeatures.fiction

Capriccioso, Robert. "American Indian Filmmaker/Writer Talks with Robert Capriccioso." http://www.identytheory.com/interviews/alexie_interview.htm

Carver, Raymond. *Will You Please Be Quiet, Please?* New York: Vintage Books, 1992.

Fraser, Joelle. "Sherman Alexie's *Iowa Review* Interview." http://www.english.uiuc.edu/maps/poets/a_f/alexie/fraser.htm

Lasch, Christopher. *The Minimal Self: Psychic Survival in Troubled Times*. New York: W.W. Norton, 1984.

MacLeitch, Gail D. "Native Americans." *A New Introduction to American Studies*. Ed. Howard Temperley & Christopher Bigsby. New York: Pearson, 2006. 98-122.

Melville, Herman. *Moby-Dick*. New York: W.W. Norton, 1967.

Townley, J. T. "Book Review: *Flight*." *Harvard Review* (33), 2007. 172-174. http://proquest.umi.com/pqdweb?did=0000001423592351&Fmt=3&clientld=43168&RQT=309&VName=PQD

3부

●

아프리카계 미국문학

정체성 정치학과 그 너머에 대한 모색:
토니 모리슨 국내 연구 동향

● 김애주

I

지난 7월 12일부터 17일까지 미국 신시내티에서 개최된 제4차 격 년제 토니 모리슨 학회는 35여 개국에서 온 300명 이상에 이르는 학자들의 성대한 학문적 잔치였다. '기억의 장소$^{Sites\ of\ Memory}$란 대 주제 아래 캐롤린 드나드나 트루디어 해리스 등 저명한 모리슨 전공자들의 기조연설, 28개에 이르는 공동 발표 세션 외에도 신시내티 오페라 하우스에서 상연된 오페라 「마가렛 가너」, 모리슨과 작곡가 리처드 데니얼푸어의 오페라 작곡 과정에 대한 대담, 켄터키에 위치한 마가렛 가너 집 방문 등 학문과 예술이 한바탕 어우러진 문화 축제였다. 1998년 첫 격 년제 모리슨 학회에 참석했을 때도 그랬지만 이번 학회를 통해서도 가장 인상에 남는 점 중 하나는 역사적, 문화적 자료들의 풍성함 외에도 흑인 학자들과 타 인종(특히 백인) 학자들 사이에 뚜렷이 나타나는 연구 방법론의 간극이라 할 수 있다.

"기억, 재기억 그리고 미국 인디언 유산"이란 주제의 세션에서 "『빌러비드』는 단순히 노예제에만 국한된 것이 아니라 그 이상의 것을 담고 있다"라고 말한 한 백인 여성 학자에게 트루디어 해리스가 "『빌러비드』가 노예제에 관한 것이 아니던가요?"라고 정면으로 반박한 사례는 여전히 존재하는 간극을 상징적으로 드러낸 것이라 하겠다. 물론 그 백인 여성 학자는 노예제에 대한 논의를 차치하려는 것이 아니고 그것이 부자유한 인간 조건의 은유로 확대 해석될 수 있다는 점을 강조한 것이다. 또한 해리스 역시 『빌러비드』가 반드시 미국 노예제 문제에 국한해서 해석되어야하는 것은 아니며 인간사에서 벌어지는 각종 억압과 상흔의 한 양태로 볼 수 있다는 바를 모르지 않다. 그럼에도 불구하고 해리스가 보인 다소 예민한 반응은 흑인들이 겪은 고통의 역사를 치열한 논의 과정 없이 이론으로 도식화하거나 보편적 현상으로 추상화하려는 타 인종, 특히 백인 학자들의 연구 경향에 대한 경계라 할 수 있다.

흑인 여성의 특수한 경험을 재현한 흑인 여성 문학의 의미를 보편화, 추상화하려는 경향과 구체적 경험에 천착하려는 이러한 상반된 경향은 그 동안 미국 흑인 여성 문학 비평을 주도해온 두 가지 큰 흐름의 연장선상이라 보아도 좋다. 바바라 스미스로부터 드보라 맥도웰, 바바라 크리스천, 조이스 앤 조이스, 패트리샤 힐 콜린스 등 흑인 여성주의 비평가들은 다소 입장의 차이를 보이면서도 궁극적으로 흑인 여성의 고유한 경험과 자아 탐구, 그리고 정체성 확립이 비평의 핵심이 되어야 한다고 본다. 그러므로 이들 정체성 정치학에 주력하는 흑인 여성 비평가들은 본질적이고 안정된 정체성 자체를 허구라고 보고 흑인 여성 문학 비평에서도 후기구조주의적 접근이 필요하다고 주장하는 도나 하러웨이나 주디스 버틀러 등 백인 여성주의 비평가들의 포스트모던 반정체성 시학에 저항적 태도를 보인다. 이와 같은 현상에 대해 흑인의 고유 경험에 깊이 몰입할 수 없는 백인 학자로서는 널리 유통되는 이론으로 작품에 접근하는 것이 더 용이하다고 섣불리 진단할 수 없다. 한편 흑인 학자들은 그들의 고유 영역인 역사, 경험 등 '그들만의 물질성'을 최대한 부각시켜 비평 영역을 차별화한다고 단정 짓기도 어렵다. 그러나 한 가지 분명한 사실은 미국 흑인 여성들은 그동안 겪어온 인종과 성 차별의 경험을 백인 중심의 이론으로 무심히 재단할 만큼 역사의 짐이 가벼워진 것은 아니라고 보는 것 같다. 이번 학회에서 트루디어 해리스가 보인 즉각적인 반박은 물론이고 이론 중심의 발표가 주로 백인 학자들에 의해 이루어졌다는 점 역시 모리슨 연구에서도 이러한 간극이 마찬가지로 나타남을 보여준다.

이번 모리슨 학회에서 다시 한번 증명된, 미국 흑인 여성 문학 연구의 이분화 양상은 국내 연구 동향에도 그대로 적용된다. 사실 국내의 경우 흑인 여성 문학 연구는 모리슨에 집중되어 있으므로 모리슨 연구가 곧 흑인 여성 문학 연구를 대변한다고 볼 수 있다. 2000년부터 2004년 까지『영어영문학』,『영미문학 페미니즘』, 그리고『현대영미소설』을 대상으로 흑인 여성 문학에 대한 논문을 수집한 결과 총 21편의 논문이 있었고 그 중에서 토니 모리슨에 관한 논문이 14편에 달했다. 나머지 7편은 앨리스 워커, 해리엇 제이콥스, 조라 닐 허스턴, 흑인 페미니즘 이론 등으로 분산되어 있었다. 모리슨에 관한 14편의 논문을 분석해 보면 인종 중립적 이론과 장르론을 중심으로 한 접근이 6편, 흑인의 과거나 고유한 경험 등을 통해 정체성을 논의하는, 이른바 정체성 정치학에 기반한 접근이 7편으로 거의 양분화 되어 있었고 나머지 한편은 학생들의 독자 반응을 다룬 것이었다.

본 글은 과연 왜 국내의 경우도 미국과 유사하게 이러한 양분화된 연구 경향이 나타나는 지 추적하는 데 초점을 맞추지 않는다. 그 문제는 또 다른 논의의 장이 필요하다고 보고 대신 본 글에서는 이론과 장르론을 중심으로 한 접근, 그리고 정체성 정치학에 기반한 접근 두 범주의 측면에서 모리슨에 관한 논문 14편을 분류하고 각기 어떠한 주제를 다루고 있는 지, 문제점이 무엇인지 살펴볼 것이다. 한 걸음 나아가 그러한 분류와 분석을 통해 모리슨을 포함한 국내 흑인 여성 문학 연구가 앞으로 나아가야할 방향이 무엇인지 짚어보려고 한다.

II

　모리슨에 관한 14편의 논문 중 이론과 장르론을 통해 접근한 논문 6편중 페미니즘으로 연구한 논문이 2편, 정신분석 이론이 2편, 포스트모던 이론 1편, 그리고 환상 문학을 고딕 전통의 맥락으로 본 장르적 접근이 1편이었다. 적용한 이론의 범주를 보면 파열적이고 유동적인 여성 주체와 몸의 관계에 초점을 둔 포스트모던 페미니즘, 폭력의 주제와 관련된 페미니즘, 라캉의 후기구조주의 정신분석이론, 융의 집단 무의식, 탈중심성의 포스트모던 이론 등이 있다. 이론 중심의 논문 5편 중 3편이 후기구조주의 포스트모던 이론을 분석틀로 삼았거나 적어도 그러한 개념을 바탕으로 작품을 분석했는데 이는 국내의 경우도 미국과 크게 다르지 않게 후기구조주의 포스트모던 이론이 주종을 이룬다는 것을 보여준다.

　페미니즘 이론으로 연구한 2편의 논문 중 태혜숙의 「흑인 여성문학에서의 '몸' — 『그들의 눈은 신을 보고 있었다』와『술라』를 중심으로」는 최근 페미니즘에서 가장 논의의 초점이 되고 있는 탈근대적 몸 패러다임의 맥락에서 흑인여성의 주체화와 몸의 관계를 분석한 글이다. 몸을 정신의 하위 개념으로 보는 근대적사유체계와 달리 탈근대에서는 몸이란 차이의 정치성을 전개시킬 가장 중요한 장(場)으로 본다. 같은 맥락으로 '몸의 페미니즘'을 주장하는 이리가라이, 식수, 스피박, 버틀러 같은 이론가들은 성차를 포함하여 계급적, 문화적 차이들이 각인된 여성의 '성적 몸'이야말로 여성 주체성의 기반이 된다고 주장한다. 태혜숙은 이러한 "'성적 몸'이야말로 피상적으로 소비되는 몸과 차원이 다른, 21세기를 이끌 새로운 정치의 기반이 된다'고 강조하면서 다중적 억압 속에서 정체성을 찾아가는 흑인 여성들을 재현한 흑인 여성 작가의 작품이 곧 그러한 문제의식을 확인하고 확대할 수 있는 가장 좋은 텍스트라고 주장한다. 조라 닐 허스턴의 『그들의 눈은신을 보고 있었다』와 토니 모리슨의『술라』가 논의의 대상이 된 것은 태혜숙도밝힌 바처럼 두 여성 주인공들이 일반적으로 유통되고 있는 흑인 여성의 정형화된 이미지와 거리가 멀기 때문이다. 이른바 흑인 여성의 몸이 다산과 양육, 아니면 성적 착취와 희생 등 다중적 억압의 집결지로 정형화되어 있다면 『그들의 눈은 신을 보고 있었다』의 제이니와 『술라』의 술라는 모성과 결부되지 않은 여성성, 이성애에 강박되지 않은 자유로운 성적 주체로 그려져 있다. 약 40여년의 시간적 간극에도 불구하고 그들이 공통적으로 가진, "식민화되지 않은 몸"은 성적 주체로서뿐 아니라 여성에 대해 흑인 공동체가 요구하는 협소한 정형화의 틀을 벗어나 다중적이고 파열적인, 이른바 포스트모던 주체로 거듭나는 힘의 원천이라는 것이 태혜숙의 요지라고 말할 수 있다. 그러나 이 글의 분석 대상인 제이니와 술라는 흑인 여성 문학에서도 유례를 찾기 힘들만큼 성적으로 자유로울 뿐 아니라 주체성을 찾는 행동반경의 폭에 있어서도 예외적인 인물들이다. 더구나 그들의 파격적인 자유 추구와 이동성 배후에는 뛰어난 성적 매력과 '비교적' 풍요로운 경제적 담보가 뒷받침되어 있다. 그러므로 인종과 성, 계급의 측면에서 억압을 받아온 대부분 흑인 여성들과 달리 그로부터 자유로운 두 비범한 여성들의 경우를 '다중적 억압이 각인된 흑인 여성의 몸이 어떻게 창조적 주체로 거듭날 수 있는지'를 보여주는 사례로 일반화하는 것은 무리가 있다고 본다. 특히 두 번째 장(章)에서 논의되고 있는 인종화된 노동의 문제는 사실상 두 흑인 여성의 주체성 추구가 지닌 한계를 극명하게 드러내는 데 일조를 함으로써 전체 논지를 약화시킨다. 제이니와 술라 둘 다 대부분 흑인 여성들이 경제적 궁핍 때문에 어쩔 수 없이 감내해야했던 노동을 면제 받고 있는 데 그 이유가 자본주의에 바탕을 둔 가부장제로의 순응 결과이기 때문이다. 그러므로 탈근대적 몸 패러다임의 맥락 속에서 흑인여성의 주체화를 다루려는 원래 논지를 보다 명확히 살리기 위해서는 시대에 앞서 일탈을 꿈꾸었던 두 흑인 여성의 '성적 몸'이 지닌 주체성과 이동성을 함께 논의하고 그 한계를 사회적 맥락과 연계시킨다면 보다 논리 정연한 글이 되지 않을까 생각한다.

페미니즘으로 접근한 또 한편의 글은 임순희의 「폭력의 상상력과 20세기 여성 소설 ─ 비폭력에서 대항폭력으로 ─ 」이다. 이 글은 가부장제에서 일어나는 가정 폭력의 양태와 여성들의 다양한 대응 방식을 시대별로 조명하고 있다. 19세기부터 20세기 후반까지 여성주의 발달과 병행해서 폭력의 양상과 그 대응 방식을 분류한 이 글에서 모리슨의『빌러비드』는 80년대와 90년대 제 3 여성주의를 대표하는 작품으로 제시된다. 19세기 후반부터 20세기 초 여성 선거권 획득에 이르는 제 1 여성주의 시기의 대응 방식이 모성성에 바탕을 둔 평화주의 색채를 띤다면, 1960년대 이후 제 2 여성주의 시기에는 언어와 문화를 통한 상징적 대항 폭력의 형태로 표출되었고, 80·90년대 제 3 시기에는 물리적인 유혈 저항의 형식을 띤다는 것이다. 헬렌 자하비의『벨라 이야기』와 토니 모리슨의『빌러비드』를 물리적 유혈 저항의 사례로 제시한 이 글에서 임순희는 결국 두 소설에 나타난 폭력의 원천은 "여성의 몸을 타자화하는 남성 중심 사회"라고 결론짓는다. 이 논문은 폭력이란 구체적인 주제를 가지고 19세기부터 20세기 후반까지 페미니즘에 대해 논의한 규모가 크면서도 일관성 있는 글이라고 할 수 있다. 그러나 여성론의 발달 시기와 더불어 대응 폭력의 양상을 상세히 기술했지만 각 시대별, 혹은 시대 변천에 따른 폭력의 변화과정의 의미가 논의되지 않았다. 또한 필자 자신도 스스로 문제점으로 지적한 바 있지만 작품 선정에 있어 보다 섬세한 기준이 적용되었어야 한다. 가령『벨라 이야기』와『빌러비드』는 여성의 유혈적 대응 폭력이란 요소 외에 마땅히 한 범주로 넣을만한 공통점이 없어 보인다. 인종적으로 전자가 백인 여성의 경우이며 후자가 흑인 여성이란 점 외에도 전자의 폭력은 이성적이고 계획적이며 그 대상이 외부를 향하는 반면 후자의 경우 본능적이고 우발적이며, 그 대상이 내부지향적이다. 이러한 차이를 설명하기 위해서는 적어도 두 작품의 문화적, 역사적 배경이 고려되어야한다. 그러지 않을 경우 흑인 여성은 백인 여성에 비해 감정적, 비이성적, 자해적이라는 인종적 결정주의에 빠질 우려가 있다.

이숙희의「『재즈』의 탈중심적 특성들과 정치적 의미」는『재즈』에 나타난 포스트모던한 특성을 연구하면서 그것이 갖는 정치성을 살펴본 글이다.『재즈』는 모리슨의 작품 중에서 다의성, 이원대립적 요소들의 상호성, 미결정성 등 포스트모던한 특성이 가장 풍부하게 드러난 작품이다. 따라서 "텍스트가 일체의 중심화를 거부하는 무질서하고 무의미하며 무심한 텍스트의 움직임 그 자체를 구현한 것"이라고 본 이숙희의 관점은 옳다. 그러나 이러한 포스트모던한 특성에 정치성을 부여하려는 과정에서 논리적 비약이 따랐다고 본다. 가령『재즈』에는 "억압구조에 대한 폭로도, 그 구조를 타파할 강력한 대안 언어도 없다"고 단정함으로써 포스트모던 텍스트의 비정치성을 주장하면서 한편 이러한 비정치성을 피식민계급의 새로운 정치성, 이른바 "백인 중심이나 흑인 중심에 고착되지 않은 타자 지향적이고 소통 지향적인 새로운 정치성"과 바로 연계시키는 데는 문제가 있다. 일찍이 포스트모던 텍스트가 내포한 정치성에 대해서 린다 허치언 같은 여성 이론가가 논의한 바 있다. 그러나 그러한 논의에는 분명 다의성, 미결정성, 상호성 등 탈중심성의 원리가 어떻게 지배 담론의 교묘한 억압 논리를 노출시키는 지, 그리고 주변화된 존재들에게 어떻게 대응 담론의 공간을 제공할 수 있는 지에 대한 과정이 포함된다. 이 글에서는 그러한 과정에 대한 기술이 생략되어 있기 때문에 전체적으로 논지가 약화된 아쉬움이 있다.

정신분석으로 연구한 두 논문은 라캉의 이론을 적용한 권택영의「토니 모리슨의『술라』: 실재계와 몸의 정치성」과 융의 이론으로 접근한 손기표의「『솔로몬의 노래』의 연금술 : 칼 융의 관점에서」이다. 권택영은 후기 구조주의 정신분석가 라캉의 이론이 비정치적이라는 주디스 버틀러의 주장을 반박하며 정신분석이 정치성을 가진다는 논지를 입증하기 위해 모리슨의『술라』를 채택한다. 퀴어이론을 전개시키며 그동안 억압되어 온 동성애 해방을 주장한 주디스 버틀러는 그 전복적인 힘의 원천이 라캉의 상상계에 속한다고 본다. 그러나 라캉은 상상계를 상징계와 이원화하고 상징계 이전에 위치시킴으로써 그것이 지닌, 상징계의 이분법적이고 위계 질서적인 구조를 뒤흔들 전복성을 약화시켰다는 것이다. 권택영은 이러한 버틀러의 주장은 상상계와 상징계의 두 이분화된 영역에만 초점을 맞춘 것이며 제 3의 영역인 실재계를 간과한 것이라고 주장한다. 두 영역이 뫼비우스의 띠처럼 둘이면서도 하나로 연결된 실재계야말로 버틀러가 주장하는 몸의 물질성의 원천이라는 것이다. 레즈비언 소설로 자주 자리매김 되는『술라』는 상상계를 대표하는 술라와 상징계를 대표하는 넬의 "둘이면서도 하나인 넘침의 관계, 상보의 관계"를 그린 작품이며 그들의 삶은 "그들 관계에 내재한 실재계의 원리를 깨달아가는 과정"이라는 것이 권택영의 주장이다. 한편 손기표는『솔로몬의 노래』에 풍부히 나타나는 신화적 요소가 융의 집단 무의식 개념으로 접근할 근거를 충분히 제공한다고 본다. 모리슨 작품 중에서 유일하게 흑인 남성의 성장기를 다룬『솔로몬의 노래』는 밀크맨의 정신적 성장 과정이 금을 추적하는 과정과 병행하고 있다는 점에서, 그 과정 중 밀크맨이 집단 무의식의 영역과 유사한 상태에 몰입하고 그 후 자아 각성을 한다는 점에서 융의 이론으로 분석할 근거가 충분하다고 하겠다. 이기적이고 무책임한 밀크맨이 "덴빌과 샬리마의 자연과 상호작용하면서 전인적 성격으로 변형하는 과정"을 융의 '대극의 합일', 즉 "4원소가 융합, 용해 등 상호작용을 통해 사물을 변형시키는 과정"과 같은 것으로 해석한 손기표의 주장은 모리슨의 작품을 흑인 개별적 경험의 소산이자 인류 전체의 집단 무의식의 발로로 동시에 볼 수 있는 포괄적인 시각을 제공한다. 그러나 권택영의 글도 그러하지만 이 글에서도 정신분석 이론을 분석틀로 사용한 대부분 글에서 나타나는 바처럼 각종 삶의 내용들과 역사의 편린들이 이론의 구조물을 통과하면서 상당 부분 말소되는 양상을 보인다.

6편의 논문 중 유일하게 장르적 접근을 한 유제분의「환상과 사실주의 미학 ─ 미국에 있어서 에스닉 문학의 정체성과 재현의 문제」는『빌러비드』를 포함하여 초자연적 현상이 재현된 미국 에스닉 문학을 19세기 고딕 문학의 전통에서 읽으려고 한 흥미로운 글이다. 맥신 홍 킹스턴의『여인무사』,『중국 남자들』, 그리고 모리슨의『빌러비드』가 마술적 사실주의 내지 반사실주의 양식을 지니고 있지만 이러한 특질은 에스닉 문학만의 특성이라기보다 19세기 영국 지배 담론에 대응하는 미국 탈식민주의 문학 전통으로서의 고딕 문학과 맥을 공유한다는 것이다. 세 작품에 등장하는 유령은 "인종차별 사회에서 스러져간 중국계 미국인, 아프리카계 미국인의 개인적 혹은 집단적 한(恨)의 구현체"이며 이러한 판타지 양식은 "공식 지배 담론에서 배제된 인종 내지 민족적 차이를 형상화"하기 위해서 이다. 그런데 백인 지배 담론에 대한 대응 방식으로 자리매김 되는 이러한 반사실주의 기법은 사실상 나사니엘 호손 등 19세기 로망스 문학의 특질이기도 하다는 것이 유제분의 논리다. 19세기 로망스 문학은 흔히 알려져 있는 바와 같이 가치중립적 개념이라기보다 영국 사실주의의 영향으로부터 벗어나 미국적 상상력을 재구성하려는 탈식민주의 의식을 가진다. 그런 맥락에서 호손의 유령은 "영국 식민지인 미국의 좌절된 유토피아에 대한 한이며 19세기 미국의 정신적 혼란을 치유하기 위해 불러내야할 과거의 기억"이다. 이 글은 유럽과 아메리카, 백인과 소수인종집단의 틈새에 끼인 19세기 미국 소설과 20세기 미국 에스닉 소설과의 재현양식이 유사한 문학적 연결고리를 갖는다는 점을 밝힌, 의미 있는 시도라 하겠다. 그러나 한 가지 지적하고 넘어가야할 점은 덴버의 출생 장면을 마술적 사실주의로 해석한 점이다. 유제분이 문제시한 것은 덴버가 태어날 당시 백인 여자 에이미가 세드를 도우는 장면인데 인종 차별이 난무하던 당시 상황으로 보아 이러한 재현은 사실성이 떨어지기 때문에 일종의 판타지 형식을 취한 것으로 해석한다. 그러나 노예제나 그 후 재건의 시대에 하층민 백인과 흑인과의 공조 관계는 널리 알려져 있는 사실이므로 이러한 해석은 흑인 역사에 대한 정확한 정보가 부족한데서 비롯된 것으로 지적할 수 있다.

III

한편 정체성 정치학의 관점에서 모리슨 작품을 접근한 논문을 살펴보면 7편 중 3편이 인종과 성의 이중 억압이라는, 흑인 여성의 일반화된 사회적 계층 구도를 통해 작품을 분석한다. 이는 지배자와 피지배자의 권력 관계를 쟁점화 하는 탈식민주의 시각이 정체성 정치학의 주요 내용을 차지하고 있다는 사실을 드러낸다. 그 외에 흑인의 정체성 연구에 빠질 수 없는 품목인, 과거와 기억에 대한 논문이 1편, 문화적 맥락으로 접근한 경우가 1편, 서술 전략과 다른 작품과의 상호텍스트성을 다룬 논문이 각각 1편이었다.

　흑인 여성이 처한 이중 억압을 연구한 3편의 논문은 최재구의 「토니 모리슨 소설에 나타난 '이중의식' – 분열에서 공존으로」, 김현숙의 「백인의 시선 아래에 선 검은 몸: 『가장 푸른 눈』」, 그리고 이수현의 「『가장 푸른 눈』: 흑인 자아의식의 비극적 양상」이다. 최재구는 두 보이스가 개념화한, 미국인이자 흑인의 인종적으로 분열된 '이중의식'을 모리슨의 세 작품, 『가장 푸른 눈』, 『술라』, 『빌러비드』에 적용하면서 세 작품 다 이중의식의 수용과정과 극복의 방안을 모색한다고 기술한다. 그러나 두 보이스의 이중의식과 모리슨 작품에 나타난 흑인 여성의 이중 의식은 차이가 있는데도 불구하고 그 점이 간과되고 있다. 두 보이스의 경우 인종적 이중의식에 초점이 맞추어져 있다면 모리슨은 인종 차별과 더불어 흑인 공동체 내에서 자행되는 성 차별을 함께 문제시함으로써 차이를 보인다. 또 다른 문제점은 각 작품에서 제시되는 이중의식의 내용이 같은 선상에서 논의되지 않고 있다는 사실이다. 가령 『가장 푸른 눈』의 경우 "흑백 인종문제에 따른 의식의 분열"을, 『술라』는 "자아와 타자의 존재론적 딜레마"를, 『빌러비드』는 "흑인 개인의 내부에서 극렬하게 갈등을 일으키는 과거와 현재의 대립"을 이중의식의 예들로 제시했다. 이 세 종류의 이중 의식은 사실상 두 보이스의 흑백 존재론적 이중 의식에 다 포함되는 것이 아닌, 다양한 형태의 이중 의식을 나열한 것이므로 보다 세밀한 분류와 범주화가 필요하다. 김현숙도 서구 백인 중심의 가치 체계가 지닌 폭력성, 그리고 그 폭력성에 의한 자아 분열과 그것을 극복할 방식을 기술한다. 김현숙은 『가장 푸른 눈』에서 백인 남성의 '시선'을 "인종과 성을 포함하여 다층적 지배 권력이 집결된" 상징물로 제시하고 그 시선에 굴복한 경우와 극복한 경우를 분석한다. 지배 시선에 응축된 권력의 폭력성을 탈식민주의 관점으로 균형감 있게 풀어간 이 글은 그러나 대체 문화를 위해 제안한 해법이 백인 지배사회와의 권력 관계를 고려하지 않은, 다소 상투적이며 협소한 것으로 귀결되어 아쉬움이 남는다. 김현숙은 "가족의 끈끈한 사랑과 흑인공동체의 유대감"을 그 해법으로 제안함으로써 흑인 공동체 내부의 각성을 촉구하지만 흑인 가족과 공동체의 결속을 끊임없이 저해하는 근본적 요소는 백인 중심 사회의 타자 배척적인 문화와 제도라고 할 수 있다. 그러므로 흑인의 대체 문화 구축을 위해서는 흑인의 각성 뿐 아니라 백인의 타자에 대한 배려와 자성 또한 요청되어야 할 것이다. 이수현의 글 역시 지배 문화의 파괴적 속성, 그것이 흑인에게 미친 폐해와 치유를 통한 정체성 획득을 다룬 글이다. 앞의 글들과 차이가 있다면 흑인 여성의 억압 문제를 유대계 여성 문제와 비교하면서 풀어간 점이라 하겠다. 그러나 흑인 여성의 상황을 아무런 역사적, 문화적 차이에 대한 언급 없이 유대계의 경우와 단순 비교, 고찰한 점은 문제점이라 할 수 있다. 가령 흑인 소녀 페콜라가 희생되는 이유를 그녀가 흡수하고 배양해야할 흑인 전통 문화의 부재와 역사의 단절 때문으로 진단하면서 그것을 극복할 방안으로 유대인 공동체의 모델을 제시한 점이다. 유대계 여성 작가 신시아 오직이 보여주듯 유대인들은 이산의 과정 속에서도 자신들의 고유한 역사와 문화를 유지했고 따라서 지배문화에 대응할 차별화된 유대 문화를 키워왔다는 것이다. 그러나 미국 흑인과 유대인은 같은 소수 인종의 틀로 묶기도 힘들 뿐 아니라 그 이산의 기원과 내용도 확연히 다르며 미국 내에서의 역사는 더더욱 비교될 수 없을 정도로 차이가 난다. 그러므로 그렇게 차이를 보이는 두 공동체를 같은 층위에 놓고 한 공동체의 특성과 장점을 다른 공동체가 지향해야할 요소로 주장한다는 것은 논리의 비약이라 말하지 않을 수 없다.

흑인(여성) 문학 연구의 큰 흐름을 이루는 정체성 정치학에서 가장 중요하게 강조하는 요소 중 하나가 흑인(여성)들의 과거를 복원하고 그 과거가 가진 현재성을 밝히는 작업이라 하겠다. 김미현의 「토니 모리슨의『솔로몬의 노래』에 나타난 무한한 과거」는 미국 흑인에게 있어 과거가 갖는 현재성을 심도 있게 다룬 글이다. 기원적으로 대서양 중간 길을 통과한 지옥과 같은 노예선상에서의 경험과 그 후 미국 땅에서 감내해야했던 비인간적 노예제로 인해 미국 흑인의 과거는 유린과 단절, 그리고 상실로 점철된 고통의 기억이라고 말할 수 있다. 그러나 김미현은 아직도 치유되지 않은 상처로 남아 현재에 지속적으로 암울한 그림자를 던지는 그 상실의 과거를 새로운 에너지원으로 전환시킬 방법을 제시한다. 그것은 『솔로몬의 노래』 표면에 두드러지게 나타난, 흑인 남성의 영웅적 계보를 일직선적으로 발굴해간 밀크맨의 과거 복원 방식이라기보다 오히려 그 계보에서 상실되거나 누락된 존재들을 함께 부활시켜내는 파일럿의 타자 지향적이고 다성적인 방식이다. 김미현의 이러한 논의는 과거를 기억해내고 의미를 부여하는 데 있어 여성 등 타자를 억압하고 사물의 물질성에 농축된 흑인의 고유 가치 등을 배제한 밀크맨의 남성 중심 방식에는 한계가 있다고 본 것이다. 대신 포용과 공유, 그리고 미소한 사물의 존재 의미를 망각하지 않는 여성주의적 방식이 새로운 공동체 의식을 창출하기 위한 방식임을 강조한 것이다. 그런 맥락에서 『솔로몬의 노래』를 『파일럿의 노래』로 변형시킨 마지막 결론은 지금까지 남성이 주도해 온 역사 기술의 주체가 여성으로 전환되어야 할 필요성을 함축한 표현이라 하겠다.

김민정의 「문학 연구의 범위를 확장하며: 토니 모리슨의 『파라다이스』」는 흑인 여성문학 비평의 건강한 발전을 위해 드보라 맥도웰이 제시한 바 있는, 문화 인류학적 접근으로 연구한 글이다. 맥도웰은 「흑인 여성 문학 비평을 위한 새로운 방향」에서 흑인 여성 문학 비평이 가진 문제점을 전문성과 상세함의 결여라고 지적하며 그 대안 중 하나로 흑인 역사와 문화와의 관계 속에서 작품을 파악하는 문화 인류학적 접근을 제안한 바 있다. 김민정은 『파라다이스』에 두드러지게 나타난 "흑인 종족간의 인종 차별과 여성 혐오증적 흑인 국가주의는 백인 중심의 가치를 강제하는 미국 사회와 그것을 유통시키는 미국 언론이 만들어 낸" 기형물이라고 주장한다. 그러므로 흑인 공동체의 내부 갈등을 집중 조명한 『파라다이스』를 보다 정확하게 이해하기 위해서는 미국의 전반적인 사회 현상과 문화를 함께 고려해서 연구해야 한다고 한다. 그러한 문화 연구의 장점을 증명하기 위해 김민정이 제공한 참고자료는 모리슨의 논픽션 에세이 두 편이다. 한 편은 1991년 성희롱으로 청문회에 선 대법원장 클레런스 토마스에 관한 것이고 다른 하나는 1995년 백인 아내를 살해한 혐의로 기소된 미식축구 선수 오 제이 심슨에 대한 것이다. 둘 다 미국 언론과 대중매체가 흑인들을 독립적인 인격체로 보지 않고 미국 사회에 널리 유통되는 흑인 남성상과 여성상을 그대로 답습, 부각시키는 데 일조를 했다는 모리슨의 주장을 담고 있다. 심슨은 "가정을 지키지 않고 폭력을 행사하는 흑인 남성의 이미지"를, 토마스를 고발한 아니타 힐은 "남성을 지배하고자 하는 흑인 여성의 전형"으로 주조되어 각종 언론 매체를 통해 교묘하게 유포되었는데 이는 미국 사회가 얼마나 집요하고도 조직적으로 정형화한 흑인 이미지를 강요하고 소비하는 지를 반영하는 사례인 것이다. 김민정은 이 두 에세이를 통해『파라다이스』에 두드러지게 나타난 흑인 내부의 인종 차별과 성 차별이 미국 사회에 만연한 차별의 악습이 오염된 결과라는 점을 부각시키고 있다. 그러나 20세기 후반 미국 사회 전반의 병폐를 비판한 이 두 에세이가 노예제의 망령에 강박되어 미국 오클라호마 오지에 고립된 채 자멸해가는『파라다이스』의 흑인 디스토피아를 적절히 설명할 자료인 지는 분명치 않다. 오히려 루비 남자들이 수녀원 여자들을 공격하는 1976년 즈음이나 그 공격의 기원이라고 볼 수 있는 1870년대의 사회상을 반영하는 문헌이나 신문 기사 등이 보다 적절한 문화 연구의 자료가 될 수 있지 않을까 생각해 본다.

신진범은「토니 모리슨의『낙원』에 나타난 다층적인 서술전략 연구」와「토니 모리슨의『빌러비드』와 엘리자베스 김의『만 가지 슬픔』에 나타난 상호텍스트성 연구」두 편의 글을 발표하였다. 정체성 정치학에 속하는 두 글 중에서 특히 전자는 14편의 논문 중 유일하게 서술 기법을 연구하였으므로 여기서는 이 글만 다루기로 한다. 신진범은『파라다이스』에 나타난 모리슨의 서술 기법을 "흑인 이주 서술", "반복 서술", "아프리카 이산 종교 간동블레"로 분류하여 그 특징들을 기술한다. 남부에서 노예 해방을 맞이한 흑인 몇 가구가 집단으로 서부로 이주하는 과정 속에서 겪게 되는 인종 차별, 특히 같은 흑인 종족으로부터 피부 색깔의 농도에 의해 구별되고 차별되는 충격적 인종 차별이 결국 여성과 타 종족을 극단적으로 배척하는 루비라는 왜곡된 흑인 공동체를 만들어낸다. 신진범은 그러한 과정이 흑인 고유의 구술 기법인 "차이를 둔 반복"으로 재현되고 있으며 차이를 둔 반복 기법은 흑인 공동체의 설립 과정 속에서 원죄처럼 깊게 새겨진 흑인 종족 간의 또 다른 억압들과 그로 인한 상흔을 펼쳐 보인다고 해석한다. 일종의 치유과정인 이러한 차이를 둔 반복적 드러냄과 함께 수녀원이 대표하는 이산 종교 깐동블레는 루비의 강압적인 기독교를 대신할 치유의 종교로 제시된다. 그 기원을 아프리카에 두고 있으며 아프리카 흑인들의 이산 과정을 따라 여러 이질적 종교와 문화가 융합된 깐동블레는 인종적으로나 문화적으로 이미 단일성을 고집할 수 없는 흑인을 비롯한 혼성적 인종에게 치유와 결속을 약속하는 축복의 영역이라는 것이 신진범의 논지이다. 이 논문은 『파라다이스』를 해석하는 데 있어 다소 난해한 부분인, 작품에 만연해 있는 신비주의적 경향과 환상적인 속성을 깐동블레의 측면에서 설명할 수 있는 자료를 제공하며 도그마에 빠진 기독교를 대체할 구체적 종교를 제시한다는 점에서 『파라다이스』 연구에 많은 도움을 준다고 본다. 그러나 다른 여러 논문에서도 나타난 바와 같이 작품을 비교할 때는 물론이고 논리를 전개시킬 틀을 짜는 데 있어서도 일관성 있고 단일한 층위의 분류와 범주화가 이루어져야 하는데 그 점이 미약하여 아쉬움이 남는다. 예를 들어서 첫 번째 기법으로 분류한 "흑인 이주 서술"은 기법이 아니라 내용이며, 두 번째 "반복 서술"은 흑인의 이주를 기술하는 양식이고 세 번째 "이산 종교"는 기법이라기보다 인식론이나 존재론에 속한 문제이다. 그러므로 서술 기법이란 주제를 설득력 있게 풀어가기 위해서는 흑인의 이주 과정과 그 이후 정착, 그리고 흑인들의 정신적 지주인 종교 양식을 기술한 다음 그러한 것들을 재현하기 위해 모리슨이 구사하는 서술 기법, 가령 '차이를 둔 반복,' '선형적 구도,' '부름과 응답,' '열린 결말' 등 흑인 고유의 구술 기법을 집중해서 다루어야하지 않나 생각한다.

    정체성 정치학 범주에 속한 위의 7편 외에 마지막으로 소개할 글이 이성호와 이소희가 공동 집필한 「텍스트 『술라』에 대한 한국 대학생들의 독자반응연구—상호 문화적 성차를 중심으로」이다. 이 논문은 국내뿐 아니라 국외에서도 부쩍 문학 작품의 교육 방법론에 대한 연구가 활발히 이루어지는 요즈음 흑인 여성 문학이 국내에서 어떻게 수용되는 지를 반영한 소중한 자료라고 하겠다. 이번 모리슨 학회만 보더라도 28개의 세션 중 교육과 독자 반응에 관한 세션이 2개로서 이는 이론 중심의 세션이 총 3개라는 사실에 비추어 볼 때 결코 낮지 않은 비율이라고 말할 수 있다. 이 논문은 성 정체성이 독자의 의미생성에 미치는 영향을『술라』를 통해 연구한 글로서 학생들이 쓴 쪽 글, 토론 등 수업의 내용을 토대로 한다. 젠더의 차이에 따른 반응과 의미 생산의 차이를 살펴보면, 남학생들은 텍스트에 몰입하기보다 거리를 두며 텍스트의 직선적인 플롯을 따르고 쪽 글을 쓸 때는 추상적인 개념을 많이 사용한다. 반면 여학생들은 추론을 많이 하고 텍스트에 재현된 인간관계에 감정적으로 반응하며 이야기를 재구성하는 데 뛰어나다고 한다. 이러한 차이는 사실 여성성과 남성성의 본질적 속성을 논의할 때 흔히 등장하는 품목이므로 '성차란 본질적인가 아니면 사회적 구조물인가'의 논쟁을 환기시키는 흥미로운 사례라 하겠다. 또한 학생들 중 누구도『술라』를 레즈비언 소설로 읽지 않는다는 점 역시 문화적 배경과 상상력과의 관계를 목격하게 하는 생생한 실례이다. 다시 말해서 레즈비언이 공공연한 사실로 받아들여지는 사회에서는 독자 반응도 레즈비언 관계의 가능성을 개방한 채 이루어지는 반면 우리나라처럼 성문화가 보수적인 사회에서는 그러한 해석의 가능성이 원천적으로 배제되어 있다는 것이다. 실제 강의실에서 일어나고 있는 학생들의 반응을 통해 문학 작품을 새롭게 해석하는 이러한 종류의 글은 학문 영역과 교육의 현장의 경계를 깨고 상호보완의 방식을 모색하는, 그러므로 더욱 활성화되어야 할 의미 있는 연구 과제라고 하겠다.

IV

지금까지 모리슨에 관한 14편에 이르는 논문들을 크게는 인종 중립적 이론과 장르론, 그리고 정체성 정치학 두 범주로 분류하고 세부적으로는 페미니즘, 정신분석, 이중 억압 등 유사한 이론과 주제별로 묶어 분석해 보았다. 이론의 경우 후기구조주의 포스트모던 이론이 주종을 이루므로 사실상 국내 흑인 여성 문학 연구도 후기구조주의 포스트모던 이론과 정체성 정치학으로 양분화 되어 있는 미국의 경우와 유사한 양상을 보인다. 그러나 차이가 있다면 미국의 경우 후기 구조주의 포스트모던 이론의 적용을 통해 단일하고 고정된 주체 개념의 와해, 본질적이거나 안정된 정체성의 허구성을 드러내는, 반정체성 시학을 표방하는 데 비해 우리의 경우 같은 이론을 분석틀로 삼으면서도 궁극적으로는 정체성 정치학에 천착하는 경향을 보인다는 것이다. 이는 비판적으로 보아 이론 적용이 치밀하지 않고 그 개념만 차용한 경우가 많다고 말할 수 있지만 긍정적으로 해석한다면 이론을 통한 지나친 도식화보다 삶의 경험들과 이념을 함께 포괄하려는, 이른바 정체성 정치학과 포스트모던 반정체성 시학과의 접점을 모색하려는 균형감 있는 태도로 풀이될 수도 있겠다.

그러나 전반적으로 보아 국내 흑인 여성문학 연구는 인종과 성의 이중 억압으로 인해 중심 세력으로부터 두 번 밀쳐나 있는 흑인 여성의 사회적 위치를 충실히 반영하듯 연구 분량과 참여도, 그리고 축적된 지식의 정도에 있어 여느 정전 문학에 비해 일천하다는 느낌을 준다. 글을 쓰는 도중 계속해서 필자를 압도한 일종의 자기 연민은 그 일천함에 대한 반복적인 목격 때문이 아니었을까 싶다. 보다 심도 있고 폭 넓게 모리슨 작품의 본질로 몰입해가려는 욕망과 그 욕망을 좌절시키는 크고 작은 장애물들— 흑인 여성 문학에 대한 상세한 지식과 정보의 결여, 연구 방법론의 미숙함, 연구자들 간의 상호작용 부재 등— 사이에서 수없이 갈등을 겪으며 논문을 생산해 내어야하는, 필자를 포함한 한국 학자들의 비애를 다시 한번 목격한 셈이라고나 할까.1)

그러나 모리슨 국내 연구 동향에 대한 이번 조사는 앞으로 모리슨을 포함하여 흑인 여성 문학을 연구해야하는 필자에게 많은 점을 시사해 주었다. 우선 국내 흑인 여성 문학 연구가 모리슨에게 지나치게 집중되어 있으므로 앞으로는 다양한 흑인 여성 작품을 발굴, 연구해야할 필요성을 일깨워 준다는 점이다. 만약 모리슨

---

1) 참고로 일본의 경우 아프리카계 미국문학 학회가 설립된 지 50년이 넘는다고 한다.

에 대한 집중된 연구가 흑인 여성 문학에 대한 관심과 그 문학적 중요성을 인식하기 때문이라기보다 노벨상 수상 작가로서 모리슨이 지닌 아우라 때문이라면 그 아우라의 상실과 더불어 흑인 여성 문학 연구는 자연히 위축, 소멸될 가능성이 많다. 그에 덧붙여 이론을 배척해서도 안 되지만 적용할 때는 엄격한 분석이 이루어져야 하며 적용할 이론을 선택하는 과정에서도 그 당위성이 강하게 드러나야 한다는 점이다. 이론을 대입한 몇몇 논문들에서 나타났듯이 이론을 분석틀로 사용하면서도 결론은 이론과 별 상관없이 도출되는 경우가 종종 있는데 이러한 연구 방법은 지양되어야 할 태도라고 본다. 또 '왜 이 이론을 군이 이 작품에 적용시켜야 하는가?'라는 의문이 생기는 경우가 있는데 연구자들 개개인의 선호도를 위해 작품이 소비되어서는 안 되며 꼭 그래야만 하는 경우에라도 적어도 설득력 있는 논리 개발이 필수라고 생각한다. 이러한 연구 방법의 당위성에 대한 논리 개발은 분석 대상의 작품을 선정할 때에도 마찬가지로 해당된다.

또 한 가지 강조하고 싶은 것은 흑인 역사와 문화에 대한 보다 정확하고 폭넓은 자료의 수집과 축적이다. 논리와 구성에 있어 매우 탄탄한 논문에서조차도 역사와 문화에 대한 부정확한 정보로 인한 해석상의 오류가 종종 발생했다. 신시내티에서 열린 이번 모리슨 학회는 특히 『빌러비드』의 모델이 되었던 마가렛 가너에 대한 여러 역사적 사실들을 집중 조명하였는데 그러한 자료를 통해 필자는 그동안 몰랐거나 부정확하게 알고 있었던 몇 가지 정보를 새롭게 얻게 되었다. 그런데 이러한 정보는 작품 해석에 있어 극적인 변화를 가져오지는 않더라도 분명 일말의 영향을 미칠 수 있다고 생각하게 된 것이다. 예를 들어 「노예제와 두 가족의 비극적인 이야기」라는 자료에 따르면 마가렛 가너와 그녀의 주인 아치볼드 게인즈는 완전히 평등한 입장으로서는 아닐지라도 여러 정황으로 보아 내연의 관계일 가능성이 높으며 그 반증으로 가너의 어린 아이들이 백색 피부에 가까운 물라토였다는 것이다. 가너가 도주한 이유에 대해서도 장로교에 깊이 심취하게 된 가너가 간통에 대한 죄악감에서 벗어나기 위한 것으로 설명하기도 한다. 특히 살해된 유아 메리의 죽음을 애통해하며 그 시신을 직접 켄터키 집으로 옮겨와 매장을 한 게인즈를 두고 당시 이웃들은 그가 가녀의 어린 아이들 아버지로 확신했다는 것이다. 이러한 가녀의 실제 삶에 대한 추적이 문학 작품 『빌러비드』가 지닌 상징적 의미, 비인간적인 노예제의 패악과 흑인 여성의 억압된 집단 무의식의 회귀라는 상징성을 변형, 훼손시키지는 않는다. 또한 당시 전 국가적으로 논란의 대상이 되었던 가녀 사건은 반노예제 운동을 촉발하는 데 지대한 동력이 되었음은 부인할 수 없는 사실로 남아있다. 그러나 만약 사료편찬적 요소들을 통해 『빌러비드』를 분석하려는 연구자가 이러한 논란의 여지가 있는 정보에 무지한 채 작품과 역사적 사실과의 관계를 조명하고자 한다면 가녀를 노예제의 비인간적 폭압에 따른 희생자 이미지로만 환원시켜 해석할 뿐 그 외에 논의될 수 있는 다른 가능성을 놓칠 수 있다. 이렇게 엄연히 존재하지만 외국 학자로서 접근하기 힘들거나 간과할 수 있는 흑인의 역사, 문화, 고유한 경험들은 보다 진정성 있는 흑인 여성 문학 연구를 위해 구비해 두어야할 자산이라고 생각한다. 마지막으로 '그들만의 물질성'에 더 가까이, 더 깊이 다가가고 몰입하기 위해 한 가지 더 제안한다면 흑인 고유의 서술 기법에 대한 연구가 보다 활성화되어야 하지 않나 생각한다. 문학 연구에 있어 이념적인 측면, 존재론과 인식론 등도 중요하지만 그것들을 담아내는 그릇의 질감과 형태 등 서술 기법에 대한 연구는 분명 흑인 여성 문학 연구를 보다 전문성을 띤 영역으로 한 단계 격상시킬 발판임이 분명하다.

참고문헌

권택영. 「토니 모리슨의 『술라』: 실재계와 몸의 정치성」. 『현대영미소설』 9:1 (2002): 1-16.

김명자. 「미국 민주주의 이상의 진실과 허구 : 남북전쟁이전 흑인문학을 중심으로」. 『영어영문학』 46:2 (2000): 313-337.

김애주. 「허스턴 글쓰기의 정치성: 『그들의 눈은 신을 바라보았다』를 중심으로 」. 『현대영미소설』 8:2 (2001): 65-86.

김현숙.「백인의 시선 아래에 선 검은 몸:『가장 푸른 눈』」.『현대영미소설』 1:2 (2000): 1-15.

손기표.「『솔로몬의 노래』의 연금술: 칼 융의 관점에서」.『현대영미소설』 11:2 (2004): 1-15.

신진범.「토니 모리슨의『낙원』에 나타난 다층적인 서술전략 연구」.『현대영미소설』 9:2 (2002): 1-21.

＿＿＿＿.「토니 모리슨의『빌러비드』와 엘리자베스 김의『만 가지 슬픔』에 나타난 상호 텍스트성 연구」.『현대영미소설』 10:2 (2003): 177-195.

여재혁.「앨리스 워커의 공동체와 자매의 선택」.『현대영미소설』 8:2 (2001): 111-135.

＿＿＿＿.「"진정한 여성성"이란 무엇인가? 흑인 여성 노예의 "여성성": 해리엇 제이콥스의『흑인 여성 노예의 삶에서 생긴 사건들』을 중심으로」.『현대영미소설』 10:2 (2003): 197-217.

유제분.「환상과 사실주의 미학 － 미국에 있어서 에스닉 문학의 정체성과 재현의 문제」.『영어영문학』 49:3 (2003): 651-669.

이수현.「『가장 푸른 눈』: 흑인 자아의식의 비극적 양상」.『현대영미소설』 9:1 (2002): 195-217.

이숙희.「『재즈』의 탈중심적 특성들과 정치적 의미」.『현대영미소설』 8:1 (2001): 215-231.

이성호, 이소희.「텍스트『술라』에 대한 한국 대학생들의 독자반응연구 － 상호 문화적 성차를 중심으로 － 」.『영미문학페미니즘』 8:1 (2000): 145-182.

임순희.「폭력의 상상력과 20세기 여성 소설 - 비폭력에서 대항폭력으로」.『영미문학페미니즘』 9:1 (2002): 127-156.

최재구.「토니 모리슨 소설에 나타난 '이중의식' － 분열에서 공존으로」.『현대영미소설』 1:1 (2000): 1-15.

태혜숙.「흑인 여성문학에서의 '몸' －『그들의 눈은 신을 보고 있었다』와『술라』를 중심으로」.『영어영문학』 46:1 (2000): 243-263.

＿＿＿＿.「흑인 페미니즘 이론에서의 '몸'」.『영미문학페미니즘』 9:1 (2002): 209-230.

Jae-Young, Park. "Reverse-Dispositions between Master and Slave in Harriet Jacobs's Incidents in the Life of Slave Girl." *English Language and Literature* 50:4 (2004): 981-993.

Mie-Hyeon, Kim. "Infinite Past in Toni Morrison's Song of Solomon."『현대영미소설』 11:1 (2004): 1-21.

Min-Jung, Kim. "Expanding the Parameters of Literary Studies: Toni Morrison's Paradise." *English Language and Literature* 47:4 (2001): 1017-1040.

_____. "The Subversiveness of the Letters from Africa: Alice Walker's The Color Purple." *Feminist Studies in English Literature* 12:2 (2004): 105-129.

월러스 서먼의 『봄의 아이들』에 나타난 할렘 흑인지식인의 자화상

● 한재환

들어가며

1920년대 할렘 르네상스 시대의 여러 흑인작가 가운데 월러스 서먼(1902~ 1934)만큼 할렘 르네상스의 공과에 대해 깊이 천착한 작가도 드물다. 서먼 외에도 할렘 르네상스의 대표적 작가로 랭스턴 휴즈, 클로드 맥케이, 카운티 컬른, 넬라 라슨, 진 투머 등을 꼽을 수 있지만, 서먼의 경우 직접 할렘으로 건너와서, 할렘에 관한 글을 발표했으며, 할렘 르네상스의 작가, 예술가, 지식인들의 고뇌를 다루는 작품을 썼다.[1] 유타주 출신으로 캘리포니아 남가주대학에서 수학한 후 신흑인[New]

---

1) 할렘 르네상스의 주요 소설가 12인을 다룬 암릿짓 싱은 그의 저서 『할렘 르네상스의 소설: 12명의 흑인작가 1923~1933』에서 위의 작가들과 함께 아나 본템스, 두 보이스, 제시 포싯, 루돌프 피셔, 조지 슐러, 월터 화이트도 할렘 르네상스의 대표적 작가군 속에 포함시킨다. 싱의 리스트에는 포함되어 있지 않지만 할렘 르네상스 작가 중 빼 놓을 수 없는 인물은 아마 조라 닐 허스턴일 것이다.

^{Negro}2)의 의미를 탐구하기 위해 1925년에 할렘에 건너 온 서먼은 여러 잡지의 편집자로 활동하면서 당시 흑인문학인들이 처한 현실과 딜레마에 대해서 고민하였다.3) 서먼은 할렘의 선배들, 즉 신흑인의 기수이며 흑인의 예술성을 강조한 알레인 로크와 "상위 10% 흑인지식인"을 주창하며 문화적 민족주의를 강조한 두 보이스의 한계를 극복하려고 하였다. 서먼은 처녀작『블랙베리는 검을수록』(1929)에서 엠마 루라는 아이다호 주 출신의 검은 피부의 흑인여성이 할렘에 와서 그동안 거부했던 그녀의 흑인성을 인정하고 새로운 흑인지식인으로 거듭나는 내용을 다루었다.4) 두 번째 소설『봄의 아이들』(1932)은 할렘 르네상스를 풍자하는 소설이지만 한마디로 할렘 르네상스란 무엇인가를 정의하는 소설로서, 흑인 예술가들의 고뇌와 흑인지식인들의 논쟁과정을 그린 작품이다. 따라서 서먼의 문학 텍스트들은 할렘의 흑인지식인의 자화상을 극명하게 다루고 있기 때문에 할렘 르네상스를 이해하는데 매우 중요하다고 하겠다.

네이던 허긴스가 "그 시대 가장 잘 씌여지고 가장 잘 읽히는 소설 중 하나"(241)라고 언급한『봄의 아이들』의 문학성에 대해 사실 당대 비평가들은 다소 부정적으로 평가하기도 하였다. 가령 동시대의 문인 스털링 브라운은 "『봄의 아이들』은 어떨 때는 불만투성이이고 어떨 때는 분노하며 조야하게 작성되었으며 무르익지 않았다. 하지만 서먼의 첫 번째 소설처럼 뭔가 말하고자 하는 바는 있다"(Gaither 89 재인용)라고 설명하였다.『봄의 아이들』에 대한 최근의 평가로 데이비드 루이스는 "이 소설은 좋은 소설이라 할 수는 없지만 할렘 르네상스의 과오에 대한 최소한의 지적 선언이라는 측면에서 귀중한 소설"(*When Harlem* 280)이

---

2) 신흑인은 로크에 의하면 "숙모, 삼촌, 유모, 엉클 톰, 삼보"(5) 등으로 불리는 순응적이고도 굴종적인 모습에서 탈피한 새로운 모습의 흑인으로 "미국의 새로운 민주주의 문화의 흐름에 민감하게 반응하는"(9) 인물을 의미한다.
3) 서먼은 1926년 대표적 흑인잡지인『메신저』의 편집을 맡았고, 백인잡지인『내일의 세계』에서도 일하였다. 당시 대표적인 흑인 잡지로는『위기』,『기회』,『메신저』등이 있었다.
4)『블랙베리는 검을수록』과 관련한 서먼의 할렘 르네상스에서의 위상에 대해서는 졸고「할렘 르네상스에서의 월러스 서먼의 위치」,『외국문학연구』20 (2005): 293-312 참조.

라고 주장한다. 또 암릿짓 싱도 "『봄의 아이들』이 그 시대의 자기 진단을 한 유일한 문헌이고 할렘 르네상스의 미학적, 비평적 실태를 보여주는 귀중한 자료로서 면밀한 분석을 할 만한 가치가 있다"(33)고 평가한다. 그러나 길지 않은 분량 속에 많은 등장인물이 나오는 『봄의 아이들』은 비교적 많은 소재들이 다루어지며, 이야기 전개가 잘 짜여지지 않아 통일성이 부족한 측면이 있는 것도 사실이다. 그런 문제점에도 불구하고 『봄의 아이들』은 당시 역사적 인물들이 실명으로 등장할 뿐만 아니라 할렘 르네상스 시기 동안 활동한 예술가, 지식인들도 실명으로 등장하기 때문에 할렘 르네상스의 진면목을 보여준다. 따라서 본 논문에서는 『봄의 아이들』에 나타난 할렘의 흑인지식인의 자화상을 살펴보면서 서먼이 할렘 르네상스를 어떠한 시선으로 바라보고 있는지를 고찰해보고자 한다.

흑인문인의 집: 예술적 고뇌와 데카당스적 특징

『봄의 아이들』[5]은 주인공 레이몬드 테일러와 흑인예술가들이 머물고 있는 흑인문인의 집^{Niggeratti Manor}[6]에 흑인의 권익을 위해 활동하는 소위 니그로테리언

---

5) 『봄의 아이들』의 제목은 셰익스피어의 『햄릿』 1막 3장에서 레어티즈(Laertes)가 오필리어(Ophelia)에게 하는 대사 "The canker galls the infants of the spring/ Too oft before their buttons be disclosed"에 나오며 벌레가 이른 봄꽃을 파괴한다는 의미로 햄릿을 경계하라는 의미이다. 서먼은 제목 속에서 너무 일찍 만개한 할렘 르네상스가 퇴폐주의와 백인에 대한 지나친 의존 등으로 쉽게 무너짐을 아쉬워하는 그의 마음을 표현하고 있다. 또한 제목은 셰익스피어의 『사랑의 헛수고』의 1막 1장의 대사 "Berowne is like an envious sneaping frost/ That bites the first born infants of the spring"에도 나온다(Gaither 92).

6) 1926년에 서먼은 할렘 르네상스 제 2세대 작가들에 속하는 젊은 예술가들을 모아 잡지를 창간하였는데, 그 잡지가 『불꽃!!』이었으며, 여기에 활동한 작가들은 당시 할렘 직업소개소 소유인 이올란데 시드니라는 주인에 의해서 마련된 267번가 주택에 드나들었다. 이곳은 "기성예술계에 맞서는 반항의 요람"(Lewis, *When Harlem* 293)이었다. 리처드 브루스 누전트는 "267번가는 자유를 구가하는 집"(Watson 6)이라고 칭하였다. 흑인문인의 집은 "브루스, 허스턴, 휴즈, 톰슨, 베넷, 도로시 웨스트, 그리고 기타 젊은 반항적 예술가들의 모임의 장소"(Lewis, *Portable Harlem* 763)였다.

Negrotarian7)인 스티븐 조겐슨과 사무엘 카터가 찾아오면서 시작한다. 작가 서면 자신을 나타내는 레이몬드(레이)는 소설가로 이미 할렘에 온지 3년이 되었으며 할렘의 여러 지식인, 예술가, 문인들과 교류하고 있다. 흑인문인의 집은 흑인 잔 다르크로 알려진 유포리아 블레이크라는 여성 사업가가 마련하였으며, 백인예술가들의 모임터인 그리니치 빌리지에 필적하는 흑인예술가들의 예술 공간으로 맨해튼 북쪽 할렘에 위치하고 있다. 이와 같이 예술적, 문학적 창작의욕에 불타는 흑인예술가와 작가들이 모여지내는 흑인문인의 집은 당시 할렘의 흑인문화계를 대표하는 공간이기도 하다. 하지만 "흑인 그리니치 빌리지" (Watson 6)로 명명된 흑인문인의 집은 흑인예술가들의 창작 에너지가 제 1차 세계대전 후의 퇴폐적 분위기와 재즈시대의 환락과 광란의 무드와 맞물려 데카당스적 분위기 속에 빠져있는 문제점을 노정하고 있다. 서면은 스티븐과 사무엘이 방문했을 때 레이몬드의 방이 벌써 퇴폐적임을 보여주는데, 그 방은 울긋불긋한 장식과 선정적인 그림으로 가득하다. 그리고 그곳의 흑인 예술가들은 두 백인들이 할렘에 온 것을 환영하기 위해 곧장 무허가 술집으로 직행한다.

흑인문인의 집에 거주하는 흑인 예술가 중에는 신흑인의 모습을 보이는 인물들과 구흑인의 모습을 보이는 인물들이 공존한다. 신흑인을 나타내는 인물들은 레이몬드를 포함하여 화가 폴 아비언, 유포리아 등이고, 구흑인은 가수 유스터스 사보이와 화가 겸 시인 펠햄 게이로드 등이다. 이 소설에서 레이몬드와 함께 중요한 등장인물로는 데카당스적 면모가 가장 강한 폴을 들 수 있다. 자칭 천재로서 왕성한 창작력을 가진 폴은 외모에 신경을 전혀 쓰지 않은 인물로 큰 키에 머리는 헝클어져 있고 "양말도 속옷도 입지 않는"(8) 사람이다. 오스카 와일드를 위대한 작가로 여기고 있는 폴은 자신의 문학적 취향을 다음과 같이 드러낸다.

---

7) "흑인화된 백인"을 말하는 니그로테리언은 허스턴이 만든 용어로서 흑인문화에 매혹되거나 흑인문화를 동경하여 할렘으로 와서 흑인예술가들을 후원하는 백인들을 말한다. 루이스는 니그로테리언은 "흑인의 지위향상에 관심을 가지는 백인"(*When Harlem* 98)으로 설명하며, 서면도 작품에서 "조라 허스턴이 그들을 니그로테리언이라고 명명하였고, 따져보면 가장 적절한 표현"(88)이라고 말한다.

난 오스카 와일드를 가장 위대한 인물이라고 생각해. 후이스만의 데제쌩
트는 문학작품속의 가장 위대한 등장인물이고 보들레르는 가장 위대한
시인이야. 난 또한 블레이크, 도슨, 베를렌, 랭보, 포우, 위트만을 좋아해.
물론 위슬러, 고갱, 피카소, 줄로가도 좋아하지. (10)

동성애자이기도 한 폴은 자신의 농성애 경험이 담긴 꿈 이야기를 흑인문인의
집에 기거하는 사람들에게 들려주는데, 이에 대해 백인 사무엘은 호기심에 가득
찬 얼굴로 폴에게 구체적인 이야기를 들으려고 한다. 동성애, 이성애 중 어느 쪽
을 선호하는지 묻는 사무엘에게 폴은 "결국 성이란 건 없고 단지 성적 다수만 있
지. 성의 중요한 기능은 즐거움이야. 따라서 난 어느 한 쪽 만큼이나 다른 한쪽도
즐기는 편이야'(25)라고 말한다.8) 기부 파티에서 버드^{Bud}라는 흑인 청년을 데리고
와서 지금까지 자신이 본 "가장 아름다운 몸매"(112)를 가진 사람이라며 사람들
앞에서 춤을 추게 하겠다는 폴의 말과 행동 역시 그의 동성애적 경향을 보여주는
것이다. 이와 같이 폴은 동성애적 욕망을 작품 속에서나 현실 속에서 표현하려고
하지만 인종적, 성적 편견이 지배하던 당시 사회 분위기 속에서 그의 자유로운 의
지는 제한당하기도 한다.

남부 조지아 출신 유포리아는 어릴 때의 정신적 충격 — 전봇대에 걸려있는 한
흑인 시신을 본 후 한 동안 충격에 빠진 것 — 이 마음의 깊은 상처로 남아 있다.
그녀는 이후 도서관에서 전국흑인지위향상협회의 기관지 『위기』를 읽으며 "흑인
잔다르크가 되기로 결심하였으며 흑인을 위해 뭔가 큰일을 하리라 맹세했다'(47).
흑인의 지위향상을 위해 할렘에 온 유포리아는 백인 여성 명사 집에서 일하다가
점차 사회현실에 눈을 뜨게 되어 사회당에도 가입하고 인종을 떠나 전 인류를 위

---

8) 폴은 당시 서먼의 실제 친구인 리처드 브루스 누전트를 떠오르게 하는 인물로서 1920년대
할렘 르네상스에 활동하던 많은 흑인 작가, 예술가들이 실제로 동성애자였음을 보여준다.
왓슨(Watson)은 당시 동성애 흑인 작가들로 "클로드 멕케이, 카운티 컬른, 알레인 로크, 월
러스 서먼, 리처드 브루스 누전트, 그리고 수수께끼 인물 랭스턴 휴즈까지도'(134) 포함시
킨다.

해 봉사할 것을 다짐한다. 하지만 1차대전 후 미국의 사회주의자들은 그들의 뜻을 제대로 펴지 못하고 몰락하거나 변절하는 경향이 있었다. 그러한 상황에서 유포리아도 어쩔 수 없이 현실적으로 변하여 "돈만이 흑인들의 완전한 자유를 살 수 있다"(54)고 생각하게 되었고, 흑인예술가와 문인들을 위해 흑인문인의 집을 마련한 것이다. 폴과 유포리아는 공통적으로 그들의 저항의식을 바탕으로 미국 사회 속에서 예술적으로 혹은 정치적으로 발언하고 참여함으로써 로크가 말하는 신흑인의 모습과 역할을 잘 보여준다.

펠햄은 본명이 조지 존스로 어렸을 때 부모를 여의고, 맥Mack할머니 밑에서 백인 주인의 시중을 들면서 살아왔다. 할렘에 "흑인예술가를 위한 훌륭한 스튜디오"(77)가 있다는 소식을 신문에서 읽고 가장 먼저 온 펠햄은 할렘에 와서 레이몬드를 포함한 장래가 촉망되는 흑인예술가들과 함께 지내는 것을 매우 자랑스럽게 생각한다. 그는 지나치게 복종적이지만 매우 성실해서 사업가 유포리아로부터는 칭찬의 대상이 되지만 창조성을 강조하는 레이몬드에게는 구흑인의 표상으로 여겨진다. 즉 유포리아는 흑인문인의 집 예술가들이 "펠햄이 하는 만큼만 열심히 일하기"(31)를 바라지만 반대로 레이몬드는 "만약 흑인 르네상스가 명성에 어울리게 되려면 펠햄이 아닌 폴과 같은 사람이 필요하다"(31)고 말한다. 펠햄은 "배우고자 했으며, 관찰하고, 동화되려고 했으며, 그들과 똑같이 하려고" (77)했지만 예술가로서의 독창성이 부족하였다. 펠햄은 흑인문인의 집 3층에 사는 한 여배우 딸의 유혹에 빠져 자신이 지은 시를 읽어주고, 초상화를 그려주지만 그 시는 폴의 시를 모방한 것이었다. 결국 펠햄과 여배우의 딸 글래디스Gladys와의 연애사건이 강간사건으로 비화되어 재판을 받고 감옥에 가는 운명을 맞이하고 나중에 유포리아가 흑인문인의 집을 다른 용도로 변경하도록 결정하는 원인을 제공한다.

가수 유스터스는 흑인음악에 대해 수치심을 가진 인물로서 흑인의 노래인 영가를 부르는 것을 거부한다. 그에게 있어서 영가는 과거 암울했던 노예제도의 비참한 흑인의 처지, 즉 "경매대와 태형기둥에서 흘러나오는 애처로운 메아리"(68)를 떠올리게 하기 때문이다. 유스터스는 오디션에서 슈베르트와 영가를 동시에 불러 그의 역량을 인정받고자 했으나 심사위원은 그에게 서구음악을 부를 기회조차 주지 않아 좌절하고 만다. 엘리사 글릭은 유스터스의 문제가 "흑인영가보다 슈베르트나 베토벤을 더 좋아해서가 아니라 흑인의 예술적 혁신에 대한 인정을 거부하기 때문"(433)이라고 설명한다. 레이몬드는 이런 유스터스를 펠햄처럼 할렘 르네상스의 발전에 도움이 되지 않는 예술가라고 보는데 그 이유는 유스터스가 흑인의 자긍심을 버리고 북방인 우월주의론Theory of Nordic superiority(67)에 빠져 백인 앞에서 종속적인 자세로 일관하기 때문이다. 즉 유스터스는 자기 문화에 대한 자신감이 부족한 나머지 우월한 문화를 수용하여 그 문화속에서 역량을 잘 발휘하면 성공한다는 착각 속에 빠져 있는 것이다. 서먼은 유스터스를 통해 완전한 흑인성의 거부는 결국 흑인의 파멸을 예고하고, 특히 할렘 르네상스에 부정적인 영향을 미친다는 것을 보여준다.

폴, 유포리아, 펠햄, 유스터스 외에 흑인문인의 집에 드나드는 흑인예술가와 지식인은 화가 불Bull과 전국흑인지위향상협회의 비서로 일하는 루실Lucille이다. 몸집이 매우 큰 불은 나이브한 태도를 보이는 펠햄과는 대조되는 인물로 백인혐오증에 사로잡혀 사는 사람이다. 자신의 삼촌이 백인여자를 겁탈했다는 누명으로 린치로 죽었기 때문에 불은 백인남성을 증오하여 흑인여성들이 백인남성과 지내는 것을 눈뜨고 보지 못하는 면이 있다. 흑인문인의 집에 자주 오는 두 명의 흑인여성, 즉 물라토인 앨린Aline과 그녀의 흑인친구 재닛Janet이 백인 스티븐과 어울리는 것을 탐탁지 않게 생각하는 불은 나중에 레이몬드의 정신적 파트너 루실과 가까워져 루실이 아이를 가지게 한 후에 무책임한 태도로 일관하여 나쁜 흑인남성의 전형을 보여준다. 펠햄이 별로 재능이 없는 시인인 것처럼 불 역시 화가로서의 능력은 그리 대단하지 않은데 그가 그림 속에 표현한 여성은 전혀 여성답지 않고 "권투선수의 이두박근과 근육질의 몸매, 넓은 어깨를 가진 여장부"(40)의 모습이었다.

할렘에서 활동하면서 너무나 할렘을 속속들이 잘 알고 있는 레이몬드는 할렘의 흑인문화가 백인들에 의해 심하게 낭만화되고, 상품화되고, 이국적으로 비추어지는 것9)에 대해 불만이 있다. 사실 당시 할렘에 사로잡힌 백인 할렘 매니아들은 할렘의 "흑인들을 이국적 아이콘으로 새롭게 대상화"(Watson 105)하였다. 그래서 레이몬드는 스티븐과 사무엘이 흑인문인의 집에 오게 되었을 때 백인들의 그런 모습을 우려한 것도 사실이다. 그러나 레이몬드는 스티븐과는 문학적 취향이 매우 비슷함을 발견하고 서로 잘 지내며 방을 같이 쓰는 등, 우정을 돈독하게 한다. 서면은 스티븐과 레이몬드의 문학적 취향의 유사함을 다음과 같이 설명한다.

> 스티븐은 할렘과 흑인들을 배워나가는데 심취하였다. 레이몬드는 스티븐이 원본을 읽고 자신을 위해 번역해주는 아이슬랜드의 전설이야기에 매혹되었다. 그리고 두 사람은 문학에 대한 그들의 생각을 늘어놓는데 열중하였다. (16-17)

스티븐은 흑인들이 오랜 기간 노예로 지내다가 해방된 후 급속도로 훌륭한 예술적 성과를 보이는데 대해서 놀라는데, 이에 대해 레이몬드는 스티븐에게 흑인의 예술적 성과는 다른 미국 이민 민족과 별 다를 바가 없다고 말한다. 서면은 당시 흑인예술이 급속도로 발전함으로써 미국 예술계에 중요한 영향력을 미치고 있다고 설명하고, 그것이 바로 흑인 르네상스의 시작이라고 선언한다.

> 전국에 걸쳐 흑인 르네상스의 선언이 있었다. 미국 흑인은 새로운 발전 국면에 진입하고 있는듯했다. 흑인은 미국의 예술적 삶에 있어서 중요한 세력이 되고 있었다. (34)

---

9) 할렘은 백인의 깊은 욕망에 대한 처방이었다. 모든 금기된 것 − 위스키, 코카인, 섹스, 도박 − 이 가능한 곳이었다. 흑인 성에 대한 환상이 백인의 심리 속에 깊이 스며들어 있었다. 흑인은 많은 사람들이 문명으로 가는 길속에 잃어버린 자아였다. 일상적 삶 속에서 심리적으로 고통 받는 백인 남녀들이 할렘의 흑인 사이에서 희한하게도 위안과 평화를 찾을 수 있었다(Dorsey 43).

하지만 흑인 르네상스로 알려진 할렘 르네상스는 레이몬드가 기대하는 바대로 진행되지는 않는다. 왜냐하면 할렘의 작가들은 어떤 경우는 창조성이 결여되어 있을 뿐만 아니라 지나치게 백인 추종적이기도 하고, 또 어떨 때에는 지나치게 정치적이며 선전, 선동적이기 때문이다. 실제로 레이몬드는 한 흑인여성작가의 작품에 대한 서평을 쓰면서 그 여성작가의 글이 훌륭해서가 아니라 그 작가가 백인들의 비위를 맞추어 주는 글을 쓰기 때문에 지속적인 인기를 누리고 있다고 비꼰다(55). 또한 레이몬드는 두 보이스와 같은 민족주의적이고 선동적인 작가들 역시 부정적으로 본다(142). 즉 레이몬드는 정치 지향적 글쓰기와 예술 지상주의적 글쓰기를 모두 견제하고 비판했다.

레이몬드는 할렘의 흑인문화가 시간이 갈수록 그가 원하지 않는 방향으로 흘러가고 있음을 안타까워하는데, 그의 실망이 극대화된 사건은 폴과 유스터스가 기획한 기부 파티이다. 흑인예술가들의 재정적 궁핍을 타개하기 위하여 백인 후원자들을 초대한 기부 파티는 흑백의 상호 이해라는 명분이 흑백의 성적 방종과 타락으로 변질되는 결과를 초래한다. 레이몬드는 기부 파티를 통해 할렘 르네상스가 자신이 바라는 대로 전개되고 있지 않는데 대해 다음과 같이 개탄한다.

> 백인과 흑인이 마치 영원한 혼연일체를 이루는 것처럼 서로 열정적으로 엉켜있다. 수십년간의 선전이 거의 이루지 못한 것을 술, 재즈음악, 긴밀한 육체적 접촉이 이루었다. […] 그는 계속 혼자 말했다. 이것이 흑인 르네상스이고, 이것이 도달하려고 하는 것이란 말인가. […] 레이몬드는 메쓰꺼워졌다. 음악, 소음, 무분별한 애정행각, 술잔치가 그를 구역질나게 했다. 파티의 광기, 그 의미 속에 포함된 광기가 자신의 건전한 정신을 위협했다. 그는 해방된 흑인들이 새로운 종류의 노예제로부터 해방되기 위해서는 또 다른 해방이 필요하다고 생각했다. (120)

술, 퇴폐, 광란으로 치달은 기부 파티에서 레이몬드는 흑인들이 부지불식간에 백인들이 만들어 놓은 또 다른 굴종의 문화 속으로 빠져들고 있다고 생각한다. 즉 서먼은 레이몬드를 통해 흑인지식인이 처한 상황을 새로운 형태의 노예제로 파악하고 백인들의 또 다른 지배로부터 벗어나야 하는 노력이 필요하다고 설파한다. 결국 유포리아가 기획한 흑인문인의 집이 지나친 퇴폐적 공간으로 전락하고 그 구성원인 펠햄 또한 좋지 않은 일로 법정에 서는 것을 목도한 레이몬드는 일대 정신적 혼란을 경험한다. 그 혼란은 흑인작가들의 능력과 목표의식 부재에 따른 그의 좌절감이기도 하지만 작가로서의 그의 능력에 대한 회의이기도 하다. 레이몬드는 당시 "흑인 지식인들과 예술가들이 목표의식이 없고, 기준도 없고, 유연성도 없다"(92)고 비판했지만 이제는 자신의 능력과 잠재력도 의심하기 시작했다. 대작가가 되고자 했으나 점차 자신에게는 천재성이 부재하다는 점을 인식한 레이몬드는 크게 좌절하게 되고 이와 같은 레이몬드의 모습은 바로 작가 서먼 자신의 모습이라고 할 수 있겠다.10)

흑인작가로서의 자신의 한계, 그리고 흑인문인의 집의 구성원들의 퇴폐적 행동과 관련된 문제를 고민하면서 혼자서 센트럴 파크를 배회하는 레이몬드는 길거리에서 기절하게 되어 병원으로 후송된다. 기부 파티에서 앨린과 재닛을 폭행하고 무책임하게 흑인문인의 집을 박차고 나왔던 스티븐이 레이몬드를 찾아온다. 레이몬드는 스티븐에게 자신의 한계를 털어놓고 동시에 흑인작가들의 문제점을 지적한다. 그래도 레이몬드는 흑인 작가 중 한 작가를 위대하게 평가하고 있는데 그가 바로 진 투머이다.

> 내가 위대한 작가가 되리라고는 기대하지 않아. 흑인이 백인이 하는 만
> 큼 위대한 작가를 배출할 수 있으리라고는 생각하지 않아. 흑인중 위대

---

10) 그의 동료 휴즈는 서먼은 특이한 재능이 있어서 위대한 작가가 되고 싶어했으나 한계가 있음을 다음과 같이 설명한다. "서먼은 한번에 11줄을 읽을 수 있기 때문에 많은 책을 읽었다. 그는 내가 1년 동안 읽을 분량의 많은 책을 도서관에서 빌려오곤 했다. 그러나 1주일도 안되어 그 책을 다 읽었으며 어떤 사람과도 읽은 책에 대한 깊이 있는 논의를 할 수 있었다. […] 그는 고리키, 토마스 만과 같은 위대한 작가가 되고 싶어했지만 자신은 신문기자 같은 작가임을 알게 되었다"(234-35).

함의 요소를 겸비한 단 한명을 알고 있는데 그가 바로 진 투머야. 나머지 우리들은 다른 사람이 수확하도록 씨만 뿌리는 단순한 일꾼에 불과해. 우리는 곧 옆으로 밀려날거야. (143-44)

레이몬드는 진 투머 외에 다른 작가들은 천재성도 부족하고 작가로서 자질도 부족하여 곧 잊혀질 거라고 말하며 할렘 르네상스의 "노상 세대는 선전에 의해서 왜곡되었고, 소장 세대는 퇴폐로 진창이 되었다. 우리 중 어느 누구도 이런 환경을 극복할 수 있을 것 같지 않아. 지난밤의 기부 파티는 우리 세대의 징후이다" (144)라고 말하며 할렘의 지식인들을 비판한다. 특히 서면은 할렘의 흑인작가들이 백인의 기호에 영합하는 글을 쓰는데 대해 비판하였는데, 당시 서면의 동료 휴즈 역시 흑인작가들이 "자기들을 즐겁게 하는 글쓰기를 중단하고 백인들을 웃게 하고 즐겁게 하기 위하여 글을 썼으며, 그러기 위해 자기들의 소재를 왜곡하거나 색채를 더 입혔으며 피부색 흰 미국형제들을 성가시게 하는 많은 것들은 취급하지 않았다"(226)라고 설명한 바 있다. 그래서 실제로 1920년대 할렘은 백인들의 눈요기 대상이었으며, "할렘의 밤은 북방 백인을 위한 쇼의 밤"(Hughes 226)이었다.

당대 흑인작가의 정체성에 대한 레이몬드의 우려 외에도 우리는 레이몬드의 사상적 입장의 혼란을 볼 수 있는데, 그것은 바로 공산주의와 관련된 것이다. 그는 앞서 스티븐과의 대화에서 자신은 민주주의를 선호하며 개인성을 말살시키는 공산주의를 싫어한다고 하였다. 하지만 나중에 흑인작가들의 한계와 흑인문제 해결의 어려움을 목도한 레이몬드는 흑인문제의 해결을 위해서는 몇몇 흑인 개인의 희생은 있을 수 있다고 말하며, 필요하다면 자신이 공산당에 가입할 수도 있고, "흑인 대중에게 공산주의를 널리 선전하도록 도울 것이다"(141)라며 자신의 입장을 수정한다. 이에 대해 스티븐은 어떻게 대중과 개인 모두를 위해서 싸울 수 있느냐며 레이몬드의 모순적 주장을 반박한다. 그러나 나중에 명사의 모임에서 레이몬드는 입장을 다시 한번 바꾸어 세드릭 윌리엄즈와 함께 개인성의 중요성을 강조한다. 실제로 당시 흑인작가들의 공산주의에의 경도는 눈에 띌 정도였는데,

유포리아의 경험에서도 나타났지만 다음 장에서 다룰 흑인 명사의 모임에서 공산주의자인 한 등장인물의 주장에서 보이는 바와 같이 당시 만연한 공산주의 사상을 일별할 수 있다.

기부 파티에서 흑인문인의 집에 기거하는 흑인예술가들의 퇴폐적이고 불건전한 행동양식에 제동을 거는 또 다른 흑인지식인이 등장하는데, 그가 바로 팍스 박사Dr. A. L. Parkes이다. 신흑인을 주창한 알레인 로크를 연상시키는 팍스 박사는 "한 북부 흑인대학의 문학교수"(116)로 소개된다. 그는 레이몬드를 포함한 흑인문인의 집 구성원들의 바람직하지 못한 행태—저급한 백인들과 퇴폐적인 방식으로 시간을 보내는 것과 펠햄의 강간사건이 할렘 흑인지식인들에게 미칠 부정적 파장 등—에 대해서 우려를 표하고 레이몬드에게 흑인문인의 집에서 떠나라고 충고한다. 서면은 작품의 중반 이후부터는 흑인 명사의 모임에서 벌어지는 흑인지식인의 좌충우돌과 이합집산의 모습을 제시한다.

명사의 모임: 분열하는 흑인지식인

해롤드 크루즈가 『흑인지식인의 위기』라는 저서에서 "어떤 지도자가 간여하고 어떤 슬로건이 사용되건 간에 미국 흑인사는 근본적으로 정치, 경제, 문화에 있어서 통합주의 세력과 민족주의 세력 사이의 갈등의 역사"(564)라고 주장한 바처럼, 흑인지식인들이 벌인 흑인 지위향상운동은 그 방법에 있어서 백인사회에 동화하면서 흑인의 지위를 향상시키는 통합주의(동화주의)와 백인사회에 전투적으로 대항하는 분리주의(문화 민족주의)가 양분되어 전개되어 왔다. 대표적인 지식인을 살펴보면 동화주의 전통에는 프레더릭 더글러스, 부커 T. 워싱턴, 랠프 엘리슨, 마틴 루터 킹 등이 있고, 분리주의 계열에는 마틴 딜러니, 마커스 가비/두 보이스, 리처드 라이트, 말콤 엑스 등이 있다. 흑인지식인의 바람직한 방향성 문제를 다룬 『봄의 아이들』에서 지식인들의 상반된 입장 전개를 볼 수 있는데, 서먼은 통합주의적 전통과 분리주의적 전통 모두를 비판한다. 서먼은 레이몬드를 통해 앞선 지식인과 동시대 흑인지도자들에 대해서 다음과 같이 말한다.

> 자신을 흑인지도자라고 칭하는 나약한 사람들에게 신물이 난다. 부커 T. (워싱턴)은 위대한 인물이었다. 프레더릭 더글러스도 위대한 인물이었다. 가비는 위대한 인물이지만 명백한 한계가 있다. 그는 어떤 다른 흑인지도자도 뽐낼 수 없는 조직가였다. 흑인지도자로서 두 보이스는 위대한 작가가 될 잠재력이 있었지만 길을 잘못갔으며, 나머지는 별 볼일 없는 존재지만 좋은 시대 분위기 때문에 유명해진 사람들이다. (142)

여기서 우리는 서먼이 두 보이스식의 문화민족주의보다 워싱턴, 더글러스식의 인종 지위 향상 운동의 방식을 더 선호하고 있음을 알 수 있다. 팍스 박사는 흑인지식인의 문제를 논의하기 위해 흑인 명사의 모임[11]을 주재하는데, 그 명사 모임에 등장한 지식인들은 대부분 당대 유명한 작가 및 지식인들로서 팍스 박사 외에도 스위티 매이 카르, 토니 크루즈, 드위트 클린턴, 세드릭 윌리엄즈, 알렌 펜더슨, 글렌 매디슨 등을 대표적 인물로 꼽을 수 있다. 우선 팍스 박사는 레이에게 한 흑인 신문의 사설을 인용하며, 흑인문인의 집에 모인 흑인지식인들의 퇴폐성에 대한 각성을 요구한다.

> 그들은 일에 치중하기 보다는 시내의 저급한 백인들과 술 마시고 흥청거리는데 시간을 보내고 있다. 그들에겐 인종적 고결함이라곤 전혀 없다. 그들은 자신들 종족의 책임있는 인사들과 어울리지 않고 싸구려 백인들

---

11) 약 한 세대 전에 프란시스 하퍼는 『아이올라 러로이』에서 흑인지식인의 모임인 "conversazione"에서 남북전쟁과 재건기 이후 흑인의 운명에 대한 지식인의 논의를 설명하는데, 여기서는 흑인들이 아프리카로 돌아가야만 하는 문제와 그렇지 않을 경우 흑인교육의 문제와 여성의 지위 문제가 주로 논의된다. 하퍼는 아이올라와 흑인지식인들을 통해 아프리카로 돌아가는 운동의 무용론을 지적하며 미국 땅에 머물면서 흑인의 지위를 향상시킬 노력을 할 필요성을 주장한다(246-61).

과 자주 어울려 술 마시고 타락하면서 퇴폐주의에 만족하고 있다.
(127-28)

팍스 박사는 흑인지식인들이 백인의 데카당스적 분위기에 쉽게 빠지는 것을 경계해야 하며, 그러기 위해서는 흑인의 뿌리를 항상 인식해야한다고 주장한다.[12] 즉 그는 유럽중심의 퇴폐주의와 대비되는 흑인예술의 가치와 장점을 역설하고 있다. 하지만 서먼이 당시 로크의 예술지상주의와 흑인성의 맹목적 찬양에 반기를 들었듯이, 그는 폴과 같은 블랙 댄디black dandy를 통해 로크가 강조하는 "르네상스의 원시주의적 미학에 도전"(Glick 424)하며 팍스 박사의 입장을 거부한다. 폴은 팍스 박사가 흑인의 아프리카적 원시성을 지나치게 강조하고 강요하는데 대해 "선조들의 피가 묽어졌고 선조의 나라와 시간이 저 멀리에 떨어져 있는데 내가 어떻게 흑인 선조에게 돌아갈 수 있겠는가?"(154)라고 말하며 팍스 박사의 인식방식에 도전한다.

명사의 모임에 가장 먼저 등장한 스위티 매이 카르는 조라 닐 허스턴을 나타낸다. 백인들 사이에 인기가 있는 카르는 "남부 방언의 달인이자 유능한 재담꾼"(149)이며, 자칭 "백인보다 찰스턴Charleston 춤을 더 잘 춘다"(158)는 여성이다. 단편소설가로 소개된 카르는 "요즈음에 흑인 작가는 돈벌이가 되어 나도 최대한 이용할 생각이야. […] 아파트도 하나 임대했으며, 가구들은 친절한 백인들로부터 기증받았어"(149)라고 말하며 백인의 적극적인 후원을 자랑스럽게 여기고 있다.[13]

다음으로 나타난 토니 크루즈는 당시 유명한 시인 랭스턴 휴즈를 그리고 있

---

12) 실제로 로크는 "선조의 예술의 유산"이라는 글에서 "이러한 흑인예술의 발견은 수세대에 걸친 유럽양식의 스타일과 표현방식의 반복으로 인해 유럽의 조형 예술적 표현 양식에 퇴폐주의와 척박함이 지속되는 이때에 등장하게 되었다"(258)라고 말하며, 유럽 중심의 예술양식의 한계에 대한 새로운 돌파구로서의 흑인예술의 기여 가능성을 설파하였다.

13) 허스턴은 서먼과 함께 할렘 르네상스의 제 2세대의 주자로서 서먼이 편집한 잡지『불꽃!!』의 창간호에 글을 실은 바 있다.『할렘 르네상스』의 저자 허긴스는 허스턴은 "이와 같은 의존적 경향에서 꽃을 피우는 것처럼 보였다. 그녀의 성격, 혹은 스타일은 그녀로 하여금 그녀의 백인 친구들을 기쁘게 해주는 광적인 이교도자로 만들었다"(130)고 평가한다.

다. 말수가 적은 젊은 작가 크루즈는 이미 두 권의 시집을 출판하여 유명해진 상태이다. 하지만 그의 시집은 백인들에게서는 찬사를 받지만, 흑인들에게는 비난을 받고 있다. 레이몬드는 토니와 친해지기가 힘이 들었는데, 그 이유는 토니가 "개인적 문제에 관한 한 매우 말 수가 적고 터놓지 않는 사람"(150-51)이기 때문이었다. 실제로 휴즈는 수수께끼 같은 성격을 가졌는데 아놀드 램퍼새드가 말한 대로 그는 "어떨 때에는 항상 미소 짓고, 종종 크게 웃는 동료였지만, 또 어떨 때에는 속을 알 수 없었다"(Introduction, *The Big Sea* xiv). 그리고 또 다른 흑인작가인 드위트 클린턴은 "소위 흑인 계관시인"(153)으로 알려진 카운티 컬런을 연상시킨다. 팍스 박사와 뜻을 같이하는 클린턴은 "젊은 흑인 예술가들은 영감과 형식을 위해 아프리카의 유산과 선조에게로 돌아가야 한다"(153)고 말하며 아프리카 유산의 중요성을 강조한다. 또한 세드릭 윌리엄즈는 서인도 제도 출신의 시인이자 소설가 에릭 월론드[14]를 연상시키는 인물이다. 세드릭은 팍스 박사와 그의 추종자 클린턴의 주장에 반박하여 미국흑인과 흑인전통유산의 관계 속에 서인도 제도의 흑인 선조의 유산을 포함시켜야 한다고 주장한다.

한편 알렌 펜더슨은 두 보이스 사상을 옹호하여 흑인문제의 해결을 위해서는 백인들과의 물리적 대결을 벌이는 투사가 되어야 한다고 주장한다. 그는 "상아탑 속에 물러서서 미에 대해서만 논의해서는 안된다. […] 우리는 완전한 사회적, 정치적, 경제적 평등을 위해서 투쟁해야 한다"(155)고 주장한다. 이는 당시 흑인 지도자 마커스 가비의 사회주의 운동과 맥을 같이 하고 있으며, 랠프 엘리슨의 『보이지 않는 인간』에 나오는 파괴자 라스[Ras Destroyer]와 유사한 주장을 보여준다. 또한 글렌 매디슨은 공산주의자로서 흑인문제의 해결을 위해서는 만국의 노동자와 손잡고 투쟁을 통해 자본주의를 타도해야 한다고 주장(155)한다. 몇몇 흑인지식인들이 이와 같이 과격한 방식을 통해 흑인문제를 해결하려고 하자 팍스 박사는

---

14) 에릭 월론드(1898~1966)는 할렘 르네상스 시대의 작가로 전국도시연맹의 지도자이며 잡지 『기회』의 편집자 찰스 존슨의 영향을 받았다. 10편의 단편이 담긴 『열대의 죽음』(1926)은 진 투머의 『사탕수수』(1923)와 함께 아방가르드적 작품으로 평가받고 있다.

"아름다운 소네트 한편이 증오의 격한 찬송가만큼 효과적이며, 아니 심지어 더 효과적이라는 것을 명심하시오"(155)라고 말하며 과격한 방식보다 온건한 방식이 필요함을 설파한다.15)

여러 흑인지식인이 제안한 흑인지위향상의 방법론에 대해 세드릭은 흑인운동을 어느 하나로 표준화시킬 필요는 없다고 주장하며 젊은이들로 하여금 그들이 갈 길을 직접 선택하도록 해야 한다고 주장한다. 레이몬드 역시 다양한 방법론에 동감하여 흑인의 발전을 위해서는 획일화된 운동노선보다 다양성과 개인성이 존중되어야 한다고 역설한다. 레이몬드는 다음과 같이 말한다.

> 개별성이라는 것이 우리가 추구해야 할 것이다. 각자가 자신의 구원을 찾도록 하자. 내가 볼 때에는 아프리카로 완전히 돌아가는 것도, 공산주의에 완전히 추종하는 것도, 구시대의 어리석은 선전 프로그램에 집착하는 것도 모두 헛되고 현명하지 못한 것이라고 생각된다. (156)

하지만 흑인지식인들끼리 서로 언쟁하며 상대방의 의견을 수용하지 못하게 되자 모임을 주재한 팍스 박사는 흑인지식인들의 분열에 어떻게 손을 쓸 수가 없는 상황에 놓인다. "대 혼란이 지배하였다. 사회자는 사태를 대처할 수가 없었다" (158). 2주일에 한번씩 모여서 상호간의 의견을 개진하고 교환하여 "젊은 흑인예술가들이 이번에는 중요한 예술세력을 이룰 수 있는 합의된 운동체"(148)를 구성하고자 했던 명사의 모임은 결국 여러 흑인지식인의 이합집산과 중구난방으로 한번의 만남으로 끝나게 된다.

이에 대해 레이몬드 역시 팍스 박사를 포함한 명사의 모임에 참석한 흑인지

---

15) 실제로 로크는 자신이 편집한『신흑인』서문에서 흑인지식인의 좌경화 현상과 급진현상을 걱정한 바 있다. 로크는 흑인이 인종문제에 대해서만 과격할 뿐이지 다른 문제에 대해서는 보수적이라고 주장한다. "의식이 있는 흑인들은 세계적 흐름을 타고 어느 정도 좌경화되었고 급진적, 진보적 운동과 제휴하는 사람도 있다. 하지만 기본적으로 현재 흑인은 인종문제에 대해서만 급진적일뿐 다른 문제에 대해서는 보수적이며, 다른 말로 하면 '강요된 급진'(forced radical)이지 '태생적 급진'(genuine radical)은 아니다"(11).

식인의 방향성 부재에 대해 안타까워한다. 레이몬드는 자신이 주도한 흑인문인의 집이 기부 파티를 겪으면서 지나치게 퇴폐적으로 변질되어 간 것을 우려하였듯이, 흑인예술가의 데카당스적 풍조를 일소하고 진정한 흑인의 좌표를 설정하고자 했던 팍스 박사의 명사의 모임 역시 지식인들의 개인적 주장이 너무 강해 내부적 화합을 이루지 못하게 된 것을 목격하고 안타깝게 여긴다. 이는 레이몬드와 사무엘이 싸운 후 흑인문인의 집의 지식인들이 서로 난장판을 이루는 모습과 오버랩되어 흑인 지식인들의 혼란을 보여준다.16) 그런 점에서『봄의 아이들』은 지식인의 논쟁과 싸움이 바로 왓슨이 제시한 할렘 르네상스의 문제점, 즉 흑인지식인 자체 내부의 분열과 관련된 몰락을 그대로 반영한다고 하겠다.

백인 후원자의 한계와 할렘 흑인공동체의 붕괴

이 작품에 등장하는 주요 백인들은 앞에서 언급한 니그로테리언인 스티븐과 사무엘, 그리고 유태계 백인 여성 바바라 닛스키이다. 스티븐과 사무엘은 흑인의 권익을 위해 할렘에 왔으나 결국 흑인과 어울리지 못하거나 자기모순으로 인해 흑인지식인과 결별하고, 바바라는 백인사회에서 소외되어 흑인사회에서 보상을 받으러 왔다가 부유한 흑인 의사와 사귄 후 할렘에는 거의 오지 않는 여성이다. 이들은 공통적으로 흑인을 위한다는 명분하에 흑인을 이용하여 자신의 목표를 추구하는 인물들이다. 노르웨이인 아버지와 덴마크인 어머니 사이에서 태어난 키가

---

16) 할렘 르네상스가 경제적 문제로 종말을 고한 것이라는 기존의 주장에 이견을 제시해 줄 수 있는 여지를 남기는 부분이다. 사실 스티븐 왓슨은 할렘 르네상스의 마감은 대공황과 같은 경제적 문제뿐만 아니라 흑인지식인들의 분열도 큰 이유가 된다고 주장하였다. "할렘 르네상스의 끝은 단지 경기 침체와 구성원의 이탈의 결과만은 아니다. 신흑인 운동은 내부적 모순들(흑인문인과 10% 상위 흑인지식인, 정치와 예술, 흑인종 강조와 문학) 그리고 할렘 백인 메니아와 흑인화된 백인들에 대한 의존에 의해서도 무너지는 결과를 맞았다"(159).

큰 스티븐은 캐나다 토론토 대학에서 수학하였고, 지금은 콜롬비아 대학에서 박사과정 중이다. 스티븐은 할렘에 처음 왔을 때의 경험을 다음과 같이 설명한다.

"맙소사, 네 말이 맞았어. 끔찍했지. 평생에 흑인이라곤 본적이 없었지, 아마 둘 혹은 셋 정도 봤을까, […] 135번가의 지하철에서 올라왔을 때 정말로 공포에 사로잡혔었어. 인생에서 가장 끔찍한 경험이었어. 나는 소외감, 섬뜩함, 두드러짐, 창피함을 느꼈어. 내 하얀 피부를 위장하거나 보호색을 띠게 하고 싶었어. 사실 아무도 나에게 특별한 관심을 보인 것은 아니지만 사람들이 적대적인 눈길로 나를 보고 있다고 느꼈어. 숨이 막힐 정도였어. 그 이상한 검은 얼굴들, 의심스런 눈초리, 나를 감싸는 인종적 적대감의 보이지 않는 기류가 느껴졌어. 더러운 도로는 우중충한 집으로 바리케이드 쳐져 있고, 사무엘과 내가 유일한 백인손님이었던 침울한 식당에서 나는 당장이라도 도망가고 싶었지." (4)

이는 『블랙베리는 검을수록』에서 엠마 루가 아이다호에서 로스앤젤레스를 거쳐 할렘에 처음 왔을 때 느낀 감정과 랭스턴 휴즈가 처음 할렘에 왔을 때 느낀 벅찬 감정과 대조된다.17) 흑인들은 남부 혹은 다른 도시에서 블랙 메카^{black mecca} 또는 흑인들의 수도로 알려진 할렘에 처음 왔을 때 대부분 자유와 활력이 느껴지는 도시로 여기지만, 스티븐 같은 백인에게는 흑인들로 가득한 할렘은 두려움의 도시로 다가오기도 한다. 하지만 할렘을 배우러 온 스티븐은 곧 흑인문인의 집의 거주자들과 융합한다.

미국에서 대학교육을 받은 사무엘은 나중에 토론토 대학에서 수학하던 중 스

---

17) 엠마 루는 처음 할렘에 도착한 후 "135번가! 엠마 루는 걸으면서 혼자 중얼거렸다. 얼마나 보고 싶어 했던가? 그 길은 분명 다른 길일 거라고 상상하지 않았던가"(81)라고 그 기쁨을 표현하였다. 또한 휴즈는 그의 저서 『거대한 바다』에서 할렘 지하철에서 나온 많은 흑인을 보고 다음과 같이 표현했다. "135번가. 처음 보았을 때 나는 숨을 죽였다. 무거운 두개의 가방을 들고 정류장에 나와서 주위를 둘러보았다. 이른 아침이었는데 많은 사람들이 일하러 가는 중이었다. 수백명의 흑인들! 나는 그들과 악수를 청하고 싶었고 말을 나누고 싶었다"(81).

티븐을 만났다. 그는 스티븐과 같은 목적으로 할렘에 왔지만 냉철한 사람으로 스티븐이 흑인 여성과 애정행각을 벌이는 반면, 사무엘은 오히려 스티븐에게 흑인 여성들을 조심하라고 충고한다. 하지만 스티븐은 사무엘의 충고에도 불구하고 "친구야 걱정마라. 조금의 추파에 불과해. 현재 물라토 곡식을 더 추가시킬 의도는 없어"(28)라고 말한다. 스티븐이 벌이는 흑인 여성과의 애정행각은 사랑을 바탕으로 한 것이 아니라 육체적 탐닉에 의한 것임을 보여준다. 키가 작은 백인 사무엘은 흑인을 위한다고 하지만 흑인과 어느 정도의 거리를 두고 있다. 사무엘은 스티븐에게 "넌 그들[흑인들]의 특수한 문제18)에 대해서 전혀 몰라"(28)라고 말하는 등, 흑인을 타자화시키는 말을 하는 이중인격자이기도 하다. 이런 사무엘에 대해 레이몬드는 "그[사무엘]는 흑인을 통해 경력을 쌓고 있다. 그는 [흑인을] 지도하고 후원하기 위해 이곳[할렘]에 왔다"(86)고 말하며 당시 백인후원자의 위선적 행태를 비판한다. 레이몬드가 볼 때에는 사무엘은 백인들 사이에서는 "중요하지 않은 존재"(89)인데 흑인들 사이에서는 인기가 있어 "미국 흑인의 대의를 위해 싸우는"(14) 희망의 존재로 인식되며, 나중에는 흑인 언론에서도 칭송하는 대상이 된다. 하지만 사무엘은 19세기의 노예폐지론자들과 달리 백인으로서의 한계를 분명히 보여주는 인물들이다. 레이몬드는 니그로테리언들이 할렘에 와서 활동하는 것이 "그들 자신의 약한 자아를 보강하는 것뿐만 아니라 눈에 띄게 하는 확실한 방법"(88)이라고 비꼰다.

스티븐과 사무엘이 흑인의 발전을 위해서 할렘에 왔다는 명분을 보여주는 반면에, 바바라는 지극히 개인적 목적을 위해 할렘에 왔다. 즉 뉴욕 브롱스^{Bronx} 출신인 바바라는 그리니치 빌리지에서 시카고 출신의 훌륭한 문학애호가에게 버림받

---

18) 사무엘이 말하는 흑인의 특수한 문제는 당시 두 보이스의 『흑인민중의 영혼』에 언급된 "이중의식"을 연상시킨다. 두 보이스는 흑인들이 가지는 심리적 상태를 "특별한 감정"(5)으로 설명하며 흑인들은 "항상 타자의 눈을 통하여 자신의 자아를 바라보는 감정"을 가지고 있으며 "항상 두 가지―하나는 미국인 또 다른 하나는 흑인―를 느끼고, 두 영혼, 두 개의 사고, 두 개의 화합할 수 없는 갈등, 하나의 검은 몸속에 두 개의 상충하는 이상"(5)을 가지고 있다고 한다.

은 후 "상심하고 낙담하여 할렘으로 건너와 흑인 남성 사이에 여왕처럼 숭배되었다"(59). 흑인남성들이 그녀에게 쉽게 빠지는 것을 경험한 바바라는 레이몬드에게 "너희 흑인 남자들은 백인여자를 차지하려는데 너무 혈안이야. 그 여자의 과거와 현재가 어떠한지 따져보지도 않고 말이지"(60)라고 비난한다. 그녀는 백인여자에게 혹하는 흑인들은 낮은 계층의 흑인남성뿐만 아니라 전문적인 일을 하는 흑인남성도 마찬가지라며 "그것은 비극적이다"(60)라고 말한다. 그러나 그러한 바바라도 나중에 인종적 경계선을 넘어 흑인 의사와 결합하는 아이러니를 보여준다.

레이몬드는 처음에는 스티븐과 사무엘과 같은 백인후원자와 잘 지내지만 점차 시간이 갈수록 백인후원자의 한계를 비판한다. 백인후원자에 의해 흑인들이 "북방인 우수성의 원칙"(89)을 믿게 되고, 자신들을 열등하게 생각한다는 것이다. 스티븐, 사무엘, 바바라와 같은 백인들은 결국 자신들이 흑인들을 위해 해줄 수 있는 것과 해줄 수 없는 것을 구분한 후 나중에 자신의 한계를 경험하며 모두 할렘을 떠나간다.

흑인문인의 집에 대한 소문이 좋지 않게 되자 유포리아는 흑인문인의 집을 용도 변경하여 독신 흑인여성을 위한 기숙사로 전환하기로 결정한다. 유포리아는 레이몬드, 폴, 유스터스에게 중대한 사안 두 가지를 발표하기 위해 나타나는데, 첫 번째는 강간사건으로 감옥에 간 펠햄이 6개월 후 가석방 될 것이라는 좋은 소식과 다른 하나는 3주 안에 흑인문인의 집에 사는 예술가들이 떠나도록 요구하는 좋지 않은 소식이다. 흑인문화의 저변확대를 위해 만든 흑인문인의 집이 흑인예술가들의 좋지 않은 행동으로 위상이 떨어진 것에 대해 유포리아는 다음과 같이 말한다.

내가 그 곳을 여러분을 위한 스튜디오로 전환했을 때 나는 공동체에서 정말 필요한 것을 채운다고 생각했어. […] 난 뭔가 대단한 것이 나올거라고 예상했었지. […] 내가 틀렸어. 그곳은 나에게 근심만 안겨주었고 비방하는 소문만 가져왔지. 그것은 여성사업가인 나에게는 치명적인 해

가 되고 있어. 난 사람들이 더 이상 나를 흑백매음굴을 운영한다고 욕하
지 못하도록 할 거야. (175)

유포리아의 그와 같은 결정이 있은 후 그 곳에서 함께 지내던 흑인예술가들
은 하나 둘씩 흑인문인의 집을 떠나간다. 펠햄은 아직 감옥에 있고, 유스터스는
슈베르트를 부르지 못하게 되어 낙심하다가 자신을 극복하지 못해 결국 정신병원
으로 가게 되고, 폴은 흑인문인의 집에서 쫓겨난 후 그리니치 빌리지로 간다. 한
편 앨린은 레이몬드에게 백인행세를 하겠다고 선언한 후 부유한 보석상을 만나
할렘을 떠나고, 앨린이 자기 집 하녀로 고용해서 같이 살고 싶어했던 친구 재닛은
뉴어크^{Newark}의 한 카바레에서 백인들만 상대하는 접대부로 전락한다. 그리고 흑
인문인의 집 3층에 살던 여배우와 두 딸은 펠햄의 기소 사건 후 이사 갔으며, 레
이몬드는 한번씩 찾아오는 애인 루실과 시간을 보낸다. 스티븐이 유럽으로 떠나
기 전에 레이몬드는 마지막으로 흑인문인의 집의 폐쇄에 대해서 "흑인문인의 집
과 그곳의 모든 사람의 몰락을 위하여"(183)라고 건배제의를 한다. 루실이 불의
아이를 뗄 결정을 했을 때 레이몬드에게 "낙태를 기념하여 건배"(166)할 것을 제
의한 것과 유사하게, 레이몬드도 흑인 문화의 모태가 될 뻔한 흑인문인의 집의 몰
락을 기념하는 건배제의를 하는 것은 흑인 지식인들의 목표를 이루지 못하게 된
것에 대한 안타까움과 회한에 대한 반어적, 역설적 표현이고, 그런 아픔을 떨쳐버
리고자 하는 의지도 함께 있다고 할 수 있다. 흑인문인의 집의 몰락과 팍스 박사
의 흑인명사의 모임의 실패는 흑인문화의 어두운 미래를 암시할 뿐만 아니라 바
로 할렘 르네상스의 종말을 의미한다.

혼자 남아서 앞으로의 일을 걱정하게 된 레이몬드에게 비보가 전해졌으니 그
것은 바로 그의 동료 폴이 자살했다는 소식이었다. 보통사람과 다른 특이한 사고
방식과 행동양식을 보이는 자화자찬의 예술가 폴은 자살의 방식에 있어서도 비범
함을 보여준다. 그리니치 빌리지로 이사한 폴은 마약을 곁들인 어느 파티에 참석
하는데, 그 곳에서 폴과 파티 참석자들은 색다른 경험을 위해 "술과 마약"(185)을

하였다. 폴은 파티에서 돌아와 자신의 집 목욕탕에서 진홍빛 중국식 의상을 입은 채로 자신의 초상화를 걸고, 바닥에는 소설을 쓴 노트 낱장을 깔고 중국제 단검으로 자신의 손목을 베어 목숨을 끊었다. 폴이 유고작으로 남긴 책의 제목은『위싱: 남자 게이샤』[19]로 폴의 동성애적 욕망이 그대로 담겨져 있는데, 책의 헌정사 아래에는 검은색의 마천루가 그려져 있었다. 서면은 다음과 같이 할렘 르네상스의 종말을 암시하고 있다.

> 책제목 밑에 그[폴]는 흑인문인의 집을 모델로 지은 기울어진 시커먼 마
> 천루를 그렸는데, 그 위로 비치는 눈부신 일렬의 흰색 불빛이 강조되었
> 다. 이 건물의 토대는 부서진 돌로 구성되었다. 첫눈에 그 마천루는 곧
> 기울어져 무너질 것 같았고, 단지 압도적인 흰 불빛만이 하늘을 가득 밝
> 힐 것 같았다. (186)

서면은 폴의 그림을 통해 기초가 튼튼하지 않은 건물은 쉽사리 무너지듯이, 흑인 내부의 단결력 부재와 방종과 흥청망청함은 결코 흑인의 건전한 목소리를 보장할 수 없음을 역설적으로 보여준다. 결국 할렘 예술가들과 지식인들은 그들이 처한 현실을 극복하려고 애를 쓰지만 그들은 현실과 이상의 벽이 여전히 높다는 점을 경험할 수밖에 없다.[20]

---

19) 폴이 남긴 유고의 제목은 동양의 독자들에게 몇 가지 점을 시사한다. 폴이 죽으면서 중국 의상과 중국 단검을 사용했고, 책 제목에 나타난 위 싱(Wu Sing)도 중국인의 이름처럼 보이는데, 게이샤(Geisha)는 기생을 뜻하는 일본어이다. 이는 서면이 일본과 중국을 동일시하여 동양을 뭉뚱그려 하나로 신비화하는 문화적 모순을 보여주는 것으로 백인들이 할렘의 흑인들을 신비화하고 이국적 분위기로 몰아가는 것과 크게 다르지 않다.
20) 실제로 할렘 르네상스는 흑인지식인의 지나친 백인의존성과 흑인공동체의 경제적 취약성 때문에 지속되지 못했던 측면이 있다. 실제로 허긴스가 "아무도 대공황을 예견하지 못했지만, 흑인 르네상스는 대공황으로 무너졌는데 그 이유는 문화를 경제적, 사회적 현실과 연관시키지 않고 문화가 중심이라는 소박한 가정 때문이었다"(303)라고 주장하듯이 그 자체의 한계를 내부적으로 지니고 있었다.

맺음말

이상에서 살펴본 바와 같이 『봄의 아이들』은 루이스의 저서 『할렘이 한창이었을 때』에서 다룬 할렘의 여러 모습들 — 무허가 술집, 카바레, 렌트 파티 등과 같은 퇴폐적 음주문화, 흑인과 백인간의 예술적 공감과 교류, 흑인지식인 내부의 흑인지위향상 운동의 방향모색 — 을 광범위하게 다루고 있다는 점에서 1920년대 할렘 르네상스 당시 뉴욕 맨해튼의 한 문화적 풍경을 제시한다. 특히 『봄의 아이들』은 서먼의 처녀작 『블랙베리는 검을수록』에서 나타난 바와 같이 흑인들이 인종적, 성적 경계를 넘나드는 문제들을 중점적으로 다룸으로써 현대 흑인문학의 내용적 특징과 주제적 연관성이 있다. 예컨대, 폴이 보여주는 성적 경계선의 넘나듦과 물라토 여성인 앨린이 보여주는 백인 행세의 문제 등은 할렘 르네상스 시대뿐만 아니라 21세기 현재의 미국 문화 속에도 여전히 다루어지는 중요한 주제이다. 또한 여러 흑인 지식인의 자화상을 보여주는 이 소설은 자신의 천재성을 발휘할 수 없어 자살하고 마는 시인이자 화가 폴 이외에도, 자신의 문학적 자질을 끊임없이 회의하는 주인공인 소설가 레이몬드, 무책임한 흑인남성화가 불, 흑인적인 것을 감추려고 하는 가수 유스터스, 또 흑인의 자긍심 고취를 위해 애쓰는 팍스 박사 등 다양한 흑인지식인의 모습이 나온다. 이런 내용들 역시 할렘 르네상스 이후 1940~50년대 흑인 남성작가들 — 리처드 라이트, 랠프 엘리슨, 제임스 볼드윈의 소설에서도 중점적으로 다루어지며, 또한 1970~80년대 흑인 페미니스트 작가 토니 모리슨, 앨리스 워커, 게일 존스 등의 작품에서도 빈번하게 다루어지는 것을 볼 수 있다. 그런 측면에서 『봄의 아이들』은 1920년대 미국의 한 문화적 양상의 이해에 도움을 줄 뿐만 아니라 현대 흑인문학을 이해하는 데 있어서도 중요한 기초적 배경을 제시해준다고 하겠다.

이 장에서는 『봄의 아이들』에 나타난 여러 주제 가운데 무엇보다도 예술가들의 고뇌와 지식인의 번민에 초점을 맞추어 분석하였다. 특히 흑인지식인들이 흑인의 미래를 위해 노력하는 과정에서 발생하는 여러 가지 상충하는 견해와 갈등하는 모습을 당대 실제 인물들과 대비하여 살펴보았다. 작품의 분석에서 알 수 있듯이 할렘 르네상스의 흑인지식인의 자화상을 다룬『봄의 아이들』은 할렘 르네상스가 무너질 수밖에 없는 운명과 동시에 할렘의 지식인으로서 바람직한 흑인 지식인상에 대한 서먼의 바람을 보여준다. 허긴즈가 이 소설을 "할렘 르네상스의 부고"(191)라고 말했듯이, 제목에서 나타난 '봄의 아이들'은 바로 할렘 르네상스의 예술가들을 의미하고 봄이 다른 계절을 맞이할 틈도 없이 사라지듯이 '봄의 아이들'은 경제적으로 취약한 흑인 공동체 속에서 쉽게 와해되고 있음을 암시한다.

결론적으로『봄의 아이들』은 1920년대 할렘 르네상스를 성찰하면서 당대의 흑인지식인의 좌표설정문제를 다루는 소설이다. 비록『봄의 아이들』의 결말이 신흑인이며 창조적 흑인, 그리고 동성애자인 폴의 자살로 끝나고, 또 폴의 유고작과 그림이 흑인 예술 공동체의 와해를 상징적으로 보여주고 있지만, 스티븐 내들러가 주장한대로 서먼의 텍스트는 흑인예술가들이 "새롭게 재생하는 방법에 대한 환상을 제공"(925)해주기 때문에, 서먼은 한편으로는 자의식이 강한 폴의 예술가적 고통을 통해 흑인의 예술혼의 새로운 가능성과 꿈을 염원하고 있다고 볼 수 있을 것이다.

❧ 참고문헌

한재환. 「할렘 르네상스에서의 월러스 서먼의 위치」. 『외국문학연구』 20 (2005): 293-312.

Cruse, Harold. *The Crisis of the Negro Intellectual*. New York: William Morrow, 1984.

Dorsey, Brian. *Who Stole the Soul?: Blaxploitation Echoed in the Harlem Renaissance*. Oxford: Drake International Services, 1997.

Du Bois, W. E. B. *The Souls of Black Folk*. 1903. New York: Penguin, 1996.

Ellison, Ralph. *Invisible Man*. 1952. New York: Vintage, 1980.

Gaither, Renoir W. "The Moment of Revision: A Reappraisal of Wallace Thurman's Aesthetics in *The Blacker the Berry* and *Infants of the Spring*." *CLA Journal* 37.1 (1993): 81-93.

Glick, Elisa F. "Harlem's Queer Dandy: African-American Modernism and the Artifice of Blackness." *Modern Fiction Studies* 49.3 (2003): 414-42.

Harper, Frances. *Iola Leroy; or, Shadows Uplifted*. 1892. Boston: Beacon, 1987.

Huggins, Nathan Irvin. *Harlem Renaissance*. New York: Oxford UP, 1971.

Hughes, Langston. *The Big Sea*. 1940. New York: Hill and Wang, 1993.

Knadler, Stephen. "Sweetback Style: Wallace Thurman and a Queer Harlem Renaissance." *Modern Fiction Studies* 48.4 (2002): 899-936.

Lewis, David Levering. ed. *The Portable Harlem Renaissance Reader*. New York: Penguin, 1994.

_____. *When Harlem Was In Vogue*. New York: Penguin, 1979.

Locke, Alain. *The New Negro*. 1925. New York: Touchstone, 1997.

Rampersad, Arnold. Introduction in *The Big Sea*. Langston Hughes. 1940. New York: Hill and Wang, 1993. xiii-xxvi.

Singh, Amritjit. *The Novels of the Harlem Renaissance: Twelve Black Writers 1923-1933*. University Park: Pennsylvania State UP, 1976.

Thurman, Wallace. *The Blacker the Berry*. 1929. New York: Simon & Schuster, 1996.

_____. *Infants of the Spring*. 1932. London: The X Press, 1998.

Watson, Steven. *The Harlem Renaissance: Hub of African American Culture, 1920-1930*. New York: Pantheon, 1995.

노예반란의 재현과 흑백관계의 문화정치

● 배윤기

미국사 기술의 이데올로기

미국 독립혁명은 미주지역 전체의 독립투쟁과 노예해방투쟁을 불러일으킨 엄청난 사건이었을 뿐만 아니라, 그 혁명이념은 현대 민주주의의 정신적 바탕으로 지구촌 곳곳에 영향을 주었고, 지금도 주고 있다. 그래서 미국의 역사는 곧 민주주의의 역사요, 신대륙의 험난한 도전들을 이겨내고 대지에 뿌리내리는 인간의 개척과 진보의 역사로 학습되는 실정이다. 이런 정신적 유산을 자랑스럽게 계승한 대중적 신념과 가치 또한 미국이 세계를 주도하는 '자유민주주의 전도사'를 자임하도록 하는 외교적, 윤리적, 그리고 현실적 힘이 되고 있다. 권력의 전횡에 대한 인민의 저항권을 인정하는 헌법과 보편적 인간의 자유, 평등, 행복 추구권 등 천부인권을 정의하는 독립선언서는 식민 권력에 대한 자기들 반란의 근대적이며 보편적인 정당성을 확보할 만한 이념이었다. 그러나 현실적으로 정치경제적 이해

관계는 이와 같은 진보적인 이념의 사실상의 부정을 유발했던 까닭에 슈처는 "미국은 인간적 목표 수립의 껍데기 말과 과정에 수사적으로 강박되어 있다"면서, 그 예로 '명백한 운명', '사회복음화 운동', '공산주의로부터 아시아의 보호' 따위의 구호를 예로 들고, "이런 목표들과 폭력적으로 모순되는 결과의 눈가림에 강박되어 있다"(Schwartz 재인용 4)고 설명한다. 이런 분열적 이중성은 오늘도 지구촌 곳곳을 '자유 수호,' '정의 실현'의 이름으로 전쟁의 화염 속에 무고한 양민들을 희생시키고 있다.

눈가림에 대한 강박, 이상과 현실의 분열, 그리고 심리적 불안이 인종주의라는 구체적인 사안과 관련될 때, 대표적인 역사적 모순의 사례로 등장한다. 흑인 지도자 킹은 미국의 "탄생 이래로 줄곧 백인 미국이 인종문제에 대해 정신분열적 성격을 지녀왔다. . . . 원대한 민주주의 원칙을 자랑스럽게 공언했던 자아와 민주주의의 반대 명제를 슬프게도 실천했던 자아이다"라고 전제하고, "한번도 아프리카계 미국인을 위한 정의 실현의 확고하고 통일적이며 결정적인 추진력은 존재해 본 적이 없다"(320)고 단언했다. 시대를 막론하고 '공언되는 이상들'과 '경험되는 현실들' 사이 모순을 은폐하기 위해 사회적 차원에서 활용되는 광고성 혹은 구호성 구실과 변명이 악순환 된다는 지적이다. 이런 미국사의 화려한 구실과 변명은 다방면의 문화적 생산물과 제도교육을 통해 대중들에게 학습되고, 반복 재생산되고, 이데올로기화되었다. 그리고 이런 거대한 흐름에 '공식적' 미국사 기술은 지대한 공헌을 했다.

"역사는 역사적 사실들을 구성하는 과정, 특히 그 사실들의 선별과정을 지칭"(영 163)한다. 이른바 "상상의 공동체"로서 국가 혹은 민족의 기억은 인간의 바깥에 존재하는 초월적 법칙으로 가정되는 '역사'라고 불리는 연속적이고 선형적인 발전 과정이라는 잣대에 기대어 사실들이 선택/폐기 되고 구성되어왔다. 그래서 국가의 기억을 구성하는 방식인 역사를 보는 눈과 이에 따른 역사기술historiography은 바로 과거에 대한 사회적 기억의 방식과 내용을 결정한다. 19세기의 미국이 바람직한 '미래' 혹은 '가능성'으로 나아가는 주된 동력들 중 하나로서 노예제 폐지운동[1]이 아니라, 근대국가 미국의 팽창을 가로막는 장애물을 제거해나가는 커다란 역사적 전환점으로서 남북전쟁 및 노예해방선언과 프론티어[2] 정신의 '명백한 운명' 만들기에 미국사가 매달리게 됨으로써, 역사가들은 "아프리카계 미국인에게 기본적인 시민의 자유를 박탈하고 대개 폭력적 수단을 동원하는 광신적 고집과 차별의 지속적인 행사를 통한 사회적 감옥 속에 그들을 감금했던 '인종분리'라고 불리는 인종격리체제[apartheid system]를 . . . 시선"의 바깥으로 밀어낼 수 있었다. 그나마 폐지론이 역사적 논의의 장에 오를 때면, 주로 어느 쪽 '백인 남성' 운동가가 더 효과적인 길을 갔던가(Fellman ix)에 착안됐다. 노예제 폐지운동 배제의 역사기술은 일정한 연구의 경향성을 만들어냈는데, 대체로 백인 남성들의 운동, 그들의 인종주의적 한계, 헌법과 제도를 거부하는 급진폐지론자와 제도 정당을 수용하는 정치적폐지론자 간의 분열의 강조 등으로 요약된다. 그래서 폐지론자들은 역사학계에서 "공공의 적" 혹은 "극단주의자들"로 싸잡혀 비난당하기 일쑤였다.

노예제 폐지운동의 미국 역사상의 위치는 역사를 보는 시선과 그에 기초한 역사기술과 관련하여 흥미로운 사실들을 암시하고 있다. 일군의 학자들은 국가 수립의 초기부터 꾸준히 진행된 미국사회 개혁운동의 선상에 노예제 폐지운동을 놓기 위해 학계의 주류에 도전해왔다. 이런 시각에서 본다면, 미국사회의 조직적 급진운동의 부침과 함께 폐지론자들에 대한 평가와 그 운동의 위상이 극적인 변동을 겪었다는 사실을 갈무리해 볼 수 있다. 역사학자 펠먼은 이런 풍토 속에서 폐지론자들에 대한 평가와 그 운동의 위상 변동을 설명하는데, 이를 크게 세 단계

---

1) 여기서 우리는 역사적으로 쓰이는 용어 자체가 백인 중심적이어서 흑인을 타자화시킴을 확인한다. 그러니까 백인들의 시각에서 미국의 노예제를 하나의 제도의 문제로 환원함으로써, 문화적 이데올로기적 인종주의의 문제라는 엄연한 사실을 은폐할 가능성이 다분하다. 미합중국의 구성원으로서 흑인을 상정한다면, 당연히 '노예/흑인해방운동'이어야 한다. 따라서 기성체제를 기준으로 봤을 때, '해방노예'(liberating slave)는 백인의 재산상의 손해라는 의미를 갖는 '도망노예'(fugitive slave)라는 용어로 사용된다.
2) frontier는 개척의 경계이다. 이 용어는 문명/야만, 문화/자연, 개발/미개발 등의 백인들의 근대적 이분법 사고를 담고 있다. '학살,' '정복'을 정당화하는 이것의 신화화는 미국의 제국주의 팽창을 정당화하는 '진취적인' 미국(인)의 정신이 된다.

로 요약해볼 수 있다. 첫째 단계, 시민권 운동과 나란히 1950년대 말부터 10여 년 동안 진보적 역사가들은 "진보적 선배들"로 폐지론자들을 그 무덤에서 불러내고 60년대 개혁운동을 "신노예제 폐지운동"이라고 지칭함으로써, 역사적으로 새로운 사회운동의 계보를 형성하고 변화의 열정을 고취하며 그 미래를 향한 가능성의 문을 열기 위해, 새로운 역사관과 역사기술을 시도했다. 둘째 단계, 70년대 말에 이르러 백인 남성 폐지론자들의 인종적, 사회적, 경제적 태도들에 의문을 제기하는 한편, 백인 여성 폐지론자들의 역할과 페미니즘과의 연계 등을 고찰하는 여성사의 발전은 그 운동을 고찰하는 폭을 크게 확장시켰다. 셋째 단계, 2000년을 전후하여, 노예제 폐지운동을 단지 백인들의 운동만이 아니라 아프리카계 미국인의 운동이자 인종협력적인 운동으로 위치를 다시 설정하는 연구들이 고무적으로 등장(ix-xi)하고 있다.

미국사에서 노예제 폐지운동의 위치와 변화과정의 검토는 곧 과거를 살았던 사람들의 시선들과 목소리들의 취사선택의 과정이자 그 결실인 역사기술의 변화를 조명할 수 있어 흥미롭다. "서발턴3)은 말할 수 없는 것이 아니다. 다만 지배세력들이 그들의 말을 들으려하지 않았을 뿐이다"(영 25)라는 말처럼 재현의 한 방식으로서 역사기술의 편향성과 정치성은 항상 점검될 필요가 있다. 이 글은 이런 문화정치적 맥락에서 소통과 의미생산의 공간으로서 노예반란을 재현하는 세 텍스트를 반란을 둘러싸고 맺고 풀리는 흑백관계를 중심에 놓고 조명하고자 한다. 1839년 스페인 노예선 아미스타드 호La Amistad 노예들의 선상 반란과 미국 내에서 재판 과정, 그리고 노예들의 아프리카로의 귀환을 다루는 스필버그의 1997년 영화『아미스타드』에서는 목소리 재현과 관련하여 '객관적' 조건으로 주어지는 미국의 문화정치 지형을 탐색하고, 미국 대중문화의 시선, 즉 할리우드의 시각이 흑인들의 목소리를 어떻게 재현/삭제하는지를 평가할 것이다. 그리고 1799년 스페

---

3) subaltern은 '하위계급'이란 뜻의 군대 용어로, 원래 마르쿠제가 계급분석을 위해 썼는데, 근대 사회에서 배제되고 추방당하는 농민, 빈민, 부랑인, 도시 비공식 부문 종사자들을 총칭하는 용어로 사용된다.

인 노예선 산 도미니크 호^{San Dominick}에서 일어난 노예봉기와 반란 진압을 양키의 입장에서 재현하는 백인 작가 멜빌의 1855년 중편소설 『베니토 세레노』는 새로운 시대를 대표하는 양키의 세계관과 그들의 이상 실현의 논리를 보여준다. 이 소설은 그 양키식 논리의 귀결이 국내적으로든 국제적으로든 전쟁으로 나아갈 수밖에 없다는 점을 암시하고 있어 흥미롭다. 마지막으로 더글러스의 1853년 중편소설 『영웅노예』는 1841년 미국 노예선 크리올 호^{the Creole}에서 일어난 노예선 장악과 해방 이야기를 통해 자기 주도적으로 역사 과정에 개입, 역사적이고 동시대적인 모순과 정면 대결하는 영웅적 흑인상을 그려낸다.

흔히들 동질적으로 범주화되는 '흑인'의 자연적이고 선천적인 열등성이 사회적 공감을 얻고, 서구적 기준에서의 '문화적 능력'이 부정되던 시대에, 고차원적 사고의 문자적 표현으로 생각되던 문학 장르에 자기들 집단적 신념이 표출된 사안을 담아 흑인 노예를 주인공으로 형상화하였다는 점은 사회적 파장을 넘어 백인들에게는 어떤 '문화적 충격'이 아닐 수 없었을 것이다. 여기서는 노예가 인간으로, 단순한 소품 혹은 배경이 주인공으로 변모하는 과정을 통해 흑인 노예제 폐지운동의 대표적인 인물인 더글러스가 어떤 흑백관계를 어떻게 지향, 모색하는지를 살펴볼 것이다. 흑백관계를 중심으로 각각의 입장과 시선을 비교하는 작업은, 한편으로 미국 흑인문화(운동)의 객관적 자리와 요청되는 역할을 찾는 바탕이 될 것이다.

관계의 방식: 대중문화의 관행

영화 『아미스타드』는 노예해방, 흑인의 시민권 획득에도 불구하고 흑백관계를 조형하고 판에 박힌 대로 재생산하는 미국의 지배적이고 인종차별적인 문화정치 지형이 오랜 기간 동안 외견상 변모하면서도 실제로 존속되고 있음을 반증하는 최근의 한 표본이 될 수 있다. 식민지 미국의 시작과 함께 '문명/야만,' '선/악,'

'우등/열등,' '준법/불법,' '어른/아이' 등으로 정의되는 유럽으로부터 물려받은 백인과 흑인의 기본적 관계 방식은 아직도 미국 백인의 의식을 지배하고 있다. 그러니까 백인들은 언제나 흑인을 "사물"로 생각했고, "그것은 결코 인격을 가진 어떤 구체적인 개체로 여겨지지" 않았으며, 인간적 존엄을 부정하는 이런 백인 인종주의는 하나의 체계를 출산(Schwartz 17-18)했다. "녀석""Boy"은 흑인의 통칭이고, '의존함으로써 생존 가능하고, 복종함으로써 계몽 가능하다는 억압사회가 낳은 일종의 처세훈은 삼보Sambo4)같은 흑인을 등장시키는 다양한 텍스트들이 활용하는 지배적 구조이다. 우리는 미국 대중문화의 총아인 할리우드 영화들을 통해서 민주주의 발전과 병행된 흑백관계가 일정 정도 진전했지만, 강고한 백인 우월의 이데올로기가 여전히 그 위용을 유지하며 깊이 뿌리내리고 있음을 확인할 수 있다.

『아미스타드』는 탈식민지 독립, 노예봉기와 해방으로 미주대륙이 들썩거리던 시기를 배경으로 한다. 때는 1839년, 북미의 맹주 미국이 서부로의 국경 확장을 한창 진행시키는 한편, 경제적 외교적으로 때로는 무력으로, 중남미를 자기 지배권 하에 두기 위해 애쓰던 중이었다. 대서양을 사이에 두고 식민지배 세력인 구대륙 유럽과 신시대 정신을 대표하는 반식민 해방세력은 다방면에서 긴장하고 협력하며 필요시 전쟁으로 문제를 해결했다. 특히 콜럼버스의 카리브해 정복 이후, 중남미의 지배권을 쥐고 위용을 자랑해온 스페인에게 이런 미주대륙의 세력 판도의 변화 조짐은 커다란 위협이 아닐 수 없었다. 그런 가운데 카리브해를 운항하던 스페인의 노예선 아미스타드(우정)는 적개심의 화약으로 가득 차 있었다. 억압의 감시와 반란의 불씨가 서로를 향해 번득였으며, 폭력을 앞세운 상시적 진화와 분노에 기초한 계기적 점화의 긴장과 대립이 증폭되고 있었다.

---

4) 19세기는 물론 20세기 전반까지도 미국 전역에서 선풍적 인기를 끌었던 순회 유랑극단 (negro/nigger minstrels) 공연에서 백인들이 흑인 분장을 하고 어리석은 행동과 헤픈 웃음으로 만인을 웃기며 연명하는 흑인 성격유형을 창조하여, 문화 매체들을 통하여 흑인 일반으로 동질화시키는 인물이 되었다.

그 노예선에 실린 흑인들은 원래 서아프리카 시에라리온에서 포르투갈 노예 상인들에 의해 대서양 중앙항로를 건너 운반되었다. 그리고 쿠바 노예경매장에서 다시 스페인 상인들에 팔려 어디론가 실려 가던 중 반란을 일으킨다. 흑인들은 항해에 필요한 몇 명을 제외한 모든 백인들을 살해한다. 그러나 흑인들에게 협력하기로 약속하고 살아남은 스페인 선원들의 비협조로 노예선은 아프리카로 향하지 않았고, 봉기 6주 후, 매사추세츠의 코네티컷 연안에서 미국 군함에 나포된다. 승리의 기쁨이 가득찼던 해방된 노예선의 44명 흑인들은 다시 사슬에 줄줄이 얽인다. 그리고 영화의 큰 줄기를 형성하는 기나긴 법정 논쟁으로 들어간다. 과거와 현재를 넘나드는 이 영화의 서사구조는 크게 두 단계로 나눠볼 수 있다. 1단계는 백인 변호사와 아프리카인의 우연적이면서 구체적인 관계가 부각되는 매사추세츠 지방법정이고, 2단계는 미국의 이상을 대표하는 백인과 흑인의 특정의 경로를 거치지 않으면 안 되는 '필연적'이며 추상적인 관계가 도드라지는 합중국 연방 대법정이다. 단계의 이행에서 영화의 서사는 비약적으로 발전, 1단계의 모든 애매함과 혼란이 2단계에서 극적으로 정리된다.

　　먼저 1단계의 지방법정에서는 흑인 "지도자" 싱케이와 폐지론자 쪽 변호사 볼드윈 사이 관계의 발전과 나란하게 이야기가 진행된다. 해방의 기쁨과 귀환의 희망도 잠시, 당시로서는 노예제가 합법적으로 존재하는 거의 유일한 근대국가인 미국 땅에서 다시 속박된 아프리카인들에게 중요한 의제는 "누가 우리의 편인가" 이다. 법정은 이 "가축"의 소유권을 놓고 화주인 스페인, 아프리카 서부 해안을 관할하는 영국군 등의 논쟁으로 시끄럽다. 자연스럽게 폐지론자의 목표는 소유권 문제를 넘어서는 것이다. 19세기를 들어서면서 아프리카에서 노예사냥과 국제적 매매를 적어도 '공식적으로' 금지하던 당시의 상황에서, 소유권의 불법성을 증명하기 위해서는, "그들이 아프리카에서 태어났는가?"라는 물음에 객관적인 증거로 답해야 한다. 변호사는 노예선에서 증거자료인 매매 문서를 발견하고, 거리에서 어렵게 찾은 같은 종족 출신의 통역을 형무소로 데려가서 아프리카인들의 전체 여정을 듣는다. 볼드윈은 그들 반란의 용기에 대해 감탄하지만, 싱케이는 '용기'가 아니라 '인간이라면 누구나 했을' 일이라 교정해준다. 싱케이의 태도가 볼드윈에 대한 불신에서 신뢰로, 방관에서 협력으로 변화하는 한편, 애초에 돈을 위해 뛰어들었던 볼드윈의 태도 또한 인간적 연민으로부터 신뢰와 존중으로 발전한다. 대화와 소통을 통해 둘은 인간적 이해라는 관계 여정의 중간 경유지에 도달한다. 특히 볼드윈 입장에서는 인종주의라는 사회문화적 편견과 오해의 장벽을 무너뜨리기 쉽지는 않았을 것이다. 그러나 이상과 관념으로서의 '노예제 폐지론'에 감화되는 것이 아니라, 구체적인 만남과 소통이 조성하는 상호적 관계 발전의 새로운 토대는 둘 사이의 혹은 나아가 두 인종 간의 진정한 우정이 싹틀 가능성의 지평을 보여준다. 싱케이는 볼드윈과 맞잡은 손을 자기 가슴에 갖다 대는 아프리카식 신뢰를 표한다.

이제 싱케이의 적극적 진술과 매매문서를 바탕으로 법정 분위기는 변화한다. 심리 중 싱케이는 일어나 더듬거리는 영어로 "자유를 달라!"고 외친다. 흑인들 반란은 "학살"이 아니라 인간성의 표현인 "자유 투쟁"이며, 불법매매로 소유권은 인정될 수 없다는 판결을 매개하는 극적 장면이다. 미국 법정에서 자유를 찾은 흑인들은 축제의 열기에 휩싸인다. 한편, 반노예제협회 백인 노예제 폐지운동가 태편은 흑인운동가 조드슨에게 폐지운동의 극적 발전을 위해 44명 아프리카인들의 순교라는 자극이 필요하다는 의견을 편다. 그러나 귀환의 꿈에 부푼 아프리카인들에게 찬물을 끼얹는 결정적 세력은 따로 있었다. 당대의 '부상하는 맹주' 미국과 '항로 잃은 무적함대' 스페인 사이 송사의 이 판결로 조성된 국제적 불화 가운데 끼어든 남부 농장주들은 '북부'의 판결에 노골적인 불만을 표한다. 남부 유력 정치인이자 전 국방장관 캘론은 당시 재선을 위해 남부의 표를 의식하던 대통령 뷰렌 앞에서 이 판결은 "남부를 파괴하고 재산을 송두리째 빼앗으려는 술책"이며 "노골적 위협"이라 규정하고, '연방 탈퇴'와 '전쟁 불사'를 경고한다. 한편, 10대 소녀 여왕이 통치하는 스페인만 무시하면 "대수롭지 않은 문제"라고 코웃음 치며 오로지 득표에만 골몰하던 미합중국 대통령은 남부의 경고에 사안의 심각성을 깨닫고 판결에 불복, 자기가 직접 대법원에 상고한다.

두 번째 단계의 주인공은 전 대통령이자 현 하원의원인 애덤 스미스이다. 건국의 아버지이자 제2대 대통령 존 스미스의 아들인 그는 미국적 이상을 대표하는 인물로 등장하여 이미 조드슨의 수차례 도움 요청을 거절했던 바 있다. 그러나 상고소식을 접하고 역사를 만드는 인물을 상징하며 등장하는 이 노정치인은 해박한 지식과 사색의 흔적들을 과시하며, 변론을 준비하면서 아프리카인들의 이야기를 너그럽게 접수한다. 그는 흑인들의 상처를 자비로운 이해심으로 감싸 안고 대법정에 등장한다. 연방대법정 안에는 자기 부친을 비롯한 건국의 혁명가 조각상들이 장엄하게 배치되어 있다. 그는 그 앞을 거닐며 미국의 이상을 차분하고 감동적으로 역설한다. 결론적으로 "자유는 빼앗기면 되찾고 싶은" 당연한 욕망이라 역설하고 바로 그런 인간 본성에 기초한 미국의 혁명적 건국이념을 환기시킴으로써 법관들을 설득한다. 하나의 가치와 윤리로서 인종적 정의나 그 실현으로서 노예해방이 아니라, 추상적이고 환원적인 미국적 이상이 외교적으로 그리고 국내 정치적으로 승리를 거둔다. 바로 이 지점에서 역사적 사건의 에피소드화가 이루어진다. 그럼으로써 구체적 사건의 주인공들의 목소리는 왜곡되거나 침묵을 강요당한다.

『아미스타드』는 논란의 여지가 있는 역사적 정확성과는 별도로, 납득할만한 역사적 근거들을 치밀하게 들이댐으로써 서사를 탄탄하게 완결 짓는다. 대체로 선/악을 확실히 가르는 경향의 할리우드 영화가 그렇듯, 자기 편에 있는 인물들을 제외하고는 모두 구태의연하고 어리석게 대비함으로써 흥미를 유발시킨다. 거기에 각국의 이해관계를 뒤섞어 갈등과 현실적 난관, 그리고 스미스를 통한 궁극적 해결은 곧 미국 역사와 이상의 승리이다. 미국이 자기들 사회체제의 특수성을 강조하며 "특유의 제도"라고 합리화하던 노예제의 반인간성과 서구 근대국가 형성과 나란히 발전하는 인종주의 및 백인우월주의라는 궁극적인 문제에는 한 발짝도 들어서지 않는다. 오히려 백인 폐지론자의 반인간적 "순교" 주장까지 배치함으로써, 스미스로 대표되는 '순수한 이상과 가치'는 더욱 빛난다. 그리고 결정적으로 흑인들의 역사$^{low\ story}$는 독립선언문의 나라, 미국의 역사$^{high\ story}$를 통하여 빼앗긴 생명을 되찾는다는 틀로 '자연스럽게' 관객을 몰아간다.

어찌 보면 첫 장면부터 감독은 노골적으로 아프리카인들 편에서 영웅적 행동을 아름다운 영상미로 그려내 그들을 대변하는 듯하다. '미국인이 아닌' 스페인인들의 살해 장면은 차라리 잔인한 아름다움으로 묘사될 정도에 이른다. 그러나 이야기가 진행되면 될수록 품위 있는 백인미국의 이상과 가치의 옹호가 벽을 너무 높이 쌓는 바람에, 상호이해와 협력 가능성의 틈새조차 사라져버리고 모든 이야기의 진행 과정에서 사건의 원인자인 흑인들은 한갓 피동적 존재를 탈피할 수 없다. 선천적으로 문명화될 능력이 없는 열등인종은 단지 '발견'되고 '대변'되어야 하고, 백인의 '지도와 보호' 아래서만 저주받은 운명을 벗어날 수 있다는 오랜 수명의 백인우월주의를 감동적 서사구조로 약간 각도를 틀었다. 이 같은 『아미스타드』의 흑백관계의 기본구도는 1단계에서 조성되는 구체적인 우정의 가능성을 2단계의 추상적이고 환원적인 이데올로기로 차단한다. 미국 문화정치의 지형을 조성하고 재생산하는 이념이 제공하는 '이상적 관계 혹은 우정'은 질적으로 상이한 주체와 타자의 확정적, 압도적, 시혜적 성격을 갖는 까닭이다. 게다가 '미국 내의' 인종주의의 가시적 피해자인 흑인 노예제 폐지운동가 조드슨은 스테레오타입화된 심부름꾼이자 항상 애원하는 존재로 등장하고, 전체 장면을 밑바닥에서 떠받치면서도 눈에 보이지 않는 400만 흑인 노예들의 고통은 단 한 차례 언급조차 되지 않는다. 국제문제에 들이대는 '위대한' 미국적 이상의 잣대가 국내문제를 인식하고 해결하는데 고르게 적용되지 않는 그들의 관례화된 방식을 고스란히 반복할 따름이다.

한편 "개인의 자유 옹호" 문제는 할리우드 법정 영화의 판에 박힌 모티프이다. 결론은 언제나 자유를 위해 투쟁하는 자들의 기회와 약속의 땅, 성조기로 표상되는 미국이 강조된다. 영화는 스미스를 내전의 불안에 전전긍긍하며 정치적 계산에 의해 움직이는 비겁한 정치인들과는 다른, '정의를 위해서'는 전쟁도 불사하는 역사와 전통을 계승하는 인물로 내세운다. 노예제 폐지를 위해 애씀에도 불구하고 "순교" 발언으로 엉뚱한 태도를 보이는 백인 폐지운동가를 등장시켜 대비함으로써, 스미스와 그가 지닌 순수한 이상은 더욱 고상해지는 것이다. 영화 말미에선 흑인들의 아프리카 귀환 장면과 남북전쟁 장면을 짤막하게 연결시켜 배치함으로써, 20년 후의 '노예해방'을 연상시키고, 그래서 오늘날 세계의 지도자로 군림하는 미국에게 역사적 정통성과 도덕적 정당성을 부여한다. 따라서 이 작품은 미국을 비판하는 그만큼 결과적으로 더 미국의 위대성이 홍보되는 할리우드 역설과 주류 언론과 다양한 매체들이 조성하는 문화정치 지형의 본질과 역학관계를 전형적으로 구현한 작품으로 평가된다.

관계의 묵시: 양키 민주주의

멜빌의 다른 작품들이 그렇듯 『베니토 세레노』는 복잡한 문체, 중층적인 상징 따위를 곳곳에 던져놓기 때문에 작품해석의 다양한 가능성을 제공한다. 그래서 미국사회가 노예제 존폐문제로 가장 격렬하게 양분 대립했던 1850년대에 '노예선 반란'이라는 첨예한 주제를 다뤘음에도 불구하고, 이 작품은 발표 당시 노예제 옹호자들뿐 아니라 폐지론자들로부터도 별로 주목받지 못했다. 1920년대 들어 평론가들의 글에 등장, "미국문학의 가장 품위 있는 단편"이란 평에서 "논박 없는 문제제기로 실패한" 상징을 수용할 수 없다는 반응까지 다양(Fogle 116)하다. 그 의미를 두고 적극적으로 비평하는 두 가지 주된 경향으로, 첫째 인간의 근원적 선악이라는 관점, 요컨대 정상적 상황이라면 정지 상태로 유지되어야 할 악이 활개 치는 이 작품에서 '현실화된 악인 검둥이들과 그 결과인 세레노에 대한 초상'이란 해석이다. 둘째 노예제 존폐논쟁 시기의 작품이라는 점에 착안, 비록 『베니토 세레노』가 폐지론 계통은 아니라고 하더라도, 멜빌이 노예제에 반대한다는 점을 시사한다는 종류의 관점(Kaplan 173-75)이다. 그런데 작품을 흑백관계에 기초해서 보면, 멜빌이 노예제 시대 노예반란이라는 첨예한 사건을 다루면서 표면적 반란과 진압보다는 흑백관계를 만들어내고, 추동하고, 공고히 하는 시대적 경향과 그 주도세력에 주목하는 것으로 보인다.

1850년대는 후세 미국의 문학사가들에 의해 '미국 르네상스'라고 불린다. 미국사회가 지난 세기 이룩한 구대륙으로부터의 정치적 독립을 문화적이고 지적인 홀로서기를 통해 완성하려했던 시기였다. 이런 미국의 진취적인 자부심은 구대륙보다 생활수준이 더 나아진 상황, 그리고 서구 백인의 눈으로 볼 때, '개척되지 않은' 나머지 세계를 둘러싸고 벌어지는 쟁탈전에서 원조 자본주의와 경쟁할 만큼 경제력을 갖추는 가운데 나온 당연한 귀결이었는지도 모른다. 한편 국내적으로는 농업을 기초로 개척지의 자유로운 개인을 민주주의의 기본 단위로 확립시켜 온 전통 세력과 대륙횡단 철도로 상징되는 산업의 발전으로 축적된 자본을 기반으로 하는 혁신 세력이 크게 두 권역으로 나뉘어 대립했던 격동의 시기이기도 했다. 이를테면 남부의 자립적 농민의 이상을 구현하고자 하는 귀족적 민주주의자들과 북부의 산업 및 금융자본의 패권적이고 팽창적인 이상을 추구하던 부르주아적 양키들의 대립은 산업자본의 급속한 성장과 함께 미국이 중남미에 대한 패권과 태평양을 건너는 제국주의적 팽창을 위해 체제 변화를 출산해야 할 필연적 진통이었다.

『베니토 세레노』는 객관적 상황이나 실질적 힘의 우위에 있던 부르주아 이념의 미국적 구현체인 양키의 시선으로 사태를 바라보고 해결함으로써, 적어도 작가의 입장에서 향후 미국의 진로를 결정하게 될 양키적인 사태 인식과 해결방식의 의미를 곱씹어보도록 유도한다. 이미 멜빌은 양키식 민주주의의 맹목성과 폭력성에 대한 언급에서 '무자비한 민주주의'라고 표현한 바 있다. 1851년 그가『모비 딕』을 마지막 수정하던 중, 호손에게 보내는 편지에서 "만약 당신이 나의 무자비한 민주주의에 대한 전면모를 보거나 듣는다면, 아마도 전율을 느낄지도 모른다'(Powell 5)고 한 언급은 자기 창작의 의도와 미국의 팽창적 민주주의라는 다가올 미래를 암시하는 표현으로 읽히고 있다.

1850년대를 격동의 시대로 만든 또 하나의 계기는 노예제 찬반의 논란을 둘러싸고 조성되었다. 1850년 '도망노예법'은 그런 논란에 찬물을 끼얹는 정치권의 타협의 산물(Powell 147)이었다. 이 법은 북부 자유주에서 도망노예 사냥을 합법적으로 인정함으로써, 노예제의 직접적 영향력을 전 국토로 확산시켰다. 그 탄생 배경은 1846년부터 2년 동안 벌인 멕시코와의 전쟁으로 강점한 캘리포니아, 뉴멕시코, 유타 등 새 영토를 둘러싸고 정치권 내의 노예제 확장 옹호세력과 반대세력 사이에서 고조된 분란 때문에 조성됐다. 캘리포니아를 자유주로, 뉴멕시코와 유타는 자결권에 맡기며, 워싱턴 D.C.에서는 노예매매를 금지한다는 합의의 파생물(Lincoln 52-53)이 바로 그 법이었다. "법은 결코 인간을 자유롭게 하지 않는다. 법을 자유롭게 만드는 것은 바로 인간"(103)이라 주장하는 소로는 이 법에 대해 분개하면서 마침내 합중국에서 하나의 자유주도 남기지 않았다고 비판하고, "만약 우리가 우리 삶을 구원하려면, 우리는 싸워야 한다"(110)고 역설했을 정도로 반발 또한 만만하지 않았다.

일련의 논란과 분쟁과 대립과 진보의 기운 한복판에서 저작된 『베니토 세레노』는 실존 인물인 덜레이노 선장의 『여행기』에 보고되는 직간접 경험의 스페인 노예선 반란을 바탕으로 했다. 이야기 전개에서는, 바다표범잡이 선박 '배철러즈 딜라이트'the Bachelor's Delight의 매사추세츠 출신 양키 덜레이노와 스페인 노예선 '산도미니크'선장 세레노 사이에서 조성되는 지루한 긴장 관계가 작품의 거의 전체를 차지한다. 발단은 순진한 인간애의 양키가 남미 페루 남단의 한 무인도에 정박중, 짙은 안개 사이로 몰골이 말이 아닌 노예선을 발견하면서부터다. 덜레이노 선장이 그 배를 조난선으로 생각하고 식량과 물을 원조하려고 승선하면서 긴장은 시작된다. 불신과 안심 사이를 오가는 양키의 내적 갈등과정은 '스페인 선박이 해적선일지도 모른다'는 덜레이노 자신의 의심과 이미 성공한 반란을 숨기려는 흑인들이 연출하는 '비정상적 상황' 사이의 계기적 부정합과 긴장 사이에서 증폭된다. 결국 급작스럽게 사태의 일단을 파악한 양키가 노예반란을 진압하여 리마Lima 법정에서 모든 혼란한 상황을 종결시키는 이야기다.

작가는 제3자로 물러나 전체 과정을 철저하게 양키의 생각과 시선을 통해 설명한다. 독자들은 마지막에 부록처럼 붙은 자료인 법원 기록물을 읽기 전에는 양키와 마찬가지로 첫 장면에서 그려지는 바와 같은 짙은 안개에 가려져 사태의 전모를 알 수 없다. 여기서 우리는 양키의 세계관과 세계에 대응하는 태도에 주목하지 않을 수 없는데, 요컨대 그에게 중요한 것은 자기가 신뢰하는 '정의 실현'이지, 스페인 백인과 흑인 노예 사이 관계의 변화 발전에 담긴 역사가 아니라는 점이다. 작품을 지루하게 끌고 가는 내적, 외적 긴장은 심사숙고의 주의력이 결여된 양키의 태도에 기인하지만, 원천적으로는 노예주 아란다와 노예들 사이의 모순관계와 긴장에 대한 양키의 무지와 무관심, 그리고 "충실한 하인," "개"라고 언급하듯 흑인에 대한 양키의 고정관념에서 기인한다. 그러니까 그의 상상의 목록에는 '흑인 반란'이 들어설 자리가 없었던 것이다.

노예주와 노예의 모순관계가 바로 반란의 불씨였고, 주인으로 나선 노예 베이보가 조종하는 상황 속에 막 등장한 양키가 죽음의 공포에 짓눌린 노예선 선장 세레노를 만난 것이다. 그러나 결국 '반란의 사실을 알아채자 양키는 지체 없이 '정의 실현'의 사명감에 총칼을 든다. 자기이익과 관련 없는 사안에는 아예 무관심하거나 둔감하게 반응하던 양키는 이 순간 앞뒤 정황을 가릴 자제력이 없다. 사태가 파국으로 치닫는 한 시점에 함께 피신한 세레노의 만류에도 불구하고, 양키는 노예선을 탈환하기 위해 무기를 준비하고 반격을 지휘하면서, 오랜 세월 풍부한 해적선 경험을 갖춘 일등 항해사로 하여금 추격대를 맡긴다. '자기 이악'에 맹목적으로 매달리는 양키의 본색은 그 다음에 드러난다. 추격대에게 노예선에 금, 은 등의 화물이 있음을 상기시키고, "탈환하라, 조금도 그들의 것이 되어서는 안된다"(286)라고 선언하자, 황금의 꿈에 부푼 선원들은 환호한다. 양키가 든 칼은 공언되는 '정의 실현'과 경험되는 '자기 이익'이라는 양 날을 가졌고, 그 칼끝은 언제나 '이익 실현'의 순간까지 무차별적인 죽음을 부른다.

여기서 두 선박의 알레고리에 주목할 필요가 있는데, 이를 제대로 포착하기 위해서는 당시 노예제와 노예해방을 둘러싸고 조성된 미주대륙 전체의 정세와 연관한 미국 남부의 이해가 요청된다. 18세기 말 미국의 독립혁명은 앞마당인 중남미의 노예해방운동과 반식민지 독립운동의 불길을 당겼다. 중남미 독립 도미노는 미국 독립혁명이 자극한 현상이기도 하지만, 잇따르는 독립과 노예해방의 물결은 역설적으로 미국의 남부를 고립된 섬으로 만드는 형세였다. 그래서 남부 백인들은 국내외에서 벌어지는 노예들의 저항에 극도로 예민했다. 노예들 저항에는 이른바 "침묵의 공모"가 일반적 약속이었다. 비록 봉기들 다수가 성공하지 못했으나, 노예 공동체는 항상 봉기의 기운을 갖고 있었다. "실제로 미국 역사는 일련의 노예반란들로 점철됐는데, 1663년부터 1864년까지 육상에서만 최소한 109건 독립적 봉기가 일어났고, 1699년부터 1845년까지 55건의 봉기가 노예선에서 발생"(Lincoln 27)했다.

식민지 시대 남·북부 가릴 것 없이 일어났고, 독립 후 남북전쟁까지 노예는 50만 명에서 400만 명으로 늘어나 봉기 가능성도 갈수록 증대됐다. "농장은 노예들이 신체적 정신적 생존을 위해 주인들과 싸웠던 전장이었다. 비록 교육받지 못하고, 비무장에다 수적 열세에도 노예들은 자기들의 인간다움을 보존하기 위해 싸웠던 것"(Blassinggame 284)이다. 특히 집단행동이 여러 각도로 차단된 노예 사회에서 탈출이 빈발했는데, 이는 어쩌면 감시와 고립의 생활에서 노예들의 가장 현실적인 투쟁이었는지도 모른다. 독립혁명 이전 대부분의 노예들이 개별적인 파괴, 작업 거부, 탈출 등의 자연발생적 투쟁 형태를 보였으나, 19세기 들어서면서 조직화 이념화 경향을 나타낸다. 그 조직이나 이념의 측면에서 1800년 가브리엘 프로서, 1822년 덴마크 벳시, 1831년 냇 터너 등 봉기 계획과 실제 봉기는 이 시기 대표적 사건들(Zinn 175, Oates 52-53)이다.

이런 정세 속에서 두 선박의 조우는 상이한 두 세계의 만남으로 치환될 수 있을 것이다. 표면적인 미국과 스페인의 만남일 수도 있고, 심층적으로는 북부 양키와 남부 귀족의 만남일 수도 있다. 그런데 어느 것이든 신시대와 구시대의 필연적 '대립물의 통일'인 것은 분명하다. 신시대를 상징하는 양키의 선박 '배철러즈 딜라이트'는 17세기 카리브해와 중남미를 주름잡은 전설적인 해적선으로 유명했다. 이 배는 '정의의 이름'으로 즐겁게 남부를 약탈하려는 북부 부르주아를 표상하는 것으로 보인다. 배 이름이 던져주는 가부장적 분위기와 마초^{macho} 같은 거친 성격의 유쾌한 양키는, 마치 J. P. 모건, 스탠포드, 카네기, 록펠러 등 이른바 '도금시대'를 풍미하며 미국 정치경제를 주무르던 부르주아의 별명인 '강도 나라'^{robber baron}들이 성장해 가던 남북전쟁 전의 모습을 비춰준다. 한편 스페인 선박 '산 도미니크'는 남부인들로 하여금 분노와 불안에 요동치도록 만드는 이름이다. 1791년부터 10여 년 동안의 노예들 봉기와 자유 흑인들의 협력으로 1804년 아이티^{Haiti}라는 국호의 최초 흑인공화국으로 독립한 프랑스령 생 도미니끄는, 그 봉기의 불길이 바이러스처럼 자기 노예들에게 감염되지 않을까 전전긍긍했던 남부인들에게 '갈가마귀' 혹은 '검은 고양이'같이 공포의 대상이었던 셈이다. "반란자들이 전면적인 프랑스의 저항을 제압하고 신대륙 최초의 흑인 공화국인 독립 아이티를 설립하자, 남부 백인들은 불안으로 괴로워"(Oates 17)했다.

전체적 구도를 정리하자면, 고립된 또 하나의 '생 도미니끄' 같은 남부로 들어간 양키가 정의를 실현한다는 정황이다. 물론 실제로 남북전쟁 후 남부는 '강도 나라'들의 약탈의 무기력한 대상이었고, 아예 양키의 안중에 없던 해방노예들은 한 조각 땅도 없이 굶주림과 린치의 대상 혹은 산업자본의 임금노예로 약탈의 먹이가 되었다. 『베니토 세레노』의 결말부 장면은 이 같은 상황을 암시하기에 충분하다. 반란 주모자들이 처형되고, '적절한 이득'을 챙긴 덜레이노는 아직도 충격에서 헤어나지 못한 세레노에게 발언한다.

> "베니토 씨, 너무 슬픈 쪽으로 생각을 몰아가는군요. 과거는 지나갔는데, 왜 거기다 도덕적 의의를 붙이나요? 그냥 잊어버리세요. 보세요, 저 밝은 태양은 모조리 다 잊었어요. 그리고 파란 바다도, 파란 하늘도 모두 새로운 모습으로 시작하지요."
>
> "그것들은 기억이 없기 때문이지요. 그것들이 인간이 아닌 까닭이지요"라고 못 이겨 대꾸한다.
>
> "하지만 지금 당신의 볼을 스치는 이 온화한 무역풍^{trades}이야말로 인간적인 치유력으로 다가가지 않나요? 따뜻한 벗, 변함없는^{steadfast} 친구이지요."

"그 바람이 강건함^{steadfastness}으로 나를 자꾸 무덤으로 이끄는군요." 불길한 대답이었다.

　　"당신은 살아남았어요." 덜레이노 선장은 차츰 더 경악하고 불안해하면서 호소했다. "당신은 구원받았어요. 무엇이 당신에게 그런 그림자를 던지나요?"

　　"깜둥이들." (306)

　　이 장면은 『암흑의 핵심』에 들어가서 원주민을 약탈하며 제국주의 첨병노릇을 하던 커츠가 "어떤 이미지, 어떤 비전을 향해 속삭이듯 두 번 외쳤던" 마지막 말 "두려움! 두려움!"(Conrad 85)이 그려내는 장면을 떠올리게 한다. 그리고 트웨인은 『코네티컷 양키』에서 비슷한 비전으로 좀더 비극적인 결말을 암시한다. 봉건 유럽과 대결하는 혁명가 양키 행크^{Hank Morgan}의 민주주의 혁명의 유혈참상은 양키의 강건하고 무모한 자신감과 신념의 기계적인 실현 의지가 빚어냈고, "우리는 함정에 빠졌다. 알다시피 우리 스스로 파놓은 함정이다. [⋯] 우리는 정복했지만, 결국 정복당했다. [⋯] 우리 모두 그걸 알고 있었다"(318)는 진술은 '민주주의,' '진보,' '정의 구현'이라는 구호 아래 돌이킬 수 없이 돌진하는 제국주의적 팽창에 대한 집단적이고 맹목적인 순응주의의 파국적 귀결점이다. 여기서 우리는 "10월 12일 신대륙 발견. 아메리카의 발견은 굉장한 일이었지만, 그것을 놓쳤더라면 더 환상적일 뻔했다"(147)라고 『멍청이 윌슨』에서 일갈했던 트웨인식 유머의 진의를 발견할 수 있다.

　　『베니토 세레노』의 최종 장면은 유사한 비극적 비전을 암시한다. 재판과정이 끝나고 3개월 후 '고뇌의 산' 위의 수도원에서 요양하던 세레노 또한 결국 죽는다. 그런데 광장의 장면은 그 죽음이 이미 예고된 일이었음을 보여준다. "흑인들은 소리 없는 종말"(307)을 맞이한다. 몸은 화형당하고, 광장에 내걸린 흑인들의 머리는 수개월이 지나고도 여전히 거리의 백인들의 응시를 노려보면서, 동시에 세레노가 요양하던 수도원을 향해 눈을 부릅뜨고 있었던 것이다. 『모비 딕』에서도 강조되는 바와 같이, 멜빌에게 민주주의와 진보의 화신인 양키식 팽창이 가져올 미래상은 암울하기 짝이 없다. 시름시름 앓다가 몰락하는 세레노를 따라, 구 식민 세력 스페인5)이 그랬고, 남부의 귀족들의 운명이 그랬다. 남부재건이라는 개혁이 후퇴하면서, 남북전쟁의 '승리'로 참된 해방을 꿈꿨던 남부 흑인들은 쇠사슬과 땅으로부터 풀려나지만 상대적으로 더 고통스러운 굶주림과 백인들의 무자비한 린치에 희생되어야 했다.

관계의 모색: 인종협력적 민주주의

최근 미국사 기술에서 노예제 폐지운동의 위상을 다양하게 조명하고 문제제기하는 논문들을 집성, 발간한『저항의 선각자들』의 서문에서 맥카시와 스토퍼는 "미국 노예제 폐지론의 기원에서 흑인 저항의 영향력을 인정할 때, 비로소 그 성격, 수단, 목적 논의를 새로운 견지"에서 볼 수 있다고 주장하면서, 노예제 폐지운동 핵심인물로 알려진 개리슨이 1831년 1월 1일 창간한 신문『해방자』6)보다 한 세대 일찍부터 자유흑인들의 폐지운동이 활발하게 펼쳐지고 있었다는 사실을 강조한다. 특히 미국 내 자유흑인들을 제거하려는 목적으로 설립된 미국식민협회7)가 1816년 12월 설립되고 활동이 진행되면서 그들은 본격적으로 움직이기 시

---

5) 미국이 스페인 세력의 영향력을 결정적으로 몰락시킨 것은 1898년의 미국-스페인 전쟁이었다. 미국이 벌인 최초의 제국주의 전쟁으로, 미국은 사실상 중남미에서 태평양을 넘어 필리핀까지 영토를 확장함으로써 제국주의 열강의 선두의 자리에 진입하게 된다.

6) 이 신문의 초기 구독자들은 대부분 자유흑인이었고, 차츰 기반을 잡으면서 미국반노예제협회의 주력 선전매체로 성장했다. 개리슨은 이 신문의 유명한 구호인 "진리만큼 가혹하게, 정의만큼 비타협적으로" 노예제 즉시폐지를 주장한 사람들을 대표한다.

7) 미국 최초의 해외 식민지 사업을 맡은 식민협회는 기독교에 심취된 '자발적' 흑인들을 선교사 자격으로 선발하고 훈련시켜 1820년 처음으로 아프리카 라이베리아(Liberia)로 송출했다. 연방정부가 '공식적으로 인정'하지 않았지만, 그 활동자금 조달과 군대 동원을 정부가 맡았다. 합중국 이름을 내세우지 않은 사실상의 식민지 침탈은 1822년 마침내 원주민 대량 학살과 함께 성공한다. 자유인의 국가(the nation of freeman)라는 나라 이름에, 침탈 당시 대통령이자 식민협회 창립자인 제임스 먼로의 이름을 따, 수도 명칭을 먼로비아

작했다.

> "북부의 자유흑인들은 아프리카계 미국인 교회, 연례적 자유 경축행사,
> 정치적 팸플릿, 일련의 신문 등 자유와 인종평등을 위한 더 넓은 투쟁의
> 일환으로 노예제와 식민화 모두에 대한 자신들의 반대를 명확히 주장하
> 기 위해 제도와 매체의 장들을 창출했다. 개리슨 자신을 포함하여 수많
> 은 이름난 백인 개혁가들은 자기들의 '개종'의 일차적 촉매로서 흑인 저
> 항의 영향을 언급하면서도, 식민화 논쟁을 외면하고 폐지론의 대의에 가
> 담했을 시기가 바로 이 시기 동안이었다. . . . 합중국 내의 흑인 저항은,
> 백인들을 노예제 폐지운동에 참여하도록 하고 그 운동을 노예제 종식과
> 인종평등의 쟁취라는 이중적 과업을 갖도록 역량을 투여케 하는 측면에
> 서, 가장 중요한 요인들 중 하나였다." (xviii-xiv)

그러나 당시에도 그랬지만 미국 근대국가 형성의 역사기술에서 흑인들의 자
리는 여전히 없다. "노예제 폐지운동에서 흑인 현존의 범위와 중요성은 그들의
백인 동맹자들의 인종주의에 대한 단순한 추문 폭로의 경우로 한정되지 말아야
할 것"(Sinha 37)이라는 주장은, 미국 역사기술에서 '노예제 폐지운동의 분열'을
강조하는 순간에만 흑인 운동이 언급될 뿐이라는 주류학계의 분위기와 이데올로
기적 경도의 사정을 알려준다. 지도부들 간의 여러 가지 불협화와 갈등이 없지 않
았음에도 불구하고, "폐지운동은 근본적으로 인종협력적 운동"이며 "흑인이 백인
지배의 운동에서 단순한 부분이 아니었다"(Sinha 24)는 철두철미한 즉시폐지론자
로 알려진 흑인 운동가 넬의 주장은 당시의 많은 흑인 백인 운동가들의 언급에서
와 같이 상당한 역사적 왜곡들이 층층이 쌓여 일정한 방향의 결을 이루고 있음을
추론할 수 있게 해준다.

19세기 말 근대 미국 역사기술학의 거장으로 저명한 터너와 그 동조자들은

(Monrobia)로 정했다. 먼로가 1823년 '먼로선언'을 통해 구미 양 대륙 간 정치적 불간섭주
의를 내세운 이유는 결국 중남미에 대한 미국의 패권과 아프리카 식민지 개척을 눈가림하
기 위한 것이었다.

이런 재현의 편향적 정치성을 위한 거대한 변화의 초석을 놓았다. 그는 노예제와 관련한 역사적 사실의 "중요성을 체계적으로 최소화"하고자 했다. 그가 합중국 역사에서 근본적이며 지배적인 사실은 '서쪽을 향한 팽창의 역사라고 주장하면서 그 '문명화'의 진보에 대한 확신과 사명을 미국(인)에게 부여함으로써, 인디언 땅의 강탈과 멕시코 정복을 정당화했을 뿐만 아니라, 자기 논문에서 "노예제 문제는 하나의 사건"일 뿐이라고 규정(Lynd 421-23, Colombo 170)하며 동시대 노예제 연구자들을 공격했다. 이런 분위기 속에서 많은 흑인들의 문학작품과 자서전은 거시적 안목에서 볼 때, '흑인 해방'이라는 대의를 위한 정치적 목소리이자 저항의 글쓰기였다. 그들의 목소리가 비록 일치하지 않는다고 하더라도, 하나같이 그 대의를 향해 가고 있었다는 데에서만큼은 흐트러지지 않았다. 많은 흑인운동가들의 글쓰기가 문학사에서조차 한 세기가 족히 넘어서야 언급되기 시작했다는 점 또한 미국 학계뿐만 아니라 사회전반의 인종주의적 편향성 정도를 가늠할 수 있게 해준다. 더글러스의 『영웅노예』 또한 그런 맥락에 놓여 있다.

『영웅노예』는 실제로 1841년 11월7일 햄프턴에서 뉴올리언즈로 향하던 노예선 크리올 호에서 135명의 노예들이 반란을 일으켜, 영국의 식민지이지만 노예들을 해방시킨 땅 카리브해 냇소Nassau 섬으로 가서 스스로를 해방한 사실을 더글러스가 소설화한 작품(Kaplan 179, Stepto 177)이다. 반란의 주도자였던 노예 매디슨 워싱턴은 차분한 성품과 뛰어난 연설 능력을 가진 사람으로 묘사된다. 매디슨과 워싱턴은 각각 미국혁명을 주도한 건국의 아버지들이다. 작가는 그 노예의 이름을 그대로 사용함으로써, 미국 역사를 별들로 아로새겼던 혁명가들의 정신을 기림과 동시에 그 이중성을 풍자하고 있다. 작가는 주인공을 통해 백인들이 채워준 "족쇄 이외에는 어떤 다른 무기도 없이 자유를 쟁취"(67)하는 흑인들의 해방의지를 형상화하여 노예제로 지탱되는 껍데기 미국적 이상을 문제제기하고, 허구적 모순의 담지자가 적극적인 실천을 통해 역설적으로 그 미국적 이상의 알맹이를 보여준다.

작가는 이 작품에서 주체적인 흑인이 흑백관계를 돌이켜 성찰하는 백인들과 연대하여 더불어 해방을 실천하는 모습을 그려냄으로써, 궁극적으로 피부색 경계를 넘어 회복 가능한 인간관계를 궁리한다. 그러기 위해서는 무엇보다 피억압자의 인간됨의 회복과 자주적 존재로 서려는 의식의 변화가 선결과제다. 객관적 세계와 때로는 불화하고 때로는 조화하며 마주서는 자아의 발견은 곧 세계에 자기 두 발로 우뚝 서는 것이다. 노예 매디슨 워싱턴이 인간이 되는 순간은 스스로 노예제의 억압구조를 밝히고, 노예 또한 세상의 주인공으로 나설 수 있다는 가능성을 당당하게 밝힘으로써 가능하다. 그리고 나아가 반란을 함께 한 동료들의 맹목적 살해 행위를 침착하게 제지하고, 인간적 권리를 위한 혁명의 진정성을, 그 정신의 진수를 보여준다. 자유, 평등, 인권을 위한 혁명 정신의 보편성 실현은 그 정신의 선택적 차별적 적용을 강요하는 세력에 대한 대항폭력 이외에는 실제적 방법이 없기는 하지만, 현실적 정황을 냉정하게 읽고서 행하는 절제된 폭력사용으로 온전하게 실현될 수 있다는 것이다. 소설의 마지막 장에서 그들의 영웅적 행위에 감화된 백인 항해사 그랜트의 입을 통해 반란의 진상을 세상에 알리도록 한 작가의 설정이 의도됐음을 알 수 있다.

소설의 배경은 미국 역사의 고향이자 정치의 중심인 버지니아. 미국의 시민인 백인들에게는 '버지니아 출신'이란 것이 자랑거리이다. 근대국가 체계상 시민적 권리와 의무를 갖는 법적 지위가 있을 때 비로소 현실적 존재가 된다. 권리와 의무를 갖는 존재로 호명되지 못하는 흑인은 법적으로 아무개 백인 주인의 재산목록 속에서만 정의된다. 사고 팔 수 있는 가축과 함께 나란히 목록의 한 칸을 채울 뿐이다. 언제 어디서나 흑인을 위한 무대는 없다. 무대가 없다는 것은 발언의 기회는 물론이고 목소리 자체가 없다고 전제된다는 의미이다. 그들은 다만 '근대적 주체'로 호명되고 법적으로 권리와 의무를 갖는 백인들이 '인간'으로서 살아가는 무대를 떠받치는 '인간이 아닌 존재'가 되어야 했다. 자기들 피와 땀으로 건축한 미국이라는 대극장의 무대에서 미국의 이야기에 개입할 수 있는 배역도 없는 그들이 설사 무대에 오르더라도 그저 장식용 소품일 따름이다. 자유흑인들조차 자기들의 이야기를 발언하기 위해 법과 제도뿐만 아니라 문화적으로 강제되는 '사회적 감옥' 속에서 자기들의 극장을 스스로 만들어야 했다. 공식적인 역사의 기술과는 별개로, 실제로는 도망노예이든 자유 흑인이든 그들은 물리적인 투쟁이나 문화적인 투쟁을 통하여 노예제 폐지운동의 다양한 계기들을 만들었다.

당시 대표적인 흑인 운동가들 중 한 사람이었던 더글러스는 자기가 발행한 신문에 일차적으로 연재했던 소설 『영웅노예』에서 흑인들이 마침내 주인공으로 등장하는 과정을 섬세하게 묘사하고 있다. "밤의 돌풍 속 북극성처럼 벌어진 구름과 노호하는 폭풍을 통해 보인다. 아니면 깎아지는 해안의 험악한 암벽의 회색 꼭대기처럼 분노의 번개가 전율하며 작열하는 가운데 나타났다 수수께끼처럼 사라진다'고 소개한다. 분노의 폭발에 의해서만 일시적으로 시야에 나타나지만, 그들의 목소리는 누구도 주목하지 않는 소음이 되어 사라져 버린다. 그래서 흑인들은 실체들, 현존들, 확실성들, 현실성들이 아닌 "표식들, 흔적들, 가능성들, 개연성들을 언급함으로써 독자들 앞에 등장"(26)할 수 있다. 이런 현실 속에서 피억압자가 살아있는 인간으로 현존하기 위해서는 자기들 해방을 위해 스스로 분노하고, 폭발하고, 해방을 성취할 때라야만 가능하다. 따라서 '영웅/주인공 노예'라는 제목은 그런 흑인들의 의지의 적극적 표현이다.

검은 피부의 노예 워싱턴은 어느 날 채찍질과 함께 소금 세례를 받고 고통스런 몸을 이끌고 농장 근처 자기만의 공간인 숲으로 와서 외로운 독백으로 절규한다. "삶이란 나에게 뭔가? 목적도 가치도 없고, 무가치보다 못하니. 저 새들을 보라"(26)고 하면서 자신의 노예 신세를 한탄한다. 그리고 "내가 잡히면 노예밖에 더 되는가? 총 맞으면 짐이자 저주에 지나지 않는 한 목숨을 그저 잃을 따름이다"(27)라면서 탈출을 결심한다. 그는 캐나다로의 탈출에 성공했으나, 다시 아내를 구출하기 위해 왔다가 붙잡혀 뉴올리언스로 팔려가기 위해 노예선에 오른다. 그런데 그는 첫 탈출 때 도움을 제공했던 오하이오 주 사람 리스트웰이 제공한 줄로 쇠사슬을 끊고 선상반란을 주도한다.

반란을 겪고 버지니아로 돌아와 동료들과 술집에 들른 항해사는 그 과정에서 심정 변화를 일으켜 다시는 노예선을 타지 않겠다고 고백하고, 나아가 그는 워싱턴에 대한 두려움과 한편으론 존경심까지 넌지시 비춘다. 새벽 반란에서 선장과 노예 상인을 죽인 뒤, 돛대에 매달려 도망치는 선원들을 향한 워싱턴의 연설은 미국사와 역사인식의 위선을 논리적으로 노출시킴으로써 역설적 각성을 일깨우고자 하는 전체 백인들을 향한 선언이 된다.

"여러분은 나를 검둥이 살인자라 부르겠지만, 난 살인자가 아닙니다. 오늘의 거사는 악의가 아닌 자유가 그 동기임을 신이 증언해 줄 것입니다. . . . 우리는 우리의 자유를 위해 일어섰으며, 여러분 몸속에 진정한 인간의 마음이 있다면, 이 봉기 때문에 우리를 존중할 것입니다. 여러분이 환대하는 여러분의 조상들이 자유를 위해 했던 일을 우리가 했습니다. 우리가 살인자라면, 그들이 바로 살인자들이지요 [⋯] 내 동료들은 그들의 족쇄 이외에 어떤 다른 무기도 없이 그들의 자유를 쟁취했답니다." (66-67)

그들이 냇소 항구에 도착했을 때, 흑인 군인들이 승선했다. 항해사가 노예들이 버지니아 법과 합중국 법에 의한 재산임을 주장했을 때, 군인들은 놀라는 기색이다. 그들은 "마치 인간을 상품의 지위로 옮긴다는 생각이 자기들의 인간성에 반란을 자극하는 듯 경계어린 눈망울을 껌벅였다. 노예들은 하선했고, 승리의 영웅적 지도자이자 구원자인 메디슨 워싱턴의 지휘 하에 그들은 많은 군중의 환호를 받으며 부두를 행진"(69)했다. 워싱턴의 노예에서 지도자로의 자기 변화는 마치 더글러스 자신의 탈출과 지도자로의 변신과 닮아있다. 더글러스는 자서전에서 스스로 노예탈출을 경험하면서 그가 받았던 수 명의 우호적 백인들의 도움을 암시하고 있다. 그는 흑인의 해방을 위해서는 흑인의 의지만큼이나 백인들의 의식 변화 또한 중요하다고 느꼈다. 바로 문서로서만 존재하고 선전되는 미국의 이상이라는 추상적 이데올로기로부터 '백인해방'이다. 그리고 그 이상의 실현이 끊임없이 확장된다고 가정되는 프론티어에 있다는 신화로부터의 해방이다. 이상의 구체적인 실현을 위한 의지는 이 틈에서 생겨나고 실천이 시작될 수 있는 것이다.

　더글러스의 이런 궁리의 출발점은 자신의 경험을 통해 살펴보면 뚜렷이 찾아볼 수 있다. 그는 이미 북부의 이른바 자유주에서, 심지어는 노예제 폐지론자들 안에서도 뿌리 깊은 인종주의의 감옥을 경험했다. 메릴랜드의 한 농장에서 탈출한 더글러스는 도망노예로서 1841년 가을 개리슨과 매사추세츠 폐지론자들에 의해 '발견'되어, 미국반노예제협회 집회의 상임 연설자로 활동하면서, 노예해방운동에 투신한다. 그리고 1845년『프레데릭 더글러스의 인생 이야기』를 발표하여 독서계에 파장을 일으킨다. 채찍질의 충격과 '주인/노예' 모순관계의 인식, 언어 능력 습득과 객관적 상황의 비판적 인식, 저항과 투쟁을 통한 사회적 모순의 구체적 인식과 공동적 차원으로 인식의 폭 확대, 투쟁과 자기 해방 등 일련의 과정, 이를테면 그의 표현대로 "한 인간이 어떻게 노예로 만들어 지는가"와 "어떻게 한 노예가 인간으로 만들어지는지 확인"(107)시키는 서사구조는 '노예서사'라는 당대의 독특한 문학 양식의 전형적 패턴을 만들었다.

　그러나 북부 백인들과 협력하는 운동가로서 그의 삶 또한 속박의 다른 형식으로 체험한다. 예를 들어 글을 쓰는 것보다 강연자로 더 쓸모 있고, 연설에 더 적합하다고 생각한 백인 운동가들은 종종 의기소침케 하는 '훈계'를 했다. 더글러스가 연설 중 노예제의 잘못된 것들을 이야기 할뿐만 아니라 그것들을 판단내리고 비난하는 쪽으로 나갈 때면, "너의 이야기를 하라니까, 프레드릭" 그리고 더 직접적으로는 "우리에게 사실만 말해 줘, . . . 철학적 문제는 우리가 취급하지," 등 염려 섞인 '조언'들을 들어야(Stepto 175-77) 했다. 이는 나중에 개리슨 일파와의 결별로 이어지는 사상적 틈을 만들어 내게 된다.『프레데릭 더글러스의 인생 이야기』출판 후 대중적 인지도가 높아가자 더글러스는 북부에서 활약하는 노예 사냥꾼들의 시선을 피해 2년 동안 유럽으로 피신했다 돌아온다. 귀국 후 그는 백인 폐지론자 동료들의 자문에 순응하지 않고, 흑인의 지적 창의적 자립을 위해 흑인이 운영하는 신문『북극성』을 발간한다. 신문 발간은 자기들 우산 안에 있던 더글러스의 배신이라고 여긴 개리슨과 일단의 보스턴 반노예제협회 인사들과 결별을 낳았다. 그리고 그는 바로 그 신문에 오늘날 흑인문학 최초의 픽션으로 인정받는 중편소설『영웅 노예』를 연재(Andrew 11)한다. 더글러스를 비롯한 당대 노예해방운동에 투신한 흑인들 다수가 북부의 인종주의와 투쟁해야만 했다. 따라서 그들 활동은 노예해방을 넘어, 문화적 정치적 자립을 향하는 한편, 인종주의의 감옥이 피부색을 가리지 않음을 깨닫고, 백인해방의 필요성을 강조하지 않을 수 없었다.

파농은 인종주의가 '피부색'을 경계로 뿌리내린 사회에서는 인종적 타자에 대한 차별과 박해가 가해지는 이유가 발언이나 행동으로 반응된 어떤 관념이 아니라, 그냥 피부색이라고 말한다. 그러니까 피부색에 대한 '교육된 공포이자 증오'의 발현이다. 그는 자신의 임상경험을 토대로, 두 인종이 모두 신경증적 방향을 따라 행동하고 있음을 설명하면서, "열등의식의 노예가 되어 있는 흑인, 우월의식의 노예가 되어 있는 백인"(60)을 문제 삼는다. 백인이 없다면, 흑인도 흑인의 열등의식도 흑인의 신경증적 불안도 없다는 말이다. 왜냐하면 "흑인은 단순히 검어야 할 뿐만 아니라 백인과의 관계 속에서 검어야 하기"(110) 때문이다. 그러니까 '그 관계'가 없다면 서구의 백인들이 조작해낸 '검다로 상상되는 무수한 신화들이 있을 수도, 강요될 이유도 없는 것이다. 파농은 유사한 인종주의의 희생자들인 유태인을 예로 들면서, 그들은 "유태인이라는 사실을 감추고 살아갈 수" 있고 최종적 결정 요인이 "자기의 행동과 자기의 행태"인 반면, 흑인은 타인이 자기에게 품고 있는 그런 "관념"의 노예가 아니라 "나는 . . . 내 자신의 외모의 노예"(115-16)라고 한탄스럽게 역설한다. 신화와 이데올로기와 같은 "비인간적 목소리"(232)에 의해 호출 받고 교화되기를 거부하고, "왜 타자와 접촉하고, 타자를 느끼며, 타자를 자신에게 설명하려는 이런 아주 단순한 시도를 하지 않는가?"라고 역설적으로 인종 협력적 공존의 윤리를 권유한다.

워싱턴의 탈출을 도와주게 되는 리스트웰은 버지니아 여행 중 숲 속에서 들려오는 한 노예의 독백을 우연히 듣게 된다. 그는 멀찌감치 떨어져 듣고서 스스로를 성찰한다. 나중에 첫 번째 탈출을 도와주면서 알게 된 그 워싱턴의 독백은 "그의 영혼의 방들을 돌아다니며 울리며 전신을 떨게"함으로써 리스트웰이 "여기 거의 증여받은 자질이 없는 하느님의 자식이, 피부색 이외에 어떤 죄도 짓지 않은 진정한 한 인간이 있다'고 생각하도록 만든다. 리스트웰은 이 길로 여행을 중단하고 "난 이 땅의 모든 노예의 즉각적인 해방을 위해 내가 할 수 있는 노력을 함으로써 이 액운을 타고난 인종에 대한 과거의 무관심의 속죄를 결의하며 오하이오 내 집으로 간다"(29-30)라면서 폐지론자가 된다. 또 워싱턴의 선상 반란과 연설을 듣고 감화받은 백인 항해사 그랜트가 술집에서 "난 더 이상 내 양심이 허락하지 않는 목적을 위해 내 목숨을 걸지 않겠단 말이지. 나는 여기서 많은 이들이 느끼지만 감히 꺼내지 않는 이따위 노예매매사업은 전통의 버지니아에 치욕이자 추문이라 생각해"(63)라며 개인적 심경을 밝히자, 주변 뱃사람들이 그 "배신자"를 향해 주먹을 휘두르기도 한다.

한편, 과거의 리스트웰이 성찰하지 않는 맹목적 순응주의로 선하게 사는 기독교 국가, 미국의 은혜와 축복의 명부에 '온전히 실려'listed well 무의식적 노예로 살았다면, 오늘의 리스트웰은 그런 미국적 이상의 보편성이 폭력적으로 왜곡되는 현장에서 희생자의 목소리를 '경청하며'list well 자기를 성찰한다. 여기서 그는 양심에 비추어 자기와 불화하는 세계를 발견한다. 많은 양심적 백인들조차 노예제 현실은 '필요 악'이라는 주장에 동조하며 양심을 달래는 반면, 리스트웰은 그 세계와 정면으로 맞선다. 그는 '잘 짜인'well-listed 계획으로 워싱턴을 두 차례나 탈출시킴으로써 타인의 재산손실을 초래하고, 미국법을 위반한다. 그럼으로써 앞서 그랜트가 백인 미국 문화에 동조하지 않는 자유의 길을 선택했다면, 리스트웰은 그것과 결별하고 대립의 각을 세움으로써 자기 두 발의 힘으로 서서 지금까지 들리지 않던 양심의 소리를 듣고 실행하며 세계와 맞서야하는 용기를 선택했다. 이것이 바로 자주성을 가진 노예와 올곧게 연대할 수 있는 조건이 된다. 소통과 이해, 그리고 성찰과 해방의 실천은 그들을 참된 우정의 문으로 안내한다.

자유를 향한 탈출과 연대, 그리고 치유

지금까지 노예들의 선상반란을 재현하는 세 작품을 통해 흑백관계를 보는 시선들을 둘러싼 미국의 문화정치 지형을 살펴보았다. 텍스트의 동시대적이고 현재적인 맥락을 무시하고 그 독립성을 강조하다 보면, 그 텍스트의 이데올로기적 효과와 영향을 무시하는 경향성을 낳게 된다. 나는 이 글에서, 유사한 노예반란을 다루면서도 각각의 위치에서 던지는 시선의 차이와 상이한 사회적 의미작용은 이른바 근대국가 미국의 "원죄"로 이따금씩 거론되지만 일상적으로 경험되는 흑백관계와 연관된 다문화사회 미국의 인종문제 그리고 소수종족 문제의 복잡성과 중층성의 축도라고 가정하고 그 결을 거슬러 읽어보고자 했다.

먼저 『아미스타드』는 명시적으로 흑인 노예제 폐지운동가의 역사적 현존을 최초로 인정한 영화(King 290)이다. 그러나 감독이 의도했든 그렇지 않든, 관객에게 백인의 '지배' 혹은 '지도'라는 예단된 전제 하의 '법과 질서'가 안전을 보장하고, 그 아래 일체의 영역을 포괄, 흡수, 병합해온 관계의 오랜 방식을 도드라지게 만든다. 만약 감독이 이를 의도했다면, 영화는 명백한 백인 우월주의 작품으로 쉽게 평가될 것이다. 그러나 영화는 사실에 대한 '객관적' 접근을 통해 드물게 선택된 주제를 일정한 역사적 맥락 위에 올려놓음으로써, 감독이 관객으로 하여금 음미하고 이해할 요소들을 폭넓게 펼쳐놓았다는 적극적 면이 없지 않다. 문제는 인종문제를 처리하는 방식들 중 유력한 하나인 '역사적 맥락'에 있다. 이를테면 감독이 의도하지 않고도 쉽게 기댈 수 있는 공식적인 '국가의 기억'은 일정한 방향에서 이미 구성되어온 까닭이다. 예를 들어 미국사에서 개척(팽창)주의를 표상하는 프론티어 정신이 역사기술의 중심 잣대가 되어왔는데, 이런 시각에서는 인종문제, 원주민 문제, 여성 문제, 이민자 문제, 심지어는 무자비한 살육과 전쟁조차도 불가피하게도 부수되는 에피소드들로 전락된다. 우리가 미국사의 이런 관행적 기술의 시선을 문제 삼아야 하는 이유는, 세계사에서 예외적인 국가로서 스스로를 지도 국가로 정의하고 오늘날까지 전지구적 정세에 거의 절대적인 영향력을 행사하는 데 있다. 다른 인종, 다른 나라를 대하고 처리하는 그들의 관계 방식이 중요해지는 이유는 바로 여기 있는 것이다. 나는 영화 『아미스타드』가 의도하지 않았겠지만, 이런 관행에 편리하게 의지했다는 사실을 밝히고자 했다. 이에 더하여, 영화에서 일목요연하게 드러나는 미국 문화산업의 속성 및 문화정치 지형의 현재 속의 선/악, 정의/불의가 너무나 명백함으로 인해 구성원들의 선택은 단순히 그에 '따를 것인가 말 것인가'로 제한된다. 이른바 거대 담론들의 이데올로기가 (재)생산하는 문화 파시즘은 바로 이런 틈새들을 그 자양분으로 삼는다고 나는 생각한다.

그리고 『베니토 세레노』는 그렇게 조성, 장악되어 온 문화정치 영역, 나아가 그 원인자로서 양키의 기본적 세계관을 발생론적으로 해독해준다. 양키식 지배는 전일적 질서global standard의 확립과 전파에서 성취된다. 회의와 불신을 조장하는 불확실성의 모든 회색지대는 '불순'으로 정의되고, 배제된다. 이 논리는 성찰하지 않는 그들의 '법'과 그들의 이익에 봉사하는 '질서'를 수호하기 위해 '정의의 이름으로' 세계를 제어하는 힘이기도 하다. 멜빌의 작품과 그 문학적 가치 평가에서 대체로 본질적이고 환원주의적 해석에 의존하는 일정한 경향성이 있었다. 예를 들어 성서적 해석과 본질적 선/악의 대립이 그것이다. 그러나 최근의 탈식민주의 연구와 문화연구 등의 영향을 반영하여 작품의 정치적이고 이데올로기적인 맥락들을 건져 올리기 위한 작업들이 꾸준히 진행되어왔다. 그의 작품들이 비록 유색 인종들의 목소리·의식을 전면적으로 내세우지는 않지만, 궁극적으로 인종협력적 비전을 그 기저에 깔고 있다는 데에 대체적으로 동의하는 것 같다. 비록 암울한 미래상으로 그려지기는 했지만, 『베니토 세레노』는 그런 멜빌의 의도를 잘 반영하고 있는 작품으로 보인다.

마지막으로, 앞의 두 작품이 기본적으로 각자의 영역에서 상당한 진보적 의의를 가짐에도 불구하고, 적어도 텍스트 자체만으로 굳이 비교하자면 사실상 흑인들의 생각을 '백지'로, 목소리를 '묵음'으로 만드는 것 또한 분명하다. 반면, 『영웅

노예』는 흑인의 생각과 목소리를 견고한 외형을 갖춘 미국의 이상이라는 댐의 구멍들을 통해 표출한다. 추상적 이데올로기의 화려한 허구는 그 물적토대를 떠받치는 피억압자들의 구체적 해방 투쟁으로 추악한 몰골을 드러낸다. 작가는 개인의 자주적 정체성에서 집합적 정체성으로의 발전뿐만 아니라, 백인들 또한 지배이데올로기 하의 맹목저 순응주의 덫에서 빠져나옴으로써, 해방된 진정한 주체들의 조우와 수평적 관계맺음의 가능성을 제시한다. '자유를 향한 탈출'의 두려움과 외로움을 감내하는 용기로 연대했을 때, 비로소 진정한 인간 공동체를 꿈꿀 수 있다는 구체적 비전과 전략이 바로 최초의 흑인소설에서 제시됐다는 점은 억압과 착취로부터의 해방이라는 인류 공통의 관심사를 대표한다할 것이다.

프레이리는 한 사회의 현상유지, 즉 억압자들의 "평안은 억압자들이 창조한 세계에 사람들이 얼마나 잘 길드는가, 그리고 그에 대해 얼마나 적게 문제제기 하는가에 달려있다"(63)고 말했다. 현대의 대중은 제도교육, 대중매체, 기념의례나 관습 등을 통해 국가의 역사, 국가의 이상과 자신을 동일화하도록 훈련받는다. 동일화라는 사유의 과정은 끊임없이 자기를 부정함으로써 이뤄진다. 자기 부정을 통해 투사되는 동일체의 운명은 곧 자기 운명이다. 최종적 '자기 부정'인 순교를 최고의 가치로 여기는 신화와 종교와 민족주의나 국가주의와 같은 각종 이데올로기는 그 신도들의 맹목성을 자양분으로 성장한다. 그래서 억압자는 스스로 창조한 견고한 이념적 테두리 안에 자기 또한 가둠으로써 자기들의 관점에서 정리된 국가의 역사와 그로부터 정당성을 획득한 국가의 이상과 가치에 스스로 동일화한다. 이렇게 했을 때야만 그들이 목숨을 걸고 국가의 이상과 가치를 수호할 수 있고, 순교 사례들은 일종의 신화로 만들어져 기념되고 체제 강화의 수단으로 끊임없이 재생산된다.

동일화라는 사유는 국가, 민족, 종족 등 공동운명적 이념을 향해 '자유로부터의 도피'하도록 하는 일종의 환각제이다. 그런데 여기서 제도와 이데올로기에 의해 교화되는 피억압자는 '맹목적으로' 동일화하게 됨으로써 피억압을 자연스럽고 운명적인 삶의 일부분으로 받아들이지만, 억압자는 '의식적으로' 동일화함으로써 그 억압을 시혜라고 선전하며 억압자로서 자기 자리를 자연스럽고 운명적이라 여긴다. 문제는 피억압자들은 주체적 의식으로 세계를 객관화할 능력이 없는 존재로 간주된다. 오히려 그들은 언제나 역사의 무대에서 피동적으로 대상화되고, 사물화 된다. "인종주의는 생명의 경멸을 토대로 하는 철학"(King Jr. 320)이기 때문이다.

따라서 피부색 경계를 넘어 이념과 문화(文禍)의 감옥에 감금된 생명을 소생시켜 자유로운 자기를 찾아가도록 하는 성찰의 계기는 결국 추방당한 자기를 복원시키는 주체의 결단과 용기에 의해 마련된다는 더글러스의 궁극적 비전에서 독자들은 해방이 이른바 사회구조적으로 억압자에 속하는 사람에게도 필요함을 확인한다. 진정한 치유는 그 실현과정에 혹은 그 이후에나 또 하나의 문으로 다가올 것이다.

🌿 참고문헌

영, 로버트 J. C.『백색신화』. 김용규 옮김. 부산: 경성대출판부, 2008.

Amistad. Dir. Steven Spielberg. Dreamworks, 1997.

Andrews, William L. "Introduction." *Three Classic African-American Novels.* Ed. William L. Andrews. New York: Penguin, 1990. 7-12.

Blassinggame, John W. *The Slave Community.* New York: Oxford UP, 1979.

Conrad, Joseph. *Heart of Darkness. Joseph Conrad Heart of Darkness: A Case Study in Contemporary Criticism.* Ed. Ross C. Murfin. New York: St. Martin's P., 1989.

Douglass, Frederick. *The Heroic Slave. Three Classic African-American Novels.* Ed. William L. Andrews. New York: Penguin, 1990. 23-69.

_____. *Narrative of the Life of Frederick Douglass, as American Slave.* New York: Penguin, 1845/1982.

Fanon, Frantz. *Black Skin, White Masks.* New York: Grove Press. 1967.

Fellman, Michael. "Foreword." *Prophets of Protest: Reconsidering the History of American Abolitionism.* Ed. Timothy Patrick McCarthy and John Stauffer. New York: The New Press, 2006. ix-xii.

Fogle, Richard Harter. "Benito Cereno." *Melville: A Collection of Critical Essays.* Ed. Richard Chase. Englewood Cliffs: Prentice Hall, 1962. 116-24.

Freire, Paulo. *Pedagogy of the Oppressed.* New York: Herder and Herder, 1970.

Kaplan, Sidney. *American Studies in Black and White: Selected Essays.* Ed. Allan D. Austin. Amherst: U of Mass. P., 1991.

King, Casey. "Abolitionists in American Cinema: From The Birth of a Nation to Amistad." *Prophets of Protest: Reconsidering the History of American Abolitionism.* Ed. Timothy Patrick McCarthy and John Stauffer. New York: The New Press, 2006. 268-305.

King Jr., Martin Luther. "Racism and the White Backlash." *Rereading America: Cultural Context for Critical Thinking and Writing.* Ed. Gary Colombo, Robert Cullen, and Bonnie Lisle. Boston: Bedford Books of St. Martin's P., 1992. 319-30.

Lincoln, C. Eric. *The Negro Pilgrimage in America.* New York: Bantam, 1969.

McCarthy, Timothy Patrick and John Stauffer. "Introduction." *Prophets of Protest: Reconsidering the History of American Abolitionism.* Ed. Timothy Patrick McCarthy and John Stauffer. New York: The New Press, 2006. xiii-xxxiii.

Melville, Herman. *Benito Cereno. Billy Budd, Sailor and Other Stories.* New York: Penguin, 1980.

Oates, Stephen B. *The Fires of Jubilee: Nat Turner's Fierce Rebellion.* New York: Mentor, 1976.

Powell, Timothy B. *Ruthless Democracy: A Multicultural Interpretation of the American Renaissance.* Princeton: Princeton UP, 2000.

Schwartz, Barry N. and Robert Disch. "Introduction." *White Racism: Its History, Pathology and Practice.* Ed. by Barry N. Schwartz and Robert Disch. New York: Dell Publishing Co., 1970.

Sinha, Manisha. "Coming of Age: The Historiography of Black Abolitionism." *Prophets of Protest: Reconsidering the History of American Abolitionism.* Ed. Timothy Patrick McCarthy and John Stauffer. New York: The New Press, 2006. 23-38.

Stepto, Robert B. "Storytelling in Early Afro-American Fiction: Frederick Douglass's 'The Heroic Slave.'" *Black Literature and Literary Theory*. Ed. Henry Louis Gates, Jr. New York: Routledge, 1990. 175-86.

Thoreau, Henry David. "Slavery in Massachusetts." *White Racism: Its History, Pathology and Practice*. Ed Barry N. Schwartz and Robert Disch. New York: Dell, 1970. 155-65.

Twain, Mark. *The tragedy of Pudd'nhead Wilson*. New York: Harper & Row, 1966.

_____. *A Connecticut Yankee in King Arthur's Court*. New York: New American Library, 1980.

Zinn, Howard. *A People's History of the United States*. New York: Harper Collins, 1999.

『빌러비드』에 나타난 외상의 정면통과

• 이진숙

I

토니 모리슨의『빌러비드』는 노예제도로 인한 외상을 드러내고 그것을 극복하고자 하는 과정이 두 축을 이루고 있다. 린다 크롬홀츠는『빌러비드』에서 "시이드^{Sethe}의 과거와의 대면을 통한 외상의 치유가 이 작품의 주요 흐름"(402)이라고 말한다. 이 작품은 노예제도와 그 여파라는 특정한 역사적, 문화적 맥락 안에 개인적인 외상의 양상과 극복을 보여주는 문학적 모델을 제시하고 있다. 개인의 심리적 회복 과정이 역사적 치유 과정과 병치된다. 제도로서의 노예제가 이미 끝났음에도 인종주의가 남긴 감정적, 심리적 상처는 여전히 노예제도의 피해자들을 사로잡는다. 노예제도를 경험한 미국 흑인의 경우 개인이든 집단이든 비록 그 과정이 고통스러울지라도 과거의 고통스런 기억을 묻어두기보다는 "노예제도의 실제를 인정하고 탐구하는 것"(Rampersad 123)이 필요하다.『빌러비드』는 "노예제도의 유산과 의미를 붙잡고 씨름할 때 비로소 그 제도의 일시성을 마침내 인식하게 되고 노예제도의 후유증에서 벗어날 수 있게 된다'(Rampersad 123)는 것을 보여준다. 또한 독자들은 등장인물들의 외상 극복 과정을 통해 역사서에서는 접할 수 없는 미국 노예제도의 역사를 재구성하게 된다.

시이드의 외상의 치유 단계는 세 부분으로 구성된 이 책의 구조적 분리와 상응한다. 첫 번째 단계에서 시이드는 124번지에 폴 디$^{Paul D}$와 빌러비드^{Beloved}가 도착 후 과거를 직면할 수 있는 기회를 가지게 된다. 그녀는 노예제도의 결정적 외상인 유아살해 외상을 망각한 것처럼 행동하지만 기억하지 못하는 것을 행동화 $^{acting out}$한다. 시이드는 의식에서 배제한 그 사건을 "기억하기의 방식"(Freud 151)인 반복 강박 즉 행동화로 재생산한다. 외상적 기억으로 고통받던 시이드의 반복 강박과 행동화는 유령으로 상징된다. 두 번째 단계는 폴 디가 떠나고 나서 빌러비드를 자신의 죽은 아이의 육화로 받아들이면서 빌러비드에게 용서를 구하는 "속죄의 기간"(Krumbholz 396)이다. 빌러비드는 과거의 모든 고통과 수치를 다시 반복해서 겪도록 강요함으로써 과거의 외상과 정면으로 대결하게 한다. 비록 일시적으로 시이드의 외상이 악화되는 것처럼 보이지만 이 증상의 악화 즉 강도 깊은 저항은 시이드의 감추어져 있던 유아살해 외의 다른 많은 외상들을 표면으로 드러나게 한다. 세 번째 단계는 시이드의 정면통과$^{working through}$가 이루어지는 단계이다. 정면통과 과정은 외상의 모든 양상을 포함하지만, 분석가의 "개입으로 접근할 수 있는 인위적인 것"(Freud 154)이어야 한다. 시이드의 정면통과는 안전한 조건에서 최초의 외상 장면을 재연하지만 다른 결과를 가져오게 함으로써 이루어진다.

이 작품에서 빌러비드는 과거의 외상 그 자체이면서 외상을 극복하게 돕는 치유자의 역할을 한다. 외상적 기억으로 고통받는 등장인물들은 그들의 외상을 "공감적 불안정성"[1])을 가지고 들어 줄 수 있는 청자를 가짐으로써 수년의 저항

---

1) '공감적 불안정성'(empathic unsettlement)은 라카프라가 동일화(identification)로 흔히 오해되는 공감을 좀 더 정교하게 표현하기 위해 만든 조어이다. '공감적 불안정성'이라는 개념

후에 외상을 증언하고 외상을 동화할 필요성을 느낀다. 그래서 증언이 이 소설의 중요한 수사가 된다. 이 소설은 처음에는 시이드와 폴 디의 관계, 나중에서는 시이드, 덴버^{Denver}와 빌러비드의 관계처럼 증언하는 이와 청자의 역할을 하는 이의 관계를 그림으로써 등장인물들의 외상의 정면통과 과정을 그리고 있다.

이 논문은 외상 소설은 역사적 외상의 희생자들이 외상적 반복의 악순환에 빠지지 않고 더 나은 미래를 꿈꿀 수 있는 대응전략을 제시할 것이라는 전제에 근거한다. 분석의 틀로는 역사적 외상의 실체성을 놓치기 않고자 프로이트의 텍스트로 돌아가 라캉의 외상 개념과는 일정한 거리를 두고 있는 캐시 캐루스의 외상 개념, 그리고 프로이트의 애도와 우울증, 이보다 더 큰 개념인 행동화와 정면통과의 개념 등을 사회, 역사적 문제의 분석에 적용한 도미니크 라카프라의 개념들을 참고하고자 한다. 그리하여 외상의 행동화뿐만 아니라 증언을 통한 외상의 정면통과 과정을 탐색함으로써 외상적 주체가 외상의 반복 회로를 넘어서 행위적 주체로 나아가는 과정을 살펴본다.

II

90년대 이후 외상 연구는 폭발적으로 이루어진다. 그 계기는 베트남 참전 군인들의 증상 연구를 받아들인 미국정신분석학 협회가 1980년에 개정된 DSM-Ⅲ[2)에서 처음으로 외상 후 스트레스 장애를 인정하면서부터이다. 1980년대 후반부터

은 '별종의 동일화(heteropathic identification)'라는 모순어법으로 이해될 수 있는 개념이다 (육영수 392).

2) DSM은 미국정신의학회에서 발간하는 『정신장애에 대한 진단과 통계 분류집』의 약자이다. 미국에서는 10년 마다 한 번씩 미국 전역의 이름난 정신과 의사, 정신분석학자, 치료 심리학자들이 모여서 사라진 정신장애 혹은 새로 등장한 정신장애들을 분류하고 통계와 진단 분류집을 만들고 있다. DSM-III는 19세기와 20세기에 탄환 충격(shell shock), 전쟁 신경증(combat neurosis) 또는 외상 신경증(traumatic neurosis) 등으로 다양하게 불리던 것을 외상 후 스트레스 장애(Post-Traumatic Stress Disorder)로 명명한다.

지금까지 인문학자들의 외상에 대한 관심이 고조되었다. 이것은 후기구조주의 이론이 너무 추상화되고 있는 시기에 외부적 현실이 인간의 내부 정신에 미치는 파국적인 영향이라는 외상이라는 주제가 이론과 사회, 정치적인 요소를 연결할 수 있는 다리 역할을 할 수 있다고 보았기 때문이다. 심리학 전공자가 아닌 인문학자들은 외상을 다룰 때 주로 미국정신분석학회의 매뉴얼의 공식적인 외상 정의에 의존한다(Kaplan 34). 1994년 개정판에서는 이미 수년 전에 쟈넷, 브뤼어, 프로이트가 논의한 외상의 이탈^{dissociation}3) 현상을 강조한다. 신경과학자인 베셀 반 더 콜크에 의하면 외상적 사건은 우뇌의 감정을 담당하는 부분인 아미그달라^{amygdala}에 외상적 현장 또는 사건의 이미지 그대로 등록되지만 인지 부분을 담당하는 좌뇌의 대뇌피질부에는 저장되는 않는다. 그래서 인지처리과정 없이 등록된 외상적 기억은 상징화 또는 언어화가 되지 않는다. 그리하여, 외상적 사건의 경험은 생생한 이미지 그대로 각인되어 그 자체로는 이해할 수도 읽을 수도 없다. 이것은 외상적 기억을 억압하거나 부인했기 때문이 아니라 좌뇌의 언어 담당 부분에서 이 외상적 기억이 문자 그대로 이탈되었기 때문이다(172-3). 그의 외상의 이탈 개념은 인문학자인 캐루스에 영향을 미쳤다. 캐루스는 콜크의 이탈 개념과 프로이트의 외상 개념을 결합하여 외상의 개념을 정교화시킨다. 캐루스에 의하면 외상은 "갑작스런 또는 파국적인 사건의 압도적인 경험을 나타내고, 이 외상적 사건에 대한 반응은 지연되고, 제어되지 않으며, 반복적인 환각과 여러 침투적인 현상으로 나타난다"(11). 외상을 겪은 사람들은 그 사건이 자신에게 발생했음에도 불구하고 자신의 것으로 의식하지 못하는 즉 "주체없는 경험"$^{unclaimed\ experience}$을 가진다. 이것은 일종의 외상적 기억의 형태로 나타난다. 외상적 기억은 기존 경험과 의미망을 형성할 수 있는 서사적 기억과 달리 비록 자신이 겪은 사건이지만 기존

---

3) 콜크는 이탈과 억압의 과정을 분리하고 두 사이의 어떤 관계도 부정한다. 외상의 사례에서 금지된 소망 또는 욕망과 관련 있는 무의식의 개념을 부정한다. 이탈이 "의식의 교차 흐름을 형성하는 수평적으로 층화된 정신 모델"이라면 아래로 밀려 내려가는 억압은 "수직으로 층화된 정신 모델"(168)이라고 말한다.

의 의미 체계와 연결망을 형성하지 못하고 파편으로 떠돌다가 신체적 증상, 플래시 백, 악몽 등의 형태로 반복적으로 나타난다. 캐루스는 외상적 기억의 "직접성과 단순성"(59)을 무의식적 소망의 억압이 아닌 기존 기억 체계로부터의 이탈 때문으로 본다. 캐루스는 외상적 기억의 특징을 '증언불가능성'과 '시간적 지연'temporal belatedness으로 본다. '증언불가능성'이란 "단순히 언어적으로 표현될 수 없다는 사실 뿐만 아니라 재현적 틀 자체의 전면적 붕괴에서 비롯된다"(이명호 129). '시간적 지연'이란 프로이트의 『모세와 일신론』에서 언급한 잠재기에 영향을 받은 개념으로 사건이 발생할 그 당시에는 지각되지 않다가 오랜 잠복 기간과 망각이 있은 이후에 뒤늦게 기억되는 억압된 외상의 회귀를 의미한다. 뒤늦은 무의식적 반복은 주체가 외상을 통제할 수 없다는 것과 현재 속의 과거에 살고 있다는 것을 나타낸다.

외상적 사건의 생존자는 외상을 극복할 수 있을까라는 질문을 제기할 수 있다. 외상적 기억은 극복이 가능한가에 대한 여러 논점이 있다. 캐루스는 외상적 기억은 '증언불가능'하고 '재현불가능'하고 단지 사후적으로 외상적 사건 당시의 모습으로 생생하게 재연된다고 본다. 그러면 외상적 기억으로부터의 회복은 영원히 불가능한 것 같다. 이에 콜크는 외상적 기억을 자신의 "인생사"에 완전히 통합시킴으로써 완전한 치유가 가능하다는 낙관적인 관점을 견지하고 있다(176). 이에 반해 라카프라는 외상의 행동화를 완전히 초월하는 것은 아니지만 과거의 외상을 부분적으로 극복하는 과정으로서의 정면통과를 생각해볼 수 있다고 말한다(108). 그는 외상을 기억하는 두 가지 방식을 행동화와 정면통과로 구분한다. 외상적 기억을 보여주는 행동화는 정면통과와 완전한 다른 종류의 기억이 아니다. 행동화는 강박적으로 어떤 것을 반복하는 경향인 '반복 강박'과 관련된다. 이것은 외상을 겪은 사람에게 현저하게 드러나는 현상이다. 과거의 외상을 반복적으로 행동화하는 사람은 과거를 재연하고 과거와 거리를 두지 않는다. 현재에 있으면서 마치 과거에 있는 것처럼 산다. 과거의 외상적 사건을 현재 속에서 플래시 백, 악몽 등의 형태로 반복해서 재연한다. 그렇지만 라카프라는 행동화가 정면통과와 매우

"긴밀하게 관련된 과정"(143)으로 본다. 정면통과는 행동화와 완전히 다른 과정은 아니지만, 심지어 반드시 치유를 가져오는 것도 아니지만, "외상에 대한 일종의 대항력으로 작동할 수 있다"(143). 정면통과 과정을 거침으로써 "외상의 희생자는 외상적 사건을 비판적으로 보고자 하며 과거, 현재, 미래를 구분하고자 한다"(143). 희생자는 힘들지만, 당시 사건을 말할 수 있고, 이 사건에서 영원히 벗어나기 힘들 수도 있지만 자신이 현재 여기에 있다는 점과 지금 상황은 과거와는 다르다는 점을 인식하게 된다. 외상을 정면통과한다고 해서 과거를 완전히 망각한다는 것이 아니다. 정면통과는 "외상과 타협하는 것"(144)이고 행동화의 경향에 비판적으로 개입하는 것이다. 심지어 과거의 외상을 악몽으로 재현하는 것이 외상과 외상 희생자에게 바치는 충성이나 헌신으로 생각하는 사람들에게는 행동화가 바람직할 수 있고 적어도 주체할 수 없는 경향이라는 것을 받아들이는 자세가 필요하다.

라카프라는 "우울증과 애도에 제한되지 않으면서 두 개념을 포함하는 더 넓은 개념이 행동화와 정면통과"(66)라고 말하면서 프로이트의 우울증과 애도을 행동화와 정면통과에 대응시킨다. 프로이트는 「애도와 우울증」에서 우울증을 애도 작업의 필요한 단계로, 상실에 대한 나르시스적인 고착으로 본다. 프로이트는 애도를 정면통과의 중요한 방식으로 보았다. 우리들은 상실한 대상에 대한 애착 또는 상실한 대상과의 어떤 식의 동일시를 전적으로 극복할 수 없다. 정면통과는 지나치게 낙관적인 구원책처럼 보이고 애도 그 자체는 끊임없는 우울증으로 되돌아가는 것처럼 보일 수 있다. 사실 프로이트 이론에서 애도와 우울증을 구별하기가 쉽지도 않다. 프로이트는 "애도에서는 자기애의 추락이 없다. 이점을 제외하면 애도와 우울증의 양상은 똑같다"("Mourning", 244)라고 말한다. 애도가 과거를 완전히 초월하는 것도 아니고 끊임없는 우울증과 반복 강박과 잠재적으로 구분되지 않는다. 그러나 라카프라는 적어도 "외상적 사건에 관해서는 일반적으로 우울증의 증상인 행동화는 정면통과의 전제조건이 될 수 있다"(67)고 본다.

외상적 기억을 극복하기 위해서는 상실을 인정하고 외상을 극복하고자 하는 행위가 필요하다. 라카프라는 정면통과는 현재와 과거, 자아와 타자, 내적 경험과 외적 경험 사이를 명확하게 구분할 수 있는 "분절 행위"$^{articulatory\ practice}$(22)라고 말한다. 외상을 극복하는 만큼 과거에 어떤 일이 자신에게 일어났다는 사실을 기억 속에서 생각해낼 수 있다. 그리고 동시에 이제 자신은 미래에 대해 열려진 지금 이 곳에서 살고 있다는 사실을 인식할 수 있다. 정면통과 과정은 행동화의 반복 강박에 대항점이 될 수 있다. "애도, 비판적인 사고와 실천의 양식들을 포함하는 정면통과의 과정"(22)은 차이를 인정하고 분절을 확장시킬 수 있는 가능성을 포함한다.

외상 극복의 전제 조건은 상실을 인정하는 것이다. 그 다음으로는 외상적 기억을 극복하기 위한 행위가 필요하다. 발화 행위는 외상적 기억을 희석화하는 행위 중 가장 중요한 부분을 차지한다. 회상한 사건에 형태와 시간 순서를 부여하고 외상적 기억을 통제함으로 정면 통과를 할 수 있다. 생존자는 외상적 기억을 의식의 영역으로 이동시킴으로써 외상에 대한 주도권을 장악할 수 있다. 외상적 사건을 증언함으로써 그 사건을 발화하고, 자신의 과거를 되돌아보고, 또한 인생의 지워진 부분을 복구하여 다른 사건들과의 관계 속에 위치시키게 된다. 증언을 통해 파편화된 자아는 하나로 묶이게 되고 외상적 경험은 유쾌하지는 않지만 참을 수 있는 통제할 수 있는 경험으로 변형된다.

외상적 경험을 넘어서는 중요한 전략은 자신이 경험한 외상적 경험을 증언하는 증언의 과정이다. 생존자가 외상적 사건을 종결지으려고 하는 노력이 중요하다. 도리 라웁은 『증언』에서 외상적 사건을 목격하고 증언하는 과정을 통해서 치료가 이루어진다고 말한다.

> 알 수 없고, 말할 수 없고, 그러나 반복되기만 하는 운명에서 벗어나기
> 위해서는, 치유의 과정, 즉 이야기를 구성하는 과정, 역사를 재구성하는
> 과정, 그리고 필수적으로 사건을 재-외연화하는 과정이 작동되어야 한다.
> 외상적 사건의 *재-외연화*는 우리가 그 이야기를 발화하고 전달할 때에만

발생할 수 있고 효과가 있다. 즉 문자 그대로 자기 외의 다른 사람에게 그 사건을 전이하고 다시 자기 속으로 가져가는 것이다. 그리하여 증언한다는 것은 리얼리티에 대한 주도권을 재주장하는 것과 외상의 희생자에게 영향을 미치고 오염시킨 악을 재-외연화하는 것을 함의한다. (69)

외상을 벗어나는 가장 중요한 단계는 외상적 사건의 이야기를 자기 자신에 대한 이야기 밖으로 옮길 수 있는 능력이다. 우리가 외상의 악순환을 깰 수 있는 것은 외상 이야기의 효과적인 전달과 그것의 성공적인 재수용을 통해서이다. 그러나 이것이 항상 직선적인 과정은 아니다.

외상적 사건은 그 기억이 서사적 언어 속으로 변형될 때까지 그리고 생존자가 그 외상을 자신의 장기 기억 속으로 통합할 수 있기 전까지는 계속해서 생존자의 삶을 침투할 것이다. 외상에서 완전히 회복되면 그 사건이 다시 나타나는 형태인 플래시 백, 행동 재연, 기타 등등의 형태로 고통받지 않는다. 대신 생존자는 외상에 관한 이야기를 할 것이고 그 사건을 되돌아 볼 수 있을 것이며 자신의 자서전의 한 부분에 그 외상적 사건을 위치시킬 수 있을 것이다. 외상을 입은 사람은 흔히 두 개의 세계에 거주한다. 외상의 세계와 일상의 삶의 그것인데 두 세계를 잇는 것은 고통스런 작업이다. 외상은 감당하기 너무도 고통스러운 사건으로 우리의 일상적인 이해를 넘어서는 것이다. 외상적 기억을 일반 기억 속으로 동화시키기 위해서는 상당한 시간이 필요하다.

외상을 말함으로써 그 외상을 재연하는 것이라면 말하는 행위 자체가 고통스런 외상을 다시 가져다 줄 수 있다. 외상을 말하는 것이 외상으로부터의 "구원relief이 아니라 재연re-living이 되고 더 나아가 재외상화retraumatization"(Laub 67)가 될 수 있다. 특히 진정으로 자신의 외상에 귀 기울어 줄 청자가 없는 상태에서 외상을 말하게 되면, 말하기 그 자체는 외상의 회귀 즉 "그 사건 자체의 재경험"이 될 수 있다. "공감적 청자의 부재, 보다 근본적으로 말을 걸 수 있는 타자의 부재, 자신의 기억의 고통을 들어주고 그리하여 그 고통이 진짜였음을 긍정하고 인정해주는 타자의 부재"(Laub 68)가 외상을 증언하려는 시도 자체를 막을 수 있다. 자신의 외상을 발화하고자 하는 사람에게 가장 필요한 것은 "공감적 불안정성"을 가진 청자의 존재이다. 라카프라는 공감적 불안정성이란 "타인과 자신의 처지의 차이를 인식하고 타인의 처지를 전유하지 않으면서도, 타인의 처지에 서는 일종의 간접 경험"(78)이다. 공감적 불안정성의 핵심은 "타인의 기억과 상흔을 실제로 경험하지만 그가 전달하는 증언에 전적으로 동의하거나 그의 세계관에 함몰되지 않으려는 절제력"(육영수 392)이다. 타인의 증언을 듣게 되는 청자가 공감적 불안정성을 견지한다면 청자는 "외상의 희생자와 다른 독립적인 주체성을 유지하면서도 그의 처지가 된 듯이 똑같은 종류와 강도의 경험을 하는 것"(육영수 392)이다. 공감적 불안정성은 외상을 겪은 이들의 경험을 합리화하거나 또는 심지어 흐리게 만드는 "과잉동일화"를 넘어서게 만든다. 공감적 불안정성은 또한 희생화를 포함하는 외상적 사건을 어떻게 소개할 것인가의 문제를 형성한다. 이 문제에는 자신의 목소리와 입장을 희생자의 것과 혼동하지 않고, 손쉬운 개선, 조화, 또는 종결을 추구하지 않는다. 그러나 공감적 불안정성이 행동화와 정면통과하기의 측면에서 서사의 움직임에 영향을 미치도록 한다. 공감적 불안정성은 외상의 증언으로부터 비판적 거리를 유지하게 하고 또한 전이가 발생할 수 있음을 인정할 수 있게 한다.

III

모리슨은 124[4]번지에 살고 있는 이들의 귀신에 홀린 듯한 삶을 그림으로써 의식 속으로 동화되기에는 너무나 고통스러운 기억의 짐 아래에서 살고 있는 자의 생존의 의미를 묻고 있다. 노예제도와 그 여파는 시이드, 덴버, 폴 디 그리고

---

4) 시이드는 124번지에 살고 있다. 124라는 숫자에서 3이 빠진 것은 시이드의 네 아이 중 세 번째 아이인 '벌써 기니?'(crawling-already?)의 죽음과 관련될 수 있다.

흑인 공동체에 영속적인 영향을 미친다. 18년이라는 세월이 흘렀음에도 불구하고 그들은 과거의 그 사건에 대한 조그만 암시에도 압도당한다.

외상이 육화되어 성인 여성의 모습으로 나타나기 전 18년 동안 124번지는 '보이지 않는' 유령의 '드러나는' 흔적에 사로잡혀 있다. 로라 디 프레트는 124번지를 "외상적 기억들이 강제적으로 반복적으로 다시 나타나는 공간"(54)으로 본다. 유령은 여러 가지 드러남을 통해 그 존재를 보이게 하고 들리게 한다. 외상은 지속적으로 반복해서 되돌아오는데 이 집의 유령의 존재는 외상의 특징인 반복 강박을 문자 그대로 보여준다. 유령은 124번지의 거주자들의 삶의 일부분이 된다. 124번지는 거주하는 공간이면서 억압된 것이 활발하게 작동하는 심리적 공간이다. 유령은 자신의 존재를 처음에는 물건을 떨어뜨리거나 거울을 깨거나 거울에 손바닥 흔적을 남김으로써 자신의 존재를 드러낸다. 즉 부재하면서도 존재하는 모순적인 외상의 모습이 유령을 통해 나타난다. "사과 술 단지는 비어있을 때도 항상 무겁다"(143)라는 표현에서 단지가 비어있다는 것은 외상적 기억이 억압되어 드러나지 않는다는 것을, 그러면서 단지가 무겁다는 것은 외상적 기억이 사라지지 않고 가득하다는 것을 보여준다. 시이드가 스위트 홈에서 124번지에 도착한 후에 시이드는 "기억하고 기억하지 않는 것들의 무게로 정신을 놓을 것 같다" (121)라고 느낀다. 이것은 기억하기와 망각하기, 존재와 부재가 마음속에 지속한다는 것을 보여준다.

124번지의 유령의 존재는 상실한 것을 떠나보내지 못하는 인물들의 우울증의 상징이기도 하다. 로저 럭허스트는 「불가능한 애도」에서 시이드의 심리적 장애를 124번지의 봉쇄, 외부 관계로부터의 차단, 상실로 인정되기를 거부한 상실을 둘러싼 장벽으로 발생되는 일종의 "자살적 우울증"(246)으로 읽는다. 프로이트의 「애도와 우울증」에 의하면, 정상적인 애도의 과정에서는, 사랑하는 대상을 상실한 사람은 그 상실을 인정하고 상실된 대상에서 자신의 리비도를 조금씩 철수한다. 그러나 우울증의 경우, 그러한 상실을 부정하고 심지어 상실된 대상이 가공의 유령의 모습으로 등장할 정도로 상실된 대상을 놓치지 않으려는 동일화가 이루어진다. 럭허스트는『빌러비드』의 주축이 "불가능한 애도"인지 아니면 결국에는 성공적인 극복을 긍정하는 것인지 질문한다. 그는 이 작품에서는 명백하게 대립되는 두 서사가 동시에 존재한다고 본다. 라카프라는 과거를 완전히 초월한 애도는 불가능하다고 보기 때문에 애도가 다시 우울증으로 돌아가는 것처럼 보일 수도 있다고 한다. 그럼에도 불구하고 중요한 것은 적어도 외상적 사건에서는 불가능한 애도나 외상 후 징후들인 반복적 '행동화'에서 벗어나고자 하는 정면통과가 중요하다고 본다. 유령은 말해지지 못한 폭력을 드러내는 외상적 과거로 유령의 흔적은 증언의 부재를 증명하고 과거의 유령은 사라지지 않고 현재에 영향을 미친다. 럭허스트는 124번지의 유령은 "말해지지 않은 역사의 고집스러운 흔적" (243)으로 본다. 이때의 역사는 시이드 개인의 말해지지 않는 과거사이면서 동시에 강제된 노예생활의 더 큰 사회, 문화적 맥락에서의 말해지지 않는 역사이다.

인물들은 대부분 사랑하는 대상을 떠나보내지 못하는 우울증에 빠져있다. 시이드는 빌러비드 살해 후 폴 디가 나타나기 전 18년 동안 빌러비드의 상실을 상실된 것으로 받아들이지 않고 124번지를 사로잡는 유령을 빌러비드로 생각하며 자신의 삶의 일부로 합체시킨다. 합체는 사랑하는 대상과 자아의 정확한 분리가 이루어지지 않는 지점에서 생긴다. 덴버의 우울증도 합체와 관련이 있다. 살인이 일어나는 날 덴버는 엄마의 젖과 언니의 피를 동시에 먹는다. 덴버는 빌러비드의 살해의 비밀, 언니의 피를 마신 비밀을 숲 속 숨겨진 곳인 "에멀랄드 벽장"에 감추어 둔다. 폴 디는 스위트 홈과 조지아 수용소에서의 가혹한 삶으로 마음을 가슴 한켠의 "담배 상자"에 담아두고 나오지 않게 한다.

유아살해가 발생하고 폴 디가 오기 전 18년 동안 시이드의 삶은 자기가 죽인 아이를 떠나보내지 못하고 눈에 보이지 않지만 그 흔적을 남기는 유령을 죽은 딸아이로 생각하며 124번지에서 고립된 삶을 살아간다. 시이드는 외상에서 벗어나지 못하고 과거의 그 사건은 언제라도 현재에 침투하여 시이드의 삶을 사로잡아 버린다. 그녀는 외상에서 벗어나고자 하는 생각도 없이 그냥 하루하루를 연명할 뿐이다. 그녀가 할 수 있는 것이라곤 과거가 뇌리에 떠오르지 않도록 일 중독자처럼 열심히 몸을 놀려 과거를 떠올리지 않는 것이다. 그럼에도 불구하고 카모마일 묻은 다리를 씻기 위해 빨리 집으로 돌아가겠다는 생각 외에는 다른 생각은 애써 하지 않으려는데 "세상에서 가장 아름다운 플라타너스 나무들에 대롱대롱 목 매달린 남자들"(7)의 모습이 천연하게 느닷없이 떠오른다. 시이드는 덴버에게 과거가 순식간에 현재를 장악하는 "재기억"에 대해서 말한다. 이 외상적 기억은 결코 잊혀지지 않고 끊임없이 현재 속의 나를 사로잡기 때문에 외상을 겪은 사람들은 과거와 현재를 구분하지 못하고 과거가 현재를 잠식하더라도 속수무책이다.

> 잊어버리는 어떤 일도 있고 결코 잊지 못하는 어떤 일도 있다고 하지만 그렇지는 않아. 장소들, 장소들은 항상 그 자리에 머물러 있어. 집이 불타서 사라지더라도, 장소들, 그 장소들의 풍경은 사라지지 않고 그 자리에 남아 있어. 단순히 내 기억 속에만 머무는 것이 아니라 저 밖에, 세상 속에 남아 있어. 내가 기억하는 건 내 머리 밖 저 바깥에서 떠돌아다니는 그런 풍경일 뿐이야. 그러니까 내가 생각을 하지 않아도, 심지어 내가 죽어버려도 내가 한 일들, 내가 아는 일들, 내가 목격한 장면들은 여전히 저 바깥에 존재한단 말이야. 그 사건이 일어난 곳 바로 그 현장에. (43)

재기억은 외상적 기억이다. 집은 불타고 없지만, 그 기억은 아무런 이미지의 수정 없이 생생하게 그 장면 그대로 희생자에게 남아있다. 다른 기억과 통합되지 못한 그 기억은 현실 속에 불쑥 불쑥 침입하여 희생자를 사로잡는다. 외상적 사건이 일어난 곳을 생각하지 않는 그 순간에도 그 이미지는 그 곳에 고착되어 있다.

재기억은 집단적이다. 재기억은 세대를 초월하여 전달되는 "초세대적 외상"이 된다. 딸 덴버는 직접 그 외상적 사건을 겪지 않았지만 사회로부터 고립되어 엄마인 시이드와 둘이서만 생활했기 때문에 시이드의 외상은 덴버에게 더욱 더 잘 전달된다. 그래서 덴버가 예전에 한 번도 그 장면을 본 적이 없다고 하더라도 마치 그 때 그 순간에 있었던 것처럼 그 사건은 그녀를 압도하여 비슷한 외상을 겪게 한다. 시이드는 덴버에게 그곳에 가본 적이 없어도 만약 가게 되면 입을 벌리고 있는 짐승처럼 그녀를 덮칠 것이라고 경고한다. 덴버를 위험으로부터 보호하려는 시이드의 의도와 달리 그녀의 경고는 덴버를 사회로부터 더욱 고립시키고 외부세계를 두려워하게 만드는 결과를 낳는다.

과거를 내쫓기 위해 온 힘을 다 빼앗긴 "시이드의 뇌는 미래에 관심이 없었다. 과거의 짐에 짓눌리고 더 많은 과거에 굶주려서 다음날을 계획하기는커녕 상상할 여유조차 없었다"(83). 수잔 브리슨은 "미래를 계획하지 않는 삶, 미래가 없는 삶, 중지된 이야기로서의 외상적 기억은 삶의 지속을 방해한다"(44)고 말한다. 초기 삶의 기억과의 연계를 상실하고 또한 미래를 꿈꿀 수 있는 능력도 상실한다. 외상적 기억은 우리의 기본적인 인지, 감정 능력을 상실하게 하고 또한 크게 바꾼다. 삶의 지속을 위해 외상적 기억은 인생의 다른 이야기 속에 통합되어야 한다. 과거로부터 도망치느라 온 힘을 소진하여 미래에 대한 계획을 사치라고 생각했던 시이드가 '계획'이라는 단어를 떠올린 것은 폴 디가 124번지에 도착하고 난 이후였다. 폴 디는 여자들이 "그와 함께 있으면, 그가 옆에 있으면 마음 놓고 울 수 있게 만들고"(36) 비밀을 털어놓고 싶은 그런 사람이다. 시이드는 폴 디와 함께 미래를 계획하기 시작한다. 시이드는 "이제 그 아픔을 함께 나눌 사람이 생겼거니와, 그 남자는 처음 그녀의 집에 들어온 날 바로 아기 유령을 혼쭐내 쫓아버리고 말았다"(112-3)고 말한다.

폴 디는 시이드의 과거의 고통을 들어 줄 수 있는 타자로서 증언에서 청자의 역할을 한다. 18년 동안 묻어두었던 시이드의 외상은 폴 디라는 우호적인 청자의 등장으로 밖으로 발화될 수 있는 전기를 맞게 된다. 상실된 대상을 떠나보내지 못해 끌어안고 외부 세계와 고립되어 살아가는 시이드와 덴버의 삶은 마치 꿈속을 걷는 몽유병 환자의 삶과 같았다. 폴 디는 자신이 오기 전에 "그녀가 직접 (유령을) 처리하지 않는 건, 능력이 안 되어서," "다른 선택의 여지가 없어서," "무기력하게 할 수 없이 체념하고 124번지에 살 수 밖"(193)에 없었을 것이라고 생각한다. 라카프라는 외상의 생존자들이 그들의 경험을 말하는 것을 꺼려한다고 지적한다. 라카프라는 캐루스가 외상적 사건의 "본질적 이해불가능성"을 콜크와 같은 맥락에서 "손실"loss의 관계로 본다고 해석한다(186). 외상의 생존자들이 정면통과 과정의 일환으로 외상적 기억을 서사적 기억으로 바꿀 때 시간과 장소에 따라 약간의 변화가 있다. 이때 "손실"이 발생하는데 그런 차원에서 외상적 사건은 "본질적 이해불가능성"을 가지게 된다. 라카프라는 그럼에도 외상적 기억을 서사적 기억으로 전환하는 것이 외상의 정면통과를 위해 필요하다고 본다. 외상을 입은 사람은 비록 복잡하고 때로 머뭇거릴 때도 있지만 명확하게 그 외상에서 벗어나고자 하는 정면통과 과정을 드러내는 것이 중요하다고 본다. 자신의 외상을 발화하기를 주저하는 또 다른 이유로는 "자신들이 이해를 받지 못할 것이라고 생각하기 때문이다"(185). 외상을 겪은 사람들은 그들의 고통과 그 사건에 관련된 수치심과 고통을 아무도 이해하지 못할 것이라고 생각한다. 또는 그들은 "외상의 증상을 드러내는 것이 살아남지 못한 죽은 자에게 바치는 일종의 헌신이나 충성"(185)으로 간주한다. 즉 정면통과를 통해 외상을 극복하는 것이 같은 사건을 경험했지만 살아남지 못한 이들에 대한 배신행위일 수도 있다는 믿음을 가지고 있다. 시이드와 덴버가 유령이 출몰하는 124번지에서 외부와 고립된 삶을 살아가는 것은 그들이 과거의 기억을 억압하고 있다는 것을 의미한다. 동시에 특히 시이드의 경우 자신이 죽인 아이에 대한 죄의식으로 외상에서 벗어나는 것이 죽은 아이를 버리는 또 다른 행위라고 생각할 수도 있다. 그래서 비록 보이지는 않지만 죽은 아이로 생각하는 유령에서 벗어날 생각을 하지 않았다.

지금까지 고집스럽게 124번지를 장악했던 유령은 폴 디와의 싸움 후에 사라진다. 그의 제안으로 그 끔직한 사건이 있은 후 처음으로 흑인들이 백인들의 광대짓을 볼 수 있는 축제에 가게 된다. 축제에서 집으로 돌아오는 길에, "그들 앞에서 길을 안내하게 된, 세 사람이 손을 꼭 잡고 있는 것 같은 그림자"(59)를 보면서 느꼈던 한 순간의 행복한 느낌이 단순히 꿈이 아니라 가능할 수도 있을 것 같다는 생각을 하게 된다. 유아살해 사건 이후 시이드는 수많은 색깔의 요리를 하고 아침이면 밝아오는 새벽을 보지만 그 색깔들이 무슨 색깔이었는지 기억하지 못했다. 빌러비드를 죽였을 때 보았던 빨간 피와 묘석에 "Beloved"라는 묘명을 세기기 위해 석공에게 몸을 주었을 때 본 분홍빛 돌가루를 보고 난 이후 색채에 무감해졌다. 그러다가 폴 디가 온 이후 "억눌린 감정이 다시 표면으로 떠오르고 만물이 참된 정체를 드러냈다"(48).

그러나 폴 디는 "공감적인 불안정"을 가진 청자로서의 역할을 다하지 못한다. 라카프라는 타인의 외상을 경청하는 청자는 자신의 경험을 "타인의 경험과 완전 동일시해서도 안 되고 그리고 타인의 경험을 전유하는 것도 거부"(79)하면서 타자의 증언에 공감을 해야만 외상을 입지 않게 된다고 말한다. 폴 디는 시이드의 유아살해 사건을 실은 신문 기사가 실제 사실이었음을 시이드에게 들은 후에 "당신은 두 발 달린 사람이잖아, 시이드 네 발 달린 짐승이 아니잖아"(194)라고 말하여 그녀의 동물성을 강조한다. 스위트 홈에 있을 때 시이드는 학교 선생과 그 조카들이 자신의 동물적 자질과 인간적 자질을 분류하는 끔찍한 경험을 당한 적이 있다. 자기 아이들에게만은 절대로 다른 사람이 그들의 동물적 자질을 분류하게 하는 그런 경험을 당하지 않게 하기 위해 만삭의 몸으로 탈출했다. 그리고 학교 선생이 자기의 아이들을 다시 그곳으로 데려가기 위해 124번지로 쳐들어오자 아이들을 죽이려고까지 하면서 자신이 겪었던 동물성 운운하는 그 곳으로 가는 것을 막고자 했다. 폴 디는 시이드의 외상에 공감하고 이해하면서 비판적인 거리를 유지하기보다는 백인 노예주인 학교 선생과 똑 같은 시각에서, 그녀의 아이에 대한 넘치는 사랑이 동물적 사랑이라고 판단을 내리고 비난을 한다.

시이드는 폴 디라는 과거의 상처를 공유한 인물을 가짐으로써 미래를 꿈꿀 수 있는 가능성을 보았다. 덴버에게도 한 번도 하지 못했던 이야기들을 폴 디와 나누면서 자신만의 이야기를 자기외의 다른 사람에게 전달하기 시작한다. 즉 라웁의 말처럼 외상적 사건을 "재-외연화" 할 수 있는 가능성을 발견한다. 외상에 고착되어 벗어나지 못하는 악순환에서 벗어날 수 있는 길은 외상적 사건을 다른 사람에게 효과적으로 전달하고 다시 그 이야기를 받아들이는 것이다. 유아살해 부분을 제외하고 자신과 많은 과거를 공유하고 있었던 폴 디라는 청자를 통해 시이드는 기억하려고 애쓰지 않아도 저절로 떠오르는 외상적 기억의 행동화에서 벗어나 지금까지 말로 표현할 수 없었던 과거의 외상을 조금씩 이야기할 수 있었다. 그런데 이제 "그 많은 이야기를 털어 놓은 내게 짐승이라고 말해놓고 '안녕'이라고"(195) 말하는 폴 디로 인해 시이드는 외부와의 소통의 문을 완전히 닫아버린다. 자신의 외상을 발화하는 것은 때로 자신의 목숨을 앗아갈 만큼 매우 고통스럽고 위험한 일이다. 특히 자신의 이야기를 진심으로 들어줄 청자가 없는 경우에는 말하는 행위 자체가 "외상의 회귀"로 작동한다.

아주 짧은 순간 폴 디와 함께 있는 행복감을 누린 시이드는 그가 떠난 후 이전 보다 더 철저하게 외부와 고립된 채 124번지에 갇혀 살아가려고 한다. 그러나 이것이 시이드의 외상으로부터의 정면 통과를 부정하는 증거라기보다는 여러 차례 시도되는 정면통과의 한 과정으로 볼 수 있다. 프로이트는 「기억하기, 망각하기, 정면통과하기」에서 반복 강박을 극복하는 첫 번째는 저항의 원인을 발견하는 것이라고 말한다. 저항의 원인을 발견하고 환자에게 그 저항을 알려준 후에도 치유가 효과가 없는 것처럼 보이고 저항의 강도가 더 세어지면 증상이 일시적으로 악화되는 것처럼 보인다. 그럼에도 그것은 치유 과정의 실패가 아니라 오히려 정면통과가 만족스럽게 진행되고 있다는 증거이다. 저항이 정점에 달하면 저항을 가져오는 억압된 충동을 발견함으로써 보다 효과적으로 외상을 정면통과할 수 있다. 단지 외상의 정면통과는 시간과 인내가 요구된다. 지금까지 노예제도하의 외상의 결정체라고 할 수 있는 유아살해 사건이 단편적으로 언급만 되다가 첫 부분의 마지막 장에서 드디어 시이드는 자신의 입으로 폴 디에게 유아살해 사건을 정면으로 언급하게 된다. 두 번째 부분에서 폴 디가 떠난 뒤 자신의 죽은 아이의 현현으로 빌러비드를 받아들인 시이드의 행동화의 증상이 더욱 악화되는 것처럼 보이고 시이드는 육체적 정신적으로 황폐해져 외상을 극복하는 것이 요원한 것처럼 보인다. 그러나 이것을 어설프게 봉합하고자 했던 과거의 외상에서 과거와의 진정한 대면을 향해 나아가는 외상의 정면통과를 이루기 위한 필수 과정으로 볼 수도 있다.

빌러비드의 출현 시기는 124번지 거주자들이 이제 악의적인 공격을 퍼붓는 유령에서 벗어나서 미래를 계획한 그 순간이다. 폴 디가 124번지를 방문한 이후 유령을 쫓아내고 시이드, 폴 디, 덴버 세 사람이 행복한 가족처럼 집으로 돌아왔을 때, 어디에서 왔는지 정확하게 알 수 없는 정체불명의, 죽은 아기가 살아 있었더라면 딱 그 나이가 되었을 젊은 여자가 124번지에서 조금 떨어진 그루터기에 앉아 있다. 보이지 않지만 자신의 존재를 드러내던 부재 속의 존재였던 유령은 폴 디의 도착 이후 사라졌다가 젊은 여성으로 육화되어 다시 나타난다. 이 작품에 대한 대부분의 비평들은 아기 유령의 육화인 빌러비드가 "시이드의 딸 살해를 초월해서 노예제도의 집단적 외상을 포함하는 억압된 외상적 기억의 회귀"(Prete 54)를 나타낸다는 관점을 공유한다. 비가시적인 아기 유령은 가시적인 살아 숨 쉬는 빌러비드로 바뀐다. 이것은 마치 우리의 기억 속에 이탈되어 우리 전체의 경험 속에 통합되고 못하고 "이질적 몸"[5] 처럼 떠돌던 외상적 기억의 비유인 아기 유령이 이제 그 형태를 부여받고 대화가 가능한 빌러비드라는 젊은 여성으로 바뀌었다고 볼 수 있다. 콜크는 쟈넷의 이론을 분석하면서 서사적 기억과 외상적 기억을 구분한다. 서사적 기억은 사회적 행위로서 말하는 대상과 시간 장소에 따라 조금씩 변화가 있을 수 있는 반면에 외상적 기억은 이와 대조적으로 그 사건 당시의 기억에 고착되어 있기 때문에 시간과 공간이 달라져도 과거의 그 장면 그대로를 유지한다고 말한다. 시이드는 124번지의 유령이 아기일 것이라고 생각한다. 죽은 아이의 현현인 빌러비드는 아기 유령과 달리 어린아이의 모습이 아니다. 시이드가 유령을 자기가 죽인 아이의 나이일 것이라고 18년 동안 변함없이 생각한 것은 유아살해 사건이 그녀에게 외상적 기억임을 말한다. 시이드는 과거 당시의 그 상황에 고착되어 있고 그 장면은 세월이 흘러도 아무런 변화를 거치지 않는다. 반면에 유령이 사라진 후에 나타난 빌러비드는 목이 잘린 과거의 어린 아이의 흔적인 목의 상처를 여전히 가지고 있지만 현재 성숙한 젊은 여자의 모습으로 '외연화'된

다. 이것은 시이드의 외상적 기억에 약간의 변화가 일어나고 있다는 것을 암시한다. 유령과 빌러비드 모두 과거 외상적 사건의 상징이다. 그러나 그 존재를 느낄 수는 있지만 보이지 않는 유령에서 말을 걸어오고 대답을 해 줄 수 있는 가시적인 젊은 여성 빌러비드로의 형태의 변화는 시이드가 이제 외상을 드러내고 대면할 준비가 되었음을 암시한다. 빌러비드는 알아듣기 힘들고 모순적인 이야기를 하지만 그럼에도 시이드의 과거를 캐묻고 왜 자신을 버렸냐고 불평을 함으로써 시이드가 설명을 하고 최소한 변명이라도 할 수 있는 기회를 제공한다.

빌러비드는 고통스런 과거 그 자체로서 그녀의 출현은 등장인물들을 괴롭힌다. 그러나 동시에 억압된 과거의 회귀인 그녀는 수많은 질문으로 그들의 억압된 과거를 발화하게 한다. 이 과정을 통해 등장인물들은 고통스러운 과거, 짓밟혔던 기억을 받아들이게 된다. 크럼홀츠는 빌러비드는 등장인물들의 치유를 촉진화하는 "고통스런 치유자", "분석가와 같은 역할", "전이의 대상이고 과거를 끌어내는 케섹시스cathexis"(400)라고 말한다. 시이드, 폴 디, 덴버가 외상으로 고통받는 환자라면 그들의 고통스런 과거를 끄집어내는 빌러비드는 분석가이다. 그들은 분석가인 빌러비드를 대상으로 그들의 과거의 외상을 발화하고 재연하고 과거의 외상을 전이한다. "전이는 단지 반복의 한 부분"(Freud 151)이고 환자는 전이의 대상인 분석가를 상대로 망각된 과거를 되풀이한다. 시이드는 비록 18년 동안 자유민의 생활을 했지만, 정신적 감정적으로 노예상태로 남아있었다. 노예제도하의 고통스런 기억에 직면할 수 없었던 시이드는 빌러비드라는 전이의 대상을 만남으로써 치유를 향해 나아간다.

빌러비드는 이야기에 굶주려 있다. 이야기에 대한 그녀의 끝없는 배고픔은 "알고 있다는 것조차 잊고 있던 사실을 기억"(73)하게 한다. 빌러비드는 이야기를 유발함으로써 외상의 치유를 이끌어낸다. 빌러비드가 "당신 여자, 머리를 한 번도 안 빗어주냐?"(72)라고 말할 때, 시이드는 '당신 여자'가 자신의 어머니를 가리킨다고 생각한다. 하지만 그것은 너무나 "사적이고 수치스러운 기억"(73)으로 유아 살해를 가져오게 한 시이드의 더 근원적인 외상을 건드린다. 스위트 홈에서 도망치려다가 학교 선생의 조카들에게 맞은 상처가 굳어져 벚나무처럼 된 등의 상처에 대해 폴 디가 질문했을 때 시이드는 반복해서 단순히 "그들이 젖을 빼앗아 갔어"(20)라고 동문서답을 한다. 시이드가 아이들에게 젖을 가져야 주어야 한다는 강박 관념에 시달리게 된 것은 그녀의 초기 경험 때문이다. 시이드의 엄마는 그녀를 겨우 2~3주 밖에 젖을 먹이지 못하고 들판에서 노동을 할 수 밖에 없었다. 엄마에 대한 시이드의 기억은 엄마가 노예임을 증명해주는 가슴 밑의 낙인을 보여주자 엄마와 닮고 싶은 어린 마음에 자신도 그 낙인을 가지고 싶다고 말했다가 따귀를 맞은 일과 엄마가 어린 자신을 내버려 두고 도망을 가다가 붙잡혀 처형을 당한 모습을 목격한 남 앞에 드러내기 부끄러운 기억들이다. 시이드가 아이를 보살펴야 한다는 강박관념은 자신이 엄마에게 받은 상처를 자신의 아이에게는 결코 되풀이하지 않으려는 필사적인 노력을 반영한다. 그러나 이러한 엄마의 역할은 노예제도에서는 허용되지 않는 것이었다. 자신을 버린 엄마에 대한 빌러비드의 불평과 질책은 시이드의 근원적인 상처를 건드린다. 빌러비드는 인간의 생사의 제한을 받지 않기 때문에 엄마에게 죽임을 당하기 전의 사건들을 경험하고 재창조할 수 있다. 기억하기에 너무 고통스러워서 망각되거나 억압된 먼 과거의 사건들에게까지 목소리를 줌으로써, 빌러비드는 우리로 하여금 시이드가 아이를 살해할 수밖에 없었던 근원적인 이유를 보여준다. 그리하여 잔혹하고 끔찍한 유아살해라는 말할 수 없는 그것을 보다 더 잔혹한 노예제도의 측면에서 보면 이해할 수 있게 한다. 시이드가 왜 그런 행동을 하게 되었는가를 분명하게 보여준다.

외상적 사건이 시이드의 삶에 엄청난 영향을 미친 것을 독자는 느끼지만 그 사건의 명확한 내용은 뒷부분까지 밝혀지지 않는다. 스위트 홈에서의 외상 즉 학교 선생 조카들에게 강간을 당한 것 그리고 124번지에서의 유아살해 사건은 파편적으로 드러난다. 노예제도가 시이드, 그녀 주변의 사람들, 그리고 공동체에 미친 영향들이 조금씩 드러난다. 시이드의 가장 큰 외상인 유아살해 사건에 대한 직접적인 언급은 빌러비드의 등장 이후 소설이 상당히 진행된 후에 이루어진다. 이러한 서사 구조는 파편적으로 드러나는 외상의 특징을 잘 드러낸다. 다양한 관점에서 이야기되던 그 '비참한 사건'은 폴 디의 질문으로 마침내 시이드의 관점에서 말해진다. 그 때 그녀가 폴 디의 주위를 빙빙 돌면서 말하는 방식은 외상을 발화하는 것의 어려움을 보여준다. 외상의 원인과 이유는 분명하지만, 그것을 다른 사람에게 말하는 것은 쉽지 않다. 다른 모든 관련사들을 끌어 들이지 않고서는 명확하게 말할 수 없다.

폴 디가 떠난 후 시이드는 빌러비드를 죽은 딸이 살아 돌아온 것이라고 생각한다. 시이드는 이제 본격적으로 빌러비드를 대상으로 자신이 그렇게 할 수 밖에 없었던 여러 이유들을 직접 열심히 설명하고 설득시키려고 한다. 주디스 허먼은 외상적 이야기의 재구성은 "외상이 일어나기 전부터 일어나기까지 이어진 상황을 검토하는 것에서 시작한다… 이것은 "삶의 흐름"을 재생하기 위해서이고 과거와 연결되는 느낌을 회복하기 위해서이다"(176)라고 말한다. 지금까지 엄마에게 버림받았다는 느낌, 학교 선생 조카들의 강간, 자신의 유아살해 사건 등에 관한 정보들이 처음부터 드러났다. 그러나 그 사실들은 시이드의 '정서가 결여된 회상'으로 단순 사실만을 나타내는 경우가 많았다. 그러나 두 번째 부분에서 시이드는 빌러비드를 대상으로 과거의 사건들을 재구성할 뿐만 아니라 진심으로 그녀의 용서를 구하고 자신이 그럴 수밖에 없었던 유아살해 이전의 사건들을 자세하게 설명한다.

시이드는 매 맞은 아이, 살인자 엄마의 희생자의 위치에 놓임으로써 죽은 아이의 고통을 생각하게 된다. 공터에서 시어머니인 베이비 석스^{Baby Suggs}를 그리며 앉아있던 시이드의 목을 서서 만져 주며 굽어보고 있는 빌러비드는 엄마처럼 보이고 몸을 맡기고 있는 시이드는 아이와 같다. 빌러비드가 시이드의 옷을 입고 말과 행동을 따라하면서 두 사람은 "누가 누구인지 분간이 되지 않을 정도"(283)이다. 임신으로 몸이 점점 커지는 빌러비드는 과거의 임신한 시이드가 되고 점점 말라서 조그마해지는 시이드는 어린 빌러비드가 된다. 이 역할의 역전은 시이드를 아이의 위치에 놓음으로써 유아살해의 외상을 느끼게 만든다. 빌러비드가 더 많이 가져가면 갈수록 시이드는 더 많이 이야기하고, 설명하고, 고통을 그릴 수 있다. 시이드는 스스로는 결코 용서할 수 없는 그 행동을 빌러비드가 이해하고 용서해주기를 필사적으로 갈망하며 빌러비드의 욕망을 충족시키고자 한다. 빌러비드는 의도적인 것은 아니지만 시이드의 정면통과를 돕는다. 빌러비드의 수많은 질문과 질책은 시이드로 하여금 아이의 상실을 재경험하게 하고 과거의 외상에 직면하게 한다. 빌러비드의 등장으로 시이드는 얼음 같은 무감각함을 깰 수 있었다. 전 생애 동안 가장 끔찍했던 순간, 압도적인 고통의 순간으로 반복해서 돌아갈 때, 시이드는 마침내 그 사건과 타협을 하게 되고, 그 사건을 그녀에게서 발생한 사건으로 경험하게 되고, 그녀가 부인하고 있는 동안에는 그녀를 떠나지 않고 장악하던 과거의 손아귀에서 점차 벗어나기 시작한다.

시이드의 외상은 직접 노예제도를 경험하지 않은 딸 덴버에게 전달된다. 124번지에서 엄마와 고립되어 살아왔던 덴버는 시이드의 재기억을 목격하는 청자의 역할을 한다. 덴버의 경우 외상의 생존자인 엄마와 긴밀한 가족관계에 있기 때문에 단순한 청자보다 엄마의 외상에 영향을 더 받기 쉽다. 덴버는 "대리 외상 생존자"ᵃ ˢᵘʳᵛⁱᵛᵒʳ ᵇʸ ᵖʳᵒˣʸ(Caruth, "Interview" 145)가 될 가능성이 높다. 대리 외상 생존자의 경우 외상을 직접 경험한 생존자의 이야기를 듣고 이들과 함께 지내면서 그들이 직접 경험하지 않는 외상을 경험한다. 덴버는 어린 시절 엄마의 살인 사건에 대한 질문의 대답을 듣기 전에 먼저 외부로부터 오는 소리의 문을 닫아버린다. 덴버는 이러한 기억으로부터 자신을 보호하기 위해 자신을 고립시킨다. 일시적인 청각 장애가 덴버의 외상에 대한 반응이다. 대신 "60피트 위의 가지에 앉아 있는 제비 한 마리의 검은 콧구멍 따위"(121)도 볼 수 있을 정도로 덴버의 시각은 과민하게 발달한다. 그 이후 최초로 들린 소리는 계단을 올라가는 어린 아기 유령의 소리였다. 이것도 덴버의 외상적 반응이라고 볼 수 있다. 덴버는 할머니 베이비석스가 죽고 두 오빠가 떠난 후 외부와 고립된 채 오로지 엄마와 124번지에 거주한다. 덴버의 청각 고립 보다 더 치명적인 것은 외부세계로부터의 고립이다. 덴버는 124번지 내에서 거의 가족들하고만 살았고 시이드가 외부세계에 대해 주입했던 공포심 때문에 더욱 더 외부세계로부터 고립된다.

빌러비드의 등장으로 덴버는 외상을 극복할 수 있는 기회를 가지게 된다. 빌러비드는 덴버에게 시이드의 덴버 출산과 도주 이야기를 해달라고 한다. 덴버는 여기에 새로운 것을 가미해서 매번 듣는 자의 입장에서 이제 말하는 자의 입장으로 그 이야기를 새롭게 풀어간다. 덴버는 "공감적 불안정성"을 지닌 청자의 역할을 하는 빌러비드를 대상으로 항상 엄마에게서 자신을 임신한 몸으로 스위트 홈을 탈출하던 이야기를 듣기만 하다가 이제 그 이야기를 재구성해서 빌러비드에게 들려주면서 "예상치 못한 기쁨"(69)을 얻게 된다. "빌러비드가 주먹 쥔 두 손으로 얼굴을 괴고 덴버를 주의 깊게 쳐다볼 때가 있었다. 한 없이 좋았다. 빤히 응시하는 것도 아니고, 그냥 보이는 대로 보는 것도 아니고, 관심을 가지되 비판하지 않는 눈길로 바라보는 타인의 시야에 끌려들어 가는 건 참 좋았다"(139)라고 덴버는 말한다. 덴버는 말해지지 않았던 것, 말할 수 없었던 것을 말하게 하고, 자신을 무비판적으로 응시하는 빌러비드와의 접촉으로 외상을 정면통과하는 과정을 향해 간다.

덴버는 마침내 유아살해가 자신에게 미친 영향을 말할 수 있다. 덴버의 독백장에서 덴버는 솔직하게 엄마가 언니를 죽였듯이 엄마가 자신의 머리를 빗질하는 동안 죽일 지도 모른다는 공포심으로 힘들었던 느낌들을 이야기한다. 덴버는 그동안 그 사건이 남긴 영향에 대해 희미한 느낌만을 가지고 있었다. 그러다가 드디어 이 외상의 형태를 발화할 수 있게 된다. 빌러비드와 대면하고 외부세계에 대한 두려움과도 대면함으로써, 덴버는 124번지에 미친 빌러비드의 장악을 끝낼 수 있는 기회를 가지게 된다.

시이드가 빌러비드와 그녀의 과거로부터 벗어날 수 있었던 것은 폴 디의 수용과 돌봄도 있었지만 또한 마을 사람들이 지지를 보내주었기 때문이다. 허먼은 "공동체의 반응은 외상의 궁극적인 해결에 강력한 영향력을 행사한다"(51)고 말한다. 외상을 경험한 사람이 보다 안전하게 외상을 극복하기 위해서는 외상적 사건에 대한 사회적 인정이 필요하다. 유아살해 이후, 마을은 124번지와 그 거주민들을 추방하고, 그 곳에는 발도 들어놓지 않았었다. 그러다가 덴버의 요청으로 교류가 다시 시작된다. 이 교류로 인해 덴버는 124번지에서 더 벗어나 세상 밖으로 나갈 수 있게 되었다. 이것은 마을 사람들이 덴버의 요청에 기꺼이 도와주었다는 것도 되지만 마을사람들 또한 이제 그 사건의 외상에서 벗어날 계기를 마련하였다는 것을 보여준다. 마을사람들의 정신적 지주였던 베이비 석스 가족에서 그 끔찍한 사건이 일어났다. 마을 사람들은 "124번지에서 과시한 그 엄청난 후의와 무모한 베풂"(162)에 분개하여 백인 네명이 도망친 노예를 잡기 위해 오는 것을 알면서도 어느 누구도 그 사실을 124번지 사람들에게 알려주지 않았다. 그들은 시이드가 아이들을 데리고 도망칠 수 있는 기회를 차단하여 그 끔찍한 사건을 방조했다는 죄책감을 가지고 있었다.

어느 날 빌러비드에 대한 이야기를 듣고 그녀가 어떤 악령이라고 생각한 마을 여자들은 빌러비드를 쫓아내기 위해 124번지에 모인다. 그 소리를 들은 시이드는 빌러비드와 함께 문 밖으로 나선다. 흥얼거리는 그 모습은 예전의 공터에서의 장면을 떠오르게 한다. 그 소리는 베이비 석스가 마을사람들을 웃고, 울고, 노래 부르고, 그들의 상처를 보듬어주고, 그들에게 자신의 몸을 사랑하게 만들었던 그 공터의 장면을 떠올리게 한다. 이 순간이 시이드의 정면통과를 촉진한다. 정면통과란 외상으로 고통받는 사람이 외상의 원인을 지적으로는 인식하고 있지만 경험적으로는 수용하지 못할 때 사용할 수 있다. 경험적인 차원에서 반복 강박에서 벗어날 수 있는 방법은 원사건과 유사한 상황을 안전한 조건 하에서 설정한 다음 원사건을 반복하지만 다른 결과를 가져오도록 연출하는 것이다.

덴버에게 일자리를 주기 위해 124번지로 오던 보드윈^{Bodwin}의 도착으로 유아살해의 순간이 재연된다. 시이드는 모자를 깊숙이 눌러쓴 보드윈의 모습을 보고 학교 선생이 자신과 아이들을 잡으려 왔다고 생각한다. 학교 선생이 도착했을 때와 마찬가지로 시이드는 다시 한 번 새의 날개 소리를 듣게 된다. 외상적 사건의 반복의 힘을 예증하는 언어가 그 사건 때와 같이 반복된다. 빌러비드의 손을 놓고 보드윈에게 달려들었던 시이드의 시도는 실제 유아살해 사건과 달리 덴버와 마을 여성들에 의해 제지된다. 유아살해 원사건 때 공격의 대상이 자기의 가장 소중한 것들이었던 것에 반해 이 장면에서 시이드는 자신이 분노를 표출해야 할 정당한 대상을 향해 공격한다. 원사건 때 아이가 죽은 것과는 달리 재연출된 장면에서 시이드의 공격은 딸 덴버와 마을 여성들의 제지로 실패로 끝나게 된다. 그리하여 시이드는 자신이 집단에 의해 구출되는 것을 발견하고, 냉정해져서 현실로 돌아옴을 느낀다.

빌러비드는 소설의 결말 부분에서 사라지는데, 이것은 인물들 각자가 어느 정도의 치유를 달성했다는 증거가 될 수 있다. 모리슨은 빌러비드라는 치유의 지점을 통해, 시이드의 외상이 극복되었다고 그리는 것 같다. 빌러비드가 떠난 후에, 폴 디는 124번지로 돌아와서 베이비 석스가 그러했듯이 상처받은 시이드를 목욕시키고 소생시키는 것처럼 보인다. 폴 디는 시이드의 상실의 인정을 허락한다. 시이드는 "그애가 나를 떠났어", "그애가 내겐 가장 귀한 것이었는데"(321)라고 말한다. 삶으로 나아가기 전의 마지막 애도인 이 진실로 인해 폴 디는 "시이드 당신하고 나, 우리한테는 누구보다 어제가 많아. 이제 어떤 식으로든 내일이 필요해"(322), "시이드, 당신이 제일 귀해. 시이드, 당신이"(322)라고 말하면서 두 사람이 미래를 함께 하는 것으로 소설이 끝나는 것 같다.

모리슨은 빌러비드가 흔적도 없이 사라졌고 사람들은 나쁜 꿈처럼 "고의적으로든 재빨리 그녀를 망각했다"(323)라고 말하면서도, 완전한 애도가 불가능하듯이, 빌러비드를 두고 떠나온 사람들이 그녀를 완전히 부인하는 것이 어렵다고 암시한다. 마을 여성들의 집단 살풀이와 시이드의 정면통과 뒤에 124번지 뒤로 흐르는 시냇가에 남아있는 빌러비드의 발자국은 "나타났다 사라지고, 나타났다 사라진다"(324). 사람들은 손을 대기만 하면 언제든지 다가온다는 것을 알기에 마음만 먹으면 그걸 만질 수 있지만 그러지 않는다. 그리고 악몽처럼 그녀를 의도적으로 재빨리 잊어버리고자 한다.

노예제도의 기억은 흑인들의 몸, 영혼, 그리고 심리 위에 부재한 현존으로서 존재한다. 의도적으로 잊는다고 해서 잊히는 것도 아니다. 라카프라는 모든 상처가 흔적을 남기지 않고 치유되는 일이란 있을 수 없다고 말한다. 빌러비드의 문제는 해결되지 않은 채로 남아있다. 그럼에도 이 작품의 등장인물들은 말할 수 없었던 과거의 외상을 발화하는 행위를 통해서 과거를 비판적으로 보고 말할 수 있게 되었다는 점에서 외상의 극복 향한 정면통과 과정을 거쳤다고 볼 수 있다.

IV

외상 소설은 일반 대중문화 속의 다른 외상 텍스트로부터 구분되는 중요한 특징을 지니고 있다. 외상을 다룬 텍스트는 외상의 증상인 행동화도 드러내면서 동시에 외상의 극복 전략인 정면통과도 함께 제시한다. 또한 외상 소설은 외상의 재구성에 주목한다. 재현하기 어렵고 파편적인 외상의 특징을 표현하기 위해 비선형적 내러티브, 복합 시점, 파편화된 언어 등을 사용한다. 이러한 실험적인 기법은 독자들이 보다 적극적으로 인물들의 외상의 양상과 극복 과정에 참여하도록 만든다. 크럼홀츠는 『빌러비드』 독자들의 "파편화된 이야기의 재구성은 시이드의 심리적 회복과 상응한다"(396)고 말한다. 첫 부분에서 등장인물들의 단편적인 회상을 통해 알려지는 외상의 이야기는 축적되어 시이드가 직접 유아살해 사건을 말하는 장면에서 절정에 이름으로써 독자는 비로소 외상의 실체를 직면할 준비를 한다. 두 번째 단계에서 독자는 시이드, 덴버, 빌러비드의 내적 독백의 세 장과 그리고 세 사람의 목소리가 합쳐진 마지막 장에 이르러 그들의 목소리와 직면하면서 당황스럽지만 그들의 외상의 실체를 더욱 이해하게 된다. 마지막 부분에서 독자들은 등장인물들과 마찬가지로 치유의 과정을 거치게 된다. 폴 디와 시이드의 재결합에 대한 희망과 124번지의 고립된 삶에서 벗어나 이제 학교 선생이 될 준비를 하는 덴버의 모습에 독자들은 안도감과 희망을 느낀다. 그럼에도 여전히 언제든지 가까이 다가올 수 있는 빌러비드의 흔적으로 불안하다.

외상 소설에서 외상은 단순히 '개인적 비극'으로 제시되는 것이 아니라 '더 큰 파괴적인 세력의 결과'로 제시된다. 그래서 외상 소설은 사회적 억압과 외상 이후 남겨지는 심리적 손상을 강조하게 된다. 독자는 외상 소설을 단순히 읽는 것으로 그치는 것이 아니라 그 소설을 읽은 후에 그러한 외상을 양성하는 세력에 대한 사회문화적 비판적 분석을 행할 수 있는 더 나은 위치에 있게 된다.

🌿 참고문헌

육영수. 「기억, 트라우마, 정신분석학: 도미니크 라카프라와 홀로코스트」. 『치유의 역사학』. 서울: 푸른역사, 2008. 371-409.

이명호 「역사적 외상의 재현(불가능성): 홀로코스트 담론에 대한 비판적 읽기」. 『비평과 이론』. 제 10권 1호(2005. 봄/여름). 125-153.

Brison, Susan J. "Trauma Narratives and the Remaking of the Self." *Acts of Memory: Cultural Recall in the Present*. eds. Micke Bal, Jonathan Crewe and Leo Spitzer. Hanover, Hanover: UP of New England, 1999. 39-54.

Caruth, Cathy. *Unclaimed Experience: Trauma, Narrative, and History*. Baltimore: Johns Hopkins UP, 1996.

_____. "An Interview with Robert Jay Lifton." *Trauma: Explorations in Memory*. Ed. Cathy Caruth. Baltimore: Johns Hopkins UP, 1995.

Freud, Sigmund. "Mourning and Melancholia." *The Standard Edition of the Complete Psychological Works of Sigmund Freud*. Vol. 14. Trans. James Strachey. London: Hogarth P, 1955. 237-260.

_____. "Remembering, Repeating, and Working-through." *The Standard Edition of the Complete Psychological Works of Sigmund Freud*. Vol. 12. Trans. James Strachey. London: Hogarth P, 1955. 147-156.

Herman, Judith. *Trauma and Recovery*. New York: Basic House, 1992.

Kaplan, E. Ann. *Trauma Culture: The Politics of Terror and Loss in Media and Literature*. London: Rutgers UP, 2005.

Krumholz, Linda. "The Ghost of Slavery: Historical Recovery in Toni Morrison's *Beloved*." *African American Review*. 26.3 (1992): 395-408.

LaCapra, Dominick. *Writing History, Writing Trauma*. Baltimore: Johns Hopkins UP, 2001.

Laub, Dori and Shoshana Felman. *Testimony: Crisis of witnessing in Literature, Psychoanalysis, and History*. New York: Routledge, 1992.

Luckhurst, Roger. "'Impossible Mourning' in Toni Morrison's *Beloved* and Michele Robert's *Daughters of the House*." *Critique: Studies in Contemporary Fiction* 37 (1996): 243-60.

Morrison, Toni. *Beloved*. New York: Vintage, 2004.

Prete, Di Laura. ""Foreign Bodies": Traumatic Latency and Corporeality in *Beloved*." *Trauma, Corporeality, and Textuality in Contemporary American Culture*. New York: Routledge, 2005. 49-86.

Rampersad, Arnold. "Slavery and the Literary Imagination: Du Bois's *The Souls of Black Folk*." *Slavery and the Literary Imagination*. Ed. Deborah E. McDowell and Rampersad. Baltimore: Johns Hopkins UP, 1989. 104-124.

van der Kolk, Bessel A. and Onno van der Hart. "The Intrusive Past: The Flexibility of Memory and the Engraving of Trauma." *Trauma: Explorations in Memory*. Ed. Caruth. 1995. 158-182.

4부

●

아시아계 미국문학

미국의 시민 신화와 시민 주체: 맥신 홍 킹스턴의 소설에 나타난 시민권과 이민법의 문제

• 유제분

한 국가의 혹은 한 지역의 시민이란 무엇인가? 단일민족의 신화 속에 안주해 온 우리에게, 시민권 논의는 진부하거나 부차적으로 들릴 수 있다. 남북북단의 현실과 통일에의 염원 그리고 한민족에 대한 확고한 국민의식은, 시민권 개념이 지닌 중층 구조적 측면을 도외시한 감이 없지 않다. 이 땅에 태어났다고 다 시민인가? 이 질문은 시민됨과 시민권이 법의 문제만이 아님을 말해준다. 시민권은 한 개인과 그 개인이 몸담은 사회를 연결시키는 가장 기본적이며 필수적인 연결고리이다. 동시에 이는 생존문제를 넘어선 정체성의 문제이기도 하다. 정체성의 문제에서 시민이 먼저인가? 아니면 주체가 먼저인가? 양자의 순위는 결정하기 어렵다. 그만큼 이들은 상호보완적이기 때문이다. 포스트 모던 상황 아래 주체의 소멸이 인지된다면, 근대 국민국가의 경계를 애매하게 만드는 다문화와 세계화라는 이질적인 새로운 상황에서 시민권과 시민주체의 문제는 당연히 재고되어야할 사안이다.

시민권의 논제는 90년대부터 사회과학에서 재개되었으나 국내 영미문학 연구에서는 논의가 미비했다. 이 점에 주목하여 이 연구는 시민의 개념과 시민권의 문제가 특히 미국내 소수민족의 문학작품을 통해 제기되는 제양상을 살피려 한다. 본 연구를 위해 중국계 미국 작가, 맥신 홍 킹스턴의『여인무사』와『중국 남자들』은 매우 적절한 분석대상이 될 수 있다. 특히『중국 남자들』은 시민의 정의 문제와 미국의 이민법의 문제를 제기한 작품이라는 점에서, 미국의 이민법을 시민권과 연계하여 상세하게 다룰 수 있는 좋은 사례가 된다. 요컨대, 이 연구는 종래 간과되어 온 법적, 정치적 영역을 문학 연구의 대상으로 끌어들여, 문학과 법의 접점을 모색하려는 시도이다.

자유민주시민 신화와 열린 시민권

평등과 자유라는 자유민주 시민의 신화를 일구어 낸 미국 역사에서 시민권과 시민법 문제는 미국의 건립 이전, 영국왕 제임스 1세가 미국 남부에 버지니아 회사를 인가하기 전부터 이미 존재하였다. 스코틀랜드의 제임스 6세가 영국왕 제임스 1세가 되면서(1603), 1606년에 태어난 스코틀랜드의 아기, 로버트 칼빈이 스코틀랜드인인지 아니면 영국인으로 규정되어야할지를 놓고 치열하게 벌인 법적 논쟁인 칼빈의 판례^{Calvin's Case}도 그 중 하나의 사례이다(Citizenship by Birth 385-394; Smith 40-41). 이 때의 시민권은 군주의 통치 영역을 중심으로 정의되어, 이 아기는 스코틀랜드에서 태어났지만 스코틀랜드가 영국 왕의 통치 아래 있으므로 영국인으로 규정된다. 이 경우, 시민권은 왕권 다시 말해서 제임스 왕에 대한 신하로서의 의무 강화에 목적이 있었다.

영국의 정책은 당시 미국 식민지에도 그대로 적용되어, 제임스 1세의 통치하의 초기 미국 식민지인들의 시민권은 왕에 대한 예속과 봉사의 의무를 의미했다. 그러므로 영국 본토에서 지구의 삼분의 일이라는 멀리 떨어진 식민지인들에게,

영국시민이라는 사실은 경제적, 정치적 책무 뿐 아니라 자신의 정체성의 혼동을 의미하기도 했다. 왜냐하면, 초기 미국 식민지는 토크빌 등이 보았듯이 비교적 평등하고 동질적인 집단이 아니라, 인종적, 문화적 차이를 지닌 다양한 집합체였으므로, 영국 제임스 1세 왕의 통치하에 부여된 '영국안'이라는 정치적 정체성은 식민지인의 자기 정체성과 분명 괴리가 있었기 때문이다.

이 같이 시민의 정의문제와 이에 수반하여 제기되는 시민권, 시민법의 문제는 미국 역사의 초기에서부터 지속적으로 논란이 된 논제이다. 시민의 정의문제와 관련하여 미국문학을 살펴볼 때, 적지 않은 미국문학 정전이 지금까지와는 보다 다른 관점에서 해석될 수 있는 가능성을 보인다. 특히 20세기 이후 미국 주변부의 소수민족문학은 시민권과 관련된 일단의 논제들은 꾸준히 형상화해왔다.

국가가 역사의 필연적 소산이기보다는 여러 다른 집단의 이해가 모여 이루어진 구성체라는 관점은 더 이상 새롭지 않다. 국가 만들기와 직결되는 시민법의 우선적 기능은 배제의 원칙을 제시하거나 그 대행자의 역할을 수행하여 왔다고 해도 과언은 아니다(Smith 12). 실제로, 미국의 시민법과 이민법은 시민의 범주를 규정하는 과정에서 시대의 정치, 경제적 이익을 위해 수용과 배제의 양극을 왕복해 왔다. 특권을 규정하거나 정의 내리면서 비시민을 차별하는 방식을 구성한 것이다. 미국내 흑인의 사회적, 법적 신분이 미국의 정치, 경제구조에 따라 변형되어 온 것은 그 대표적 예가 된다.

자유 민주국가에서 민주 시민권의 개념은 자유와 평등을 의미한다. 이는 곧 개인의 차이를 국가 의지에 종속시킬 것을 전제로 하는 평등이며, 따라서 소수민족의 차이는 교육, 방송, 법제도 등의 국가 장치에 의해 침묵되어왔다. 이렇게 볼 때 동등한 시민권을 의미한다는 자유 민주주의 시민권 담론 자체는 하나의 신화에 지나지 않는다. 자유민주 시민의 국가 이데올로기는 미국 내 소수민족에게는 자기 정체성을 부여하기보다는 오히려 자기 소외를 낳아 온 것이다.[1]

---

[1] 로렌 벌란트는 미국 인기 TV 방영물 『스미스, 워싱턴에 가다』나 『나라 안에서』와 같은 영화가 집단 시민권 감각을 부채질하는 '워싱턴 순례 구조를 공유하고 있음을 지적하면

지구의 역사에서 상당 기간 동안 다문화주의는 미국의 국가적 정체성의 표상이었다. 그러나 세계화를 향한 감각훈련과 다국적 기업을 위한 다문화주의의 기치 속에서, 미국은 내부에 존재하는 소수민족 집단들의 차이에는 소홀하지 않았는가? 이러한 문제제기는, 동시대 소수민족문학의 상당수가 바로 소수민족이기 때문에 겪는 자기소외를 극명하게 형상화하고 있다는 점으로 정당화될 수 있다. 국내에서도 활발히 논의되고 있는 한국계 미국작가 이창래의 『네이티브 스피커』와 『제스처 인생』 역시 백인 우월주의의 가치에 편입하려는 소수민족의 모범적 역할수행의 신화를 형상화하고 해체시키는 미국 내 소수민족 작품이다. 작품의 주인공들은 사회가 요구하는 역할 수행을 통해 계급, 배경, 전통 그 어느 것에도 상관없이 어느 누구나 자유, 평등한 미국 시민이 될 수 있다는 미국의 시민신화 속에서 자신의 정체성을 찾으려한다. 백인의 언어와 삶의 방식을 철저히 모방하면서 완벽한 미국시민이 되는 것이 이들에게 부여된 미국의 꿈이자 미국의 시민신화인 것이다. 신화의 끝에는 자신의 지나간 삶을 헛된 "제스처 인생"으로 인식하는 허탈한 자아소외가 자리잡는다.

『네이티브 스피커』와 『제스처 인생』의 주인공들이 추구하는 신화는 바로 알튀세르의 "호명"interpellation이 일어나는 자리이다. 다시 말하면, 소수민족 집단들이 국가 장치의 이데올로기에 호명되어 "좋은 시민"이 되는 현장이 소수민족의 모범적 역할수행의 신화이다. 알튀세르가 의미하는 호명은 주체가 이데올로기를 내면화하는 과정이다. 말하자면, 언어가 개인을 호명하는 과정을 통해 개인은 사회 속에서 자신들의 역할을 수용하도록 구조화된다. 이 같은 호명은 의미의 구조를 생산하는 이데올로기적 국가장치, 예를 들면, 학교, 미디어, 교회, 가족, 정당, 문화 등을 통해 이루어진다. 개인이 의미 구조의 전달자가 되면, 그런 구조에서 도피할 방법은 없다. 다시 말해서 이데올로기적 국가 장치가 전달하는 이데올로기에서 빠져나갈 수 없다는 것이다. 주체가 호명되는 과정은 동일시identification라는 허구적

___

서, 흑인이나 소수민족이 자유와 평등의 역사를 가시화한 수도 워싱턴의 기념관들을 방문할 때 경험하는 소외감을 구체적으로 설명하고 있다(Berlant 25-53).

환상에 의존한다. 이 가상의 동일시는 기쁨의 효과를 제공하고, 주체간의 차이를 동일한 것으로 간주하여 그 속의 간극을 봉합해 버린다. 이 같은 방식으로 주체는 정치적 저항이나 반대를 할 수 없도록 설득되며 국가장치에 편입된다는 것이다. 역사를 초월하여 작동하는 이데올로기의 호명은 냉전이후 서구 시민의 자유에 대한 자만과 환상을 탈 신비화하는 역할을 담당해왔다(Lowe 144-45).

그러나 알튀세르의 논의는, 전체주의적인 이데올로기에 저항할 수 있는 시민 사회 영역$^{civil \ sphere}$의 잠재력을 보지 못하였다는 지적을 받는다. 발리바의 비판의 핵심은 바로 여기에 있다. 알튀세르의 주체 개념이 심리주의로 치우친 점을 지적하면서, 발리바는 알튀세르의 주체 개념에 정치 영역을 보완하여 시민 주체$^{citizen \ subject}$의 개념을 제시한다. 발리바는 주체가 무능력한 상황에서 주체 이후 무엇이 오는가? 라는 질문에 "시민 주체"라고 대답한다. 이 때 "주체"는 칸트의 "초월적 주체"나 하이데거 이후 철학 사유의 대상이 되어온 "주체" 외에 또 다른 의미인 "신하"(영어와 불어에서는 동일어이지만, 라틴어와 독일어에서는 subjectum, subjekt 대신에 subjectus, untertan으로 묘사되는 "신하"의 의미)를 함유한다 (Balibar 38). 칸트가 초월적 "주체"를 말하던 역사적 시간은 군주의 "신하"가 없어지고 그 자리에 공화국의 시민이 들어선 순간이었다(Balibar 39). 그러나 주체의 진정성이 흔들리는 현시대에서 발리바는 "sujet"(subject)의 잊혀진 원래의 이중의 의미를 복원하여 이를 시민주체로 상정한다. 다시 말하면, 발리바의 시민 주체는 주체가 함축하는 자율성과 더불어 신하의 의무와 복종을 의미한다. 그리하여 발리바의 시민주체는 시민의 자유와 권리, 그리고 의무, 이 모두의 균형을 이룬 보다 중층적이고 정치적인 시민 개념이 된다.

발리바의 시민주체는 알튀세르의 주체개념보다 실천적이며 적극적 의미를 부여받은 듯 하다. 그러나 발리바의 시민주체론 역시 다문화사회에서 여성을 포함한 소수민족 집단의 공적 정체성의 문제를 충분히 설명하기에는 부족해 보인다. 따라서 여기에 리자 루에나 아이리스 영, 그리고 샹텔 무페의 주장을 간략하게나마 소개해야할 필요가 있다. 이들 여성 이론가들의 공통점은 사회 집단의 정체성을 모두 상대적 관계로 이해한다는 것이다. 이 가운데 소수집단이 중심 이데올로기에 대해 저항할 수 있는 가능성을 살피려한다. 리자 루에에 따르면, 알튀세르의 호명은 주체간의 차이를 인정하면서도 동시에 형식적으로 동일한 주체를 요구하는 자본주의의 이상이 지닌 모순을 공유한다. 그녀에게 있어서 "나쁜 주체", 즉 부적절하게 호명된 주체야말로, 단일 이데올로기에 의해 포착되지 않을 수 있는 가능성을 지닌다. 말하자면, 이들은 규범적인 국가장치로부터 일탈함으로써 지배받는 것을 거부하는 주체들이다. 호명을 거부하는 "나쁜 주체"는 차이에 기초하기 때문에, 하나로 구술될 수 없는 "비정체성"non-identity을 의미한다. 이들은 식민지적 타자, 인종, 에스닉, 언어상의 타자와 같은 이질적 복합체로서, 지배 국가장치의 단일 이데올로기의 호명에 대립하는 것이다. 리자 루에에 따르면, 바로 이 대립의 접합부분이야말로 국가장치의 주류 이데올로기를 재해석할 수 있는 공간이 된다. 그녀에 있어서 특기할만한 사항은 한국계 미국 작가 차 학경의 『딕테』을 바로 그 같은 공간으로 해석한다는 것이다(Lowe 143-46).

리자 루에와 동일한 맥락에서 아이리스 영 역시 공적 영역으로서의 시민권의 개념, 말하자면 시민은 차이를 초월한 보편성을 갖는다는 관점을 사실 시민의 획일성을 강요하는 것으로 본다(Young 252). 아이리스 영에 따르면, 종래의 시민권 개념은 보편성/개별성, 공적/사적 영역, 이성/감정 등의 이분개념을 전제한다. 따라서 공적영역으로서의 전통적 시민권 개념은 기본적으로 사적영역에 속한 것으로 이해되어온 여성 집단을 차단하는 장치를 지닌 개념이다. 다시 말하면, 집단의 차이를 초월하는 보편 개념의 시민권을 창조하는 것은, 소수집단을 배재하고 억압하는 것이다. 아이리스 영은 시민권을 일련의 권리와 의무만이 아니라 특정한 정치집단 구성원의 정체성으로 이해하여 "차이화된 시민권"differentiated citizenship의 개념을 제시한다. 그리하여 소수민족 집단이나 종교집단 등의 요구 및 문화적 정체성에 상응하는 집단 자치 권리를 부여할 것을 제안한다. 그녀에 의하면, 소집단의 사회권리는 궁극적으로 전체사회의 연합을 의미하는 것이다.

현대의 시민권이 여성과 소수집단의 가치를 부정하는 기초 위에 세워졌다는 점에 있어서 샹텔 무페는 아이리스 영과 인식을 같이 한다. 더 나아가 아이리스 영의 관점을 좀 더 후기구조주의적 측면으로 몰고 간 것이 무페의 열린 시민권 개념이다. 성적 정체성을 포함하여 모든 정체성을 비고정적이고 불안정한 것으로 보는 후기구조주의 관점에서 볼 때, 시민을 획일적으로 법적 지위로만 한정한 자유주의가 지향하는 사회의 유기적 힘일은 결코 성취될 수 없다. 그녀에 따르면, 후기 구조주의의 정체성에 대한 통찰력은 민주시민의 복수적 개념을 확장시키는 데 필요하다. 그러나 무페는 모든 차이를 인정하는, 무관심의 극단적 복수주의를 의미하는 것이 아니다. 존재하지 말아야하지만 존재하는 차이와 존재하지 않지만 존재해야하는 차이를 식별하는 것이 중요하다(14). 무페는 시민권을 정의하는 대신, 정의의 가능성을 열어놓는다. 말하자면, 평등과 자유 그리고 시민권의 다른 관점이 경쟁적으로 해석되어야한다는 것이다. 무페의 "열린 시민권"이 사적/공적 영역의 이분법적 구도를 벗어나 차이에 바탕한 시민권 개념임은 말할 나위가 없다.

얼마 전 비행기 사고로 세상을 뜬 빌 레딩스 역시, 국가와 시민에 대한 기존 개념이 무너지고 있음에도 불구하고 여전히 그에 대한 환상에 집착하는 미국의 현실을 지적한다. 보편성을 주장하는 획일적 국가개념은 개인과 소수집단의 독창성과 차이를 무시한 채 국가에 종속된 획일적 시민을 요구한다. 이 상황에서 미국이 주장해왔던 개인이나 주체의 자율권은 더 이상 인정되지 않는다(Readings 182). 따라서 레딩스는 가치의 잣대를 기득권을 지닌 의미로서의 시민 개념이 아닌, 사회의 주변부가 지닌 개별성과 독창성에 둔다. 이 같은 입장은 소수민족 집단의 정체성을 이해하는 주요 개념적 도구로 작용할 수 있다. 이 주변부는 다름 아닌, 이질적 문화를 지닌 소수민족 집단과 여성의 자리이다. 백인 비평가 레딩스가 이러한 관점을 개진할 때, 미국 만들기의 과정에서 수행되었던 소수민족과 소수인종 박해에 대해 과거 미국의 역사가 짊어졌어야 할 죄의식과 책임의식의 윤리적 자각을 촉발시키는 것은 주목할 만 하다. 이 책임의식은 개인이 선택할 사안이 아니라, 미국 땅에 살고 있으므로 짊어져야 할 역사적 의무라고 강조한다. 사회계약은 개인의 자치권이나 의식을 넘어선 문제이기 때문에, 과거사에 대한 미국백인의 윤리적 책임 또한 개개인의 선택권을 넘어선 문제인 것이다(Readings 186).

리자 루에, 샹텔 무페, 아이리스 영 그리고 빌 레딩스의 논의를 통해 볼 때, 시민권은 단순한 법적 차원을 넘어선 중층 개념이 된다. 시민이라는 법적 정체성이 의무, 권리, 윤리 이 모두를 함유한 개념이 되는 것이다. 이들의 주장은 결과적으로 시민권에 대한 과거의 정치적, 법적 이해를 너머, "차이를 생성하는 이질적 공공영역"(Young 252) 에서의 보다 다층적인 시민권에 대한 구체적 검토가 필요함을 분명히 하는 것이다. 그러면 이 지점에서 동시대 미국문학소설은 시민권을 어떻게 이해하고 재현하는가? 이 논제는 다음 장으로 옮겨간다.

배제와 수용의 이중법칙:
『여인무사』와 『중국 남자들』 그리고 시민권과 이민법

맥신 홍 킹스턴의 첫 작품 『여인무사』는 미국의 소수민족문학 가운데 흑인문학을 제치고 미국의 대학교재로 가장 많이 선정되어 읽힌 작품이다.[2] 이 작품 덕분에 킹스턴은 중국의 신화를 노래하는 중국계 미국인 작가로 유명해졌다. 이 작품은 주인공이자 화자인 딸이 자신의 어머니에게서 들었던 이야기를 전달하는 형식으로 구성되었다. 주인공 화자는 어머니에게서 들은 전설상의 여인무사 파무란

---

2) 이 작품은 소수민족문학이지만 어느 새 소수민족문학을 대표하는 정전이 된 셈이다. 이 작품의 정전화를 둘러싸고, 적지 않은 비판의 소음이 있었다. 실제로 민담과 설화, 전설 형태의 이 작품의 글쓰기는 저항적 소수민족문학과는 괴리가 있음이 지적되기도 했다. 킹스턴 자신은 자신의 작품의 정전화가 궁극적으로 기존의 정전이 변화되어야 함을 의미한다고 지적한다(45). 이 모든 의견의 옳고 그름을 떠나서, 분명한 것은 하나의 소수민족문학이 정전화되어가는 과정에서 소수민족 간의 차이가 간과될 수 있는 부작용을 경계해야 할 것이다. 이 같은 경계의식은 소수민족의 차이를 인정하면서도, 그 차이 자체를 획일화시켜 버리는 미국 다문화주의의 정책에도 향할 수 있다.

^{Fa Mu Lan}을 포함한 중국 여성들을 통해 자신의 정체성을 찾아간다는 것이 작품의 줄거리이다. 미국 땅에서 천대받고 소외당하는 중국계 여성의 정체성은 남자 못지않게 중국역사 만들기에 기여한 여인무사 무란에 의해 회복된다는 것이다.

이 작품은 70년과 80년대 미국의 페미니즘 운동의 흐름을 타고 페미니즘 비평의 초점이 되었다. 저자는 자신의 작품이 페미니즘 문학으로 평가받는 것에 대해 스칸데라-트롬블리와의 대담에서도 불 수 있듯이, 매우 부정적이다(934). 그 이유는 킹스턴이 반 페미니스트이어서가 아니라, 일단 페미니스트 작품으로 분류되면, 이 작품을 다른 잣대로 이해하고 분석하려는 시도가 차단되는 경향이 일반적으로 나타나기 때문일 것이다. 그만큼 페미니즘에 대한 편견은 아직도 팽배하다는 의미가 된다.

사실, 미국에서 『여인무사』가 각광받은 배경은 70년대, 80년대의 페미니즘 운동만으로는 설명이 부족하다. 이 작품이 나온 1977년 이전에 맺어진 상하이 조약(1973)으로 중미관계의 정상화의 물꼬가 트이면서, 미국내 중국계 미국문학에 대한 관심이 일기 시작했다. 이는 60년대의 반문화 운동 이후 전개된 보다 우호적 오리엔탈리즘 덕택에 중국에 대해 보다 긍정적 태도가 이루어진 것과 동일선상에 있다. 데이비드 레이웨이 리는 이 모든 것이 미국의 범국가적 자본주의에로의 움직임이 없었다면, 불가능했을 것으로 본다. 이 맥락에서 킹스턴이 중국을 자신의 문학의 상상력의 모태로 선택한 것은 범국가적 이산의 형성 발달의 초기 단계와 맞물린다고 리는 말한다(Li 187).

『여인무사』가 중국계 미국 여성의 정체성 측면에서 읽혔다면, 두 번 째 작품 『중국 남자들』은 중국계 미국 남성의 정체성 측면에서 연구되어 왔다. 저자 킹스턴은 자신의 둘째 작품을 읽기 전에 『여인무사』를 읽을 것을 권장한다. 이는 이 두 작품이 별개의 독립된 작품들이라기 보다는 연작물이라는 의미가 된다. 필자의 읽기 방식은 두 작품을 연대기순으로 읽고 첫 작품을 다시 읽는 것이다. 이러한 읽기 방식은 이 두 작품 해석이 상호 영향을 주고 있음을 분명히 한다. 앞에서 제기한대로 『여인무사』는 페미니즘의 관점에서 읽게 되는데, 『중국 남자들』을 읽고 돌아와 다시 읽을 때는『여인무사』의 여성문제가 미국의 시민권 문제와 무관하지 않음을 깨닫게 된다. 작품의 시작부에 나오는 화자의 고모 이야기가 그 대표적 예이다. 화자의 고모는 남편이 미국 캘리포니아 금광으로 떠난 후 딴 남자의 아이를 임신하게 되는데 그 이유를 묻지도 않은 채 동네사람들은 그녀를 단죄하려한다. 마침내 그녀는 출산하자마자 갓 태어난 아기와 함께 우물에 빠져 자살해 버린다. 이 일화는 페미니즘의 시각에서 다루어져 왔으나『중국 남자들』과 연계하여 읽을 때는 이민법의 각도에서 해석될 수 있는 것이다.[3] 이 사건은 1926년으로 묘사가 되는데, 미국의 1924년 중국인의 이민법과 연계된다. 다시 말하면, 중국남자 노동자만 허락한 미국법 때문에 노동자의 아내들은 모두 중국에 남아 있을 수 밖에 없었다.

두 번 째 작품『중국 남자들』역시 작품의 절반 정도까지 읽기 전에는 시민권의 각도에서 작품을 이해하기는 쉽지 않다. 이 작품 역시 중국의 신화, 민화, 민담, 전설 등에 기초하고 있으며 첫 작품과의 차이는 중국의 미국 이민사가 보다 구체적으로 소개되었다는 것이다. 이 작품이 어느 도서관에는 인류학 분야로 분류-비치되었다는 이야기는 이 작품의 성격을 단적으로 말한다.

18단원으로 이루어진 이 소설의 정 중앙에는 "법"이라는 제명의 단원이 있다. 이 단원에는 1868년부터 1978년까지 중국을 위시한 소수민족 집단에 대한 미국의 이민법과 이민 정책, 민권 판례 등이 30가지가 넘게, 보고서 형식으로 소개되어 있다. 이 단원은 미국의 중국이민을 겨냥한 법적 차별을 사실적으로 묘사한 단원으로 평가받았다. 이 보고서 형식의 단원을 맞닥뜨리고 나서야 독자는 비로소 그전의 미국 내 중국인의 방황과 노동, 침묵, 떠도는 원혼의 한 등을 열거하는 수많은 일화 형식의 이야기들이 중국인의 미국내 법적 정체성의 문제와 관계가 있음을 알 수 있다. 그렇다고 모든 독자가 저자의 의도를 파악할 수 있다고 말하기는 쉽지 않다. 이 단원은 8쪽의 유난히 짧은 지면안에 수많은 이민법 조항을 담고

---

3) 이 관점은 2001 겨울 "영어영문학" 발표 때 토론자였던 이건종 교수에 의해 제기되었음을 밝힌다.

있기 때문이다. 마치 라깡의 "의도적 무의식의 비낌"^{intentional unconscious slip}과도 같이 이 단원은 저자의 감추어진 의도를 흘리고 있다고 할 수 있다. 그렇다고 이 단원이 무의식적, 불연속적 서술로 이루어졌다는 것이 아니다. 이 단원은 이 작품에서 가장 조리 있게, 사실적으로, 중국인에 대한 미국 이민법의 변화를 요약하고 있다. 감정이 배제된 이 단원의 역사적 서술은 중국인의 애환을 서술한 나머지 단원의 글쓰기에 의해 마치 항의라도 받듯 둘러싸인 채, 뚜렷한 서술상의 대조를 이룬다.

법단원을 제외한 나머지 열 일곱 단원은 법 단원이 보여주듯 불평등한 미국의 이민법 때문에, 공적 주체로 설정되지 못한 수 많은 중국계 미국 이민들의 고통과 애환의 일화를 그린다. 여기에는 화자의 증조할아버지와 할아버지, 아버지, 가까우면서도 먼 친족관계를 가진 오촌 팔촌 아저씨, 직계 이모, 그리고 차세대로는 화자의 남동생까지 등장하여 그들과 관계된 일화를 전달한다. 화자는 자신의 친척들을 묘사한다고 하지만, 등장 인물이 너무 많아서 이들이 모두 친척인지가 의심스러울 정도이다. 결국 화자는 중국계 미국이민 집단을 재현시키고 있음을 알 수 있다.4) 이 과정에서 작가는 개인과 집단, 개인적인 동시에 국가적인 사건들을 얽어내고 기억과 반기억을 섞는다. 자연스럽게 판타지, 전설, 야화 등의 다양한 장르의 서술이 전개된다. 이를 통하여 저자는 가족의 사가 뿐 아니라 미국내 중국이민의 서사를 재건설하여 미국사에서 인정되지 않거나 잊혀진 중국계 미국인의 현존을 재확인시키고 재정립시키려는 시도를 보인다. 미국 내에 곳곳에 자리잡은 차이나타운을 중국인의 사적 영역이 아닌 미국 법으로 인정받는 시민의 공공영역으로 자리 매김 하려는 것이 작가의 의도라 생각된다.

이 시점에서 미국의 이민사 중에서도 중국계 이민의 상황을 살펴보는 것이 필요할 것 같다. 초기 중국계 이민의 90%는 남성이다. 인종 혼합 반대 법과 중국인 노동자 아내의 미국 입국 금지 법령 때문에, 중국노동자들은 차이나타운에 모

---

4) 소수민족문학은 개인적이라 하더라도 정치적 성향을 띠며 하나의 주체보다는 집단적 발화의 집합을 표현한다는 들뢰즈의 지적(153-55)은 이 작품의 특성과 무관하지 않은 것으로 보인다.

여 함께 살아야 했다(Chan 105-7). 이들의 고통은 "시에라 네바다 산" 단원에서 조부 아궁Ah Goong이 겪은 경험으로 생생하게 극화된다. 이 단원에는 철도를 건설하기 위해 암벽에 매달려 다이너마이트로 산을 폭파하는 노동자들의 애환과 노동착취에 대한 중국인의 파업 그리고 죽음을 불러일으키는 사고현장이 생생하게 그려진다. 조부 아궁은 밤하늘의 별을 보면서 죽음을 무릅쓰고 건설한 대륙횡단철도가 자신의 가족에게 데려다 주지 못함을 탄식한다. 자신들의 희생과 노동에도 불구하고 시민권과 공공영역의 참여가 거부된 중국인에게 대륙횡단철도 건설은 자신들의 고향이나 정체성과는 전혀 관계없는 노동에 불과하다.

노동력의 부족으로 미국의 대륙횡단 철도 건설에 아일랜드 이민과 중국인 노동자가 대거 고용된 것은 잘 알려진 사실이다. 이들은 때로는 인디언과 싸우고 때로는 산악지대를 폭파시켜야 하는 고초를 겪는다. 그 덕분에 서부와 동부에서 각기 출발한 철도는 1869년 유타주의 프로몬토리에서 드디어 완공된다. 그러나 그 시대의 최대의 공학기술을 기리는 개통식 축하연에 단 한 명의 중국인도 초대받지 못했다고 기록은 전한다(Chan 45).

악마(역주: 백인)들이 사진을 찍으려고 자세를 취하는 동안 중국인들은
흩어졌다. 머무는 것은 위험했다. 쫓아내기가 시작됐던 것이다. 아궁은
철도 사진에 나오지 않았다. (145)

개통식에서 미국은 "19세기의 최고의 공적이며 오로지 미국인만이 해낼 수 있을 것"이라고 자찬한다(Chan 45). 물론 중국인은 제외한 말이다. 버링게임 협약(Burlingame Treaty, 1867)에 의해 이민이 자유로운 시절이었기에, 킹스턴은 조부 아궁이 금으로 미국 시민권 서류를 사지는 않았다 하더라도 철도를 건설하였으므로 분명 미국인이라고 말한다. 여기에서 킹스턴은 시민의 정의를 출생지나 친부모의 국적을 둘러싸고 공방전을 벌여온 시민법의 관점과는 달리 미국 만들기에 공헌했는가하는 시민의 적극적 의무와 기여도 여부에 두고 있다.

"법" 단원에서 소개되는 30여 종의 이민법과 이민정책, 그리고 민권판례는 바로 이 대륙횡단철도가 완공되는 시점을 출발점으로 한다. 대륙횡단철도가 완공되면서 중국노동자들의 처리 문제는 바로 미국의 이민법 문제와 직결되기 때문이다. 단원 "법"은 중국 황제와 미국 정부가 협약한 버링게임 협약 5항을 인용하면서 시작한다. 그 내용은 중국과 미국 양국은 무역이나 영주를 원할 경우 상호 자유롭게 이민을 허용할 것을 명시한다. 그러나 이 협약은 미국의 이해에 따라 수시로 변하고 이 변화는 이 단원에 소개되는 일련의 이민법에 가장 잘 반영된다. 따라서 작품에 소개된 이민법의 일부 사례를 논의하고 더 나가 그 역사적 맥락을 점검하는 작업은 이 작품에서 창출된 이민법과 시민권과의 관계 양상을 이해하는 데 도움이 될 것이다.

　1868년 14차 수정법안에서 귀화 미국인은 본토 출생의 미국인과 동등한 권리가 있음이 명시되었다. 그러나 1870년의 국적법Nationality Act은 단지 백인과 아프리카인 만이 귀화를 신청할 수 있도록 하였다. 이 국적법은 중국인을 암묵적으로 배제하고 있다. 1882년의 "중국인 이민 금지법"은 바로 이 국적법의 연장선상에 있으며 여기에는 중국인이 시민이 될 수 없음을 명시한다. 이미 미국 시민이 된 중국인이 중국 본토를 방문하여 귀환할 경우, 귀환증을 제출해야만 재입국을 허용하고 있다. 그러나 1888년에 제정된 "스코트 법"은 이 귀환증을 무효라고 선언하면서 거주 증명서를 일정 시기에 발급 받아 미국으로 귀환할 때 제출하도록 하였다. 이 조처로 인하여 이십만 명에 이르는 중국계 미국인이 입국을 거절당하고 중국대사는 굴욕감에 자살하는 사건까지 발생한다(Chinamen 154-55). 이어 1892년에 제정된 "그리어리 법안"은 중국인 이민 금지법을 10년간 더 연장시키고 덧붙여 불법으로 거주하는 중국인에게는 1년의 강제노동을 부과한 후 추방한다는 조항을 추가하였다.

　이 법안 및 시민권과 관련하여, 맥신 홍 킹스턴의 작품에는 언급되지 않았지만, 그리어리 법안에 대한 잉거솔 대령의 항변과 토마스 그리어리 하원의원의 답변을 실은 「중국인을 배제해야하는가?」라는 법 논문을 살펴볼 필요가 있다. 그리어리 법에 항의하며 잉거솔 대령은 중국인이 처음에는 "초대받아온" 사람들임을 상기시킨다(53). 그는 공공영역에서 배제되어온 중국인들이 가정이나 이웃에 해를 끼치는 집단이 아님을 강변하면서 그리어리 법안을 이질적인 집단을 소외시키려는 집단 소외 증세로 질타한다. 미국에서의 중국인 배제는 그 당시 러시아에서 자행된 유태인 추방으로 인해 러시아가 문명국가의 질타를 받고 있던 상황과 유사하다. 잉거솔 대령은 이 점을 상기시키면서 그리어리 법안으로 미국은 할 말을 잃었다고 논평한다(54-5). 한 사람의 권리가 무시될 때 모든 사람의 권리가 위기에 처하게 된다는 이상 공화국의 시민권을 그는 주장하는 것이다.

중국인 이민 금지법이 중국인의 추가 이민을 금지하는 의도라면, 그리어리 법안은 미국 내에 있는 중국계 미국인을 추방하려는 조처였다. 이는 그리어리 하원의원의 답변에서 명확해진다. 그리어리의 답변은 그 당시 미국 기득권 층을 포함한 다수 백인의 입장을 말해주는 것이다. 그는 중국인이 "영국과 불란서, 독일, 오스트리아, 벨기에, 스위스 […] 이 모두를 합한 것의 2배"(65)인 4억에 달하며, 이 중 다수를 차지하는 노동자의 생계비가 하루에 6센트이고 한달 노동 임금은 5불인데, 미국 노동자가 과연 이들 중국노동자들과의 경쟁에서 이길 수 있느냐고 되묻는다. 그는 정부의 첫째 의무는 자신의 시민들을 보호하고 그들의 삶과 자유를 즐길 것을 보장하는 것이므로 다른 국민에 대한 영향은 중요한 것이 아니다고 천명한다(65). 그리어리 하원의원의 이 같은 논지는 시민이라는 범주가 지닌 배타성의 원리를 극명하게 보여주는 한 사례가 된다. 그의 답변은 "황화"(黃禍)^{yellow peril}에 대한 백인 사회의 두려움을 노출시키고 있다.

그리어리 법안과 관련하여 보다 상세한 설명이 요구되는 민권판례로, 미국 대 윙 킴 아크^{The United States v. Wong Kim Ark}판례가 있다(1898).[5] 이 소설에서는 다섯줄로 짤막하게 소개되지만 이 판례는 미국의 중국인 처우뿐 아니라 소수민족 집단의 이민사를 바꿔놓은 가장 중요한 사건이므로 이 판례에 대한 이해는 매우 중요하

---

5) 본 연구의 이민법 연구, 그 중에서도 특히 윙 킴 아크의 민권판례 연구는 어바인 소재 캘리포니아 대학의 브룩 토마스 교수가 직접 제공한 자료와 조언에 힘입은 바 크다.

다. 미국의 이민법과 시민권에 대한 이해, 더 나가 이 작품의 이해를 도울 것이라 생각됨으로 이를 좀더 깊이 있게 다루는 것이 필요할 것 같다. 중국인이 부모인 윙 킴 아크는 1873년 샌프란시스코에서 태어났다. 1890년 부모는 중국으로 돌아 갔으며 윙은 부모를 방문했다가 1890년 7월 26일에 샌프란시스코로 돌아왔다. 1894년 그는 다시 중국을 방문하고 1895년 8월에 돌아왔으나 당시 발효 중인 중 국이민금지법에 묶여 입국을 저지 당했다. 중국이민금지법은 1890년에도 시행되 었지만, 윙이 이해 7월 26일에 귀환할 때는 세관원이 그가 미국 본토에서 태어났 으므로 미국시민으로 간주한 것이다. 그러나 1895년에 들어올 때는 그렇게 해석 하지 않았다. 미국이 출생지라 하더라도 윙의 부모는 국적이 중국이므로 윙도 중 국인이라고 해석한 것이다. 이렇게 해석한 배경에는 바로 그 해 중국이민금지법 을 강화한 그리어리 법안이 있다. 윙의 재판은 대법정까지 올라갔으며 1898년에 대법정은 6대 2로 윙의 손을 들어준다. 이 판결은 1896년의 14 수정 법안의 시민 권에 관한 조항 해석에 근거하였다. 이 조항은 "미국에서 출생했거나 귀화한 모 든 사람들 그리하여 사법권에 예속된 사람들은 모두 그들이 거주하는 주와 미국 의 시민이다"라고 언명한다. 이 법은 시민권의 정의를 부모의 국적보다는 출생지 에 둔 것이다(US v. Wong Kim Ark 649-732; Thomas 689-717).

윙이 소송에서 승소하기는 했으나, 당시의 법 전문지를 보면, 상당량의 논쟁 을 불러일으킨 것이 확실하다. 이 당시의 대표적 법 전문지 『미국 법 리뷰』에서 는 출생지를 중심으로 한 시민권이냐 아니면 부모의 국적이냐를 놓고 벌이는 논 쟁을 쉽게 찾아볼 수 있다. 영국의 보통법에 따르면, 영국 내에서 출생한 아이들 은 적국이 아니면 영국시민이다. 미국도 이를 독립선언시 받아들여 수행해왔고, 1866년 민권법과 14수정법안에 수용하였다. 그러나 또 한편, 그 당시에 국제적으 로 통용되는 국제법에는 부모의 국적에 따라 자식의 시민권을 결정하도록 되어 있었다. 이 당시 두 개의 시민권을 소유하는 것은 대부분에게 수용하기 어려운 일 로 여겨진 것 같다. 윙의 판례에 대한 비평에서 마샬 우드워쓰는 두 개의 시민권 소유는 한 영주를 섬기는 봉건제도와 한 주인을 섬길 것을 명하는 성경 경전의 개념에 어긋나는 것으로 지적하고 있다(550-51). 그는 당시 프랑스의 예를 따라서, 보통법과 국제법의 혼합 안을 제시한다. 다시 말하면, 미국에서 출생했지만, 부모가 미국 시민이 아닌 경우는 일정 나이에 도달했을 때, 부모의 국적을 따를 것인지, 출생지의 국적을 따를 것인지에 대한 선택권을 부여하는 것이다(554). 물론 이제안 역시 많은 논쟁을 불러일으킨 것이다.

여기에서 유의할 사실은 출생지와 부모국적을 놓고 벌이는 시민권의 문제가 웡의 사례가 처음은 아니라는 점이다. 1884년 뉴욕주의 린치 대 클라크^{Lynch V. Clark}의 판례는, 출생지 문제를 놓고 시민권의 가부를 고심한 첫 사건이다. 영국인을 부모로 한 쥴리아 린치는 미국 뉴욕에서 출생했다. 그후 부모를 따라 영국에서 거주하는데, 이 여성이 미국 시민인가 하는 것이다. 판정은 미국시민으로 내려졌다. 이 판정은 출생지를 기준으로 시민권을 정하는 영국의 보통법에 근거했다(Marshall 539). 영국인 쥴리아 린치의 판례는 중국계 미국인 웡의 사건보다 훨씬 일찍 일어난 사건이지만, 시민권 부여에 있어 웡의 경우보다 훨씬 관대했고, 웡의 경우만큼 물의를 일으키지 않았다.

이 두 사례의 비교는 이른바 "황화(黃禍)" 신드롬을 만든 미국의 배타성과 아시아인 이민에 대한 규제를 상기시킨다. 시민권의 배제와 수용의 법칙을 극명하게 보여주는 두 판례에 대한 비교는 이 작품에서 다루고 있지 않지만 작품 분석에서는 주요한 논제가 된다. 무엇보다도 웡의 판례는 법의 인위성과 강제성, 그리고 해석의 문제를 진지하게 생각하게 만드는 항목이다. 문학과 법은 각기 다른 사고의 잣대를 가져서 충돌을 일으킬 수 있는 영역이다. 그럼에도 불구하고 문학이란 상상계의 거울을 통해 법이라는 권위의 실체를 들여다 볼 때, 법의 다층적 모습이 선명하게 드러나며 그 적절한 사례가 바로 킹스턴의『중국 남자들』인 것이다.

미국의 이민법은 미국의 국가장치(법은 대표적 국가장치로서 어느 지역에서나 기능해왔음을 고려할 때)와 미국내 중국인이 부닥치는 역사의 접합 부분이다. 이 작품의 서술구조는 바로 이 접합부분을 형상화하고 있는 것이다. 사실주의에 기초하여 이민법을 요약한, 작품 한 복판의 "법" 단원과 이를 에워싼 듯, 중국이민의 애환의 일화와 목소리를 담은 17개의 단원들은, 중국인의 시민 주체와 미국의 시민 이데올로기가 충돌하는 부분이다. 이 같은 서술구조를 통해 작가는 미국의 건국 사상인 자유와 평등에 입각한 미국의 시민신화의 허구의 실상을 폭로한다. 이 같은 글쓰기 양식은 바로 리자 루에가 지목했듯이, 국가장치의 "호명"을 거부하는 이질적인 소수민족의 잠재력이 되는 것이다.

저자는 미국의 중국인이 미국의 국가 만들기의 역사에 적극 기여한 "좋은 시민"임을 거듭 강조한다.6) 그리하여 중국계 미국인의 정체성은 알튀세르의 "호명" 기재가 아닌, 중국과 미국, 양국의 상호작용을 통해 이루어지는 것임을 강조한다. 상호작용을 통해 작가는 미국내 중국인의 문화가 미국과의 관계에서 변화한 만큼, 미국의 문화도 미국 내 중국인들과의 관계에서 변화할 것을 요구한다.7) 킹스턴이 자신에게 부여된 "중국계 미국인"이라는 정체성을 거부한 것은 이러한 맥락에서이다. 이것은 중국인을 형용사로 하고 미국을 명사로 한 표현이다. 킹스턴은 자신의 작품이 미국문학 작품으로 수용되기를 요구한다. 자신의 작품이 미국문학 작품으로 변하는 것이 아니라, 자신의 작품을 미국문학으로 수용함으로써, 미국의 문학 정전이 변화해야함을 주장하는 것이다. 킹스턴의 이 같은 주장 뒤에는 미국시민으로서의 중국계 미국인의 정체성이 그들 자신의 기여도에 의한 것이지, 미국의 주도 세력에 의한 그 어떤 "환대"에 의해 이루어지는 것이 아님을 의미한다. 일반적으로 환대는 특정 공동체의 밖에 있는 타자를 대하는 방식이며, 이것은 타자와 공동체 내부의 차별성을 전제하는 것이다. 이때 이방인으로서의 타자는 해당 국가 공동체 내에서 아무런 권한도 갖지 못하며, 바로 그 때문에 배척되지

---

6) 참고로, 쉬크라는 시민권을, 구별되면서도 서로 연결되는 네 의미로 분류한다. 사회적 신분과 지위로서의 개념, 국적으로서의 의미, 공적영역과 사적 영역에 모두 적극적 참여를 의미하는 "좋은 시민", 그리고 "이상적인 공화국 시민"이 그것이다.
7) 데브라 쇼스탁은 "assimilation" 즉 동화라는 표현을 쓰고 있지만(Shostak 57), 여기에서는 상호작용으로 이해한다. 동화는 자신의 정체성마저 잃어버릴 수 있는 위험하고 애매모호한 용어일 수 있기 때문이다.

않을 소극적인 권리만을 부여받게 되는 것이다(문성원 103-4).[8]

여성, 시민권, 그리고 『중국 남자들』

킹스턴의 첫 작품 『여인무사』는 중국계 미국 여성의 정체성을 추구하는 페미니즘의 관점에서 주로 연구되어 왔으며, 『중국 남자들』은 중국계 미국 남성의 정체성에 관계된 젠더 문제로 거론되었다. 그러나 『중국 남자들』역시 페미니즘의 문제를 전달하며 이는 여성과 시민권의 문제와 연결된다는 것이 이 단원에서 제기하려는 논지이다. 그 근거로는 이 작품이 미국내 중국 이민 남성의 여성화에 글의 초점을 맞추고 있을 뿐 아니라, 서술구조와 더불어 이 작품이 고발하는 미국 이민법이 특히 중국 여성에게 배타적이라는 사실에서 찾을 수 있다.

『중국 남자들』은 전설적 인물 탕 아오^{Tang Ao}가 여인국^{Land of Women}에 포로로 잡혀가는 일화로 시작한다. 여성들에게 포로로 잡혀간다는 사실이 그저 재미있게만 느껴지는 탕 아오에게, 현실은 훨씬 가혹하게 다가온다. 여인들은 중국여인처럼 그의 귀를 뚫고 털을 뽑으며, 그의 발을 조르고 뒤틀어 중국여자의 발처럼 편족으로 변하도록 하고 마침내는 동양의 창녀로 만들어 버린다. 탕 아오의 '여성 되기'는 너무나 고통스러운 과정을 거치는 것이다. 그는 여왕의 식탁에서 식사를 거드는데, 움직일 때마다 편족 때문에 그의 궁둥이와 어깨는 자연스럽게 씰룩거리게 된다. 식탁에 모인 여자들은 그의 모습에 입맛을 다시며 수군거린다. "참 예쁘지, 안 그래?"(5) 이 일화는 이렇게 끝난다. "이 여인국의 사람들은 북아메리카에 있었다고 전한다"(5).

---

8) 물론 환대에 대한 다른 개념도 생각할 수 있다. 예컨대 데리다는 "조건 없는, 절대적 환대"를 상정한다(데리다 25). 그에 따르면, 무조건적이고 유보 없는 환대는 권리나 의무에 따른 환대와 달리 자기의 경계를 열어 놓는다. 그러나 국가와 국가간의 관계에 있어서 이같이 유토피아적 환대의 개념이 실현 가능할 까는 별개의 문제인 듯 싶다.

이 일화는 작품 전체를 통해 중국 남성이 미국에서 여성화되는 고통과 수치의 역사를 읽을 것을 독자에게 유도하는 한편, 또 한편으로는 중국의 전통 가부장제를 꼬집는 것이다. 말하자면, 이 일화에서 킹스턴은 남/녀의 성역할을 역전시킴으로써 가부장제를 낯설게 하여 그 실재를 노출시키는 책략을 시도한다. 그리하여 표면적으로는 소수민족 집단으로서의 중국 남성의 정체성의 문제를 다루고 있지만, 그 근저에는 여성문제가 자리잡고 있는 것이다. 이는 이 작품이 미국내 중국 이민 남성들의 역사를 "여성화"의 역사로 그리는 것과 깊은 관계를 가진다.

미국 땅에서 중국 남성의 여성화는 중국남성들이 중국전통 가부장의 중심에서 미국 사회의 주변부로 밀려났음을 의미한다. 시민권과 투표권, 군 입대 등 공공영역에의 참여가 그들에게는 일체 거부되었다. 뿐만 아니라, 침묵을 강요당한 여성의 역사처럼, 자신들의 언어를 잃은 채, 이들은 의사소통 능력을 상실한다. 또한 이들의 직업은 주로 요리와 세탁 등으로, 중국에서는 여성들이 하는 일로 구성된다. 인종 혼합을 반대하는 미국법과 중국노동자의 아내 입국 금지법의 결과로 미국 중국이민의 90%가 남성이었다. 초기에 이들은 철도와 금광, 그리고 미국의 광야를 개척하는데 많은 공헌을 했으나 이 같은 국가사업이 완료되면서, 중국 음식점이나 세탁소와 웨이터 등 전통적으로 여성의 일로 간주된 직종에 종사하게 된다.

이들 직종에서도 사회 주변적이면서 가장 여성적인 것이 세탁업이라 할 수 있다. 이 세탁업은 이민온 중국 여성을 가급적 거부한 법적 차원과도 연결되며 작품에서도 월경과 같은 여성과 관계된 이미지를 동반하고 그려진다. 원래 그 어떤 소수민족에게도 세탁부는 없었다. 초기 1850년대에는 광산에 고용된 중국 이민 노동자들의 셔츠를 세탁하기 위해 샌프란시스코에서 호놀룰루까지 보낼 정도였다고 한다.[9] 중국 이민이 경영하던 세탁소는 초기에는 중심번화가의 주변에 나타나다가 도시 주변의 주택가로 옮겨간다. 부부가 다 화이트칼라 직업을 가진 젊은

---

[9] 1860년까지 캘리포니아주에 890명의 중국 세탁사가 있었다고 한다. 이것은 고용 중국인 노동자의 2.6%를 차지하는 것이었다(Chan 33).

신혼부부들과 하숙집의 독신들이 손님의 다수를 이루고 있었다. 그러나 이 직업은 열등한 부류들이 종사하는 것으로 간주되어, 비록 세탁소가 백인 지역에 위치했더라도 중국 이민의 삶은 백인과는 고립된 것이었다(Chan 34).

이 작품에서 화자의 아버지는 중국 본토에서는 학자였지만, 미국에서는 세탁소를 경영한다. 세탁업에 종사하는 아버지의 침묵과 좌절은 모두 여성과 관계된 범주이다. 어머니의 말을 전하는 딸의 글쓰기인 『여인무사』에서와 달리, 중국 남자인 아버지는 화자에게 침묵으로 일관한다. 때로 그는 자신의 억압된 좌절을 순간적인 폭력으로 폭발시키는 가부장적 인물이기도 하다. 그러나 딸은 아버지의 폭력과 침묵 속에 감추어진 고통과 좌절감을 읽고 아버지와 아버지를 비롯한, 중국 이민남자들을 새롭게 이해하고자 한다. 『여인무사』의 화자는 어머니를 이해하고 나서야 자신의 정체성을 찾아가지만, 『중국 남자들』의 화자는 타성을 이해하는, 보다 전인격적인 인물로 그려지는 것이다.

미국의 중국 남성들은 자신들의 언어를 잃고 가부장의 자리와 사회의 중심부에서 밀려나 공적 정체성이 거부된 존재이었다. 중국 이민들은 공민권을 빼앗기거나(142), 미국시민권을 거부당한다. 땅이나 부동산을 소유할 수 없고(153) 법정에서 변호할 권리가 없다(142). 또한 원하는 학교가 아니라 중국인, 한국인, 그리고 일본인에게 분리된 학교에서 교육을 받아야했다. 이들은 시민권이 의미하는 모든 공공영역에서 제외되어온 것이다. 이들 중국 남자들의 애환과 수치의 역사에 깊은 연민을 느끼면서 이들의 침묵을 언술화시키는 가운데, 이들에게 어엿한 미국시민의 정체성을 부여하고 더 나아가 중국 이민사를 미국사의 한 부분으로 편입시키려는 것이 이 작품의 의도라 생각된다.

더 나가 이 작품에서의 중국 이민 남성에 대한 인종차별 대우는, 과거 전통 중국의 가부장제하의 중국 여성사를 상기시킨다. 전통 중국여성들 역시 첫 일화에서 탕 아오가 겪는 고통처럼, 성차별의 억압을 경험했다. 이 작품에서 인종문제와 여성문제를 병립시키는 서술 방식은 인종차별주의와 여성차별은 동전의 양면이라는 페미니즘의 주장을 함축한다. 서구를 포함한 미국에서 여성에 대한 차별

대우는 소수인종 차별로 전이되었다. 이 작품은 미국내 중국 이민의 차별화를 고발하는 동시에, 인종 차별 뒤에 감추어진 성차별을 들추는 것이다.

미국에서 중국 남성의 여성화는, 여성을 시민권에서 제외시킨 유럽의 가부장제 역사의 한 투사이다. 그리스 시대부터 공공영역은 전사 영웅과 영웅 시민에만 속해왔다. 일상적 가사를 전담한 여성과 달리 영원성을 추구하는 시민의 지적 행위는 그 당시 공공영역의 삶을 지배했다. 플라톤도 죽어 사라질 육체와 지적행위를 별개로 생각하였고, 죽어 없어질 육체를 여성성과 연결시켰다. 따라서 여성은 시민권과 그에 따르는 공공영역에서 제외되었다.

미국의 주류문학과 페미니즘은 다양한 소수민족문학을 수용한다고 주장하면서도 이들을 자신들의 문제가 아닌 "그들"의 문학으로 치부하는 이중성을 보여왔다. 이 작품이 보여주는 미국내 중국남성의 여성화는 바로 남성=시민권자라는 서구 가부장제를 반영하는 미국사이자 유럽사의 자화상이기도 하다. 이 같은 의미에서 이 작품은 제3 세계의 그들의 모습이 아니라 바로 미국의 모습이자 미국 페미니즘의 문제로 인식될 수 있다. 또한 이 맥락에서, 이 작품은 미국 속의 하나의 소수민족 문학작품으로 치부될 것이 아니라 보다 진지하게 미국문학의 주류에서 연구되어야하는 타당성을 발견할 수 있는 것이다.

이 작품의 성차별에 대한 암묵적 비판이 전통 중국 가부장제에도 향하고 있음은 물론이다. 더 나가 화자는 심층적으로는 미국의 중심을 차지하는 아버지의 법칙인 시민법과 이민법의 부당성을 고발하는 것이다. 이렇게 볼 때, 이 작품에서의 여성의 전복적 글쓰기 책략은 남성 권위와 중심부의 영웅주의로 복귀하려는 갈망보다 더 효과적으로 작용하고 있다는 도널드 궬닉트의 지적은 상당한 설득력을 지닌다(Goellnicht 239).

이 작품의 화자의 역할은 주디스 버틀러의 "여/남장"[drag]을 상기시킨다. 성과 성 역할의 수행에 관한 논의에서 버틀러는 "성을 모방할 때 이성의 복장(여/남장)은 성의 모방적 구조를 암암리에 드러낸다"고 말한다. 그녀에 의하면, 이러한 흉내는 원형 또는 진본이라는 개념 그 자체를 서투르게 흉내낸 것, 사실상, 모조품

티를 내는 제품을 어설프게 모방한 것이다(Butler 138). 다시 말하면, 상대방의 옷으로 바꿔 입음으로써, 상대방을 패러디하는 것이다. 아버지의 침묵을 언술화해 보겠다고 작정하고 나선 이 작품의 화자는, 은유적으로 아버지의 옷으로 갈아입은 것이다. 이로써 미국 아버지의 법칙인 법의 부당성을 노출하고 전복시키는 서술전략을 채택하고 있는 것이다. 이것이 중국 이민 남성들을 향한 저자의 연민이, 가부장제의 남성상을 동경하는 딸의 아버지에 대한 연민으로만 읽혀지지 않는 이유이다.

그럼에도 불구하고 이 작품은 중국 이민 남성, 소수민족 집단 남성에 대한 깊은 연민을 일으키는 것 또한 부정할 수 없다. 그 이유는 저자가 지적한 바대로, 타성을 이해하는 전인격적 인물로 화자가 설정되었을 뿐 아니라, 더 나가 중국이민 남성을 여성의 범주에 수용함으로써, 남/녀의 생물학적 이분법을 넘어서는 서술책략을 택하기 때문일 것이다.

이 같은 서술 책략은 앞장에서 언급했지만, 서술 구조에서도 작동한다. 사실주의적 서술에 기초한 "법"단원을 둘러싼 열 일곱 개의 단원은 구전, 전설, 야화, 설화, 민담 등의 수많은 이질적 장르로 가득하다. 이 같은 장르들은 주변부를 의미해온 여성적 담론으로 일컬어 왔다. 이 단원들은 법과 연관된 공공영역에서 배제되어 온 미국 내 중국인들의 다양한 경험과 일화들을 통해 미국의 중심부에는 보이고 들리지 않던 고통과 애환을 마음껏 소리낸다. 부당한 저임금과 침묵을 강요당한 미국 내 중국 남자들의 역사가 설화, 전설, 노동가 등의 다양한 이야기 매체, 흔히 여성적 글쓰기라고 부르는 것에 의해 새로 조명되는 것이다.

작품의 화자는 자신과 자신의 할아버지 아궁을 미국에 온 작가 복수자[writer avenger]로 묘사하고 그 뿌리를 전쟁의 신이자 문학의 신인 중국의 관궁[Guan Goong]에로 연결시키고 있다. 그러나 할아버지 아궁의 이미지는 영웅적 관궁의 모습이라기 보다는 힘과 직업을 잃고 더러우며 여성화된 나약한 주변부의 모습이다. 이런 할아버지를 새롭게 평가하고 미국의 국가 만들기의 공로자로서 재해석하는 것이 바로 손녀인 화자의 역할이 된다. 미국의 아버지 법에 대해, 백인 남성의 법에 대해, 화자는 남성으로 대표되어온 중국의 역사를 여성의 목소리로 대변하는 것이다. 아버지의 미국 이민법에 저항하는 것은 가부장제 중국사에서 소외되어온 중국여성, 『여인무사』에서 간통죄로 소외되고 자살한 화자의 고모와 피를 나누고 있는, 여성화자이자 저자이기도 한 것이다. 바로 이 점에서, 이 작품은 중국 남자들을 묘사함에도 불구하고 페미니즘의 이슈를 표출시키는 것이다.

아이리스 영은 소수집단에 대한 억압의 형태를 다섯 가지로 집약한다. 1. 노동의 착취 2. 주된 사회행위에서 배제되는 주변화 3. 노동의 자율권과 권위가 없는 무력화 4. 소수그룹으로 정형화되는 동시에 사회경험과 관점을 재현할 수 있는 기회가 주어지지 않는 문화 제국주의적 억압 5. 집단증오로 인한 폭력이 그것이다(Young 259). 영이 제시하는 다섯 가지의 억압형태는 『중국 남자들』에서 중국계 이민 남성들이 비시민권자로서 겪어야 했던 억압으로 그대로 재현된다. 또한 이 억압은 바로 여성 억압으로 직결되는 것이다. 1924년 미국 국회에서 통과한 이민법은 "중국여성과 아내, 창녀"를 특히 배제하였다. 중국여성과 결혼한 미국인은 시민권을 잃었고, 중국남자와 결혼한 미국여성도 시민권을 상실하였다(156). 요컨대, 『중국 남자들』에서 제기되는 중국남성과 시민권과의 관계는 곧 여성과 시민권의 관계, 그리고 더 나아가 법의 문제로 연결되는 것이다.

재현의 문제―소수민족문학의 딜레마

킹스턴은 미국독자들이 자신을 미국작가로, 자신의 소설들을 미국문학 소설로 수용하기를 기대했다. 자신의 책 서평을 보면서 킹스턴이 가장 분개한 점의 하나는 많은 평자들이 자신을 미국인으로 보지 않으며 자신의 작품 역시 미국문학으로 읽지 않는다는 것이다(Skandera-Trombley 97). 자신도 모르게 자신의 작품이 미국자신의 문학이 아닌, "그들"의 문학, 즉 중국계 미국문학을 대변하는 작품이 된 것이다. 소수민족 글쓰기에 있어서 재현의 딜레마는 킹스턴에게도 예외가 아니라는 사실은 분명하다. 다시 말하면, 『여인무사』나 『중국 남자들』은 킹스턴이 아무리 부인한다 해도 중국계 미국작품의 대표성을 갖게 된다는 것이다.

한 인터뷰에서 킹스턴은 자신의 문학에 영향을 준 문학인으로 윌리엄 칼로스 윌리엄즈를 든다(Pfaff 15). 미국의 기존 전통문학의 줄기와는 또 다른 미국문학의 흐름을 보여주는 윌리엄즈의 문학세계는 일상성과 개별 경험의 특수성을 강조한다. 킹스턴의 작품 역시 무수한 등장인물들의 개별적 이야기가 다양한 서술 장르와 형식을 통해 한꺼번에 울려나오는 점에서는 윌리엄즈의 것과 유사하다. 그러나 이들의 차이점은 윌리엄즈가 시적 경험의 특수성과 개별성을 전달한다면, 킹스턴 문학의 특수성과 개별성은 그녀의 의도와는 별개로, 중국계 미국인 모두가 겪는 경험의 대표성과 정형성을 갖는 것이다. 다시 말하면, 중국계 미국인인 킹스턴이 재현하는 개인경험은 독서과정을 통해 중국계 미국여성 전체를 대표하는 정형성과 대표성을 얻게 된다는 말이다. 동시에 그녀의 작품에서 재현하는 중국계 미국인의 경험은 다수 백인독자들에게 "우리"가 아닌 "그들"의 경험이라는 이분법적 사고를 불러일으킴과 동시에 우/열, 진보/후진 등의 서열화를 수반하기 십상이다. 이러한 딜레마는 비단 중국계 미국문학만의 딜레마가 아니라 자신들 고유의 문화적 배경을 쓰려할 때 강요당하는 미국내 소수민족문학이 직면하는 딜레마라 할 수 있다. 그만큼 소수민족의 개인적 경험은 문학의 재현을 통해 민족적 보편성으로 전환되기 때문이다.

때로는 중국계 미국 비평가들에게서조차 격렬한 비난을 불러일으킨 킹스턴의 일련의 문학기법과 표현들은 바로 소수민족문학이 강요당하는 재현의 딜레마를 탈피하려는 한 방안으로 보인다. 중국의 신화와 전설을 자신의 관점에서 다시 쓰는 방식이 이에 속한다. 단지 중국문학 전통만이 아니라 킹스턴에게는 서구의 문학전통을 빌려 패러디로 사용하는 방식도 신화를 다시 쓰는 한 방법이 된다. 예로 다니엘 디포의 로빈슨 크루소를 로번선^{Lo Bun Sun}으로 바꾸어 미국내 중국인의 모험담을 전달하는 도구로 사용한다. 원래 이야기의 모형은 놔둔 채 세부사항만 바꾸는 식의 "낯설게 하기" 수법은 로빈슨 크루소 뒤에 감추어진 제국주의의 가설을 독자로 하여금 재고하게 만드는 기법이다.

　미국에서 킹스턴의 문학적 성공은 미국인으로서의 개별적 자율성과 중국계 미국인 작가로서의 재현의 의무, 이 양자를 조화시킨 데서 이루어진 것으로 보인다. 킹스턴은 중국계 미국인 작가로서의 자신의 작품을 수용하기 위해서 다민족 국가인 미국이 변해야함을 전제로 한다. 한 인터뷰에서 자신의 소설이 미국문학의 정전에 속한다는 말을 들었을 때, 킹스턴은 "정전에 포함된다는 것은 정전이 변해야함을 의미한다"고 대답한다(Skandera-Trombley 45). 그렇다고 저자가 미국의 자민족중심주의만 비판하는 것은 아니다. 『여인무사』에서 중국인들이 모든 백인을 "유령"ghost으로 본다던가 미국을 "야만인의 황무지"로 보는 관점은 인간에 내재된 자민족 중심주의의 성향을 보여주면서 미국에 대한 중국과 중국계 미국인의 관점 또한 변화해야할 것을 촉구한다. 동시에 킹스턴은 궁극적으로 자신의 소설들이 미국계 중국인을 대표하는 신화가 되는 것은 경계하는 것이다.

　킹스턴의 소설들이 중국과 중국계 미국인의 상황을 정확하게 재현하는가에 대해서는 적지 않은 논의가 있었다. 그녀가 서술하는 중국신화나 고전들이 백인 독자의 기호에 맞게 도용되고 왜곡된 것이 아닌가하는 불만을 사기도 했다. 그러나 킹스턴에게 신화는 시대의 사건들을 분석하는 책략적 가치를 지닌다. 따라서 신화는 필연적으로 재구성되고 재맥락화될 때, 새로운 의미로 새겨지는 것이다. 킹스턴은 "우리는 신화를 기록하는 것 이상을 해야한다. 그것은 조상숭배일 뿐이다. 내가 고대 중국신화를 지키는 방식은 새로운 미국식으로 말하는 것이다"고 한 인터뷰에서 밝히고 있다(Pfaff 26). 또한 자신의 글도 중국의 경험에 대한 고정된 신화가 아니라 다른 작가에 의해 계속 개작되어야 하는 것이다.

　이런 의미에서 『중국 남자들』의 마지막 장을 바로 차이의 서술을 강조하는 것으로 끝맺음한 것은 우연이 아니다. 주인공 화자는 파티석상에서 한 필리핀 학자로부터 필리핀의 중국이민과 캘리포니아 이민에 대해 전혀 두서없는 생소한 이야기를 듣는다. 결국 그녀는 더 이상 듣는 것을 포기하고 이야기를 듣는 사람들을 주시하는 것으로 작품은 끝맺는다. 이 종결은, 화자가 아버지의 침묵을 통해 자신의 이야기를 창조했듯이 결국 재현행위는 각기 다를 수 있으며 독자들도 관점에 따라 저자의 이야기를 각기 다르게 이해할 것이라는 상징적 끝맺음으로 이해된다. 다시 말하면, 킹스턴은 자신의 소설이 중국계 미국이민에 관한 무수한 이야기의 하나일 뿐이라는 사실을 제시하는 것이다.

그러나 저자 킹스턴이 중국계 미국인 작가로서 자신의 대표성을 경계하면서도, 특히『중국 남자들』에서 자신이 재현해야할 의무가 있음을 밝히는 부분이 있다. 이는 바로 이 연구가 제기하는 시민권 논의와 관련한 "법" 단원에서, 저자는 중국계 미국인 작가로서의 자신의 입지와 대표성을 분명히 밝히고 있는 부분이다. 한 인터뷰에서 그녀는 다음과 같이 말한다.

> "주류문화는 중국계 미국인의 역사를 모릅니다. […] 이렇게 모르는 점이 나에게는 긴장을 만듭니다. 새 책에서는 더 이상 이 점을 받아들일 수 없었죠. 그래서 갑자기, 이야기의 한 복판에 여덟 쪽의 순수 역사의 단원을 넣었습니다. 황금 러쉬로 시작해서 해마다 다양한 이민 배제법을 적었습니다. 등장인물은 없습니다. 이것은 정말로 책의 구조에 영향을 입히고 매우 투박하게 보일 수도 있습니다. 그러나 또 한편, 이것은 미래의 소설형태에 영향을 입힐 수도 있습니다. 아마도 또 다른 중국계 미국인 작가가 이민사를 다시 써야할 필요는 없을 것입니다." (Pfaff 15)

작품의 이민법 부분만큼은 어느 저자도 다시 쓸 필요가 없이 자신이 대표로 쓰겠다는 입장은 미국인으로서의 개별성과 차이의 서술을 제시하는 평소의 입장과는 차이를 보인다. 바로 이 같은 이중적 입장이 미국시민으로서의 소수민족의 정체성의 문제, 그리고 더 나아가 소수민족문학이 안고 있는 재현의 딜레마와 연결된 것이 아닌지. 그러나 이는 동시에 킹스턴의 작품에서 시민권과 이민법의 문제가 지닌 비중을 다시 한번 상기시키는 부분이기도 하다.

맺는말

타고난 권리로서의 시민권보다는 사회에 대한 봉사와 기여도도 시민권의 한 잣대가 되어야한다는 킹스턴의 메시지는 단일한 법적 개념을 넘어 보다 포괄적 시민권의 개념을 검토해야할 필요성을 제시한다. 소수민족의 문제와 여성의 문제 역시 킹스턴의 소설들에서 형상화되고 있는 시민권의 또 다른 층위이다. 킹스턴의 문학이 제시하는 다층적 층위의 시민권은 앞에서 검토한 리자 루에와 아이리스 영 그리고 샹탤 무페의 열린, 차이화의 시민권의 개념에서 그리 멀지 않다. 차이라면, 킹스턴의 소설은 미국의 시민사의 실상을 생생하게 재현하는 문학의 힘을 발휘하고 있다는 것이다.

결론을 대신하자면, 타자 속에서 나를 볼 수 있듯이, 미국의 시민신화의 실체를 검토한 본 작업은 한국의 자민족 중심주의와 이에 기초한 단일민족의 신화를 재검토할 수 있을 때 비로소 그 의미가 완성될 수 있을 것 같다. 단일 민족개념과 시민권의 개념이 상충하는 것인지, 아니면 상호보완적이 될 수 있는 것인지는 세계화의 미래사에서 깊은 성찰이 요구되는 부분으로 생각된다. 이 과정에서 한국의 안과 밖의 에스닉 집단이나 종교집단, 외국 노동자의 정체성과 법적 정체성, 그리고 이에 대한 한국문학과의 논의가 수반되어야 할 것이다.

참고문헌

문성원, 『배제의 배제와 환대』. 서울: 동녘, 2000.

Althusser, Louis. *Lenin and Philosophy and Other Essays*. Trans. Ben Brewster. London: Monthly Review P, 1971.

Balibar, Etienne. "Citizen Subject." *Who Comes After the Subject?* Ed. Eduardo Cadava, Peter Connor, Jean-Luc Nancy. New York and London: Routledge, 1991.

Butler, Judith. *Gender Trouble: Feminism and the Subversion of Identity.* New York: Routledge, 1990.

Chan, Sechung. *Asian Americans: an Interpretive History.* Boston: G. K. Hall & Co., 1991.

Cheung, King-kok. *Articulate Silences: Hisaye Yamamoto, Maxine Hong Kingston, Joy Kogawa.* Ithaca: Cornell UP, 1993.

"1882 Exclusion Act," *The Statutes at Large of United States of America from December, 1881, to March, 1883, Recent Treaties, Postal Conventions, and Executive Proclamations.* Vol. XXII., chap. 126. Washington: Government Printing Office. 1883, 58-61. Reprinted by UCI Anteater Publishing as *Civic Myths Coursepacket* I, 1999, 96-9.

"Citizenship by Birth," *Civic Myths Coursepacket I,* 1999, 180-86.

Deleuze, Gilles. *The Deleuze Reader.* Ed. Constantin V. Boundas. New York, Oxford: Columbia UP, 1993.

Derrida, Jacques. *Of Hospitality.* Trans. Rachel Bowlby. Stanford: Stanford UP, 2000.

_____. "Elk v. Wilkins," *United States Reports: Cases Adjudged in The Supreme Court at October,* 1884. Vol. 112. 95-123. Reprinted by UCI Anteater Publishing as *Civic Myths Coursepacket* I, 1999.

Goellnicht, Donald C. "Tang Ao in America: Male Subject Position in China Men." *Critical Essays on Maxine Hong Kingston.* Ed. Laura E. Skandera-Trombley. New York: G.K. Hall & Co., 1998.

_____. "Greary Act," Civic Myths Coursepacket I, 1999, 100-102.

Ingersoll, R.G. & Thomas J. Geary, "Should the Chinese be Excluded?" *The North American Review.* Vol. VI. 1892. 52-63.

Kingston, Maxine Hong. *China Men.* New York: Vintage International, 1989.

_____. *The Woman Warrior.* New York: Vintage International, 1989.

Lee, Chang-rae. *Native Speaker.* New York: Riverhead, 1995.

Li, David Leiwei. "Re-presenting The Woman Warrior: An Essay of Interpretive History." *Critical Essays on Maxine Hong Kinston.* Ed. Laura E. Skandera-Trombley.

Lim, Shirley Geok-lin, ed. *Approaches to Teaching Kingston's the Woman Warrior.* New York: M.L.A., 1991.

Lowe, Lisa. *Immigrant Acts: On Asian American Cultural Politics*. Durham, NC: Duke UP, 1996.

Mouffe, Chantal. *Dimensions of Radical Democrary: Pluralism, Citizenship, Community*. London, New York: Verso, 1992.

Pfaff, Timothy "Talk with Mrs. Kingston," Paul Skenazy and Tera Martin, ed. *Conversations with Maxine Hong Kingston*. Jackson: UP of Mississippi. 1980.

Readings, Bill. *The University in Ruins*. Cambridge: Harvard UP, 1996.

Shklar, Judith N. *American Citizenship: The Quest for Inclusion*. Cambridge, London: Harvard UP, 1991.

Skenazy, Paul and Tera Martin, eds. *Conversations with Maxine Hong Kingston*. Mississippi: UP of Mississippi, 1998.

Shostak, Debra "Maxine Hong Kingston's Fake Books," Skandera-Trombley, Laura, ed., *Critical Essays on Maxine Hong Kingston*. New York: G. K. Hall & Co., 1998.

Smith, Rogers. *Civic Ideals: Conflicting Visions of Citizenship in U. S. History*. New Haven and London: Yale UP, 1997.

Thomas, Brook. *American Literary Realism and the Failed Promise of Contract*. Berkeley: U of California P, 1998.

_____. "China Men, United States v. Wong Kim Ark, and the Question of Citizenship." *American Quarterly*. 50.4 (1998): 689-717.

_____. "United States v. Wong Kim Ark." *United States Reports*, 1896. Vol. 169, pp. 649-732. Reprinted by UCI Anteater Publishing as *Civic Myths Coursepacket* I., 1999, 118-61.

Winchester, Boyd. "Citizenship in its International Relation." *American Law Review*. 31, 1897. 504-513.

Woodworth, Marshall. "Citizenship of the United States under the Fourteenth Amendment." *American Law Review*. 30. 1896. 535-55.

Young, Iris Marion. "Polity and Group Difference: A Critique of the Ideal of Universal Citizenship." *Ethics* 99, 250-74.

한국어의 탈지역과 한국적 이산의 미학

● 임진희

코리안 디아스포라와 민족어

한국은 '코리안 디아스포라'라는 용어가 쓰일 만큼 근대사의 소용돌이 속에서 이산을 경험해온 지역이다. 근대사 이후 가속화된 이산으로 인해 세계도처에 재외한인문화가 형성되어가고 있지만, "한반도라는 지역에 근거하는 고유한 통합된 한국문화라는 사회적 담론이 강력하게 대중적 및 학문적 한국문화론을 지배하는 상황"으로 인해 한국문화의 탈지역displacement에 대한 인식은 낮은 편이다. 학문적으로도 "한국 내 거주 한국인들에 대한 연구"로서의 한국학이라는 속문주의적 사고가 주도적인 실정이다(윤택림 259, 261). 여전히 순혈주의적 정서에 근거한 "한 인종, 한 민족, 한 언어"라는 단일성의 "민족적 내셔널리즘"이 대세를 이루고 있다(Giwook Shin 3).

경직된 국가경계선을 강조하는 국가담론 내에서 미주 한인들의 '코리안 오디세이'는 "민족 공동체로부터 떨어져 나와 외국 땅에서 유랑하는 자의 삶," 유배와 망명의 "유랑민의 삶"으로 표현되고 있다(성민엽 143). 김행자는 1902년 12월 상선 갤릭^{Gaelic}호를 타고 인천 제물포 항에서 하와이로 향한 이후의 백여 년에 걸친 미국 이주사를 정리하는 「민들레 홀씨처럼」에서 유배의 땅에서 뿌리내리기 위한 몸부림을 "우리는 썩어서 빛날 한 줌의 거름"이라고 적고 있다(*Surfacing Sadness* 25). 마종기는 재미한인으로서의 고단한 삶을 한 고구려인의 "이방인으로서의 숙명"(조남현 171)에 투영한다.

> 드디어 딴 나라의 큰 마을에 당도하고 금빛 요란한 성문이 열렸습니다.
> 무슨 이유인지 지금은 잊었지만, 나는 그때부터 이곳에 떨어져 살아야
> 한다는 말을 들었습니다. 아버지, 어머니가 고구려 사람이 아닌 것 같은
> 데 혼자서 이 큰 곳에 살아야 할 것이 두려워 나는 손에 든 삼베 묶음에
> 얼굴을 파묻고 울음을 참았습니다. 그때 그 삼베 묶음에서 나던 비릿한
> 냄새를 나는 아직도 잊을 수 없습니다. 그 삼베 냄새가 구원인 것처럼 코
> 를 박은 채 나는 계속 헤어지는 인사를 하였습니다. 아무것도 보이지 않
> 아 헛다리를 짚으면서도, 어느덧 나는 삼베옷을 입은 옥저 사람이 되어
> 있었습니다. (마종기 「안 보이는 사랑의 나라」, 『마종기 시선집』, 230)

미주한인문학에서는 집, 고향, 모국어 상실의 이미지가 연결되어 등장한다. "시민권 받으러 가는 날/시민권 받은 것/같지도 않은 날/가족들만/더/더욱 보고 싶은 날/몇 번을 보아도/주민등록증만 못한 것/아/나는/한국사람이야!"(임창현 「시민권」, 『그리고 또 그리고』, 85)에서는 양부의 나라를 선택하면서도 여전히 모국을 그리는 마음이 기록되어 있다. 김명미는 시민권 취득을 주제로 하여, 양부의 나라와 그 언어를 새로이 선택해야하는 한국이민자들의 의식을 그린다. "미국 대통령이 누구입니까?" "영어로 읽고 쓸 수 있습니까? 예____. 아니오____."라는 시민권 시험문제에 답하는 과정을 통해, 시인은 "무엇이 어머니 언어$^{mother\ tongue}$이고, 무엇이 아버지 나라$^{father\ country}$인가?"라는 화두를 던지고 있다("Into Such

Assembly" *Under Flag* 29).

　미주한인문학에는 '아버지 나라'의 시민권 취득에도 불구하고, '어머니 언어'로 대변되는 모태적 감수성이 얼마나 끈질기며, 또한 그러한 감수성을 낳은 토양으로부터 벗어난 상태에서 글을 쓰는 것이 얼마나 어려운가에 대한 고뇌가 반복적으로 나타나고 있다. "언어가 제 태어난 곳을 못잊듯/한 민족의 핏속에는 잊지도 버리지도 못하는/뿌리가, 거대한 뿌리가 넓게 뻗어 있다/그 뿌리에 감자 달리듯 매달리어/공동의 꿈을 만들고 있다. 언제/어디서나 잊지 못하는 어머니의 가슴에 안기어 있다"(박남수 「回歸・2」『박남수 전집 1 － 시』, 310)와 같은 구절은 존재의 근원으로서의 모국어를 그리고 있다.

　이산의 생존조건은 모국어의 상실과 동시에 그 모국어에 대한 끈질긴 기억으로 표현된다. 김병현은 「母國語」에서 "직장에서 학교에서 거리에서/온종일 이국어를 쓰다가/밤에만 잠꼬대로 모국어를 말한다." "한국인도 미국인도 아닌 우리 집 아이들/마당에 고인 빗물을 "국물"이라 한다./오래된 빵을 "늙은빵"이라 한다"면서, 탈지역의 상황을 불완전한 영어와 불완전한 한국어의 혼성지대로 요약한다.

　　사랑만은 모국어로 해야지
　　사랑은 말로하는 것이 아니고 가슴으로
　　가슴으로 하는것이라면
　　나는 가슴으로도 모국어를 말한다.
　　나는 눈으로도 모국어를 말한다.
　　나는 온몸으로 모국어를 말한다.

　　유언만은 모국어로 말해야지
　　나의 碑文만은 모국어로 써야지
　　이승에서 마지막 한마디, 피맺힌 그 한마디만은
　　모국어로 말해야지

그리고

모국어와 함께 고국으로 돌아가야지. (김병현「母國語」,『미주문학』2호,

50-51)1)

　　이러한 미주한인작가들의 문학에 대해서는 영어로 씌어진 작품을 '한국계 미

국문학'으로, 한국어로 씌어진 작품을 '재미한인문학'으로 지칭하는데 비평적 합

의를 이루어왔으며(유선모 17-19), 한국계 미국문학은 주로 영문학계와 미국문단

에서, 재미한인문학은 국문학계와 한국문단에서 다루어왔다. 그런데 영어로 씌어

진 한국계 미국문학 작품들이 곧바로 한국어로 번역되어 읽히고, 한국어로 씌어

진 재미한인문학 작품들이 영역되어 출판되는 상황, 또한 작가 자신이 양쪽 언어

로 작품을 발표해온 경우 두 문학 군 사이의 경계선이 모호하다.2) 특히 미주 한

인문학 내에서 양쪽 언어를 사용하는 시도가 가속화되면서,3) 경직된 문학범주화

의 쟁점이 제기되고 있다. 가령 최연홍과 김행자가 공동 편집한『떠오르는 슬픔:

---

1) 재미문학과 관련하여서는 로스앤젤레스를 중심으로 한 미주한국문인협회의 미서부 문예
지『미주문학』과, 뉴욕을 중심으로 한 미동부 한국문인협회의 문예지『뉴욕문학』이 주로
논의될 것이다.

2) 한국계 미국인 작가와 재미 작가의 정의, 그리고 그 경계짓기의 문제점에 관해서는 유선
모 교수의『한국계 미국 작가론』에 상세히 논의되어있다. 또한 두 문학군의 경계선의 문
제도 지적되어 있다. ". . . 1990년대에 들어와서는 재미 작가들이 그들의 작품을 작가 스
스로 영어로 번역하여 출판하려는 것이 이들의 최근 경향이다. 작가 자신이 자기 작품을
영어로 다시 출판했을 경우 이때 이들 작가들을 어느 그룹에 넣어야 할까?라는 문제가 야
기될 것이다. . . ."(유선모『한국계 미국 작가론』, 18)

3) 양쪽 언어로의 작품활동은 미주한인문학계의 지형도를 새로이 그리는데 결정적인 고려사
항이 되어야 할 것이다. 고원은 이미 1970년대에 한국시인들의 시편들을 번역해
Contemporary Korean Poetry (U of Iowa P, 1970)를 간행하였고, 영문 시집 *The Turn of Zero*
(New York: Cross-Cultural Communications, 1974)를 발표하였으며, *South Korean Poets of
Resistance* (New York: Cross-Cultural Communications, 1980)를 발간했다. 최연홍은 시집
Autumn Vocabularies (Calcutta: Writers' Workshop, 1990)을 간행하였고, 단편소설
"Bloomington, Fall 1972"는 미국 대학교재에 수록되었다(Marilyn Smith Layton, ed.
International Journeys Through Writing, New York: Harper Collins, 1991)(최연홍「미국 속의 한
국문학」, 607-608).

한국계 미국문학 백주년 1903-2003』은 한국어 작품을 영역하여 발간한 것이며, 최연홍 편집의『시향』(2005)은 교포들의 영어작품과 한국어 작품을 동시에 수록한 시모음집이다. 둘 다 부제를 "Korean-American Literature"라고 사용하는 데서도 보이듯이, 한국계 미국문학과의 경계선이 더욱 불분명해지고 있다.

본고에서는 한국계 미국문학과 재미한인문학 사이에 경계짓기 보다는 상호연관성 속에서 미주한인문학 전반의 의미가 발생하리라는 가정에서 두 문학 군의 공통적인 언어의식을 중심으로 논의해보고자 한다. 표기체계와는 무관하게 이들이 "출발지 중심"(조규익 17)으로 보면, 한국이라는 공동의 문학적 뿌리를 가지고 있는 관계로, 공통적인 한국어적 감수성이 나타나 있으리라는 데 착안한다. 미주한인문학의 모태라고 할 수 있는 모국어에 대한 직·간접의 기억을 '상상의 공동체'로 하여, 어떠한 주제적, 미학적 특성을 성취해가고 있는가를 언어의식이 뚜렷하게 부각되어 있는 이민 1세대와 1.5세대의 작품을 중심으로 읽어볼 것이다.

포스트식민적 사회기억과 언어의식

미주한인문학에서 탈지역의 상황이 주로 언어 상실을 비유로 재현되는 데는 한국 근현대사의 포스트식민적 맥락이 개입되어있다. 김정기는 <역사 앞에서: 『뉴욕문학』제5집 출간에 즈음하여>에서 모국어로 작품 활동을 하는 이산자로서의 유배의 심경을 토로하고 있다.

> 조국을 떠난 우리가 모국어로 글을 쓴다는 것은 물을 떠난 물고기와 같습니다. . . . 그래도 핏속에 흐르는 민족혼을 지키고자 모국어로 글을 쓰는 작업은 외롭고 쓸쓸합니다. 이 외로움을 함께 나누고저 뜨거운 가슴을 맞대고 이민문학의 개척자로 모인 우리는 世界 歷史 앞에 서 있습니다. (김정기 12)

일본으로부터의 모국어 박탈의 경험, 미국이라는 거대 언어제국에 속해야 한다는 자의식은 미주한인들의 포스트식민적 기억을 형성하고 있다. 한국사는 다중언어의 동등한 공존을 가정하기 어려울 만큼 언어의 수직적 위계질서에 대한 강력한 집단적 기억을 지니고 있다. 민족어에 대한 자의식은 국권의 상실이 곧 모국어의 상실을 의미했던 피식민의 한국 근대사에 대한 공동의 기억과 연관된다. 이연숙은 일본어에 대한 재일한국인의 갈등을 예로 들면서, '재일(在日)'에게서 가장 절실한 물음은 자신들에게 있어서 '고향'과 '말'이란 무엇인가 하는 것이라면서, "조선말을 못하면서도 '조선 사람'일 수가 있을까, 옛날 지배자의 말을 '모어'로 받아들여야 하는 것일까, 조선 사람이 일본어로 작품을 쓴다고 하는 것은 도대체 무엇을 의미하는 것일까"라는 질문이 재일문학에 늘 수반된다고 지적한다. 일본어가 재일 조선인에게 폭력적인 것은, "그 일본어의 폭력성에 대해, 재일 조선인이 (모국어를 모르기 때문에) 일본어로밖에 대항할 수 없다고 하는 상승관계가, 말의 억압적인 구조가 되어, 다시 그들을 짓누르는 데에 있다"고 설명된다(이연숙 65-67). 강력한 민족주의적 정서로 인하여 민족어를 통해 국가에 대한 정치적 입장을 강요받던 근대사의 문화역사적 맥락은 국가와 언어에 대한 미주한인문학의 집단적 기억의 배경이 되고 있다.

아시아의 서양을 자처하는 일본을 통해 제국의 언어의 전횡을 경험한 한국인들에게 영어는 또 다른 제국의 언어이다. 한국인들의 집단 무의식 속에서, 일본의 언어타자로서의 상처는 미국의 언어타자로서의 경험으로 전이되고 있다. 일본과의 관계에서 겪은 모국어박탈이라는 피식민의 상흔은 영어와의 관계에서 신식민에 대한 잠재적인 경계의 패턴으로 연결된다. 안잘두아가 "민족 정체성이 곧 언어 정체성이며, "나는 바로 내 언어이다"I am my language(Gloria Anzaldua 81)라고 한 것처럼, 이산자아들은 모국어적 감수성이 얼마나 뿌리 깊은지, 또한 지배언어가 경계선에 선 사람들을 얼마나 강력하게 구속하는지를 고뇌하는 숙명을 타고 난 존재들이다. 안잘두아는 어린 시절 자신이 스페인어로 이름을 말하려고 한 것뿐인데 영어를 사용하지 않았다고 하여 교사에게 체벌을 당했던 경험담을 통해, 영어가 미국사회의 단일성을 주도하는 강력한 매체임을 증언하고 있다.

차학경은 『딕테』에서 영어 받아쓰기dictation를 명령, 지시의 개념과 연결시킴으로써, 언어 규범의 전횡과 동시에 이 명령을 내면화하려는 이산자아들의 고통을 연결시키고 있다. 특히 두고 온 모국어의 감수성을 기억한 채 새로운 제국의 언어를 습득해야 하는 아픔이 부각되고 있다. 김현주는 차학경의 초기 1975년 흑백 비디오작품 ≪입에서 입으로≫를 상세히 설명한다.

> 이 비디오 화면에는 느린 팬 촬영으로 고딕체의 한국 모음이 'ㅏ ㅑ ㅜ
> ㅓ ㅕ ㅡ ㅗ ㅛ' 순서로 나타난 뒤 그 모음들을 발음하는 입 모양만이
> 흐리게 클로즈업 되었다 사라진다. 이때 배경에는 지나치게 흔들리는 물
> 의 파동과 흐르는 물소리 때문에 마치 수신기의 주파수가 맞지 않을 때
> 발생하는 전자입자들의 진동과 소음의 착각을 유발한다. 입 모양은 생소
> 한 언어를 배우는 듯이 아주 천천히 열렸다 닫히며, 발음하는 목소리는
> 흐르는 물소리에 의해 들리지 않거나 혹은 정적 속에서도 전혀 전달되지
> 않는다. 느리게 파동 치는 화면, 귀에 거슬리는 물 흐르는 소리, 들리지
> 않는 목소리로 인해 관람자의 심리적인 답답함, 불안, 긴장감이 증폭된
> 다. 추상적인 화면의 연속과 물소리는 시간의 흐름을 의미하며 정작 들
> 려야 할 목소리의 거세는 시간의 흐름에 따른 언어의 상실을 암시한다.
> 그러므로 이 비디오는 모국어를 말하기를 주저하고 머뭇거리는 이민 여
> 성의 심리적인 좌절과 긴장으로 가득 채워진다. (김현주 68-69)

어눌한 한국식 영어는 이민 1세대들이 힘겹게 모방하려고 하지만, 결코 원어민이 될 수 없다는 영원한 이방인으로서의 낙인이다. 이들은 모국어의 터를 벗어나있으면서 동시에 영어권에 제대로 속하지 못했다는 양 방향의 주변인 의식을 강요받는다. 최연홍은 이산의 존재들을 "한국 악센트가 있는 영어"를 쓰는 위궤양 환자들로 규정하고 있다.

속 쓰린 사람들은 바다 저쪽에서 왔다
자유, 평등, 민주주의, 균등한 기회의 나라에서
자유, 평등, 민주주의, 균등한 기회를 향유하지 못하는
사람들의 위장에 금이 갔다
한국 악센트가 있는 영어는 속이 쓰리다
속 쓰린 사람들의 위장에 암세포가 번지고 있다
눈먼 미국 거지의 동냥이
오히려 부러운 동양인의 속이 쓰리다 (최연홍 「위궤양」『한국行』, 109)

　『미주문학』이나『뉴욕문학』과 같은 재미한인 문예지에는 인종적, 민족적, 문
화적 타자로서의 언어정체성이 존재론적 불안감과 연결된 작품들이 부각되고 있
다.

‘보난자’의 초라한 중국인 요리사
서부 영화의 ‘엑스트라’ 멕시코人들
어제는 차가운 웃음 흘리며
남의 일로만 여겼더라니

지금은 내가 그 꼴하고
이 땅에 서 있음을 보네

[…]
오늘도 서부 영화는 보지만
‘카우보이’ 쏴대는 총은
어느덧 아픔의 총탄되어
내 심사에 마구 와서 박히네
(이성열 「미국에서 그리는 자화상」『미주문학』3호, 54-55)

　옥스퍼드 영어사전에서 이방인, 야만인을 나타내는 “babarian”이라는 단어가

"언어와 관습이 다른 낯선 자"로 정의되고 있듯이, '콩글리쉬'로 대변되는 한국식 영어는 한국인의 '에스니시타'를 환기시키는 것이다. 미국담론 내에서 백인의 예상을 벗어나지 않는 한국인들의 콩글리쉬는 말을 못하는 만큼 두뇌도 부족한 열등한 사람으로 보이리라는 것, 그러면서도 영어에 순응함으로써 어떻게든 백인주류문화에 동화하려고 애쓰는 애처로운 존재라는 자의식을 자극한다.

이경원은 "언제나 우리의 타자성을 상기시켜주는 영어, 우리 스스로를 '결핍'과 '부재'로 규정짓고 일상을 불안과 강박으로 짓누르는 영어야말로 한국인의 사회적 (무)의식을 지배하는 '초월적 기표'"라고 지적한다(이경원 67). 영어는 미국이라는 국가공권력을 대행하며 언어시민권을 통해 국가문화를 단일화하는 강한 매체가 되어왔다. 영어는 다인종, 다민족, 다문화적인 미국을 이끌어가는 데 있어서 국가권력기구를 통한 국민교육의 "상징적 자본"(Blackledge 296)이다. 미국과 같은 다언어 국가에 있어서 단일 언어 사용을 강조하는 담론이야말로 소수민족을 통제하는 강력한 도구로서 사회통합의 이데올로기를 주도하고 있다. 영어가 미국의 경제적, 문화적 헤게모니를 재생산하고 중심부와 주변부의 불균등한 권력관계를 매개한다는 점은 이산자아들에게 두려움으로 작용한다. 언어의 헤게모니 구조 속에서 일본어의 타자였던 집단적 기억을 물려받은 한국의 이산자아들은 또다시 영어의 타자가 되어야 하는 상황에 직면하고 있다.

영어가 지배문화로의 동화의 상징이라는 점은 미주한인들의 언어주체 형성과정에서 모국어와의 편치 않은 관계로 작용한다. 특히 한국 내 동포들이 국가 경계선이 분명한 경직된 언어관을 가지고 있기 때문에 이들의 언어이방인 의식은 심화된다. 차학경의 『딕테』에서 화자-주인공이 18년 만에 모국으로 돌아왔을 때 모국이 자신을 받아들이지 않으며, 이전으로 되돌아갈 수 없다고 비통하게 느끼게 되는 것도 언어 문제 때문이었다. 단일성의 이데올로기에 젖어있는 한국인들에게는 영어 투가 섞인 한국어 혹은 영어밖에 못한다는 것은 철저한 국외자임을 의미하는 것이었고, 작가는 자신이 오랫동안 심정적으로 동일시해온 동포들로부터 '다른 언어를 쓰는 이방인'으로 분류되는 고통을 겪는다.

동시에 한국의 이산자아들은 자신들이 영어를 통해 백색담론으로의 동화를 지향한다는 데 대한 자의식을 가진다. 특히 현대사에 이르러서의 미국으로의 이주는 경제적, 사회적 고려에 의한 자발적인 "두번째 이민 물결"이었다는 점에서, 이는 잠재적인 죄의식과 연결되기도 한다. 어려운 조국의 현실과 가난한 동포를 뒤로 하고 편의와 안락을 찾아왔다는 의식을 드러내는 마종기는 안정되게 살아가는 자신의 삶을 "안락한 외제 소파에 틀고 앉아/안락하지 못했던 동학의 전기를 읽는다," 혹은 "한여름 냉방 장치의 응접실에서/문득 얼굴에 흙칠을 하고 싶다"라고 표현하고 있다(「일상의 외국 2」, 248). 마종기는 미국에서의 자신의 삶을 "가진 것에 약한 아내"와 "영어를 잘하는 내 아들"(「밤 노래 1」, 288)로 표현함으로써 서구화와 중산층, 성공적인 삶이라는 영어를 둘러싼 국내외의 이데올로기를 의식하고 있음을 보여준다. "가진 것"과 "영어를 잘하는 것"이 동일선상에 놓여 있는 상황은 한국 현대사에서의 영어의 상징성을 제시한다. "신경 쓰지 않아도 되는 자유로움 때문에 미국을 선택"했지만, 그 대가로 "언어의 생명과 마음의 빛과 안정의 땅을 다 잃어버렸다"(「차고 뜨겁고 어두운 것」, 418)는 데서도 나타나듯이, 미국의 편리와 모국어는 상반되는 상징으로서 강박관념을 자극한다. "나는 한쪽 파편이 되어 태평양 건너에서 굴러다닌다"(「중산층 가정」, 221)는 구절에서의 마종기의 어조에서는 한국인의 포스트식민적 집단의식이 읽힌다.4)

---

4) 마종기는 대담에서 "약소민족의 설움이나 조국에 대한 그리움은 조국을 떠나 사는 사람에게는 운명적인 정서"라고 하며, 망명 시인으로서의 설움을 모국에 대한 강한 회귀 본능으로 연결시키고 있다(마종기/정과리, "시의 진실과 진실한 시" 32). "모여서 사는 것이 어디 갈대들뿐이랴/바람 부는 언덕에서, 어두운 물가에서/어깨를 비비며 사는 것이 어디 갈대들뿐이랴"(「밤 노래 4」, 292)에는 이러한 귀소의식이 표현되어있다. "그러니 수장시켜다오/외국에서는 말고 이번만은 한국의 바다에서,/동해나 황해나 남해나 아무데나/그러나 너무 멀리는 말고 해안선 가까이에./내 한 세상의 여행도 결국은 그랬지만/방향 잃은 늙은 목선의 어스름 저녁,/황혼이 잔잔한 바다에 머리 부딪히며 다시 울 때/부끄러움도 무지함도 감추지 않은 용사의 죽음처럼./[…]수장시켜다오/내 살이 그 많은 조카들의 살이 다시 되어/이 골목 저 골목 뛰어다니며 놀 때/오래 헤매며 살던 짙은 안개의 세월 끝나고/내가 드디어 뜨거운 눈을 뜨리라"(「水葬」, 272-73).

탈지역에서의 한국어적 감수성과 한글의 미학

한국어는 한국인의 민족적 정체성의 가장 변별적인 표지[marker]이다. 다른 민족적 정체성을 가진 사람이 한국인처럼 보이도록 외모를 꾸미는 것보다, '한국어 원어민'이 되는 것이 훨씬 더 어려운 과제일 것이다. 가령 어떤 아시아인을 외모로는 국적을 맞추기 어렵다고 하더라도, 그 아시아인이 한국어로 된 문서를 읽고 있다면 거의 한국 사람이라고 보아도 될 만큼 한국어는 한국인의 결정적인 언어정체성을 나타낸다.

미주한인들이 겪는 언어이방인 의식은 자신들의 정체성의 근거가 되는 한국어가 서구담론 속에서 제대로 자리를 차지하지 못한데서 더욱 심화되어왔다. 오랫동안 서구담론에서 한국이라는 국가 자체가 제대로 알려지지 않은 상황에서, 한국어는 더더욱 세계 언어 중 하나로서의 위치를 가지지 못해왔다. 근대사 초기 선교사들을 중심으로 하여 한국에 대해 씌어진 민족지에서도 한국어에 대한 설명은 거의 없거나, 아니면 한국은 한국어와 중국어가 함께 쓰이는 "이중 언어국"으로 기록되어있다. "한국의 언어는 이중 언어이다"라고 적은 1892년 길모어의 기록은 대표적인 예이다(Gilmore 55). 한국어에 대해 훨씬 더 상세하고 우호적인 설명을 하고 있는 언더우드의 『한국구어입문』에서도, 한국에서는 두 언어가 사용되는데, 그것은 한국어 자체가 문어와 구어가 공존하는 데서 기인한다고 적혀있다. 한국어에는 토속어인 언문과 중국한자어가 있는데, 사랑 이야기 같은 것은 언문으로 기록되고, 공식적인 문서나 학문적 깊이가 있는 철학서는 한자어로 기록되고 있다면서, 중국한자어는 "한국의 라틴어" 혹은 한국어의 "라틴어판"이며, 이를 쓰는 것이 예의를 갖춘 학자적인 기풍을 보이는 것이라고 적고 있다(Underwood 4-5).

소수의 한국관련 전문가들을 제외하고 대부분의 영어권 독자들에게 한국문화는 대체로 동북아시아의 일부분으로서 분화되어있지 않고 따라서 언어도 서로 비슷할 것이라고 생각되어왔다. 한국어에 대한 이미지가 정착되지 않은 상황에서 작품 활동을 하고 있는 미주한인 작가들은 자신들이 기록한 한국어문화가 상당부분 한국에 관한 지역학 텍스트로 읽히리라는 수용미학적 관점을 의식하고 있다. 따라서 영어권 독자들을 대상으로 하는 한국어문화론은 국내 독자들을 대상으로 한 것과는 강조점이 다른 문화번역의 색채를 띠게 된다. 한국이산사의 큰 상처로 남아있는 LA 폭동이후 미주한국문인협회에서 발간한『미주문학』"4 · 29 LA 폭동 특집호"에는 한국에 대한 무지가 인종갈등을 심화시키고 자신들의 삶을 척박하게 하는데 대한 안타까움이 절실하게 배어나온다.

  . . .
  저들은
  우리를 향하여
  돈만 아는
  동양의 유태인이라고
  비아냥을 놓지만

  . . .
  저들이 만일
  그슬린 숯구덩이에서
  청자 항아리를 구워내고
  검은 토굴 속에서
  백자 술병을 빚어내는
  백의민족의 슬기로운
  오천 년의 꿈을
  알았더라면
  부끄러워 하였을 것이다
  죄스러워 하였을 것이다

  우리 모두는

잿더미 속에서
민족혼을 캐내는
한의 얼
한의 피
한의 꿈
. . . (정용진 「캄튼 悲歌」 『미주문학』 11호, 46-48)

　　이러한 상황에서 한국어는 자신들의 하이픈적인 정체성과의 화해이자, 존재
감을 부각시키는 매개체가 된다. 미주한인작가들은 모국어적 감수성을 모태로 하
여 한국의 고유성을 부각시켜나간다. 한국어는 자신들의 하이픈적인 정체성과의
화해이자, 존재감을 부각시키는 매개체이다. 한국어적 감수성이 영어로 번역되기
에 얼마나 어려운 고유한 것인지가 강조되고 있다. 한국어는 의사소통이 텍스트
보다도 컨텍스트에 의존하는 언어, 즉 눈빛과 기침으로 모든 의사소통이 가능한
독특한 어법의 "눈빛과 기침의 언어"(천소영 26)로 그려진다. 미주한인문학 전반
에 걸쳐 한국적 감수성의 지표가 되는 "한"[han]이나, "정"[cheong]과 같은 단어는 영역
되지 않은 채 한국어 그대로 사용되고 있다. 자신의 한국인 뿌리를 찾아간 혼혈작
가의 미라 스타우트의 자서전적 이야기 『천 그루의 밤나무』에서 한국인 어머니
는 '한'에 대해, "한은 너무나 깊고 복합적인 의미를 갖고 있어서 말로 표현할 수
가 없다. . . . 한이란 슬픔과 그리움과 통한이야. 그건 수세기 동안 전해 내려온
것이고 앞으로도 없어지지 않을 것이야. 우리 민족의 한가운데 있는 것이란다"고
말하고 있다(10). 미주한인문학에서는 구체적인 한국사의 맥락에서 파생된 단어
들도 그대로 사용하고 있다. 가령 한국전쟁과 여성의 몸이 연결된 기지촌을 제시
하는 양공주[yangkongju], 양색시[yang saekssi], 혼혈아[ainoko, chapjong, t'wigi]와 같은 단어들은
한국어 발음대로 표기됨으로써 정서적 공감대를 통해 한국사의 비극성을 전달하
고 있다.

　　영어권 독자들을 주 대상으로 한 영어 작품들의 경우에는 한국어적인 감수성
의 구조를 제시하는데 더욱 적극적이다. 문학사의 계보 상으로 주로 이민 1세대

의 작품들 중 유일한의『한국에서 보낸 나의 소년 시절』, 강용흘의『초당』, 박인덕의『9월의 원숭이』는 한국적 감수성을 모태로 한 전래의 민속이나 풍습, 역사적 사건 등을 그려온 대표적인 예이다. 또한 영어와 한국어로 동시에 작품 활동을 한 선구적 작가 김용익의 작품의 소재도 한국의 민속을 중심으로 한 것이다.『한국의 달』과 같은 작품에서는 월별 세시풍속, 민속과 전통적 정서가 한국어 용어를 통해 전개되고 있다. 이동하는 김용익의 작품이 미국에서 씌어지고 발표되었지만, 미국에서의 삶의 모습보다는 "그가 등뒤에 두고 떠나온 한국의 풍물, 한국의 상황, 한국의 역사"를 담고 있다고 지적한다(이동하 632). 서종택은 이를 "향수와 페이소스의 세계"로 지칭하면서, "그는 외국의 무대에서 한국인의 삶을 노래했으며 그 노래가락의 원천을 외국에 소개하기도 했다"고 평가한다(서종택 123). 이러한 모국어의 감수성은 작품의 소재일 뿐 아니라, 그 창작법으로도 작용한다. 김용익은 자신의 글쓰기방식을 말하면서, 작품을 먼저 영어로 쓴 후 스스로 한국어로 번역하여 다시 썼을 때 제 느낌이 난다고 하고 있다.

> 영어로 작품을 쓴 뒤에는 반드시 이것을 나는 모국어(한국어)로 옮겨 본
> 다. 그러면 나도 모르는 모국어가 환기하는 잠재의식이 포착된다. 영어
> 작품엔 없는 또 다른 차원의 세계가 창조된다. 그러니까 영어로 먼저 쓴
> 작품은 그 나름대로의 완결된 것이지만, 일테면 <초벌> 작품이라고나
> 할까. 한국어로 <재창조>된 작품이 한층 심화된 것이다. (김윤식 64)

미주한인문학에서 한국적 상상력의 소재로 부각되어온 것은 모국어의 기억에 기반을 둔 전래의 이야기들이다. 전통적 민담은 그 장르적 특성 자체가 국가와 같은 "상상의 공동체의 표현이자, 전통의 구현체"이며, 또한 "문화적 정체성의 합으로서의 민족적 정체성의 표현"이라는 점에서(Dina Roginsky 244), 모국어의 감수성을 전달하는 소재로서 꾸준히 부각되어왔다. 단군신화, 바리공주, 청개구리 이야기 등은 특히 한국적인 민중문화의 대표적 소재로 등장한다. 펜클의『나의 유

령 형의 기억』에서 도깨비, 구미호 이야기, 자장가라든지, "푸른 하늘 은하수/하얀 쪽배에/계수나무 한 그루 토끼 한 마리/돛대도 아니 달고 삿대도 없이/가기도 잘도 간다/서쪽 나라로"와 같은 민요는 모국어에 대한 기억에 근거하여 민중문화를 노래한 것이다. 차학경의 『딕테』에서 "울 밑에 선 봉선화야/네 모양이 처량하다/길고 긴 날 여름철에/아름답게 꽃 필 적에/어여쁘신 아가씨들/너를 반겨 놀았도다"(*Dictee* 46)와 같은 민중의 노래는 특히 하위주체로서의 한국여성의 한을 보여준다는 점에서 그 의미가 부각되고 있다.

미주한인문학에서 한국어적 감수성의 결정적 화두는 한글이다. 차학경의 『딕테』의 첫 장에 새겨진 삐뚤삐뚤한 필기체가 그대로 드러난 한글은 한국사의 사회적 기억, 그 정신적 상흔을 연결시킨 파격적인 것이었다. 일제강점기에 징용된 한국인이 동굴에 새겨 넣은 "어머니/보고 싶어/배가 고파요/고향에 가고 싶다"라는 필기체는 서사적 상상력과 한글의 시각성을 제시하는 출발점이 되었다. 영어 텍스트 속의 한글실험에 있어서 선구적인 차학경의 계보는 김명미로 이어진다. 미학적 자원으로서의 한글의 가치를 깊이 인식하고 있는 김명미의 "김올가 할머니 시베리아, 1992"는 그러한 대표적인 예이다.

내일 부터 일하지 말아라
그리 캐도 생각 했지요
히망이 없어요
목이 밀 정도로
그러키 때문에
죽이 전에 한번
잊이 뫁할 내 교향이
식구 없이
한 40년도 됐이요―
얼마나 오래 동안 (*Commons* 83)

영어텍스트 한복판에 부각된 삐뚤삐뚤한 할머니의 한글 필기체, 가물가물 잊혀져가는 한글철자법을 되살려가며 발음 나는 대로 적어 놓은 이 한글 텍스트는 한국사의 강제이산과 그 한의 세월, 모국에 대한 그리움을 한 폭의 그림처럼 증언한다. 기존의 백인, 남성, 이성중심적인 제1세계 강자들의 역사, 그들의 공적인 영역이 무시해온 한 맺힌 이산여성의 고통을 기록하는 데 있어서, 시각예술로서의 한글의 가능성이 전개되고 있다. 제1세계 담론의 영어텍스트 속에서 제 자리가 없었던 하위주체들의 버려진 이산의 삶이 이러한 한국어적 감수성을 모태로 한 한글의 감각성을 통해 전달되고 있다.

김명미는 시집『듀라』에서도 한글필기체의 시각성을 미학적 자원으로 활용하는 다양한 시도를 하고 있다. 한글 필기체로 "시조―a short lyric poem or, the founder of a family"라고 써넣고, 영어권 독자들이 時調 또는 始祖라는 짐작을 하면서 한글 글씨를 익히게끔 한다. 같은 방식으로 "신보," "신세계," "시래기"라는 유사한 발음의 한글단어들도 적어나가고 있다(Dura 13). 김명미는 특히 시집『관용』의 도입부에서 한글 자체를 시의 주제로 삼고 있다.[5] 훈민정음 창제년도 "1443"을 첫 줄에 제시하고, 한글의 구성원리, 자음 구성, 작은 사각형은 /m/을 발음하려는 입모양이라는 식의 설명과 함께, 이 시 자체를 한글교본이라고 지칭하고 있다(The Bounty 13). 시인은 또한 "가갸거겨[ga gya guh gyuh],"(The Bounty 25)와 같은 구절을 영어텍스트 가운데 설명 없이 삽입함으로써 영어텍스트와 한글의 공존이라는 다중언어 실험을 하고 있다.

한국어 발음의 청각성을 미학적으로 개발한 것도 영어텍스트 상에서의 한국

---

5) 김명미는 인터뷰에서, The Bounty가 문화에서의 언어의 역할을 탐구하는 모음집이자, 언어로서의 한국어와 자신의 복잡한 관계를 적극적으로 추적하는 작품이라면서 이같이 말하고 있다. "한때 저는 어떻게 한글이 만들어졌는지에 관한 역사를 조사하기 시작했는데, 이어 당연하겠지만, 어떻게 한국어가 사용, 소멸, 금지, 교정되어 왔는지를 한국역사의 서로 다른 시간별로 고찰하게 되었지요. 제가 언어와 문화와 정치와의 관계에 대해 철저하게 인식하는 것이 책에서 계속되는 탐구문제입니다"(유선모『미국 소수민족문학의 이해: 한국계편』425-26).

어의 또 다른 성취이다. 김명미는 한국어 발음을 실제 들리는 대로 영어로 표기한다는 것이 불가능하다는 것 자체를 시의 소재로 삼고 있으며, 이를 통해 번역이 불가능한 한국어적 감수성의 고유성을 부각시키고 있다. 같은 단어를 각각 다른 표기방식으로 연속적으로 써보면서, 한국어 발음이 자신에게 들리는 대로 가장 실제에 가깝게 쓰려는 철저한 시도를 한다. "sesang saramdur-a/세상 사람 들아/sae sahng sah rham deul ah"(*Commons* 76), 혹은 "지웠다"*ji-wuat-dah* erased와 "질렀다"*jil-eu-dah* shouted처럼 발음은 비슷한데 의미가 다른 경우들도 실험하고 있다 (*Commons* 52). 최근 들어서 더욱 난해해지는 김명미의 발음표기 방식은 언어의 고정성 자체에 내포된 정형화된 이데올로기를 한국어를 통해 재조명하는 철학적 사색으로 이어지고 있다.

김명미로 대변되는 현란한 시청각적 언어실험의 내용은 두고 온 모국어의 상력에 기반을 둔 매우 한국적인 것이다. 무격식을 지향하는 파격적인 언어실험에 선택된 단어들은 "초가집"*cho-gah-jiib* a color - straw and wintered grass(*Commons* 19), "살림살이"*sahl-rlim-sah-ri* house/chores(*Commons* 36)와 같이 모국어적 감수성을 자극하는 단어들이다. "흥부"Heung-bu, "놀부"Nol-bu(*The Bounty* 29), 박을 타는 "톱질노래"Sawing Song/t'opchil norae(*Commons* 98), 혹은 옻칠상자, 국화꽃, 초가지붕, 소나무, 성불사 깊은 밤과 같은 한국적인 소재가 채택되고 있다("Into Such Assembly" *Under Flag* 29). 인간역사에 관한 비통한 시각도 "전쟁의 상처로 찢긴"war-torn "혼돈의 조국"(*Commons* 16)을 통해 전달되고 있다. 현대사의 비극은 "광주"Kwang-ju(*The Bounty* 82)로 요약되어있다. "Kwangju, 1980"에서는 "이 전라남도 지방에서 모든 차량이 몰수되었고, 우리는 조선시대의 이동방식대로 걸어 다녔다. 우리는 300년 전으로 되돌아갔던 것이다"라고 기록되어있다(*Commons* 43). 한국인들 공동의 사회적 집단 기억 속에서 전쟁의 상처가 몸에 새겨져가는 통증을 느끼게 하는 매우 감각적인 언어를 통해 한국역사의 단면을 인간역사의 보편성으로 확장하고 있다.

초국가적 공간에서의 언어공존의 의미

언어와 이산자아의 복합적 관계를 실험한 다양한 시도들은 작품의 언어를 한국어로 하여 보다 직접적으로 모국어와의 관계를 맺고 있든, 영어권 독자들을 대상을 하여 영어텍스트로 씌어졌든 간에 그 근간에는 모국어적 감수성이 작용하고 있음을 보여준다. 이들이 지향하는 문학세계는 서구적인 감수성에 기반을 둔 영어권 담론과는 다른 고유성을 지닌다. 공동의 사회적 기억으로서의 '한국'은 모국어의 감수성과 직·간접적으로 연결된 미학적 장치들을 통해 이산의 환경 속에서 열매를 맺어가고 있다.

다중언어텍스트를 예시하는 이러한 미주한인문학은 한국어와 그 감수성의 구조를 영어권에 확장하고 있다는 점에서 한국문학계와 미국문학계 양편에 기여하고 있다. 펜클이 "한국계 미국작가들, 한국 학자들과 비평가들, 미국학자들과 비평가들의 관심은 복합적으로 얽혀있다"(Fenkl, "The Future of Korean American Literature" 26)고 지적한 것처럼, 이러한 미학적 성취에 대해 다양한 비평적 시선이 교차할 것이다. 이를 한국문학계에서 보면, 국외에서 한국어적 감수성의 가능성을 확장함으로써 한국문학의 범위를 넓히는 것이고, 미국문학계에서 보면 다문화적인 자원을 흡수하는 과정에서 활기를 유지하고 있는 미국문학사의 지평을 확장하는데 기여하는 것이다. 또한 미주한인들의 언어정체성 측면에서 보면, 그들의 하이픈적 정체성의 한편인 한국에 대한 긍정을 의미하며, 이항대립적인 위계질서의 언어구도를 근간으로 한 한국 근현대사의 포스트식민적 정신적 상흔을 치유하는 차원과도 연계된다. 영어텍스트 속의 한국어라는 다중언어 공존의 텍스트는 미주한인들이 언어타자로서의 인식을 넘어서서, 모국어의 감수성을 영어권과 연계시킨 다중언어자로서의 창의적 자리매김의 시도라고도 하겠다.

그런데 '아시아계 미국인은 아시아에는 없다'는 말처럼, 한국계 미국인은 한국에는 없는 존재들이다. 초국가적 삶을 체험한 미주한인들은 한반도내의 한국인들과는 다른 경험을 한 사람들이다. 국가와 언어 의식면에서만 볼 때에도 이들은 '아버지 나라'와 '어머니 언어'의 긴장상태를 겪어왔다. 끈질긴 모국어의 감수성을 지닌 채, 영어와 그 제국의 힘에 부딪치며 살아온 존재들, 주변인으로서의 언어정체성에 고뇌해왔다는 점에서, 단일어의 국가경계선 내에서 살아온 한반도내의 한국인들과는 다른 시각을 제시할 수 있다. 이들은 영어로 대변되는 미국 지배문화집단과의 갈등도 보았고, 동시에 이산의 한국인들을 인정하지 않는 한반도 내 한국인들과의 관계의 소원함도 경험해본 존재들이다. 그러므로 초국가적 공간에서의 한국을 제시하는 미주한인문학은 모국어의 감수성을 모태로 했다는 동질성에도 불구하고 "단일민족, 단일문화의 신화"(최협 27)에 젖어온 한국사회 전반에 시사점을 제시하고 있다. 특히 최근처럼 탈지역의 한국인과 초국가적 한국문화에 대한 재평가가 요구되는 시점에서, 미주한인문학은 국내에서는 낯선 인습 흔들기의 공간을 통해 단성적 이데올로기를 재고하는 역할을 하고 있다.

미주한인문학은 탈지역화 과정 속에서 성립되는 접경지대 혹은 틈새문화 interstitial zone(Gupta, et al. 48)의 가치를 통해 '다양한 한국'의 개념을 시사하고 있다. 이러한 초국가적 한국인의 다문화적 초상을 수용함으로써, 포스트식민의 한국사회가 스스로 타인종, 타민족, 타문화를 홀대함으로써 수많은 타자를 만들어내는 상처를 국내외적으로 반복하지 않을 수 있을 것이다. 딜릭은 초국가성으로 인해 이제 이전의 협소한 의미의 국민문학이라는 용어로는 쉽게 정의할 수 없는 문학이 탄생하고 있으며, 초국가적 문학transnational literatures이야말로 세계를 국가나 지역, 지방이라는 경계로 조직하는 기존의 방식에 도전하는 것이라고 지적한 바 있다 (Arif Dirlik 225). 미주한인문학은 한국인의 삶의 조건이나 인간형이 초국가적 공존의 상황으로 변화하는 한국현대사를 반영할 뿐 아니라, 이러한 초국가적 문화번역을 수행하는 매체가 되는 문학의 미래지향적 공간을 예시하고 있다. 미주한인문학은 이산의 공간 속에서 한국적 감수성과, 한국어의 미학적 가치를 확장하고 있으며, 동시에 그 초국가성으로 인해 국내의 동질적 공간에서는 허용되지 않았을 포용적인 시각을 제시함으로써, 한국과 한국인, 한국성에 대한 새로운 패러다임을 요구하는 윤리와 미학을 제공하고 있다.

🌿 참고문헌

『미주문학』 제2호. 로스앤젤레스: 미주한국문인협회, 1984.

『미주문학』 제3호. 로스앤젤레스: 미주한국문인협회, 1985.

『미주문학』 제11호. 로스앤젤레스: 미주한국문인협회, 1993.

『뉴욕문학』 제5집. 서울: 융성출판, 1995.

김윤식. "초벌과 재창조의 실험에 관하여." 『작가연구』. 서울: 새미, 1997. 45-67.

김현주. "한국/미국/여성: 차학경과 민영순의 이산의 정체성" 『현대미술사연구』 13.
        2001: 61-101.

마종기. 『마종기 시선집』. 서울: 문학과 지성사, 1999.

마종기/정과리, "시의 진실과 진실한 시" 『마종기 깊이 읽기』. 정과리 편. 서울: 문학과
        지성사, 1999. 21-37.

박남수. 『박남수전집 1 - 시』 서울: 한양대학교 출판원, 1998.

서종택. 「향수와 페이소스의 세계 - 김용익의 단편소설」. 『재외한인작가연구』. 김현택
        외. 서울: 고려대학교 한국학연구소, 2001. 117-152.

성민엽. 「유랑민, 중산층의 삶」. 『마종기 깊이 읽기』. 정과리 편. 142-48.

유선모 『미국 소수민족문학의 이해: 한국계 편』. 서울: 신아사, 2001.

_____. 『한국계 미국작가론』. 서울: 신아사, 2004.

윤택림. 「문화의 탈지역화와 한국문화연구」. 『정신문화연구』 제25권 제3호. 2002.
        257-82.

이경원. 「아체베와 응구기: 영어제국주의와 탈식민적 저항의 가능성」. 『안과 밖』 12호.
        2002. 66-87.

이동하. 「20세기 재미한인 소설의 전개양상」. 『사진신부: 재미대표작가 문학선』. 박남
        수 외. 미주한인이민 100주년기념사업회 - 워싱턴. 서울: 월인, 2003. 616-44.

이연숙. "디아스포라와 국문학." 『민족문학사연구』 19호. 2001 : 55-71.

임창현. 『그리고 또 그리고』. 서울: 조선문학사, 1997.

조규익. 『해방전 재미한인 이민문학 1: 연구편』. 서울: 월인, 1999.

조남현. "마종기론." 『마종기 깊이 읽기』. 정과리 편. 165-76.

천소영. 『한국어와 한국문화』. 서울: 우리책, 2005.

최연홍. 『한국行』서울: 푸른 숲, 1997.

_____. 「미국 속의 한국문학」. 『사진신부: 재미대표작가 문학선』. 박남수 외. 601-15.

최협. 「한국문화의 연구와 그 방법」. 『정신문화연구』 21권 2호. 1998. 21-37.

Anzaldua, Gloria. *Borderlands/La Frontera*. San Francisco: Aunt Lute Books, 1987.

Blackledge, Adrian. "Literacy, Schooling and Ideology in a Multilingual State." *The Curriculum Journal* 12.3(2001): 291-312.

Cha, Theresa Hak Kyung. *Dictee*. New York: Tanam, 1982.

Choi, Yearn Hong. ed. *Fragrance of Poetry: Korean-American Literature*. Paramus, NJ: Homa & Sekey Books, 2005.

Choi, Yearn Hong and Haeng Ja Kim. eds. *Surfacing Sadness: A Centennial of Korean-American Literature 1903-2003*. Dumont, NJ: Homa & Sekey Books, 2003.

Dirlik, Arif. "Literature/Identity: Transnationalism, Narrative and Representation." *The Review of Education*, Pedagogy, and Cultural Studies 24 (2002): 209-34.

Fenkl, Heinz Insu. *Memories of My Ghost Brother*. New York: Dutton, 1996.

_____. "The Future of Kroean American Literature" *Korean American Literature*. eds. Kim-Renaud, Young-Key, R. Richard Grinker and Kirk W. Larsen. The Sigur Center Asia Papers, 2004. 19-26.

Gilmore, George W. *Korea from its Capital*. Philadelphia: Presbyterian Board of Publication and Sabbath-school Work, 1892.

Gupta, Akhil and James Ferguson. eds. *Culture, Power, Place: Explorations in Critical Anthropology*. Durham: Duke UP, 1997.

Kang, Younghill. *The Grass Roof*. New York: Charles Scribner's Sons, 1931.

Keller, Nora Okja. *Comfort Woman*. New York: Penguin Books, 1997.

Kim, Myung Mi. *Under Flag*. Berkeley: Kelsey St. Press, 1991, 1998.

_____. *The Bounty*. Minneapolis: Chax Press, 1996.

_____. *Dura*. Los Angeles: Sun & Moon Press, 1998.

_____. *Commons*. Berkeley: U of California Press, 2002.

Kim, Yong Ik. *Moons of Korea*. Seoul: Korea Information Service, 1959.

New, Il-han. *When I Was a Boy in Korea*. Boston: Lothrop, 1928.

Pahk, Induk. *September Monkey*. New York: Harper, 1954.

Roginsky, Dina, "Nationalism and ambivalence: ethnicity, gender and folklore as categories of otherness" *Patterns of Prejudice* 40.3 (2006): 237-58.

Shin, Gi-Wook. *Ethnic Nationalism in Korea: Genealogy, Politics, and Legacy.* Stanford: Stanford UP, 2006.

Stout, Mira. *One Thousand Chestnut Trees.* London: Flamingo, 1998.

Underwood, Horace G. *An Introduction to the Korean Spoken Language.* Yokohama: Kelly and Walsh, 1890.

9-11 이후 아프간 여성의 프레이밍과 호세이니의 『천 개의 찬란한 태양』

• 정혜욱

I

프레이밍^{framing}이란 지각된 현실의 어떤 양상을 선택하고 강조하거나, 축소하고 배제함으로써 특정한 해석을 산출해내는 과정을 말한다(Entman 51-58). 이것이 주로 언론이나 커뮤니케이션 연구에서 정의되는 프레이밍의 의미이다. 사전적 의미에서 프레임은 (어떤 목적에) 짜맞추고, 조작하며, 그리고 "(무고한 사람에게) 죄를 씌우고 함정에 빠뜨리다"라는 의미가 있다. 그러므로 프레임은 자신에게 유리한 방향으로 현실을 구성하고 편집한다는 함의에서 자유로울 수가 없다.

예를 들어 건물 화재는 카메라의 앵글에 따라 다르게 포착된다. 하지만, 이것이 하나의 사진으로 그리고 하나의 영상으로 만들어지면서, 프레임의 결여를 메우고, 각 프레임 간의 차이와 틈새는 보이지 않도록 편집된다. 이것이 언론에서 하는 프레이밍 작업이며, 이 과정에서 시청자들이 사건을 더 잘 알 수 있도록 어떤 장면은 부각하고 어떤 장면은 삭제한다.

그러므로 프레이밍은 프레이밍되기 전의 어떤 사건, 혹은 어떤 현실, 즉 프레임 속으로 포착하지 못한 바깥을 전제하는 개념이다. 그러나 프레이밍을 조금 넓게 정의한다면 우리는 간주관적 프레이밍을 통하지 않고서는 세상을 구성할 수 없고, 하나의 일관된 실체로 지각할 수가 없다. 우리가 이러저러한 프레이밍을 통해서만 세상을 인식하고 해석할 수 있다면, 프레이밍 이전의 현실은 프레이밍 이후에만 인식 가능할 것이다. 무정형의 세계를 이해하기 위해 필요불가결한 인식의 패턴화, 즉 프레이밍이 사후적으로 세계를 구성하고 재구성한다고 할 수 있다.

물론 구성된 프레임은 단수가 아니다. 프레임 안이나 밖에 다시 프레임이 있을 수 있고, 복수의 프레임들을 다시 프레이밍할 수도 있다. 그러나 문제는 프레이밍으로 하나의 상황을 에워싸고 안과 밖의 경계를 긋는다 해도 그것이 완전히 닫히지 않는다는 데 있다. 우리는 이음매가 잘 맞지 않은 모서리와 가장자리를 메워서 닫힌 프레임을 구성하고자 하지만, 그 작업은 불가능하다. 데리다의 논의를 빌자면, 이 프레임 속에 있지 않은 사물, 즉 "어쩌면 더는 사물이 아닌 것으로, 이름 지을 수 없고, 표시될 수 없는, 그래서 대리보충이나 흔적에 의해서만 표시될 수 있는 것"[1]이 프레이밍이 구성한 세계의 본질이다. 이 본질은 존재하지만 존재하지 않는다. 그것이 존재하지 않는 이유는 승인할 수도 인정할 수 없는 환대할 수 없는 이물질로서 프레임이 포섭하지 못한 것이거나 바깥으로 내몬 것이기 때문이다. 존재하지만 존재하지 않는다는 역설이 성립되는 것은 프레이밍이 만들어 내는 바깥이 없다면 프레이밍 자체가 사라지기 때문이다.

사실 어떤 종류의 프레이밍과 관계 짓지 않고서는 생명과 죽음과 같은 기본적인 것도 정의하기는 어렵다. 예를 들어 낙태 논쟁에서 태아는 생명으로 간주할 것인가의 문제, 혹은 "짐승만도 못한" 인간이라는 표현에서 보듯, 인간을 인간답다고 여기는 어떤 잣대, 이러한 모든 것은 프레이밍을 떠나서는 사유될 수 없다.

---

1) 이것이 바로 데리다가 말하는 파르레곤이다. 이에 관해서는 데리다의 『그림 속의 진리』 중 「파르레곤」 98-100쪽 참조.

프레이밍은 인간을 인간다운 인간과 인간이라면 갖추어야 할 그 어떤 것을 규정한다. 바꾸어 말하자면 어떤 인간의 속성은 인간적이지 않은 것으로 배제되고 삭제된다. 바로 이 배제된 바깥이 없다면 프레이밍의 안도 없다. 이때 바깥은 안을 규정하기 위한 구성적 외부다. 즉 프레이밍이 포섭하지 못하는 바깥은 주체에게 치명적이지만, 그것이 없이는 틀 지울 수 있는 안도 없다는 것이다.[2]

그렇다면, 프레이밍에 의해서 생겨난 바깥을 우리가 어떻게 포착할 것인가? 이 지점에서 우리는 프레이밍의 취약성을 드러낼 수 있는 몇 가지 측면에 주목할 필요가 있다. 첫째, 프레임은 단수가 아니라 복수다. 복수의 이미지들을 마치 연결된 것처럼 보여주는 것이 움직이는 영상이다. 영상은 차이 나는 프레임들의 반복을 통해 작동한다. 완성된 영상은 완결된 플롯과 이야기를 제공하는 듯이 보이지만 하나의 영상에서 프레임과 프레임 사이의 차이와 간극에 주목하는 것이다. 둘째는 하나의 프레임 자체의 결여나 과잉에 주목하는 것이다. 즉 프레임 자체가 정지된 이미지로 하나의 완결된 의미를 표상하는 듯이 보이지만, 사실은 움직이는 어떤 사물, 혹은 생명의 이미지를 정지된 형태로 포착한 것이라면 프레임 그 자체에도 포착의 의도와 어긋나는 어떤 결여나 과잉이 있기 마련이다.

셋째, 재현과 같은 다른 개념들과는 달리 프레이밍은 그 자체로 구성된 것이며, 또다시 구성될 수 있다는 것을 부정하지 못한다. 그래서 하나의 프레임은 우리가 생각하고 인식하고 판단하는 것을 결정하는 것에 영향을 미칠 수는 있지만, 그것이 존재하는 유일한 프레임임을 선언하지 못하며, 우리의 생각을 완전히 통제하고 장악하지는 못한다. 비록 프레임이 구성된 허구적 실체라는 점을 숨길 수 없고, 의식적이든 무의식적이든 그것을 만든 행위 주체의 의도를 어느 정도 전제하기는 하지만, 그것은 의도와 무관하게 혹은 그 의도와 적대적인 방식으로 유통될 수도 있고, 그 유통과 순환의 과정에서 분할될 수 있고 재구성될 수 있는 내속

---

2) 이러한 프레이밍의 개념은 주디스 버틀러의 『전쟁의 프레임들』의 논의에 일정 부분을 빚지고 있다. 그러나 버틀러는 프레임 자체의 결여나 과잉보다는 그것이 유통되는 과정, 즉 수행성에 보다 초점이 맞추어져 있다는 점에서 필자의 주장과는 약간의 차이가 있다.

적 취약성을 드러내기 때문이다. 그리고 마지막으로 아무리 용의주도하게 하나의 이미지를 어떤 관점에서 바라보도록 편집했다고 해도 사진 이미지 그 자체에 그러한 프레이밍을 깨뜨릴 수 있는 결여나 과잉이 있을 수 있기 때문이다.

따라서 이 글에서는 9-11 이후 우리의 인식을 만들고 틀 짓는 프레이밍과 그것의 취약성을 살피고, 베스트셀러 작가인 호세이니가 아프가니스탄 여성을 소재로 쓴『천 개의 찬란한 태양』을 통해 이를 다시 조명해보고자 한다.

II

지난 세기가 지배/억압, 1세계/3세계라는 이분법 위에서, 혹은 이 이분법의 해체라는 프레이밍으로 작동되었다면, 21세기는 이분법이 이분법으로 기능 하기 위한 최소한의 균형추가 무너지면서, 그것은 보편과 예외, 혹은 세계화와 그 잔여로 대체되어온 것 같이 보인다. 이러한 프레이밍의 변화를 낳은 대표적 사건이 9-11이라고 규정해도 무리가 아닐 것이다. 9-11은 과거의 좌/우의 이념 대립을 상징적으로 종식하는 지점이며, 세계무역센터의 붕괴는 세계를 1세계와 3세계, 혹은 우리 식의 서양/동양으로 나누는 세계구성의 이분법적 프레임의 붕괴를 일으킨 사건이기도 하다.

물론 겉으로 보기에 9-11이 과연 이전의 이분법적 도식을 무너뜨렸는가 하고 질문할 수 있다. 언론은 9-11 이후 이전의 그 어느 때보다도 세계를 적과 친구, 문명과 야만을 확실히 구분했고, 어떤 면에서 나/우리와 타자/적을 이전보다 더 확실하게 구분했기 때문이다. 그러나 이러한 수사가 낳는 결과는 이항대립이 대립 쌍으로 기능 하기 위한 균형추를 무너뜨린다.

실제로 당시 대통령이었던 조지 부시는 9-11 직후에 "모든 지역의 모든 국가는 이제 결정해야 합니다. 당신들이 우리와 함께 할 것인지, 아니면 테러리스트와 함께 할 것인지를 말입니다. 미국은 오늘 이후로 테러리즘을 지지하는 어떤 국가도 적대적 정권으로 간주할 것입니다"라는 연설을 했다(2001년 9월 20일). 우리/ 테러리스트의 확실하게 구분하는 이러한 수사는 미국 내에서는 대부분의 좌파와 그리고 포스트나 멀티 등의 접두어로 시작하는 용어를 구사하는 자들에게 태도를 확실히 밝히라고 요청하는 것으로, 두 입장 모두를 거부하고 다른 틀을 짜는 것을 불가능하게 만들었다. 예를 들어 반전주의자는 9-11의 무고한 희생자들에게 애도를 표하지 않는 매국노가 되었고, 성적 인종적 소수자 사회적 약자 등에게 정치적으로 공정하게 대해야 한다는 다문화주의자들의 주장도 사회적 질서와 표준을 파괴하여 세상을 교란하는 사람들로 매도되었다. 그리고 임신한 여자, 혹은 아이를 안고 있는 여자도 자살폭탄테러를 감행했다는 뉴스는 미군이 이슬람 여성이나 아이들에게 함부로 총을 들이대서는 안 된다는 페미니스트들의 입을 막았다. 좌파가 9-11에 대해 보인 반응은 테러 행위를 면책하고 있다는 이유로 폐기되었고, 반전시위는 테러를 옹호하는 것으로 간주되면서, 소위 말하는 반지성주의가 언론을 통해서 공공연히 유포되었다. 따라서 자유세계와 테러리스트의 세계, 전쟁과 평화, 문명과 야만이라는 수사에서 선택은 불가능하다. 우리는 오로지 자유세계만을, 미국 지배하의 평화만을, 문명만을 선택할 수 있다.

주디스 버틀러가 지적하듯이 9-11 직후에 구성된 프레이밍은 다분히 감정적이고 미국이 피해자라는 일인칭 피해자 서사로 이루어져 있다. 미국은 피해자로서만 부각되었으며, 보수의 미덕으로 간주하였던 관용, 즉 똘레랑스도, "나"를 전폭적으로 지지하지 않는 공간에서는 그 힘을 발휘하지 못했다. "나"의 폭력은 정당한 전쟁이 되었고, "나"에 속하지 않는 다른 타자의 행위는 그것이 무엇이든 폭력이 되었다. 미국은 지금까지 수많은 폭력을 겪어왔음에도 갑작스러운 폭력, 논의의 여지가 없는 폭력의 희생자로서 자신의 위치를 잡았다.[3]

그러나 일인칭 피해자라는 주관적 서사는 수명이 짧을 수밖에 없었다. 애도의

---

3) 라커의 주장처럼 9-11 이후 테러리즘의 문제는 "테러리즘 그 자체가 아니라, 테러리즘을 선례가 없었던 새로운 현상으로 간주하는 것이 새로운 것이다"(vii). 이에 대한 자세한 논의는 졸고, 「9-11 테러와 외상적 사건」, 211-13쪽 참고

물결에 힘입어 테러의 숨은 용의자 빈 라덴을 체포한다는 명분으로 전쟁이 시작되었지만, 전쟁이 길어질수록 그 명분은 점차 약화될 수밖에 없었기 때문이다. 그래서 이러한 일인칭 서사에, 소위 말하는 인권, 자유, 정의, 폭력 비판 등의 보편을 가장한 서사가 덧입혀진 프레임이 구성되었다.

우선, 인권의 이름으로 이슬람의 폭력은 전근대적 야만으로 강등되지만, 미국이 받은 고통과는 반드시 연관이 없을지도 모르는 과녁을 향해 행사되는 제한 없는 공격이나 폭력은 폭력으로 간주되지 않았다. 주류언론은 아프간이나 이라크에서 미국의 공격으로 치명적 상해를 입거나 죽은 아이들이나 민간인의 사진 등을 공개하지 않았고, 그런 사건이 문제가 된 경우엔 주로 단순 오폭으로 처리되었다. 또한, 자유는 철저한 미국 중심 혹은 서구 중심의 자유로 프레이밍 되었다. 강제나 강요로부터 보호받을 자유는 자유의 프레임 바깥으로 밀려났다. 자유의 전제조건으로서 이슬람권의 종교적 근본주의는 폐기되어야 하고, 미국식 자유를 인정하지 않는다면 그것은 곧 근대를 성취하지 못한 야만으로, 문화발전의 미성숙한 단계로 격하된다. 이것은 무슬림이 우리와 같은 시대를 살고 있음에도 문화적 공간에 따라 다른 시대로 간주하고 있음을 나타낸다. 여기서 시간을 규정하는 잣대는 무엇일까? 시간은 기원과 끝을 상상하는 목적론으로 인종주의, 민족주의 등의 중층적인 프레이밍 속에서만 의미 있는 것이다. 시간 그 자체도 근대적인 발전 개념에 묶여 있는 것으로 속이 텅 빈 서구 중심의 동질적인 시간으로 프레이밍된 것이며, 바로 이러한 프레이밍이 시간의 바깥을 만든다. 다시 말해 이런저런 잣대에 의해 야만으로 강등되는 문화는 우리 시간에 속해있지 않은 것이다.

이러한 프레이밍에서 1세계와 구분되는 3세계, 더 나아가 동양 혹은 아시아라는 지역의 경계도 예외 없이 무너진다. 에드워드 사이드의 『오리엔탈리즘』이 말하는 서양/동양이라는 지역 구분에 의한 지배와 저항의 양상은 9-11 이후의 시대에는 점점 실효성을 상실하고 있다. 사실 이전의 지역 구분에 따라서 보자면 아시아는 2001년 이후 대테러 전쟁의 주요 무대이다. 팔레스타인과 이라크를 포함하는 중동(서아시아) 뿐만 아니라 아프가니스탄을 포함하는 남아시아, 구소련연방을 다수 포함하는 중앙아시아, 그리고 2002년 미국 대통령 부시가 악의 축으로 주목했던 북한(동북아시아)에 이르기까지 아시아는 2001년을 기점으로 불량국가의 온상이 된다. 또한, 미국을 위해 군사기지를 제공하는 한국과 일본, 그리고 필리핀과 같은 나라들도 단순히 이 무대의 관람객은 아니다.[4]

물론 아무도 아시아의 기원을 말할 수는 없다. 어원에서부터 아시아는 유럽과의 차이에 의해서 발생한 용어다. 아시아는 동쪽[asu]라는 앗시리아어로, 유럽과 인접한 '유럽이 아닌 지역'을 포괄하던 이름이다.[5] 서구에서 아시아가 등장하는 최초의 문헌은 호머의 『일리아드』이며 여기서 아시아는 흑해와 지중해 사이에 있는 터키의 고원지대, 즉 아나톨리아를 지칭했다. 중세에 등장하는 아시아는 실제 지역의 이름이 아니라, 실제와 상상, 혹은 세속적인 것과 성스러운 것 사이의 경계를 지칭하는 어휘로서 로맨스나 이국적인 체험의 무대로서 상상되었다. 사실 근동(중동, 아랍)[6]이 가장 먼저 아시아로 간주하였다고 알려졌지만, 실제 아랍인이 자신을 아시아인으로 칭한 적은 없었다. 페르시아 역시도 자신을 스스로 아시아로 규정한 적이 없으며 인도, 중국 역시도 마찬가지였다. 지금 우리가 지리적 용어로 사용하는 아시아란 개념이 보편적으로 받아들여진 것은 16세기 네덜란드 측지학자 메르카도르의 세계지도에 의해서이다. 그 이후 아랍과 인도, 중국, 인도네시아 등 결코 동질화될 수 없는 다른 이질적 지역들을 통칭하는 개념이 되었다.

사이드의 『오리엔탈리즘』이 출현한 배경 역시 근대 이후 아시아를 서구중심의 시각으로 재구성해온 관례를 비판하려는 것이었다. 그러나 유럽이 '신대륙을 발견하기 전에는 마치 어떠한 문명도 존재하지 않았던 지역인 것처럼 발견자의

---

4) 특히 한국정부는 2009년 10월 30일, 아프가니스탄 지방재건팀(PRT) 요원을 확대하고 이들을 경비할 '보호병력'을 파견하는 내용을 골자로 하는 아프간 추가지원안을 발표함으로써 아프간과 관련한 첨예한 분쟁의 바깥에 있다고 볼 수 없다.
5) 아시아의 개념 형성과 최근의 현황에 대해서는 가야트리 스피박의 『다른 아시아들』, 베네딕트 앤더슨의 『비교의 유령』, 코시의 『테러에 대한 전쟁』 등을 포괄적으로 참조하였다.
6) 중동은 동양을 구분할 때 유럽 가까운 쪽을 근동, 조금 먼 쪽을 중동이라고 칭하는 것으로, 2차대전 당시 연합군이 군대편성을 위한 작전지역의 단위를 가리키는 용어였다. 현재 사용되고 있는 중동이라는 표현은 여기서 유래한다.

이름을 붙여놓은 '아메리카'와 달리 아시아는 쉽게 소유권을 주장할 수 없고, 쉽게 침범할 수 없는 장소에 대한 서구의 곤혹이 담겨 있기도 하다. 따라서 사이드 이후 포스트식민주의의 성장과 더불어 아시아를 서구의 타자라는 인식을 깨뜨리고 하나의 실재하는 지역으로 규명하고자 하는 비판적인 시도들이 있어 왔다.

그러나 9-11을 계기로 이러한 시도는 위기에 봉착한다. 물론 지역에 따라 지배와 비지배를 나누는 잣대의 문제는 9-11 이전에도 논란이 되었다. 이주와 이산이 범지구적으로 확산되고 있는 오늘날 1세계와 3세계라는 지역 내부에서 다양하게 펼쳐지는 차이와 차별, 분리와 분할, 그리고 포함과 배제의 전략을 간과한다는 이유에서 이다. 그래서 제1세계와 제3세계에서 '제' 혹은 정관사 'the'를 떼어보기도 하고, 국가나 민족 개념으로 포섭될 수 없는 '4세계'라는 용어를 고안해보기도 하고, 명칭을 '북'/'남'으로 바꾸기도 하면서 포스트식민주의자들은 구체적 지역성을 보유하기를 원했다. 비록 지역의 경계가 유동적이고 하나의 표상으로 고정될 수 없었다는 것을 알고 있었지만 말이다.

그러나 문화 간의 경계를 넘어설 것을 조심스럽게 주장해온 이론 진영에서와는 달리 9-11 이후 미국 정치의 현장에서 지역 간의 경계 파괴는 문자 그대로 파괴적이었다. 10년 전의 걸프전이 국가 간의 전쟁이라는 틀을 고수하고 있었다면, 9-11 이후에 바로 시작된 아프간 침공은 아프간이 아시아라는 지역에 소속된 국가라는 개념도, 심지어 아프간이 하나의 지역이라는 사실조차 때때로 간과되었다. 아프간 침공은 국가에 대한 침공이 아니라, 아프간 내부에 숨어 있을지도 모를 테러리스트에 대한 공격으로 간주되었다. 조지 부시는 이를 테러리즘에 대한 전쟁이라는 모순어법으로 표현했다. 즉 국가와 국가 간의 갈등에서 유래하는 용어인 전쟁을 국가 개념에 기초하지 않는 용어인 테러리즘과 붙여놓은 것이다.

이러한 미국 정부와 언론이 주도하는 프레이밍 속에서 아시아 역시 '우리 아시아와 그 예외'라는 구도 속에서 새로이 짜인다. 우리 아시아는 세계화의 배에 기꺼이 탑승하는 자들이며, 아시아 지역에 산재하는 불온한 자들은 그 예외로서 간주한다. 그래서 우리는 종종 중동이나 아프간, 팔레스타인 등 역시 동양 혹은 아시아로 분류된다는 사실을 종종 잊어버리게 된다.7) 또한 무슬림 역시 특정한 지역에서 실제로 숨 쉬고 살아가는 고통을 느끼고 슬퍼할 수 있는 인간적인 존재라는 것 역시 잊힌다.

이러한 프레임 속에서 마르크스적인 부르주아와 프롤레타리아, 백인과 비백인, 혹은 남성과 여성 등 계급과 인종, 성에 입각한 용어들은 인간 일반과 예외적 인간이라는 프레임으로 대체된다. 즉 구체적 개인이나 집단을 지칭하지 않는 '이슬람 테러리스트'라는 예외적 표상은 지역의 경계를 무너뜨릴 뿐만 아니라 문명과 종교의 구분, 혹은 인간적인 것을 뿌리부터 재정의하게 한다. 그래서 그들은 사회질서 내부에 자기 자리가 없는 사람들인 동시에, 사라져야 할 근본악, 혹은 아감벤의 의미에서 '호모 사케르'의 대표적 표상이 되었다. 즉 호모 사케르가 정치에 포함되지 않았던 삶^{zoe}를 정치 속으로 포섭하고 더욱 고상한 종류의 삶^{bios}만을 삶으로 인정하는 포함적 배제$^{inclusive\ exclusion}$를 통해 생산되었듯이,8) 9-11 이후의 프레임은 테러리스트라는 의미를 새로이 보편성의 정원 외 요소라는 새로운 틀 속에 가둠으로써 다른 형태의 바깥을 창출한 것이다.

그러나 다른 무엇보다도 9-11 이후 이러한 프레이밍의 구성과 유통에 가장 강력한 표상으로 등장한 것은 아프간 여성들일 것이다. 특히 얼굴까지 포함하여 온몸을 검은 천으로 가린 부르카를 입은 아프간의 여성의 이미지는 9-11 이후 많은 신문과 잡지 그리고 방송을 빠른 속도로 장악했고, 무슬림이라는 새로이 구성된 타자의 대표적 표상 중 하나가 되었다. 그러나 이러한 언론에 의한 부르카의 천편일률적 프레이밍에 제대로 대응할 수 있는 진보적 페미니스트를 찾아보기는 쉽지 않았다.

가야트리 스피박이 일찍이 남편이 죽으면 따라 죽어야 하는 과부의 (반강제

---

7) 물론 이러한 현상은 아시아에서만 특이한 현상은 아니다. 우리가 유럽이라고 말할 때 동유럽도 유럽이라는 사실은 망각된다. 이러한 맥락에서 아시아에 대한 보다 더 자세한 논의는 스피박의 『다른 아시아들』, 서론, 및 7장 참조

8) Giorgio Agamben, *Homo Sacer*, 1-12쪽 참조.

적인) 자살 관습^{sati}에 대해 논할 때, "백인 남자가 인도 여성을 구원한다"
("Subaltern Speak?" 296)는 수사로 영국이 제국주의의 확산과 강화를 위해 어떻게
페미니즘을 도구로 이용함으로써, 독립 후 인도 여성의 지위를 오히려 더 취약하
게 만들었다고 주장했듯이, 진보적 페미니스트들 역시 이슬람 여성의 인권에 대
해 섣부른 개입이 어떻게 미국의 아프간 침략을 페미니즘의 이름으로 정당화되는
지를 목격하고 있었기 때문이다. 실제로 부시 전 대통령의 부인인 로라 부시는
"테러리즘에 대한 투쟁은 억압받는 여성에게 권리를 되찾아주기 위한 투쟁이기
도 하다"는 라디오 연설을 하기도 했다. 그러므로 페미니즘이 이러한 프레임 속
에 휘말리게 될 때 무슬림 여성의 인권에 대한 섣부른 개입은 패권적인 전쟁과
무차별적인 폭력을 '정의로운 전쟁'으로 정당화하는 데 일조하게 된다.

　　물론 앞서 말했듯 9-11 이후 위기에 처한 것이 페미니즘 하나만은 아니다. 하
지만, 미국과 언론은 아프간 여성의 억압적 상황을 이용하여 전쟁을 정당화하고
자 했지 실제 그들의 자유와 인권, 정의의 구현에는 별 관심이 없었다. 아프간에
서 여성 억압적 정책을 펼치는 탈레반이 집권한 것은 2001년보다 훨씬 전인 1996
년이다. 이 기간에 아프간에서 구소련 정권의 힘을 약화시키기 위해 미국이 탈레
반을 지원했다는 것은 역사적 사실이다. 따라서 2001년 이전 페미니즘 단체인 아
프가니스탄 여성혁명연합이 탈레반 정권의 여성인권탄압에 대해 세계가 주목해
달라고 요청했지만 이에 귀를 기울이는 사람은 거의 없었다. 9-11 이후 미국이 주
도하는 서방국가가 전쟁을 시작하며, 여성 인권 수호라는 명분을 내걸었을 때, 서
구의 침략 앞에서 아프간여성혁명연합은 "부르카는 하나의 공동체, 종교, 가족의
소속감, 그리고 겸양과 자긍심의 실천, 수치에 대한 보호를 의미하는 것"이라고
말하면서[9], 전통의 수호자로 태도를 바꾼 것도 이러한 프레임의 변화와 무관하지
않다. 이렇게 되자 9-11 이후 아프가니스탄만이 아니라 이슬람권에 속하는 여성
의 상황은 오히려 더 나빠졌고, 폭력의 희생자는 오히려 더 많아졌다.

---

9) 이에 대한 더 자세한 논의는 Lila Abu-Lughod, "Do Muslim Women Really Need Saving?
　　783-90쪽 참조.

그래서 주디스 버틀러는 여자가 억압받고 있기 때문에 폭력의 수단을 이용하여 폭력의 순환을 가속하는 것이 페미니즘이 취하는 방식이 되어서는 안 되며, 서구 페미니즘이 다른 세계의 억압받는 여성들에 개입하려면 먼저 전쟁이 만든 프레임을 부술 필요가 있다고 말한다(*Frames of War* 184). 그렇다면, 대안은 아프간 여성들이 자신의 이야기를 할 수 있도록 수동적으로 기다리는 것, 아니면, 조심스럽게 스피박이 주장하듯이 강요된 동의의 도출이 아니라, 아프간 내부에서 여성이 직접 말할 수 있도록 지식인은 서구의 배움을 벗어던지고서 그 여성들에게 기초적 교육의 토대를 제공해야 한다(*Other Asias* 44-57)는 소극적인 방식으로밖에 대응할 수밖에 없다.

그러나 2001년 이후 여성의 구원이 전쟁의 명분 중의 하나가 되면서 아프간 여성들은 스스로 자신의 이야기를 쓸 수 있는 환경은 더 악화되었다. 이슬람권에서는 여성에 대한 연구나 보도조차도 자제하라고 요청했고, 반면 서구의 언론에서는 부르카가 벗겨진, 어쩌면 부르카를 강제로 빼앗긴 아프간 소녀의 얼굴을 경쟁적으로 보도했고, 여성의 지위는 점점 더 위태로워졌다.

III

이러한 프레이밍을 지속시키는 데는 미국 정부와 언론만이 이바지한 것은 아니다. 영화제작사나 출판사도 예외는 아니었다. 탈레반이 등장한 1996년 이후로 여성들은 남자 가족이나 친척의 동행 없이 밖으로 나갈 수도 없었고 교육을 받을 수도 없었으며 직업을 가질 수도 없었지만, 이러한 상황에 주목하는 미국의 진보적 지식인도, 작가도 없었다. 설사 그런 작품이나 저술이 있었다 해도 그것을 받아줄 출판사가 없었다고 말하는 것이 더 정확할 수도 있겠다. 2001년 9월이 지나자, '이슬람 국가를 탈출하거나 이슬람 근본주의의 폭정에서 벗어나 이제 드디어 인간답게 살게 되었다'라는 수사로 가득 찬 많은 소설과 논픽션이 베스트셀러의 목록에 올랐다. 몇몇 주목받지 못한 예외가 있기는 하겠지만 베스트셀러가 된 거의 모든 작품은 거의 10년 동안 지속한 이러한 미국적 분위기에 편승하는 작품들이었다.

그중 가장 성공적인 작품이 아프가니스탄 출신으로 소련 정권을 피해서 미국으로 이주한 작가 호세이니의 『연을 쫓는 아이』와 『천 개의 찬란한 태양』이다. 전자가 아프간에서 탈출한 남자들의 이야기를 다룬다면, 후자는 아프간에서 고난의 역사를 살아내어야 했던 여자들, 마리암Mariam과 라일라Laila의 이야기다. 그의 소설은 아프간의 삶을 타자성에 매혹된 서구 독자 혹은 관객의 응시에 노출함으로써 야만적인 아프간 문화를 서구의 박물관에 성공적으로 전시했으며, 또한 부르카가 억압적 옷이라는 이미지를 재생산했다고 볼 수 있다. 그래서 그의 소설은 아주 짧은 기간 내에 문학작품인 동시에 아프간 역사서로 고등학생의 필독서가 되었고, 학교 커리큘럼에 추가되었다.

물론 미국독자가 외국에서 온 이민자 작가가 쓴 글에 우호적이지 않다는 점을 고려한다면, 호세이니의 소설이 그렇게 오랜 시간 베스트셀러가 되고 최소 40여 개의 언어로 번역된 것이 소재가 9-11 이후의 미국 상황에 걸맞았던 이유로만 설명될 수 없을 것이다. 9-11 이후 출판된 많은 소설이 얄팍하고 속은 텅 빈, 대중의 감정에만 호소하는 작품들이 무척 많았기는 했지만, 그중에는 문학성이 있다고 평가된 작품도 있었고, 드릴로나 업다이크와 같이 이름만 들어도 알 수 있는 작가도 있었다. 부르카를 직접적인 소재로 삼은 소설도 있었고10), 세계무역센터가 무너지는 장면을 담은 소설11)도 나왔고, 언론에서 9-11 테러를 주도했다고 알려진 무하마드 아타Muhammed Atta가 등장하는 소설도 있었다.12) 그러나 학계나 비평가의 호불호를 넘어서 그 중 누구도 호세이니만큼 열광적인 대중의 관심을 끌어

---

10) 실화나 회고록이 아닌 주목할만한 소설로서 2002년에 출간된 M. E. 허쉬의 『카불』이 있다.
11) 주목할만한 작품으로는 2006년에 발표된 칼푸스의 『미국의 기이한 혼란』이 있다.
12) 드릴로의 『떨어지는 남자』(2007)와 업다이크의 『테러리스트』(2006)는 모두 무하마드 아타를 등장시킨다.

내지는 못했다.

호세이니는 1976년, 그가 11살이었을 때, 구소련의 영향에서 벗어나고자 미국으로 망명해온 이민자이다. 따라서 그는 탈레반이 집권하던 시절에 아프가니스탄에 거주하지 않았다("On Exile"). 그가 소설을 쓰려고 끌어온 정보는 거의 2차 자료에 따르거나, 아니면 아프간 출신의 다른 이민자에게 들은 이야기이다("Using Real People"). 2005년 『가디언』과의 인터뷰에서 그는 "탈레반의 정신을 아주 잘 이해하고 있으며 당시 삶의 고뇌와 투쟁들, 모든 힘겨움은 고향땅의 모습이다"고 밝혔다(Khadra, "Reader").

그러나 그가 재현하는 아프간과 아프간 여성의 모습은 언론을 장식하는 무슬림 여성의 프레이밍과 크게 다르지 않았다는 것은 부정할 수가 없다. 탈레반은 문화유산인 불상을 폭파했고, 나라 전체에 비밀 캠프를 만들어 자살폭탄병과 전사가 되는 훈련을 시키는 집단으로 묘사된다. 하지만, 탈레반 집권에 미국도 일정 부분 기여했다는 점은 소설에서 묘사되지 않는다. 또한, 아프간 여성들이 제국주의 확산을 경계하고 9-11 이후에 부르카를 미제국주의에 대한 저항의 표식으로서 다시 착용하기로 한 여자들에 대한 묘사도 없다. 한마디로 주류 미국인들을 불편하게 할만한 내용은 거의 없다고 할 수 있다. 『연을 좇는 아이』처럼 미국으로 우여곡절 끝에 미국으로 건너왔다는 명백한 안도감은 나타나지는 않지만, 미국이 일으킨 전쟁은 다른 전쟁과 달리 아프간 여성의 삶에 긍정적 변화를 가져올 것이며, 실제로도 그랬다고 믿는다.

그러나 아프간과 아프간 여성에 대한 이런 식의 묘사에도, 소설 속에는 그가 의도했던 하지 않았건 주류 언론이 만들어놓은 큰 프레이밍과 조화를 이루지 않는 이미지들이 등장한다. 그 중 대표적인 것이 부르카의 이미지다. 물론 앞서 말한 대로, 이 소설에서 부르카는 억압적 옷인 동시에 야만적인 아프간의 대표적 표상으로 자리한다. 탈레반은 집권하자마자 아프간의 모든 여성에게 부르카를 입도록 강요하고, 아프간 여성들에 대해 억압 정책을 시행한다.

여자들은 항상 집에 있어야 한다. 여자들은 거리를 배회해서는 안 된다. 밖으로 나갈 때는 남자친척이 동행해야 한다. 거리에서 혼자 다니다가 걸리면 매질을 하여 집으로 보낼 것이다. […] 여자들은 바깥에서는 부르카를 입어야 한다. 화장은 금지한다. […] 남자와 눈을 맞추어서는 안 된다. 공공장소에서 웃어서는 안 된다. […] 여학교는 즉시 폐쇄될 것이며, 여자아이는 학교에 가서는 안 된다. 여자들은 직업을 가져서는 안 된다. 간통을 하다 적발되면 돌로 쳐죽일 것이다.13)

이렇게 되자 거의 모든 병원에서 여자 의사를 찾아보기 힘들어진다. 그래서 라일라는 힘들게 찾은 여성전용병원에서 마취제도 없이 제왕절개 수술을 받아야 했다. 라일라는 탈레반이 들어오기 전 학교 교육을 받은 엘리트 여성이지만, 전쟁으로 집안이 엉망이 되고 사랑하던 연인마저 죽었다고 생각하고서, 절망 속에서 어쩔 수 없이 라시드Rasheed의 두 번째 아내가 된 여성이다.

2000년 여름 가뭄이 3년째 계속되고, 경제가 어려워지면서, 라시드는 자신의 가게의 문을 닫는다. 그러나 라일라가 생계를 위해 할 수 있는 일은 없다. 취업은 물론이고 바깥에 나가는 것조차 금지되어 있었기 때문이다. 이 상황에서 그녀는 어쩔 수 없이 딸을 고아원에 맡긴다. 딸을 만나려고 고아원에 가는 길은 너무나 험난하다. 첫 아이가 라시드의 딸이 아니었기 때문이기도 하지만, 아들만을 극도로 편애하는 라시드가 라일라가 딸을 만나는 데 협조하지 않았기 때문이다. 따라서 혼자 길을 나선 그녀는 가혹한 매질을 피할 수가 없었다.

한편, 첫번째 아내인 마리암은 아프간에서 가장 비천한 계급 출신의 어머니와 유복한 아버지 사이에서 태어난 사생아로 어머니가 돌아가시고 난 후 아버지 쪽 친척들에 의해 어린 나이에 강제로 라시드와 결혼했다. 10대의 너무 이른 결혼 때문인지, 몸이 약했기 때문인지는 모르지만, 계속되는 유산으로 그녀는 불임이 된

---

13) 호세이니의 『천 개의 찬란한 태양』 248-249. 이하 괄호 속에 쪽수만 표기한다. 이 소설은 왕은철 교수가 우리말로 옮겼고, 번역이 좋다. 그러나 어조나 강조점 등이 필자와 약간 차이가 있기 때문에 인용 페이지는 영문판을 따랐다.

다. 마리암이 아이를 낳을 수 없게 되자 라시드는 그녀에게 야만적인 폭력을 행사한다.

이러한 아프간 여성에 대한 언론 보도와 별반 다르지 않은 전형적인 묘사에도, 그의 소설에는 미국적인 프레이밍에 들어맞지 않는 부르카의 이미지가 등장한다. "여성은 남편 이외에는 얼굴을 보여서는 안 된다"(63)고 생각하는 라시드 때문에 마리암은 탈레반이 집권하기 전에도 부르카를 입는다. 남편이 만든 세계 속에 갇혀서 살 수밖에 없기는 했지만, 부르카는 마리암이 가장 비천한 계급 출신이라는 과거를 숨기는 도구가 될 수 있었고, 다른 사람의 경멸적 시선에 대항해서 자신을 보호해주는 멋진 의복이었다. 부르카를 쓰기 전에는 이런 식으로 자신을 보호할 방법이 없었고, 그들의 횡포로부터 자신을 보호할 방법도 없었기 때문이다.

라일라 역시 부르카에 적응하지 못해서 도로에 난 구멍에 발을 헛디디기도 하고, 부르카의 자락에 발이 걸려 넘어지기도 했지만, 무식한 라시드와 같은 남자의 두 번째 부인이 될 수밖에 없는 자신의 현재의 참혹한 상황을 타자의 눈으로부터 숨길 수 있는 좋은 도구였다(208).

또한, 라일라와 마리암이 함께 아프가니스탄을 피해서 파키스탄으로 도피하고자 했을 때에도 부르카는 남성들의 억압적 세계로부터 그들을 보호해주는 기능을 한다. 물론 이 시도는 실패하고, 두 여성은 더 힘겨운 현실을 맞이하게 되지만, 실패 후에 그들은 더욱 끈끈한 자매애를 확인하게 된다.

라일라는 죽은 줄 알았던 옛 연인이 살아있음을 확인하고, 그것이 현재의 라시드의 속임수였다는 것을 알았을 때, 라일라와 라시드 사이에 긴장이 감돈다. 이 상황을 라시드는 폭력으로 해결하려 들고, 라시드에게 목이 졸려 의식을 잃는 순간 마리암은 창고에서 가져온 삽으로 라시드를 살해한다. 그 후 그녀는 자수했고, 이전의 종속적이고 겁에 질린 그녀가 아니라 아주 당당하게 자신 있게, 자신의 선택에 의하여 부르카를 입고 수백의 아프간 시민이 지켜보는 앞에서 사형대로 나아가는 것으로 소설은 끝난다.

IV

　미국은 야만적인 이슬람 타자를 문명화시켜야 한다고 주장하면서 전쟁을 정당화한다. 그러나 미국이 정당화하는 프레임의 바깥에는 관타나모 수용소에서 자행되는 고문이나 무고한 어린아이나 민간인에 대한 미국의 야만적 폭격이 있다. 미국의 고문은 다수의 행복을 위한 것이며, 민간인에 대한 오폭은 단지 다수의 행복을 구현하기 위한 약간의 희생일 뿐이다. 여기서 타자의 '문명화 사명'이라는 프레임과 다수의 행복을 지향하는 프레임은 사실상 유사한 틀이다.

　사실 하나의 프레임을 다른 프레임으로 단순히 전환하는 것이 언제나 더 나은 세계를 만들기 위한 대안이 될 수 있는 것은 아니다. 미국적인 프레임에서 미국이 비난하는 극단적인 이슬람의 프레임으로 프레임을 전환한다고 해서 상황이 나아질 수 있는 것도 아니고 폭력이 사라지는 것도 아니다. 미국이 다수의 행복을 위해서는 때때로 민주주의 가치를 포기할 수 있는 것처럼, 이슬람 근본주의자들도 대의를 위해서는 자살폭탄테러와 같이 자신의 생명도 기꺼이 포기할 수 있다. 프레임의 전환은 때로 필요하지만, 프레임의 전환이 언제나 문제를 해결해줄 수 있는 것은 아니다.

　그러므로 초점은 프레임의 전환이 아니라 프레임 사이의 간극이며, 프레임 자체가 가지는 내속적 취약성이다. 이 취약성에 주목하지 않는다면 살과의 전쟁(다이어트)을 수행하는 서구의 중상층 여성과 굶주림과의 전쟁을 수행하는 다른 세계의 여성들은 "전쟁"이라는 수사 속에서 같은 갈래로 묶일 수도 있다. 9-11 이후에 반복적으로 등장하는 부르카의 프레이밍도 이와 다르지 않다. 부르카가 억압의 표상으로 전시되는 프레임을 전환하고자, 부르카를 벗기를 강요하는 문화를 상찬하는 것이 진정으로 프레임의 전환을 이룩하는 일은 아니다. 또한 프레임의 간극, 프레임 자체의 간극, 프레임과 프레임 사이의 간극에 주목하는 것은 프레임 되기 전의 어떤 완전한 유토피아적 현실을 존재하고 있기 때문이 아니다.

들머리에서 말했듯이 우리가 주목해야 하는 것은 프레이밍이 만들어내는 구성적 외부다. 우리가 민주주의와 인권의 이름으로 타자가 구원되어야 한다고 생각한다면 민주주의의 프레임 그 자체에 들어 있는 '나'와 '우리'라는 일인칭 화법으로 환원되지 않는 결여, 혹은 일인칭을 넘어서는 어떤 과잉에도 주목해야 한다.

호세이니의 『천 개의 찬란한 태양』처럼 탈레반의 가차없는 폭력에 노출된 아프간 여성을 폭력적인 전쟁으로 구원하고자 하는 시도는 미국이 일으킨 전쟁이 폭력을 종식할 수 있고 억압받는 여성에게 자유를 가져다줄 수 있다는 환상을 심어줄 수 있을지는 모르지만, 이것은 더 큰 규모의 살육과 폭력의 정당성을 설파할 뿐이다. 따라서 하나의 프레임을 완결된 것으로 간주하고, 하나의 프레임에서 다른 프레임으로 전환되기를 기대하면서 호세이니의 소설을 읽는 것은 무리이다.

호세이니와 같은 아프간에서 출생한 이민자 작가가 미국의 독자의 구미에 맞는 작품을 생산하지 않고서는 주목받기 쉽지 않을 것이고, 그가 저항적 글쓰기를 시도한다면 주류 출판사에서 출판되지도 않을 것이다. 그는 현재 미국에 가장 적대적인 국가인 아프가니스탄 출신이라는 꼬리표를 떼어낼 수 없는 작가이며, 자신의 출신지를 문화상품으로 이용하지 않고서는 미국의 문화 시장에 들어올 수 없는 소수자이다. 호세이니가 미국화에 동의하고 동화를 선호하는 것은 그의 자유로운 선택에서 유래하지 않는다. 그가 미국의 출판 시장에서 살아남기를 원한다면 선택은 이미 정해져 있는 셈이다. 이렇게 본다면 호세이니의 미국적 프레이밍으로의 동화는 필연적이다.

그러므로 여기서 라캉이 말하는 흉내내기[mimicry]는 맥락은 다르지만 프레임의 과잉/결여, 프레임 자체의 내속적 취약성을 생각하는 데 도움이 될 것이다.

사실 흉내내기를 문화연구에 끌어들인 사람은 호미 바바지만, 그가 의존하는 이론적 틀은 라캉의 것이다. 라캉에 의하면 흉내내기는 적응이나 동화의 문제라기보다는 변장, 위장, 위협의 문제이다(Lacan 99). 하나의 예가 군사작전의 위장술로, 군사들이 주변환경과 자신을 구분하지 못하게 위장하는 것은 주변환경에 적응하기 위한 것이 아니라, 적을 공격해서 자신에게 적대적인 환경을 자신에게 유리하게 바꾸고자 하는 시도의 소산이다. 또 다른 예는 들어 자신의 몸 색깔을 주변 배경색과 비슷하도록 바꾸는 작은 해양생물을 들 수 있다. 이 경우, 대부분 우리는 동물의 위장술이 환경에 적응하려는 것이라고 받아들인다. 그러나 라캉은 흉내내기란 결코 환경에 적응하고 환경에 동화되기 위한 것이 아니며, 오히려 이와 정반대의 기능을 할 수 있다고 말한다(Lacan 99). 주변의 바다가 하나의 완성된 그림이라고 볼 때, 이 바다 생물의 위장술은 전체 그림에 하나의 얼룩을 만드는 것이고, 우리가 조화로운 총체로서 생각하는 것에 총체성과 어울리지 않는 다른 이물질을 삽입하는 것이다.

호세이니의 소설 역시 아프간과 아프간 이민자에 대한 가장 적대적인 환경에서 나왔다. 소설의 마지막을 장식하는, 이제는 저세상으로 떠나버린 마리암에게 남긴 죽은 아버지의 편지는 마리암의 치유할 수 없는 상처에 대한 응답이다. 물론 이 부분 역시 가족의 화해라는 미국 대중문화의 전형적인 주제에서 벗어나지 않을 것이다. 미국의 프레임은 9-11과 관련된 상황에만 작동하는 것이 아니라 9-11이란 특정한 프레임의 바깥, 즉 더 큰 프레임 속에서도 작동하고 있다. 그럼에도 『천 개의 찬란한 태양』은 부르카의 경우에서처럼 익숙한 것의 반복을 통해서 미국 주류 문단에 하나의 얼룩을 기입한다. 물론 이 얼룩은 주목받기에는 너무 작고 미세해서, 군사작전의 위장술처럼 위장이라는 것을 바로 알려주지도 않고, 바다 전체를 다르게 보이게 하지도 못한다. 그리고 삐딱하게, 혹은 비스듬하게 보지 않으면 잘 보이지도 않는다. 그럼에도, 이 소설은 너무 미세해서 종종 간과되기는 하지만, 프레임이 가진 내속적 취약성과 얼룩을 보여주는 동시에 아직 도래하지 않은 것을 좌표 속에 기입하는 작은 움직임일 수 있다.

참고문헌

정혜욱. 「9-11 테러와 외상적 사건」. 『비평과 이론』 13.1 (2008): 211-35.

Abu-Lughod, Lila "Do Muslim Women Really Need Saving? Anthropological Relections on Cultural Relativism and its Others." *American Anthropologist* 104.3 (2002): 783-90.

Anderson, Benedict. *The Spectre of Comparisons: Nationalism, Southeast Asia, and the World.* New York: Verso, 1998.

Agamben, Giorgio. *Homo Sacer: Sovereign Power and Bare Life.* Trans. Daniel Heller-Roazen. Stanford: Stanford UP, 1998.

Bulter, Judith. *Frames of War: When is Life Grievable?* New York: Verso, 2009.

_____. *Precarious Life: The Power of Mourning and Violence,* New York: Verso, 2004.

Bush, George. "The President's Speech." Sept. 20, 2001. <http://yc2.net/speech.htm>

Bush, Laura. Radio Address. "September 11, 2001: Attack on America," November 17, 2001. <http://avalon.law.yale.edu/sept11/fl_001.asp>.

DeLillo, Don. *Falling Man.* New York: Scribner, 2007.

Derrida, Jacques 1978, "Parergon." *The Truth in Painting,* Trans. Geoff Bennington and Ian McLeod, U of Chicago P, 1987, 37-82.

Entman, Robert M. "Framing: Toward Clarification of a Fractured Paradigm." *Journal of Communication* 43.4 (1993): 51-58.

Hirsh, M. E. *Kabul,* St. Martin's Griffin, 2002.

Hosseini, Khaled. *A Thousand Splendid Suns.* New York: Riverhead, 2007.

_____. Interview. "On Exile." <http://www.goodreads.com/videos/show/1301-khaled-hosseini-on-exile>

Khadra, Ysmina. Interview by Stuart Jeffries, "Reader, I'm a He." *The Guardian* 22 Jun. 2005.

Kalfus, Ken. *A Disorder Peculiar to the Country,* Ecco, 2006.

Koshy, Ninan. *The War on Terror: Reordering the World,* New Delhi: Leftword, 2002,

Lacan, Jacques. "The Line and the Light," *The Four Fundamental Concept of Psychoanalysis,* London: Hograth, 1977.

Laqueur, Walter. *A History of Terrorism.* New Brunswick: Transaction, 2002.

Spivak, C. Gayatri. "Can the Subaltern Speak?" Cary Nelson and Larry Grossberg, eds.

Marxism and the Interpretation of Culture. Chicago: U of Illinois P. 1988. 271-313.

_____. *Other Asias*. Malden: Blackwell, 2008.

Updike, John. *Terrorist: A Novel*. New York: Knopt, 2006.

강용흘의 『동양사람 서양에 가다』에 나타난 디아스포라 주체

● 황은덕

강용흘과 디아스포라 연구의 필요성

강용흘은 엄혹한 일제 식민치하에서 도미하여 『초당』과 『동양사람 서양에 가다』1)를 출간한 '한국계 미국문학의 선구자2)이다. 『초당』이 한국에서의 소년

---

1) 이 소설의 제목을 유영은 『동양 선비 서양에 가시다』(범우사 2002)로, 김욱동은 『동양사람 서양에 가다』로, 정은숙은 『동양인 서양에 가다』와 『동과 서의 만남』으로 각각 번역했다. 필자는 주인공 한청파가 동양인의 관점에서 미국에서의 경험을 서술한다는 맥락을 감안하고 "동양사람"보다는 "동양인"이 문맥상 더 자연스럽다고 판단하지만, 이 책에서는 번역의 통일을 위해 『동양사람 서양에 가다』로 옮긴다.

2) 강용흘을 최초의 주요 한국계 미국문학 작가로 평가하는 것은 대체적으로 일치된 평단의 의견으로 보인다. 일레인 김은 강용흘을 "한국계 미국문학의 선구자"(「한국계 미국문학」 158)로, 월터 류는 "최초의 주요 한국계 미국인 작가"(「접붙이기, 이식, 번역」 171), "아시아계 미국인의 가장 완성도 높고 개척자적인 작품의 하나"(「'세계화'를 넘어서」 32)로 소개한다.

시절을 회고하며 당시 미국사회에 전혀 알려져 있지 않았던 한국의 이국적인 풍물을 묘사해 상업적인 성공을 거뒀다면, 『동양사람 서양에 가다』는 청년기에 접어든 『초당』의 주인공 한청파Chungpa Han가 캐나다를 경유해 미국에 도착한 이후 망명자라는 디아스포라의 신분으로 미국의 현실을 깨닫고 경험하는 과정을 서술한다. 『동양사람 서양에 가다』는 1937년 출간된 이후 강용흘의 실제 삶을 형상화한 이야기 즉 '동양인 양키'의 '성공 스토리'로 포장되어 주류언론에 대대적으로 홍보된 바 있다3). 이후 한국계 미국문학 분야에서 강용흘은 극단적으로 엇갈린 평가를 받아왔다. 일레인 김은 1977년의 논문 「강용흘: 미국의 문을 찾아서」에서 '귀족계급' 출신인 강용흘이 당대의 한국인들을 전혀 대변하지 못했으며 "한국의 과거와 정체성과 동포를 무시한 채"(39) 개인적인 욕망을 추구한 작가라고 폄하했다. 패트리샤 추 역시 강용흘이 다른 아시아계 남성작가들처럼 "트로피 패러다임4)"으로서의 백인 여성의 몸을 작가적이며 정치적인 욕망을 위해 추구했으며 인종적 불안을 가진 작가(28)라고 평가했다. 이와 대조적으로 월터 류는 강용흘이 미국 사회의 '기의'를 교란하기 위해 소설에서 인유와 상징을 교묘하게 이용한 능수능란한 "한국계 미국인 트릭스터"5)(「접붙이기, 이식, 번역」 175)라고 반박했다.

3) 당시 「뉴욕 타임즈」는 이 이야기가 소설이 아니라 작가의 성공적인 전기적 사실을 기술했다며 다음과 같이 보도했다. "물론 『동양사람 서양에 가다』는 소설이 아니다. 부제가 말해주듯이 이것은 '동양인 양키 만들기'에 관한 솔직한 기록이다. 이 책의 작가는 성공적으로 미국화된 결과 뉴욕 대학교의 비교문학 조교수가 되었고 메트로폴리탄 박물관의 극동 예술부서의 스태프가 되었다'. 「뉴요커」 잡지 역시 이 소설이 작가가 미국의 삶에 성공적으로 적응하기까지의 어려웠던 과정을 기술했다고 다음과 같이 보도했다. "이 책은 미국적 삶에 적응하기까지 작가가 겪은 어려움과 그를 마침내 '동양인 양키'로 만들어준 방식에 대한 성공적인 탐색을 매우 유머러스하고 매력적으로 기술하고 있다"(Lee 378 재인용).
4) 사쿠라이는 백인 여성의 몸을 향한 아시아계 미국인 남성들의 욕망을 '트로피 패러다임'(the trophy paradigm)이라고 명명했다(Chu 28 재인용). 『동양사람 서양에 가다』에서는 주인공 한청파를 비롯하여 김도원, 조지 점 같은 주요 인물들이 백인 여성들과의 로맨스를 꿈꾼다.
5) 하인즈와 도티의 『신화적 트릭스터 형상들: 지형, 맥락, 그리고 비평』에 의하면 '트릭스터'(trickster)라는 말은 18세기에 처음 사용되었는데 도덕적으로 현혹시키거나 속이는 사람을 일컫는 말이다. 19세기에 이르러 이 용어는 비유럽 특히 북미와 아프리카의 인종들뿐

월터 류는 일레인 김의 평가로 인해 한국계 미국문학 내에서 그동안 강용흘이 제대로 평가받지 못했다고 지적한 후, 일레인 김이 작가인 강용흘과 소설의 주인공 한청파를 동일시하는 오류를 범함으로써 소설에 산재하는 통렬한 아이러니와 풍자를 놓쳤을 뿐만 아니라, 한국 산골의 가난한 양반계급을 경제적으로 풍요로운 서양의 '귀족계급'으로 잘못 인식하는 문화적 무지를 드리냈다고 비판한다.

강용흘에 대한 이러한 엇갈린 평가는 자전적 소설 『동양사람 서양에 가다』의 주인공 한청파가 어느 특정한 범주에 포함되지 않는 복합적이고 이질적인 정체성을 지닌 인물이기 때문이다. 한청파는 1920년대와 30년대 대다수의 한국인 망명객들이 그러했듯 고국의 국권회복과 민족주의라는 대의명분에 스스로를 귀속시키지 않는다. 일레인 김이 강용흘을 폄하한 이유도 바로 이 지점이다. 당시 해외에 체류 중인 대다수의 한국인들이 독립자금을 모금하고 독립운동에 전념했던 식민치하 상황에서 국가/민족이라는 범주를 훌쩍 뛰어넘어 "미국 사회 내에서 자신만의 개인적 자리를 모색하려는 욕망"(Kim, *Asian American Literature* 36)을 지닌 강용흘의 주인공은 "불편하게 기회주의적"(Lee 389)으로 해석되기에 충분하다. 또한 한청파는 미국의 국가주의 가치에 대해서도 모순되고 이중적인 입장을 보인다. 미국에 도착한 첫날 한청파는 한국은 "죽어버린 고대 행성"(4)이고 미국이야말로 "기회, 기업, 번영, 성공"(6)의 나라라고 찬양한다. 하지만 한청파의 '미국의 꿈'에 대한 상상은 소설이 진행되면서 변화를 겪고 소설의 말미에 이르러 그는 물질만능주의와 인종차별주의로 뒤범벅된 미국의 실상 즉 "위대한 민주주의 국가"인 미국이 "인도의 카스트 제도의 결정체"(29)와 같고 "미국 사람들이 아주 불행하다"(343)는 사실을 깨닫는다. 하지만 한청파의 이러한 각성은 일련의 소설적 장치를 통해 상징적이고 비유적으로 드러날 뿐 노골적인 진술의 형태를 취하지 않는다. 마치 당대의 백인 독자들을 염두에 둔 것처럼 한청파는 한편으로는 '백색신화를 내면화하고 추종하는 것처럼 보이고 다른 한편으로는 그것의 한계를 명확

만 아니라 유럽 문학의 인물들까지 언급하는 전문 용어가 되었다(정은숙 193 재인용).

히 인식하고 전유하는 주체의 면모를 이중적으로 드러내는 것이다.

일제 식민치하 시절, 일본 정부의 관료를 저격한 사건을 두고 "편협한 민족주의"(67)라고 평가하는 한청파는 확실히 국가/민족의 경계선 밖에 서 있는 인물이다. 경계를 가로지르고 침입하는 한청파의 특이성은 자신의 책무가 동양/서양의 이분법을 뛰어 넘어 동양의 문화유산에 서양의 문화를 접목시키는 것이라고 인식하는 데에서 확연히 드러난다. 한청파는 스스로를 동서양의 학문과 문화를 접붙이기 위해 동양으로부터 온 "벌거벗은 개인적인 접자"(9)라고 칭하는데 이 '접자'^{Slip}야말로 한청파가 시도하려 했던 동서양의 "혼종적 개화"^{hybrid flowering}(Lew 180)이며 데리다가 "괴물"이라고 불렀던 이질적인 몸이 합쳐진 접목이라는 혼종화의 구성물이다(Lew 171 재인용).

본 논문은 『동양사람 서양에 가다』에 대한 기존의 연구가 미국의 꿈, 이민자들의 삶, 소수민족 정체성, 한흑 인종 관계, 이민자들의 로맨스 등 국가/민족/인종 이라는 분석틀 안에서 이루어짐으로서 궁극적으로 그것의 경계를 넘으려고 시도한 작가와 주인공을 포괄적으로 분석하지 못했다고 판단하고, 한국계 미국소설 디아스포라 주체의 효시로 한청파를 상정하고 분석하고자 한다. 한청파는 (그리고 강용흘은) 1920년대와 30년대에 일찌감치 국가/민족이라는 '상상의 공동체'의 틀을 벗어남으로서 정체성이 고정된 본질이나 순수가 아니라 "변형과 차이를 통해 스스로를 끊임없이 새롭게 생산하고 재생산하는"(Hall 244) 것이라는 사실을 입증한 디아스포라 주체이다. 디아스포라 주체를 "혼종성과 이질성을 특징으로 국가/디아스포라를 구분하는 경계를 횡단하는 주체"(Braziel & Mannur 5)라고 정의할 때, 국가/민족/인종의 경계선을 끊임없이 넘나들고 회의하는 한청파야말로 "물질적 혼종성"^{material hybridity}(Lowe 145)의 정체성을 지닌 디아스포라라고 할 수 있다. 한청파는 스스로를 "두 세계 사이에 매달린 뿌리 없는 사람들"(69)의 하나로 여김으로서 디아스포라 주체로서의 명확한 인식능력을 보여준다. 미국에 도착한 이튿날 한청파가 할렘 가를 걸으며 "따뜻하고 소박한 고향과 인생의 가장 먼 곳에 던져진 망명자의 슬픔, 바빌로니아인보다 더 희미하고 광대한 포로"(19)를 떠올리는 것은 열여덟 살의 이 식민지 청년이 자신의 처지를 '바빌로니아안' 즉 추방당한 유태인과 동일시하고 있다는 것을 보여준다. "망명자의 넋"(5) 또는 "망명자의 슬픔"(19)은 디아스포라의 역사적 운명6)과 궤적을 같이한다. 이는 또한 이 소설에 등장하는 한국인 망명자들 특히 한청파와 김도원이 공유하는 방황, 뿌리 뽑힘, 추방의식 등의 기저를 이루는 정서이다.

국가/민족이라는 사유의 틀을 넘어선다는 점에서 이 소설을 코즈모폴리턴 또는 초국가주의 관점에서 분석하는 시도가 있다7). 하지만 본 논문은 코즈모폴리턴이나 초국가주의로의 접근은 디아스포라 이론이 본래 내포하고 있는 정치적이고

---

6) 어원적으로 그리스어의 '씨 뿌리다'(to sow)라는 동사인 'speiro'와 '넘어서는'(over)이라는 전치사 'dia'에서 유래한 디아스포라 용어는 사전적 정의로 '팔레스타인 또는 근대 이스라엘 밖에 거주하는 유대인'을 가리킨다. 유대인 디아스포라와 비교되며 거론되는 디아스포라로는 아프리카 대륙으로부터 대서양을 횡단하는 노예선을 타고 신대륙 등지로 끌려온 아프리카인 디아스포라, 1915~22년 사이에 터키인에 의해 대학살을 겪은 후 세계 각지로 흩어진 아르메니아인 디아스포라, 그리고 역설적이게도 이스라엘 건국 이후 거주지에서 쫓겨나 난민으로 떠돌게 된 팔레스타인 디아스포라 등이 있다. 현대에 들어 디아스포라는 "기원이 되는 한 국가나 지정학적 장소로부터 하나 혹은 그 이상의 국가나 영토로의 이주"(Braziel & Mannur 1)를 가리킨다. 앞으로도 디아스포라는 세계화 현상과 '함께' 진행될 것으로 전망 된다(Cohen 175). '세계화 시대의 디아스포라'는 기존의 디아스포라와는 전혀 다른 '세계부족'으로서의 디아스포라 개념을 불러왔다. 지식이나 기술, 자본으로 무장한 채 보다 나은 노동이나 교육조건을 찾아 떠나는 코즈모폴리턴의 출현은 그동안 전통적으로 디아스포라와 결부되었던 강제이주, 난민, 추방, 이주국 문화와의 갈등이라는 '희생자'의 의미를 약화시켰다(Braziel & Mannur 2003; Butler 2001; Cohen 1997; Gilroy 1993).

7) 내들러는 한청파가 흑인들과의 '제휴'를 통해 '초국가적'이고 '초인종적'인 코즈모폴리턴니즘을 제안했다고 주장한다(2002). 구은숙 역시 내들러와 비슷한 주장을 한다. 즉 한청파를 "국가를 넘어서 사유하고 느끼는" 코즈모폴리턴이라고 상정한 후 그의 코즈모폴리턴니즘이 다른 인종들과의 제휴(affiliation)와 연결(connection)을 가능하게 했고 특히 흑인문화와의 접촉으로 인해 그들의 상황을 이해했다고 기술한다(2002). 초국가주의 담론의 경우 국가의 경계를 넘는 사람들, 사고, 상품, 자본 등의 흐름을 의미한다는 점에서 사람들의 이동을 지칭하는 디아스포라와 구별된다(Braziel & Mannur 8). 초국가주의 특징에 대해 알레한드로 포르테스는 "이민에 의해 창조된 정치적 경계선을 가로지르는 밀집된 네트워크"라고 정의했고 스티븐 베르토벡은 경계선을 가로지르는 사회적 구성 형태로서 의식, 문화적 혼합에 의한 재현의 새로운 양식, 전 지구적 자본의 흐름, 출판 언론 등에 의한 새로운 정치참여, 장소나 지역에 대한 새로운 개념 구상 등으로 정의했다(김영민 94-6 재인용).

역사적인 함의를 지워버린다는 점에서 경계하고자 한다. 코즈모폴리턴니즘이나 초국가주의는 국민 국가의 영토를 넘나드는 사람들뿐만 아니라 자본, 상품, 아이디어 등 세계화 또는 전 지구적 자본의 흐름과 더욱 긴밀하게 연관된다. 또한 초국적 기업이나 다국적 기업, 세계은행 같은 경제용어 뒤에는 강대국의 자본에 의해 단일하게 평정되어 가는 '식민화된 현재'가 놓여있다. 본 논문은 국가/민족의 경계를 가로지르는 디아스포라 주체의 삶의 조건을 규정하고 귀속하는 것은 역설적이게도 귀화법/시민법/이민법 같은 국가의 경계선을 강화하는 법률과 조례라는 사실을 염두에 두고 '희생자 디아스포라8)'를 포함한 디아스포라 이론의 흐름 위에서 한국계 미국인 디아스포라 주체를 분석하고자 한다.

　디아스포라가 고국/거주국 이라는 두 개 이상의 국가와 영토성과 관련이 있으므로 디아스포라 담론이 혼종성을 중심으로 이루어지는 것은 당연한 귀결이라고 할 수 있다. 디아스포라 주체는 혼종적 형태를 구성하는 두 개 또는 그 이상의 복수적 정체성을 갖는다. 디아스포라가 갖는 국가 정체성 역시 고국/거주국이라는 이분법을 뛰어넘어 혼종적이고 복수적인 정체성을 구성한다(Chow 2003; Braziel & Mannur 2003). 디아스포라 주체가 고국과의 관계 속에서 주체를 상정하는 망명주체나 이민주체, 그리고 거주국의 국가담론 속에서 주체 구성을 상상하는 동화주체와 확연히 다른 지점에 놓이는 것도 바로 고국/거주국을 가로지르며 잉여적으로 발생하는 혼종성 때문이라고 할 수 있다. 하지만 중요한 사실은 디아스포라 담론에서 논의되는 혼종성, 특히 스튜어트 홀, 폴 길로이, 리사 로우 등

---

8) 코헨(1997)은 고대 그리스 시대부터 현대까지의 디아스포라 역사를 정리한 후 크게 여섯 가지 유형으로 분류했다. 첫째, 유대인, 아르메니아인, 팔레스타인 등의 강제 이주와 난민으로 대표되는 '희생자 디아스포라'. 둘째, 상업과 무역의 확산으로 인한 베니스인, 레바논인, 중국인 등의 이주에서 나타난 '무역 디아스포라'. 셋째, 집단농장이나 건설 노동 현장, 공장 등의 일자리를 찾아 국경을 넘는 노동자계층의 '노동 디아스포라'. 넷째, 영국, 네덜란드, 프랑스 등 유럽 열강들이 식민통치를 위해 자국민을 식민지국에 이주시킨 '제국주의 디아스포라'. 다섯째, 포스트모던 시대의 문화적 혼종성에 의한 '문화 디아스포라'. 여섯째, 초거대도시의 출현과 초국가 탈국가 기업이 등장한 '세계화 시대의 디아스포라' 등이 그것이다.

이 상정하는 혼종성은 데리다의 차연 즉 미결정성의 잉여를 논거로 삼는다는 점에서 호미 바바의 혼종성과 직접적인 연관성을 갖지만, 19세기 식민공간이라는 식민/피식민의 틀 안에서 논의된 호미 바바의 혼종성과는 확연한 차이를 발생시킨다는 사실이다. 즉 디아스포라 담론에서 논의되는 혼종성은 국가/민족/인종의 경계를 침입하고 횡단한다는 점에서 호미 바바의 피식민 주체의 혼종성과 구별되는 것이다.

아시아계 미국문학 분야에서 호미 바바의 혼종성 개념과 스튜어트 홀의 정체성 개념을 적극 끌어들여 논의한 이론가로 리사 로우를 꼽을 수 있다. 리사 로우는 '아시아계 미국인'이라는 집단을 '위계적이고 가족 중심적'인 동질적인 집단이라고 파악하는 것은 지배/소수라는 이분법적이고 고정된 범주 안에서 지배 담론의 헤게모니를 재생산할 뿐이라고 주장한다. 리사 로우의 이러한 관점은 아시아계 미국인은 인종차별의 역사를 공유함으로서 "하나의 일관된 텍스트"(9)라는 아시아계 미국문학을 구성해왔다고 지적한 패트리샤 추의 논의9)를 가로질러 나아간다고 볼 수 있다. 리사 로우는 아시아계 미국인은 수직적인 것이 아니라 '수평적'으로 집단 내에서 비슷한 세대별, 계급별, 인종별 공동체를 구성해 왔으며 사회적, 문화적, 경제적으로 독특성을 갖는 집단이라고 주장하는 한편, 이러한 '차이'에 입각한 아시아계 미국인의 특징으로 '이질성, 혼종성, 복합성'이라는 정체성을 상정한다. 리사 로우에 의하면 백인/비백인, 다수자/소수자라는 이분법적 논리에 기초한 정체성의 논의는 아시아계 미국인들이 갖는 모든 '차이'를 덮어버리려는 담론이며 동화주의냐 문화민족주의냐 하는 논쟁 역시 지배담론 속에서 식민주의와 지배구조의 논리를 재생산하는 것이다(132-155).

---

9) 패트리샤 추는 특히 제 2차 세계대전 동안 일본계 미국인의 감금, 1982년 빈센트 친을 살해한 백인 자동차 정비공의 가벼운 형량, 1992년의 LA 폭동 등 아시아계 미국인이 시대를 초월하여 미국 내 인종차별정책으로 인해 사회적으로 배제된 경험을 공유하고 있다고 지적한다(9).

인종 정체성, 민족주의, 그리고 오리엔탈리즘

『동양사람 서양에 가다』의 시간적 배경이 상상된 기표로서나마 귀환할 고국을 잃어버린 1920년대와 30년대였다는 사실은 중요한 논점을 제공한다. 왜냐하면 당시 미국 사회는 극단적인 아시아인 배제정책[10]을 시행하며 동양인의 시민권 획득을 원천 봉쇄하던 시기였고 아시아인으로서 미국 사회에 '동화'한다는 것은 법적 또는 문화적으로 불가능했다. 이러한 시기에 귀환할 고국도 거주국에 뿌리 내릴 근거도 갖지 못한 채 주머니에 단돈 4달러를 넣고 뉴욕에 도착한 18세의 식민지 청년에게 가장 시급한 것은 생존 그 자체를 유지하는 일이었다. 뉴욕에서의 첫 날 한청파는 호텔 객실료와 이발 요금으로 가진 돈을 거의 써버리는데 그가 한국에서부터 소중히 간직해온 소개장은 그에게 직업을 알선해주는 대신 "흑인이나 동양인에게는 일자리를 내줄 수 없다는 솔직한 말"(19)을 듣게 해 줄 뿐이었다. 이튿날 구어체 영어에 서툰 한청파가 거리의 간이음식점 종업원들에게 놀림과 조롱을 받은 후 숙박을 해결하기 위해 빈민가 간이숙소에서 밤을 보내는 장면은 이후 소설 전반에 걸쳐 한청파가 맞닥뜨리게 될 제도화된 인종차별의 경험을 예고하는 것이었다.

---

10) 1790년에 제정된 미국의 귀화법(Naturalization Act)은 오직 백인(free whites)만이 미국시민이 될 자격이 있다고 규정한다. 이후 시행된 미국의 아시아인 배제정책은 중국인의 이민을 금지한 1882년 "중국인 배제법"(Chinese Exclusion Act), 중국 여성의 입국을 사실상 금지한 1875년 "페이지 법"(Page Law), 아시아 국가 출신의 이민을 금지한 1917년 "아시아 제한지역"(Asiatic barred zone)선포, 일본인과 한국인의 이민을 금한 "1924년 이민법"(Immigration Act of 1924), 아시아인의 토지 및 소유권을 금지한 1913년, 1920년, 1923년의 "외국인 토지법"(Alien Land Law)등이 있다. 1920년대와 30년대 캘리포니아 주는 "잡혼 금지법"(Anti-Miscegenation Law)을 시행하고 있었고, 1922년부터 1936년 사이의 "케이블 법"(Cable Act)은 시민권이 없는 아시아계 이민자와 결혼한 미국 여성에게 시민권을 박탈했다. 1952년 "맥카렌 월트법"(McCarran-Walter Act)이 제정된 이후에야 한국인을 포함한 동양인들은 미국 내에서 시민권을 취득할 수 있게 되었다(Lim 292-3; Lowe 1996 19-20).

『동양사람 서양에 가다』에 등장하는 백인들은 오리엔탈리즘과 백인 우월주의를 의심 없이 내면화하고 공고히 하는 인물들이다. 한청파가 3층 저택의 하인 일을 시작하던 날, 그의 가방에서 쏟아져 나온 헌책들을 본 여주인은 "균이 없었으면 좋겠어"(58)라고 발언함으로써 계몽, 진보, 발전으로서의 서구와 미개, 불결, 교화의 대상으로서의 동양이라는 오리엔탈리즘을 거침없이 드러낸다. 그 집안의 자녀들 역시 한청파를 이국적이고 신기한 구경거리로 여기며 "헤이, 찰리, 물 좀 가져와"(60)하며 그를 온순하고 복종적인 동양인의 이미지, '찰리'11)Charlie라고 부른다. 흥미로운 점은 한청파와 함께 일하는 한국인 박Pak 역시 미국에서 15년째 살고 있음에도 불구하고 여전히 서양 문화를 '악'으로 간주한다는 사실이다. 박은 그 집안의 열여덟 살짜리 소녀가 승마 복장을 하고 말을 타는 것을 보고 "여자가 남자처럼 옷을 입고 머리를 짧게 깎다니, 서양인들은 모두 열 배의 지옥구덩이 같아"(59)라며 극도의 혐오감을 보인다. 박은 자신이 결혼을 하지 않아 조상에게 씻을 수 없는 죄를 지었다고 한탄하는데, 그가 꿈꾸는 것은 언젠가 한국으로 돌아가 "순도 100 퍼센트의 한국 아이들을 길러 자신처럼 애국주의자로 만들고 동양 고전으로 교육시키는 것"(55)이다. 박은 월급의 대부분을 항일 저항 단체에 기부하며 민족주의와 관련된 일을 하는 "전형적인 한국인으로서 몸은 망명 상태이지만 정신은 아닌"(54)인물이다. 하지만 박이 고집하는 순수 혈통주의, 동양 중심사상, 서양 문화 혐오증은 그의 여주인이 갖는 오리엔탈리즘과 더불어 서로 다른 문화권에서 개인에게 각각 주입되고 투사된, 동일한 형태의 이데올로기이다. 또한 박이 꿈꾸는 해방된 조국 역시 실제가 아닌 허구의 이미지 즉 "상상된 고국"12)으로 '상상적 통일성'을 응집시키는 기원이다.

---

11) 백인 작가에 의해 묘사된 동양인의 전형적인 인물인 하나인 찰리 챈(Charlie Chan)은 온순하고 순종적이며 조용한 동양인을 나타내는데 이는 이후 '모범 소수민족'(Model Minority)이라는 용어로 그 이미지를 이어 받았다고 할 수 있다(Okihiro 1994).
12) 살만 루시디는 자신의 인도 방문 경험에 관해 논의하며 망명객이나 해외 체류자가 고국을 방문할 때 그들은 실제 도시나 마을이 아니라 그동안 자신이 상상해 온 고국, 즉 정신 속의 고향을 찾게 된다고 지적한다(*Imaginary Homeland* 9-13).

알튀세에 의하면 주체는 행위능력보다는 종속성과 더욱 긴밀히 연결된다. 알튀세는 "개인은 항상 이미 주체이다"(119)라고 지적함으로써 '이데올로기적 국가장치'에 의해 훈육되고 학습되는 주체의 종속성을 강조했다. 이데올로기적 국가장치란 학교, 교회, 정당, 매스컴, 무역, 문화 등 "상대적으로 자동화되고 객관적 영역을 제공할 수 있는"(100) 영역이자 지배이데올로기나 지배계급에 의해 안전이 보장된 영역이다. 개인은 이러한 이데올로기적 국가장치로부터 학습된 이데올로기를 내면화함으로써 주체를 구성하고 주체로써 '호명'된다. 그러므로 호명된 주체, '헤이, 찰리'라고 불리는 개인은 명령을 내린 주인집 소년에게 '한국 신부'처럼 공손하게 물을 대령한다. 하지만 알튀세의 이데올로기 개념은 한청파가 "내가 어떻게 한국 신부처럼 행동할 수 있겠어?"(60)하고 분노하는 과정은 설명할 수 없다. 더욱이 한청파가 '찰리'나 '한국 신부'라는 명칭에 걸맞게 '일부러' 순종적이고 복종적인 태도를 취해 상대를 속여 넘기는 과정은 알튀세의 이데올로기 개념을 넘어서는 주체의 역동적이고 복합적인 행위능력을 나타낸다고 할 수 있다.

『동양사람 서양에 가다』에 등장하는 흑인 인물들은 미국의 국가주의에 의해 기획되고 '이데올로기적 국가장치'에 의해 산포된 인종차별정책의 직접적인 희생자들이다. 1920년대와 30년대 미국의 인종차별 정책은 아시아계 이민자들뿐만 아니라 사회적 신분상승의 기회를 차단함으로써 흑인계층에도 가혹한 영향력을 행사했다. 한청파가 슈미트씨^{Mr. Schmitt}댁에서 만났던 흑인 요리사 로렌조^{Laurenzo}는 '윌리엄스 칼리지'와 '워싱턴 대학'에 다녔지만 교육으로 신분상승을 이룰 수 없었다. 로렌조는 "유색인종에게는 기회가 없는"(263) 현실로부터 도피하기 위해 술에 의지하는데 그는 술을 마실 때에만 "왕처럼 느낄 수 있다"(262)고 말한다. 한청파가 보기에 로렌조는 "허풍과 외설로 뒤범벅된 자기 연민과 학대 사이를 오가며"(263) 주인인 슈미트씨를 향해 "오래된 악마"(262)라고 욕을 퍼붓기도 했다가 존경심을 나타내기도 했다가 하는 분열적인 태도를 보인다.

한청파가 보스턴에서 만난 왁스타프^{Wagstaff}는 로렌조와는 전혀 다른 성격의 흑인으로 승강기 안내원으로 일하는 법과 대학 학생이다. 그는 교육받은 '니그로'가 미국에서 할 수 있는 일이란 "예스 서"^{yessuh}라고 대답하는 서비스 직종뿐이며 흑인은 백인 세계의 "추방자"로 미국 사회의 "그림자 같은 존재"라는 사실을 잘 알고 있다(273). 왁스타프는 흑인 작가들의 책을 읽으며 흑인으로서의 정체성을 찾고 저항의 방법을 모색하지만 그가 발견한 건 '속이는 법'$^{learn\ to\ gyp}$이라는 살아남기 전략뿐이다. 즉 자신은 거짓말의 세계 속에서 태어났고 그 속에서 살고 있기 때문에 살아남기 위해서는 똑같이 거짓말을 해야 한다는 것이다. 왁스타프가 볼 때 폭력이 지배하는 세계에서는 "정의가 힘이 아니라 힘이 정의"(274)이다. 그러므로 자유, 정의, 평등 등 미국 헌법이 보장하는 가치는 백인만을 위한 가치이고 흑인에게는 현실의 불합리와 폭력을 환기시키고 아이러니를 유발하게 하는 가치일 뿐이다. 왁스타프가 "미국 문화를 흡수하면 할수록, 휘트먼, 에머슨, 링컨을 읽으면 읽을수록, 단언컨대 나는 증오와 복수심만을 더 키울 뿐이라네"(273)라고 고백하는 이유도 바로 여기에 있다. 휘트먼, 에머슨, 링컨처럼 미국의 건국이념을 정초하고 국가 가치를 굳건히 다진 인물들에게서조차 왁스타프는 자신의 인종성을 해방시켜 줄 어떠한 단서도 찾을 수 없는 것이다.

로렌조와 왁스타프의 고통과 분열 의식은 일찍이 두 보이스에 의해 '이중의식'이라는 탁월한 용어로 설명된 바 있다. 두 보이스는 『흑인 민중의 영혼』에서 흑인으로서 당시 그 누구도 감히 말할 수 없었던 인종차별의 폭력성을 고발한 후 그것의 근절을 촉구한다. 미국의 인종차별정책은 흑인들에게 이중의식 즉 "자아를 항상 타자의 눈을 통해 들여다보는 특이한 감각, 경멸과 연민에 의한 세계의 잣대에 의해 자신의 영혼을 재단하는"(3) 심리상태를 갖게 한다. 흑인들의 이러한 이중의식은 '미국 시민'이자 '흑인'이라는 "두 개의 영혼, 두 개의 사고, 두 개의 타협할 수 없는 갈등"(3) 때문에 생겨난다. 두 보이스가 지적한 이중의식을 불러일으킨 '타자의 눈'은 다름 아닌 백인우월주의라는 이데올로기 즉 대타자의 시선이다. 자아는 대타자를 열망하지만 그것과 동일시되지 못한 채 분열되고 분열된 자아는 로렌조의 '자기 연민과 학대', 왁스타프의 '분노와 증오심'같은 흑인들의 분열 의식을 낳는다.

인종차별이 야기한 분열증과 열등의식에 시달리는 흑인들의 모습은 프란츠 파농의 『검은 피부, 하얀 가면』에서 보다 생생하게 그려진다. 앙띨레스 흑인이자 정신과 의사로서 인종차별을 분석하고 고발한 파농은 미국보다 인종차별이 덜한 프랑스에서조차 "검둥이는 나쁜 놈이라는 신화가 집단 무의식으로 구성되어 있다"(117)고 밝히며, 이러한 '집단 무의식'으로 인해 흑인들이 정신분열증을 앓고 있다고 지적한다. 『검은 피부, 하얀 가면』은 "흑인은 인간이 아니라고 말하고 싶다"(12)라는 도발적인 서론에서 시작해서 "흑인은 백인과의 관계에서만 흑인"(140)이라는 전제를 지나, 앙틸레스 흑인은 자아와 타자 사이에 백인이라는 '제 3의 개념'을 개입시키는데 이 '제 3의 개념'은 "허구적인 지배로서 개인적인 것이 아니라 사회적인 것이다"(271)라는 결론을 도출해 낸다. 즉 흑인의 정신분열증을 유도하는 인종 정체성은 허구적인 것으로서 문화적인 것이며, 이것은 자연발생적인 것이 아니라 학습에 의해 습득되는 '구성물'이라는 것이다. 이 책에서 파농이 궁극적으로 의도한 것은 인종차별로 인한 분열증에 시달리는 흑인들에게 "자네의 망상증, 그것은 전적으로 환경과 사회의 탓"(272)이라는 전언을 들려주기 위한 것일 것이다.

호미 바바는 『문화의 위치』전편에 걸쳐 파농을 효과적으로 언급하며 논의를 전개하는데, 그 이유는 아마도 파농이 식민자의 나라에서 그들의 언어로 교육받은 후 식민자 당사자를 비판한 점, 즉 바바의 '혼종성'이 내포하는 전복의 의미를 몸소 구현한 인물이기 때문일 것이다. 파농은 자신의 인종 정체성이 백인이라는 허구적 지배에 의해 사회적으로 구성되었다는 것을 설명했다. 즉 파농은 백인/흑인, 자아/타자라는 편리하고 익숙한 이분법을 해체하여 인종 정체성의 근거를 흐트러뜨렸다(Bhabha 40). 식민자의 자아(백인성 혹은 백인 우월주의)나 피식민자의 타자(흑인성)는 원초적이고 자연적으로 존재하는 것이 아니라, "식민지적 타자성의 형상─흑인의 신체에 기입된 백인의 가공물─을 구성하는 그 둘 사이에 낀 방해적인 거리"(Bhabha 45)이다. 파농의 인종성과 마찬가지로 바바에게 있어서 정체성은 이미 주어진 것을 확인하거나 자기충족적인 예언이 아니라, 이미지의 생산이며 그 가장된 이미지의 주체적 변형일 따름이다.

하지만 파농의 경우 상대적인 개념인 인종성을 깨닫는 일이 인종차별이라는 억압 그 자체를 어쩌지는 못한다. 파농을 피식민자가 경험하는 분열증으로 던져 넣는 것은 "저기 검둥이 좀 봐… 엄마, 검둥이!… 저 사람 미쳤나봐", "쳐다보지 마라, 아가야. 저 사람은 네가 문명인이란 걸 모르는 모양이야"(『검은 피부, 하얀 가면』 145)같은 단순하고 폭력적인 발언들이다. 『검은 피부, 하얀 가면』에서 파 농이 흑인으로 대표되는 피식민자의 분열증적 심리를 밝히고 있으면서도, 바바가 비판했듯이, 백인이라는 식민자의 권위와 그 내부에서 작동되는 '동일화의 양가 성'에 대해 함구하고 있는 것은, 어쩌면 당연한 일인 것처럼 보인다. 이 경우 바바 가 주장하는 것처럼 식민자의 권위는 재현의 동일화에 실패한 양가성을 지닌 복 잡 미묘한 '문화적'과정이 아니라, 일상의 현장에서 즉각적이고 폭력적으로 드러 나는 단순하고 이분법적인 인종차별의 한 형태일 뿐이다.

법률로 제도화되고 '이데올로기적 국가장치'에 의해 산포되는 인종차별주의 는 지젝이 언급한 "이데올로기적 폭력"(10)의 양상 가운데 하나이다. 지젝은 인종 차별주의, 선동, 성차별 등의 이데올로기적 폭력을 거론하며 이러한 폭력이야말 로 가시적이지는 않지만 사회 경제 체계를 지배하는 '체계의 폭력'이라고 지적한 다. 지젝에 의하면 사회적 대행자, 악한 개인, 억압 장치, 흥분한 군중에 의해 야 기된 폭력은 쉽게 눈앞에 드러나는 '주관적 폭력'인 반면, 언어나 언어의 형식에 의해 구현되는 '상징적 폭력'이나 경제나 정치 시스템에 의해 합법적으로 작동되 는 '체계의 폭력'은 비가시적인 형태를 띠는 '객관적 폭력'이다(2-12). 물론 지젝이 '객관적 폭력'의 최종 심급으로 공격하려는 것은 이윤을 창출하기 위해 '유아론적 이고 위험한 춤'을 추는 자본주의인 것이 분명하지만, 그가 언급한 '체계의 폭력' 이야말로 "개인의 힘으로는 도저히 깰 수 없을 것 같은"(*East Goes West* 273) 인종 차별이라는 폭력을 포함하는 것이다.

'한국계 미국인 트릭스터'의 생존 전략

극단적인 인종차별 정책이 '이데올로기적 국가장치'에 의해 합법적으로 자행되는 미국 사회에서 한청파가 (그리고 강용흘이) 생존 전략으로 모색할 수 있는 방법은 극히 제한적이었다. "아메리카로의 멋진 여행, 서양 학문에 대한 탐욕적인 소망"(106)을 추구한 한청파가 종국에 발견한 것은 물질만능주의와 인종차별주의로 얼룩진 미국의 현실이었고, 흑인들과 지하실에 감금된 '악몽'으로 상징화된 실패한 '미국의 꿈'이었다. 한청파는 학문에 대한 자신의 열정과 현실 사이의 괴리와 "아시아인 이민 배제정책이 시행되기 직전에 미국에 도착"(5)한 자신의 법적인 위치와 약점을 잘 알고 있었다. 또한 백인 사회가 동양인에게 기대하는 이데올로기 즉 오리엔탈리즘에 대해서도 경험적으로 파악했다. 결국 한청파가 미국 사회에서 선택할 수 있는 생존전략은 차별의 대상이 되는 자신의 인종성 위에 "중재자의 전략" 또는 "중간지대"(Lee 389)를 모색하는 일이었고 일련의 아슬아슬한 "균형 잡힌 행위"(Kim 1999)를 시도하는 것이었다.

강용흘이 『동양사람 서양에 가다』를 통해 나타내려고 했던 작가적 의도는 1931년 10월에 제출했던 구겐하임재단 창작 기금 신청서에서 그 단초를 엿볼 수 있다. 이 신청서에서 강용흘은 소설의 제목을 "한 망명자의 죽음"^{Death of an Exile}이라고 밝힌 후 "미국 내의 동양인의 처지"를 다룰 것이며 "기계화 시대와 미국 문명 속에서 ⋯ 비정한 뉴욕에서 길을 잃고 사라진 주인공에 대해"(Lee 381) 다루겠다고 기술했다. 중요한 사실은 강용흘이 "인종적 편견이라는 주제가 보조 인물의 삶과 주인공의 삶에 반복적으로 나타나며 이 모든 것은 풍자와 운문형식 사이를 왕복하며 나타날 것"(Lee 381)이라고 소설의 주제와 표현 기법에 대해 분명히 밝혔다는 사실이다. 만약 이 소설의 집필 의도가 '비정한 뉴욕에서 길을 잃고 사라진' '한 망명객의 죽음'에 관한 것이었다면, 이후 찰스 스크리브너스 선스의 편집자이자 부사장인 멕스웰 퍼킨스가 소설의 제목을 "강용흘의 미국화"로 정하려고 했다가 최종적으로 "동양인 양키 만들기"라는 부제를 달아『동양사람 서양에 가다』로 출판한 사실(Lee 383; Lew 174; 김욱동 197)과 실로 커다란 괴리를 보인다고 할 수 있다. 즉 강용흘의 본래 집필 의도와 '동양인 양키'의 '성공 스토리' 사이에는 결코 무시할 수 없는 간극이 놓인 것이고, 이 간극의 봉합이야말로 작가의 교묘한 '중재자의 전략이 요구되는 지점인 것이다13). 결국 강용흘은 백인 여성 트립Trip과의 결말을 바꾸어 달라는 멕스웰 퍼킨스의 요구14)는 적당히 무마한 채 원고의 150쪽에 이르는 부분을 삭제한 후 소설을 출간했다(류「'세계화'를 넘어서」 36; Lew 174; 김욱동 195-6). 월터 류는 강용흘이 멕스월 퍼킨스의 제안을 글자 수를 줄이는 것만 받아들였을 뿐 수사학적 간접법 즉 인유와 상징을 이용하여 '기의'를 교란시킴으로서 '한국계 미국인 트릭스타'처럼 편집자의 의도를 전복했다고 지적한다(Lew 175). 월터 류의 지적대로 강용흘이 한청파와 트립과의 관계를 해피엔딩이 아닌 애매한 결말로 처리한 점, 소설의 마지막 장면에 악몽을 배치해서 '미국의 꿈'의 의미를 전복한 점, 그리고 원래의 의도대로 인종차별주의에 사로잡힌 미국인들을 묘사하기 위해 풍자, 아이러니, 운문 형식을 유지한 점 등은 그의 뛰어난 생존 전략인 동시에 작가적 장인의식을 입증하는 일이라고 할 수 있다.

강용흘의 작가적 책략은 인종차별적 상황을 묘사할 때 주인공의 의분을 직접 드러내거나 감정 토로를 하게 하는 대신 풍자, 아이러니, 웃음 등의 소설적 장치를 이용한다는 사실에서 쉽게 감지할 수 있다. 미국에 도착한 이튿날 한청파가 간이음식점 종업원으로부터 "개새끼"라는 단어를 들은 후 그 단어를 공부하고 적어

---

13) 이선영은「동양인 양키 만들지 않기」에서 구겐하임 신청서 이후 소설이 출판된 세월동안 행위자로서의 강용흘의 열망이 '성숙되고 흐릿해졌다고 지적한다. 또한 강용흘은 '핑크빛 동화(assimilation)의 약속'이나 '미국의 꿈으로 홍보된 성공'에 대해서 매우 회의적이었다고 기술한다.

14) 그는 헤밍웨이, 피츠 제랄드, 토머스 울프 같은 작가들의 책을 출판해 성공함으로서 당시 미국 문단에서 강력한 영향력을 행사하던 인물이었다. 강용흘에게 보낸 편지에 의하면 그는 "쓸모없는 한국인"의 모습 즉 낙오자를 그린 분량의 원고를 삭제할 것과 소설의 결말부분에서 한청파가 트립과 결혼한다는 사실을 분명히 밝혀 줄 것을 제안했다. (류,「'세계화'를 넘어서」 36; Lew 174).

두기 위해 종이쪽지를 찾는다거나, 종업원이 "식초"는 "스커트"로 "소금"은 "키스"로 가르쳐주며 조롱하는데도 그들과의 접촉이 뉴욕이라는 "도시의 마법과 그 첫 만남"이었다고 순진하게 말하는 장면(15-6)은 웃음과 아이러니를 유발한다.

한청파가 흑인들을 착취하는 교회 장로 본휴어Bonheuer를 만나 그의 집회에 동원되는 과정 역시 풍자와 아이러니를 소설적 장치로 배치한 예라고 할 수 있다. 청교도 정신이 투철한 20세기 초반의 미국에서 교회 장로의 위선과 탐욕을 고발하는 것은 상당한 용기가 필요했을 것으로 보인다. 하지만 본휴어는 『동양사람 서양에 가다』에서 가장 우스꽝스럽게 묘사되는 인물 중 한 사람이다. 본휴어는 "탁월한 사업적 두뇌"를 갖추고 흑인들이 벌어들이는 돈을 "'신의 사업'이라는 명목으로 주머니에 곧장 집어넣는"(335) 탐욕적이고 "독재자"(342)같은 인물이다. 그는 흑인들이 자급자족으로 꾸려가는 공동체를 마치 자신의 왕국처럼 관리하며 호화롭게 생활하는데, 그가 부흥회를 여는 이유는 청중과 개종자들로부터 헌금을 걷어 '피어스 애로'같은 새 차를 구입하기 위해서이다. 그는 성경을 아무리 뒤져봐도 흡연의 해악에 관한 구절을 찾을 수 없다는 한청파에게 "담배를 피우면 지옥에 갈거요"라고 "교조적으로" 응답하는 인물이다(334). 그의 설교는 '성'이라는 자극적인 소재를 동원하여 흑인 교도들의 즉각적이고 감정적인 정서를 자극하고 선동하는데, 그가 한청파를 부흥회로 유인한 이유도 "중국인, 중국인도 말을 할 수 있다!"15)(339)라며 청중들이 서로 얼싸안고 열광케 하는 분위기를 만들게 하기 위해서였다.

하지만 한청파는 본휴어를 희화화하고 풍자하면서도 결코 그와 정면으로 맞서거나 직접적인 비판을 가하지 않는다. 흡연에 관한 논쟁에서도 한청파는 담배를 피아노 위에 올려놓아 악기를 망쳐버린 한 남자의 예를 들면서 그것이 죄라고 말함으로서 본휴어로부터 "우리는 흡연에 대해 의견의 일치를 보았다"(334)라는

---

15) 본휴어는 한청파가 아무리 자신을 한국인이라고 소개해도 동양인은 모두 중국에서 왔다고 생각하는 인물이다. 이 소설에 등장하는 대부분의 미국인들은 한청파를 중국인이라고 여기거나 중국에서 왔느냐고 묻는다(23; 110; 258; 339).

착각을 유도해 낸다. 또한 본휴어를 사교 집단의 교주로 명백히 풍자하면서도 그의 설교를 듣고 감동의 눈물을 흘렸다거나 "본휴어의 거대한 비전은 다시 한 번 인상적이었다"(339) 등의 진술을 교묘하게 배치함으로서 본휴어와 (그리고 당대의 기독교인 독자들과) 직접적인 적대관계나 갈등상황에 놓이는 것을 피한다.

한청파가 김도원^{To Wan Kim}과 나누는 다음의 대화는 백인 사회의 오리엔탈리즘을 전유하는 것이야말로 효과적인 생존전략이라는 사실을 두 사람이 잘 알고 있다는 사실을 보여준다.

> "보스턴의 교수들은 동양에서 입양된 어린애라면 누구에게든 동정심을 가질 거야. 만약 네가 기꺼이 유순하고 순종적이기만 한다면."
> "바로 그거야!" 나는 분노에 차서 동의했고 김은 미소지었다. "난 무조건 착한 사람이 되는 건 싫어." (255)

'동양에서 입양된 어린애'라고 스스로를 지칭하는 김도원과 한청파는 더 이상 오리엔탈리즘이 의미하는 '유순하고 순종적인' 동양인이 아니다. 만약 이들이 순진하고 어리석은 것처럼 보인다면 그것은 흑인 왁스타프의 방식대로 백인들을 속이는 것이거나 혹은 놀리려는 것일 것이다. 가령 메리타임 대학 시절 한청파는 "어린애에게 하듯" 자신에게 모든 걸 일일이 설명하는 랠프^{Ralph}를 놀리기 위해 종종 어리석은 질문을 했고, 랠프는 결코 그 사실을 눈치 채지 못한다. 한청파는 "외롭고 쓸쓸한 사람이란 무슨 뜻이에요?" 라거나 "로맨스가 뭐예요?"라고 순진함을 가장해 질문하고, 한청파에게 속아 넘어간 랠프는 진지하고 열정적인 태도로 매번 그것의 의미를 설명한다(115-16).

김도원은 '찰리'의 이미지와 함께 오리엔탈리즘의 다른 한 축을 담당하는 '황화'^{Yellow Peril}16)에 대해서도 날카롭게 파악하고 있는 인물이다. 그는 "뉴욕에서 돈

---

16) 잭 런던은 「황화」에서 일본인들과 중국인들이 서양세계의 질서에 위협의 대상이 될 것이라고 예견하면서 '황화'라는 용어를 처음 사용했다(정은숙 177 재인용).

과 권력은 동양인을 위한 것이 아니야. 만약 동양인이 그것을 갖는데 성공한다면 존경을 받는 대신 증오와 두려움을 받게 될거야'라고 지적한 후 "이교도들은 힘이 없을 때에만 참을 만해"(215)하고 덧붙인다. 돈과 권력을 갖춘 동양인은 서양의 지배질서를 위협하는 대상으로 간주되고, 반대로 그것을 갖지 못한 동양인은 경멸과 무시를 받는 것과 동시에 참을 만하게 여겨진다는 김도원의 지적은 미국 사회에 팽배한 오리엔탈리즘의 실체에 대한 통찰력을 나타내는 것이다. 한청파에게 전하는 김도원의 이러한 통찰력은 미국에 도착한 이후 인종차별을 뼈저리게 경험한 한청파가 오리엔탈리즘에 함몰되는 것이 아니라 오히려 그것의 실상을 파악하고 전유하는 단계로 나아가는 가능성을 열게 해준다. "예술지상주의를 믿는"(222) 김도원이 도원이라는 그의 이름 즉 "이 세상에서 멀리 떨어진 이상향"(156)을 일컫는 것처럼 현실 세계에서 떨어져나가 비극적인 자살을 택하는 것과는 반대로, 한청파는 보다 유연하고 복합적이고 혼종적인 정체성을 지닌 디아스포라 주체로 나아가는 것이다.

국가/민족/인종을 넘어서; 디아스포라 주체

폴 길로이의 『검은 대서양: 모더니티와 이중의식』은 그가 서론에서 밝히고 있듯 "사고의 혼종성과 혼합"이라는 주제에 관한 책이다. 그는 아프리카와 신대륙 사이를 왕래했던 노예선이 존재했던 '검은 대서양'의 역사가 오히려 정체성이란 완결된 것이 아니라 다시 만들어지고 변이 가능한 것이라는 교훈을 가르쳐 주었다고 역설적으로 주장한다. 즉 노예선이 왕래했던 대서양은 문화적 교환, 상품, 사상 등이 왕래한 문화적 접촉 공간이자 초국가적 공간이고, 이후 두 보이스를 위시한 저명한 흑인 학자와 작가들이 똑같은 대서양 항로를 거쳐 유럽 대륙으로 진출함으로서 디아스포라의 시각을 견지했다는 것이다. 길로이가 근대성의 대안으로 제시하는 '검은 대서양'은 '혼종성과 혼합'이라는 디아스포라 경험의 특징을 나타내는 공간이다. 노예선을 경험한 선조들에 의한 공통적 역사경험은 오늘날 미국의 흑인들과 아프리카 대륙 흑인들 사이의 문화적 정체성을 연결 짓게 한다. 그러므로 두 보이스가 '이중의식'이라는 용어를 통해 표현한 미국 흑인들의 이중적 정체성의 고통은 디아스포라 흑인 전체의 역사적 경험을 설명하는 용어로 확장되어 해석된다. 즉 '미국시민'이자 '흑인'으로서 겪는 고통을 상징하는 '이중의식'은 길로이에 의해 고국/거주국의 틈새 사이에서 끊임없이 길항하고 진동하는 확장된 디아스포라 의식으로 재해석된다.

스튜어트 홀 역시 정체성이란 역사나 문화 바깥에 놓인 고정된 것이 아니라 문화, 역사, 권력의 작용에 의해 끊임없는 '되기'becoming의 과정을 이루는 것으로, "본질이 아니라 위치성"(237)이라고 주장한다. 홀의 이러한 관점은 '수송, 노예제도, 식민화'라는 흑인들의 역사적 공통 경험이 하나의 "공통 기원"을 구성하지는 않는다고 주장하는 지점으로 나아간다(238). 즉 흑인들의 공통 경험 역시 '차이'의 기입이라는 '번역' 과정을 거친다는 것인데, '차이'가 만들어낸 이러한 복잡성(즉 잉여성)이야말로 재현의 이분법적 구조를 초과한다(238-9).

홀은 정체성을 해석하는 두 가지 관점을 제안한다. 첫 번째는 공통의 역사적 경험과 문화 코드에 의해 "한 민족"과 "하나됨"을 강조하는 관점으로 예를 들어 노예제도와 착취라는 역사적 경험에 의해 정체성을 형성하고 단결한 흑인 민족주의가 있다. 그는 첫 번째 관점을 설명하기 위해 파농이 『대지의 저주받은 자들』(1961)에서 식민주의라는 과거를 복원해 내는 "열정적인 연구"가 필요하다고 지적한 사실을 언급하며, 파농이 촉구했던 '연구'가 단순히 묻힌 것을 재 발굴하는 것뿐만 아니라 '정체성을 생산하려는 것, 즉 과거를 '다시 이야기하기'였다고 해석한다(235). 홀은 '묻힌 역사'를 발굴하려는 시도는 페미니즘이나 반 식민주의, 반 인종차별주의 운동 등 현대의 사회 운동에 중요한 역할을 했다고 인정한다. 또한 부서진 과거를 복원한 후 '상상적 통일성'이나 '상상적 충만'을 회복하려고 했던 이러한 시도들로 인해 역사 속에서 억압받아 온 사람들이 저항과 정체성의 근거를 만들어 냈다고 평가한다(235-6).

하지만 홀이 지향하는 관점은 첫 번째 관점을 포함하여 (거부하는 것이 아니라) 앞으로 나아가는 지점이다. 그가 지향하는 두 번째 관점은 서로 비슷하면서도 동시에 "깊고 심오한 차이"(236)를 구성하는 현재를 인식하는 것 즉 '하나의 경험, 하나의 정체성'에는 파열과 불연속성이라는 이면이 놓여 있고 정체성은 "끝없는 변이를 겪는"(236) 과정이라는 사실이다. 그에 의하면 식민지 경험에 관한 적절한 이해도 두 번째 관점을 통해서만 이루어질 수 있는데, 푸코와 사이드에 의해 익히 알려진 대로 권력/지식의 유착관계에 의해 피식민지인이 '타자'로 위치 지어졌다는 인식과, 권력/지식에의 복종은 강요된 지배에 의해서 뿐만 아니라 "내적 강박의 힘과 그러한 규범에 순응하려는 주체"에 의해 일어난다는 인식(236-7)이 그것이다. 홀은 "내적 강박으로서의 타자"(237)에 대한 개념이야말로 정체성이 고정된 정수나 근원이 아니라 유동적이고 변화하는 것이라는 사실을 증거 하는 것이라고 지적한다. 즉 정체성은 역사와 문화 바깥에 놓여 우리가 최종적으로 귀환해야할 고정된 '근원'이 아닌 것이다.

'내적 강박으로서의 타자'에 기초한 홀의 정체성 개념은 주체가 (피식민 주체라 할지라도) '기표의 욕망' 위에서 식민지 권위를 받아들이고 그 결과 변환과 전이가 발생한다고 지적한 호미 바바의 혼종성의 개념과 맥락을 같이 한다. '내적 강박으로서의 타자란 주체 속에서 들끓는 동일화에 대한 욕망, 즉 대타자를 모방하기 위해 변화를 시도하는 주체의 욕망이다. 호미 바바는 「경이로 받아들여진 기호들」에 이르러 혼종성의 개념 속에 피식민지인의 보다 적극적이고 능동적인 저항의 가능성을 언급한다. 즉 '혼종화된 식민지안'은 식민주의 자체의 훈육과 산포로 인해 욕망의 양가성을 발생시키고 이러한 '욕망의 양가성'으로 인해 피식민지인은 식민자의 지배 이데올로기에 복종하고 순종하는 듯 보이지만 사실은 전적으로 따르지는 않는, 그 자체 속에 저항을 내포한 혼종화된 주체로 변이한다는 것이다(109-112).

혼종화된 주체는 "반은 순종적이고 반은 대립적이며 항상 믿을 수 없는"(*Location of Culture* 33) 피식민 주체이다. 한청파는 유순하고 복종적인 동양인 '찰라'의 태도를 취하며 얼핏 오리엔탈리즘에 순종하는 듯 보이지만 사실은 그렇지 않은 혼종화된 주체이다. 혼종화된 주체인 한청파의 태도는 캐나다의 메리타임 대학 시절을 회상하는 장면에서 더욱 두드러진다. 한청파는 자신에게 친절을 베푼 백인들을 회상하며 그들에게 충분히 고마워하지 않았다고 자책하다가도 그것에 내포된 오리엔탈리즘을 날카롭게 비판하는 '반은 순종적이고 반은 대립적인' 태도를 보인다.

한청파는 레즐리와 그 일파를 제외한 다른 백인들이 매우 친절했고 자신을 파티에 빠뜨리지 않고 초대했다고 회상한다. 또한 그들이 고향에서 케이크를 받으면 자신만은 한 조각이 아니라 항상 두 조각을 대접받았다고 동료 학생들의 호의를 고마워한다. 또한 자신이 아플 때 "어머니 같은 태도"로 보살펴준 커밍스 부인Mrs. Cummings과 맥밀런Doctor MacMillan 의사 등을 일일이 언급하며 "왜 내가 그때 나 자신을 외롭고 슬프고 왜소하고 낮게 느끼면서 그들에게 감사하지 않았는가?" (106)하고 후회하는 태도를 보인다.

하지만 또 다른 장면에서 한청파는 그들의 "특별한 호의, 특별한 친절, 특별한 보호"가 바로 "검은 식민지 대륙"(118)을 향한 백인들의 책임감이자 우월감이었다고 냉정하게 비판한다. 주목할 만한 점은 한청파가 자신과 가장 가까웠던 랠프와 가장 적대적이었던 레즐리Leslie를 동시에 언급하고 저울질한 후 "친절과 잔인성, 그 둘 다 갖지 않는 편이 나았던 것처럼 보인다"(118)고 평가한다는 사실이다. 랠프는 방학이나 휴가 때 한청파를 집으로 초대하고 영어를 가르치는 "자선 장학금을 받고 동양에서 건너온 불쌍한 소년인 한청파에게 신학교 전체 중에서 가장 큰 책임감을 느끼는"(107) 인물이다. 이와 반대로 레즐리는 한청파를 처음 만난 날 "우리가 함께 살아야 할 노란 개로군"(97)하고 동료들에게 서슴없이 말하거나, 한청파에게 물건을 훔쳤다고 뒤집어씌운 후 뺨을 때리는 인종차별주의자이다. 그런 두 사람을 한청파는 같은 잣대로 저울질 한 후 레즐리의 노골적인 인종차별뿐만 아니라 랠프를 위시한 다른 백인들의 친절 역시 미개한 식민지 대륙을 계몽시키려는 오리엔탈리즘에서 비롯되었다고 비판하는 것이다.

오리엔탈리즘에 대한 한청파의 날카로운 지적은 백인들의 친절에 충분히 고마워하지 않았다고 후회하는 또 다른 진술로 인해 진의가 흐릿하고 모호해져 버린다. 한청파의 이러한 '믿을 수 없는' 태도는 미국 사회의 오리엔탈리즘이라는 기의를 교란하는 효과를 갖는다. 즉 혼종화된 주체는 지배 과정을 전략적으로 역전시키기 위해 흉내 내기^{mimicry}를 하는 것이다. 흉내 내기는 "거의 동일하지만 완전히 같지는 않은" 주체가 "개조되고 인식 가능한 타자가 되기를 지향하는 욕망"(Bhabha 86)이다. 그러므로 흉내 내기는 식민주의 담론과 동일한 것처럼 보이지만 '기표의 욕망'으로 인해 '차이'를 발생시키고, 정체성의 변이를 불러일으켜 저항의 지점을 마련한다. 또한 혼종화된 주체는 피식민지인의 저항 방식으로 '교활한 교양17)이라는 전략을 구사한다.

호미 바바의 혼종성 개념은 디아스포라 이론과 접합하면서 국가/민족/인종을 넘어서고 가로지르는 '차이'를 발생시킨다. 디아스포라 이론에서 논의되는 혼종성 가령 앞에서 살펴본 스튜어트 홀, 폴 길로이, 리사 로우 등이 논의한 혼종적 정체성은 국가/민족/인종의 경계선을 넘어선다는 점에서 19세기 식민지 공간 속에서 사유된 호미 바바의 혼종성과는 확실히 다른 지점에 놓인다. 디아스포라 주체로서 한청파가 보여주는 혼종성 역시 그가 궁극적으로 넘어서고 해체하려고 했던 식민/피식민, 고국/거주국, 동양/서양 이라는 이분법적 구조의 바깥에서 논의되어야 한다.

국가/민족을 넘어선 디아스포라 주체로서의 한청파의 면모는 민족주의자 린

---

17) 호미 바바는 「교활한 교양」에서 1818년 아치디콘 포츠(Archdeacon Potts)가 했던 한 설교를 인용하는데 이 선교사는 기독교를 효과적으로 전파하기 위해서는 "우화적 신학에 사로잡힌 괴물과도 같은 바보들"이 종종 사용하는 "교활한 교양"을 주의해야 한다고 경고한다. 즉 원주민들은 선교사들을 물리치기 위해 "천국은 넓은 곳이고 그곳으로 이르는 길은 수천 개가 있다"라는 식으로 자신들만의 "고착된 신념"과 "의심스러운 자부심"을 갖고 있다는 것이다(99). 식민주의자의 입장에서 '고착되고 '의심스러운' 피식민지인의 신념과 자부심, 즉 '교활한 교양'은 피식민자가 지배자들을 현혹하기 위한 저항의 방식이자 책략에 다름 아니다.

Mr. Lin이 항일 운동의 일환으로 일본 정부의 외교관 진완Chinwan을 칼로 찌른 사건을 전후로 확연히 드러난다. 이 사건이 일어난 후 한청파는 차이나타운 이발소에서 벌어진 토론에 참여해 그의 행위를 "편협한 민족주의"(67)라고 했다가 동료 한국인들에게 맞아 죽을 고비를 넘겼다고 밝힌다. 한청파가 보기에 일본에서 성장하고 교육 받은 한국인 진완은 조용하고 사교적이어서 한국인뿐만 아니라 일본인에게도 친절한 사람으로 "가혹한 관료라든가 혁명가 타입"과는 아예 거리가 먼 "무해한" 사람이었다(65-6). 하지만 일본 정부의 고위 관료인 까닭에 친완은 민족주의자 린의 표적이 되고 아내와 함께 한인협회의 모임에 참석하던 중 칼에 찔리게 된다. 린은 친완을 향해 칼을 휘두르며 "이 악마의 자식, 이곳은 네가 올 곳이 아니야"(67)라고 외치지만 급소를 가격하는 데에는 실패한다. 이 사건 이후 린은 세계 각지의 한국인 동포들로부터 축하 전보를 받으며 '영웅'으로 추앙 받고 이름을 떨친다. 린은 한청파가 자신에게 편협한 민족주의자라고 했다는 말을 전해 듣고 한청파를 만나 대화를 시도하다가 "당신은 조국과 조국의 대의를 잊어버렸어"(68)라고 비난한다.

한청파는 린과의 대화 이후 "한국이 자신으로부터 점점 더 멀어지는 것을 보았다"고 진술함으로서 민족주의자가 대부분인 동료 한국인들 속에서 두드러진 자신의 "불편한 망명 의식"(68)을 자각한다. 한청파가 자신으로부터 멀어졌다고 느낀 '한국'은 '한 민족'과 '하나됨'을 가리키는 순수하고 초월적인 기표이자 언젠가는 귀환해야 할 '기원'으로서의 한국이다. '한국'은 국권을 빼앗긴 채 세계 각국으로 흩어진 한국인들에게 스튜어트 홀이 언급한 '상상적 통일성'과 '상상적 충만을 제공하고 저항과 민족적 정체성을 제공한다. 한청파가 보기에 "야만적일 뿐만 아니라 무해한 것처럼 보이는"(69) 린의 행동은 '기원'을 환기시키고 세계 각지로 흩어진 동포들에게 하나의 구심점을 제공한 '영웅적 행위'인 것이고 한인들의 열렬한 지지 속에 민족주의라는 이름의 정당성을 얻는다.

그러므로 문제가 되는 것은 무리와는 전혀 다른 돌출된 의식을 갖는 개인, 즉 저항과 정체성의 구심점으로서 민족주의가 요구되는 시기에 국가/민족으로부터 일찌감치 떨어져 나와 버린 '접자'인 한청파라는 개인이다. 한청파 역시 이 점을 자각하고 스스로에게 "반항적인 개인주의자"(69)라는 명칭을 붙인다. 하지만 한청파가 의미하는 '반항적 개인주의자'란 역사성으로부터 떨어져 나와 "한국의 과거와 정체성과 동포를 무시한 채"(Kim "Younghill Kang" 39) 개인의 욕망만을 추구하는 것이 아니라, 청년 한청파의 이상 즉 "일본인도 미국인도 유럽인도 아닌" "모든 것을 배워서 나 자신이 되는 것"(*The Grass Roof* 215)을 의미하는 것이다. '반항적 개인주의자' 한청파가 이상적으로 꿈꾸는 것은 닫힌 세계의 경계를 넘나들고 왕래하여 '나 자신이 되는 것'이다. 그런 의미에서 한청파가 스스로를 "벌거벗은 개인적인 접자"(9)라고 명명한 것은 의미심장하다. 서양을 알아내기 위해 그가 한국으로부터 가져온 것은 바로 "일견 뿌리로부터 잘라낸 것처럼 보이지만 대지로 그를 돌려보낼 닻이 허공중에 가늘게 연결된 개인주의자"(9)라는 접지였다. 월터 류가 지적했듯 한청파의 이 접지는 그 이전에 동양과 서양 어느 편에서도 가능하지 않았던 "혼종적 개화"(180)를 이루게 될 소중한 자산이 된다.

동양의 고전과 시가에 능통한 한청파는 셰익스피어를 위시한 서양의 고전을 손에서 놓지 않고 탐독하는데 이는 곧 동서양의 학문세계를 접붙이려는 그의 궁극적인 목표 때문이었다.

> 내가 서양에 오게 된 원래 목적을 나는 더욱 지적으로 사유했다. 나는 뭔가 다르고, 새로운 나 자신의 재탄생을 위해 나의 문화유산 위에 서양의 르네상스 문화를 접목시키기를 원한다. (190)

한청파가 서양에 온 목적은 서양과 동양 문화를 접붙여 "뭔가 다르고 뭔가 새로운 것"을 탄생시키기 위해서였다. 미국에 도착한 직후 추위와 굶주림으로 밤을 보낸 한청파가 그 "악마적인 시간"을 견디기 위해 셰익스피어를 연구하거나(30), "비록 평생이 걸릴지라도 나는 서양을 알아내고야 말리라"(7) 하고 결심하며 서양의 학문 세계를 찬양하며 "탐욕적 소망"(106)을 갖는 것도 궁극적으로 동서양

의 '혼종적 개화'라는 전대미문의 새로운 길, 새로운 주체를 탄생시키기 위한 과
정이었다.

🌿 참고문헌

김영민. 「새로운 문화담론으로서의 초국가주의」. 『영어영문학연구』 51.1 (2009):
    87-105.
김욱동. 『강용흘: 그의 삶과 문학』. 서울: 서울대학교 출판부, 2004.
류, 월터 K. 「'세계화'를 넘어서: 통문화적 상호텍스트성의 전초병으로서의 한국계 미국
    문학」. 『외국문학』 44 (1995): 27-41.
윤인진. 『코리안 디아스포라』. 서울: 고려대학교 출판부, 2004.
정은숙. 「강용흘의 『동양인 서양에 가다』에 나타난 인종, 젠더, 계급, 제국주의」. 『현대
    영미소설』 15.2 (2008): 175-200.
장태한. 『아시안 아메리칸— 백인도 흑인도 아닌 사람들이 역사』. 서울: 책세상. 2004.
파농, 프란츠 『검은 피부, 하얀 가면』. 이석호 옮김. 인간사랑, 1998.
Althusser, Louis. "Ideology and Ideological State Apparatus." *Lenin and Philosophy and
    other Essay.* New York: Monthly Review, 2001. 85-126.
Anderson, Benedict. *Imagined Communities.* New York: Verso, 1983.
Braziel Jana E. & Mannur Anita eds. *Theorizing Diaspora.* New York: Blackwell, 2003.
Burtler, Kim. "Defining Diaspora, Refining a Discourse." *Diaspora* 10.2 (2001):
    189-219.
Bhabha, Homi K. *The Location of Culture.* New York: Routledge, 1994.
Chow, Rey. "Against the Lures of Diaspora: Minority Discourse, Chinese Women, and
    Intellectual Hegemony." *Theorizing Diaspora.* Ed. Jana Evans Braxiel and Anita
    Manner. New York: Blackwell. 2003. 163-183.
Chu, Patricia P. *Assimilating Asians: Gendered Strategies of Authorship in Asian
    America.* Durham: Duke UP, 2000.
Cohen, Robin. *Global Diasporas.* Seattle: U of Washington P, 1997.
Du Bois. *The Souls of Black Folk.* New York: Bangtam, 1989.
Fanon, Frantz. *Wretched of the Earth.* New York: Grove, 1961.

Gilroy, P. *The Black Atlantic: Modernity and Double Consciousness.* Cambridge: Harvard UP, 1993.

Hall, Stuart. "Cultural Identity and Diaspora." *Theorizing Diaspora.* Ed. Jana Evans Braxiel and Anita Manner. New York: Blackwell, 2003. 233-46.

Kang, Younghill. *The Grass Roof.* New York: Charles Scribner's Sons. 1931.

_____. *East Goes West.* New York: Kaya, 1997.

Kim, H. Elaine. *Asian American Literature: An Introduction to the Writings and Their Social Context.* Philadelphia: Temple UP, 1982.

_____. "Korean American Literature". *An Interethnic Companion to Asican American Literature.* Ed. King-Kok Cheung. Cambridge UP. 1997. 158.

Kim, Joanne H. "Meditating Selves: Younghill Kang's Balancing Act." *Hitting Critical Mass* 6 (1999): 51-59.

Knadler, Stephen P. "Unacquiring Negrophobia: Younghill Kang and the Cosmopolitan Resistance to the White Logic of Naturalization." *The Fugitive Race: Minority Writers Resisting Whiteness.* Jackson: UP of Mississippi, 2002.

Koo, Eunsook "A Cosmopolitan's Encounter with African Americans: Younghill Kang's East Goes West." *Journal of American Studies* 34.2 (2002): 121-137.

Lee, Sunyoung. "The Unmaking of an Oriental Yankee." *East Goes West.* New York: Kaya, 1997. 375-399.

Lew, Walter K. "Grafts, Transplants, Translation: The Americanizing of Younghill Kang." *Modernism, Inc: Body, Memory, Capital.* Eds. Jami Scandura and Miichael Thurston. New York: New York UP, 2001.

Lowe, Lisa. *Immigrant Acts: on Asian American Cultural Politics.* Durham: Duke UP, 1996.

_____. "Heterogeneity, Hybridity, Multiplicity: Marking Asian-American Difference." *Theorizing Diaspora.* Ed. Jana Evans Braxiel and Anita Manner. New York: Blackwell, 2003. 132-155.

Okihiro, Gary Y. *Margins and Mainstreams: Asians in American History and Culture.* Seattle: U of Washington P, 1994.

Rushdie, Salman. *Imaginary Homelands.* London: Granta Books, 1991.

Žižek, Slavoj. *Violence.* New York: Picador. 2008.

찾아보기

작품 & 저서 …

논문 & 단편 …

출　전

김욱동　「초기 한국계 미국문학의 지형학」.『새한영어영문학』 51.4 (2009) 17-40.

하상복　「미국 다인종 문화의 정전화 과정과 비판적 다문화주의」.『영미어문학』 91 (2009): 161-188.

임경규　「'본질'과 '허상'의 갈림길에서: 문화분석 범주로서의 '인종'의 유용성」.『인문학연구』 37 (2009): 57-82.

강자모　「마마데이, 실코, 웰치 소설의 포스트식민주의적 글읽기」.『현대영미소설』 5.2 (1998): 5-30.

김봉은　「트릭스터의 치유: 루이스 어드리크의『자취』중심 연구」.『영어영문학』 52.2 (2006): 339-359.

김지영　「실코의「이야기꾼」에 나타난 이야기의 집단적 힘」.『영어영문학』 55.2 (2009): 293-314

노헌균　「셔만 알렉시(Sherman Alexie)의『탈주』(*Flight*): 아메리카 인디언주의에 대한 재해석」.『현대영미소설』 15.3 (2008): 75-96.

김애주　「연구동향: 정체성 정치학과 그 너머에 대한 모색 -토니 모리슨 국내 연구동향」.『안과밖』 19호 (2005): 168-188.

한재환　「윌러스 서먼의『봄의 아이들』에 나타난 할렘 흑인지식인의 자화상」.『영어영문학』 52.3 (2006): 645-669.

배윤기　「노예반란의 재현과 흑백관계의 문화정치」는「미국문화정치 지형과 흑백관계:『아미스타드』,『베니토 세레노』,『영웅노예』」(『새한영어영문학』. 48권 2호(2006) 1-20)을 최근의 미국 역사학계의 변화와 관련한 문헌과 자료를 참조하여 수정 보완했다.

이진숙　「『빌러비드』에 나타난 정면통과」.『영미어문학』 94(2010): 139-163.

유제분　「미국의 시민 신화와 시민 주체 ─ 맥신 홍 킹스턴의 소설에 나타난 시민권과 이민법의 문제」.『영어영문학』 47.3 (2001): 689-712.

임진희　「한국어의 탈지역과 한국적 이산의 미학」.『영어영문학』 54.1 (2008): 149-167.

정혜욱　「9-11 이후 아프간 여성의 프레이밍과 호세이니의『천 개의 찬란한 태양』」.『비교문화연구』 13.2 (2009): 215-234.

황은덕　「강용흘의『동양사람 서양에 가다』에 나타난 디아스포라 주체」.『영미어문학』 94 (2010): 165-188.

편저자　정진농(jnchung@pusan.ac.kr)

전 부산대학교 영어영문학과 교수

현재 명예교수

부산대학교 영어영문학과 졸업

경북대학교 대학원에서 문학박사학위 받음

미국 UCLA와 Duke University에서 연구

한국영어영문학회 부회장 및 새한영어영문학회 회장 역임

- 저서 『F. Scott Fitzgerald 연구』(한신문화사, 1985)

　　　『미국소설의 정체성 탐구』(부산대학교출판부, 1997)

　　　『영문학이란 무엇인가』(공저, 한신문화사, 1999)

　　　『오리엔탈리즘의 역사』(살림출판사, 2003)

　　　『사랑과 성과 문학』(동인, 2009) 등

- 역서 『버로우즈 소설론』(열음사, 1987) 등, 기타 여러 편의 논문이 있음

미국 소수민족문학: 중심에서 주변으로

발행일 • 2010년 4월 20일

편저자 • 정진농

발행인 • 이성모/발행처 • 도서출판 동인/등록 • 제1-1599호

주소 • 서울시 종로구 명륜동2가 아남주상복합아파트 118호

TEL • (02) 765-7145, 55/FAX • (02) 765-7165/E-mail • dongin60@chol.com

Homepage • donginbook.co.kr

ISBN 978-89-5506-443-8

정가 32,000원

※ 잘못 만들어진 책은 교환해드립니다.